U0123713

让我们 一起追寻

EMPIRES OF THE SEA: THE SIEGE OF MALTA, THE BATTLE OF LEPANTO, AND THE CONTEST
FOR THE CENTER OF THE WORLD
AUTHOR: ROGER CROWLEY

Copyright © 2008 BY ROGER CROWLEY
This edition arranged with ANDREW LOWNIE LITERARY AGENT
through BIG APPLE AGENCY, INC., LABUAN, MALAYSIA.
Simplified Chinese edition copyright:
2014 SOCIAL SCIENCES ACADEMIC PRESS (CHINA),CASS
All rights reserved.

地中海史诗三部曲

海洋帝国
地中海大决战

EMPIRES OF THE SEA:

The Siege of Malta, the Battle of
Lepanto, and the Contest for the Center of
the World

ROGER CROWLEY

〔英〕罗杰·克劳利 / 著

陆大鹏 / 译

社会科学文献出版社
SOCIAL SCIENCES ACADEMIC PRESS (CHINA)

《纽约时报》最佳畅销图书

《经济学人》年度最佳图书

在整个欧洲史中，没有任何故事比基督教和伊斯兰教两个世界争夺地中海的较量更令人热血沸腾……本书是讲述这个故事的翘楚之作。克劳利先生讲故事的本领令人叹为观止；他的故事像悬疑小说一样精彩……他的分析睿智而极具洞察力，描绘人物入木三分。读了他的书，我们脑海中留下的是清晰而难忘的景象。

——《华尔街日报》

罗杰·克劳利凭借对现代早期战争的敏锐洞察和引人入胜的文笔，对这场冲突进行了绘声绘色和无比血腥的描述。克劳利对大战略的宏观概况和战斗的恐怖细节都有很好的把握，对影响了这场冲突的历史人物的描绘同样精彩。

——《波士顿环球报》

算得上这个夏季最值得推荐的非虚构作品……第一流的通俗历史书，今天的宗教战争的绝佳背景资料。

——《达拉斯晨报》

克劳利的洞见极其精妙，描写波澜起伏。但在描绘战斗场面时，他的文字非常简洁精练，读者不可能不被这毛骨悚然的场景深深吸引。虽然他不会沉溺于血腥描写，但赤裸裸的真相还是会让读者捂上眼睛、心脏猛跳。如果迪克·弗朗西斯写的不是赛马悬疑小说，而是历史书，一定就是这个样子……很少有一本书能如此鞭策我们重新审视自己对历史的评判。克劳利的《海洋帝国》是关于一个被人低估、常被忽视的主题的诚实记载，是一本罕见的奇书。

——《基督科学箴言报》

出神入化……《海洋帝国》值得广大读者一看。它讲的是 16 世纪的一系列风云激荡、五彩斑斓的历史，涉及文明的碰撞，对我们的今天仍然很有启发意义……它能够同时做到具有娱乐性、知识性和警示性，着实难得。

——《军事评论》

克劳利以大师的手笔融合了第一手和第二手资料，栩栩如生地重现了伟大的战役，以令人手不释卷的流畅文字描绘了战斗场面和残暴行为，但绝不会为了有趣而牺牲历史的真实性。

——《出版商周刊》（星级评论）

这是一本罕见的具有小说的细节、洞察力和节奏的历史书。

——《坦帕论坛报》

大手笔！准确捕捉了争夺世界中心的激烈斗争的宗教狂热、残暴和大浩劫。

——《科克斯书评》（星级评论）

记载一场宏大而影响深远的斗争的文笔优美的史书。

——《书目》

有一种写军事史的天才，罗杰·克劳利就有这种天才……他对现代早期围城战的所有技术问题游刃有余……你可以像读伯纳德·康沃尔的沙普系列小说一样读克劳利的书，跌宕起伏的情节很容易帮你度过飞机旅途。但它背后有着严肃的研究……克劳利的确很优秀。

——《每周卫报》

令人血脉贲张……《海洋帝国》确立了克劳利地中海历史大师的地位……他渊博而引人入胜地描绘了奥斯曼海盗和十字军航海家，他对这些人的理解就像他们对海潮的精通一样……罗杰·克劳利圆润娴熟地铺垫大战之前的历史。从罗得岛到马耳他，他对历次大战役的描摹既注重细节，也能掌握战略层面……你能逼真地感受到火绳枪的炽热、海上的危险和一位奥斯曼帕夏或教皇的挫败无奈。

——《文学评论》

献给乔治，他也曾在这片大海战斗，

并带我们去了那里。

马格里布的居民凭借预言书的权威宣称，穆斯林将打败基督徒，并征服大海远方欧洲基督徒的土地。据说，征服将在海上发生。[1]

——伊本·赫勒敦①，14 世纪阿拉伯史学家

① 伊本·赫勒敦（1332~1406），阿拉伯史学家、哲学家、人口学家、经济学家，被认为是现代史学、社会学和经济学的奠基人之一。他曾在突尼斯、非斯和格拉纳达的宫廷任职，1375 年从政坛退隐后，撰写了他的杰作《历史导论》，书中研究了社会性质和社会变迁，发展了最早的非宗教性的历史哲学。他还写了一部有关穆斯林北非历史的著作《训诫书》。1382 年，他前往开罗，被指派为教授和宗教法官。赫勒敦被广泛认为是中世纪阿拉伯世界的一位伟大学者（本书所有脚注均为译者注）。

中文版序

　　《1453》《海洋帝国》和《财富之城》这三本书互相关联，组成了一个松散的三部曲，叙述地中海及其周边地区的历史。读者可以从其中任意一本读起。这三本书涵盖的时间达四个世纪之久，从 1200 年到 1600 年，这是不同文明和互相竞争的各大帝国为了领土、宗教信仰和贸易控制而激烈地冲突的年代。这场冲突的参与者包括拜占庭帝国（信仰基督教的罗马帝国继承者）、奥斯曼土耳其帝国（他们复兴了伊斯兰"圣战"的精神），以及西班牙的信仰天主教的哈布斯堡皇朝。同样是在这个时期，威尼斯从一个泥泞的潟湖崛起为西方世界最富庶的城市，宛如令人叹为观止的海市蜃楼，从水中呼啸而起。威尼斯是个与众不同的地方，在当年和今天一样，在异邦人眼中非同寻常、精彩纷呈。

　　在这个时期，各国为争夺地中海爆发了激烈战争。居住在地中海周围的各族群——土耳其人、希腊人、意大利人、西班牙人、北非人和法兰西人——认为自己是在为争夺世界中心而战。但与真正的大洋相比，地中海其实是很小的。各民族之间的地理距离只有投石之遥，于是大海成了一个封闭的竞技场，大规模的厮杀就在这里上演。在这个年代，火药武器开始彻底地改变战争的面貌。大海是史诗般攻城战、血腥海战、海盗行径、人口劫掠、"十字军"东征和伊斯兰"圣战"的场所，也是利润丰厚的贸易和思想交流的途径。基督教和伊斯兰教之间漫长而残酷的竞争从本三部曲涵盖的时期开始，将大海分裂为两个迥然不同的区域，双方沿着海上疆界进行了激烈较量。这场斗争一直延续到"9·11"事件之后的世界。

幸运的是，大量关于这一时期地中海世界的目击资料留存至今，尤其是从大约 1500 年开始，欧洲印刷术的发明刺激了文字材料的爆炸式增长，所以我们得以感同身受地重温这段历史。通过目击者的叙述，我们常常能够近距离观察当时的事件，审视那时的人们如何生活、死亡、战斗、从事贸易，以及礼拜上苍。我尽可能地引用当时人们自己的话，让他们为自己发言。

这三本书的另一个主题是"场所"。在地中海地区，我们在游览威尼斯、伊斯坦布尔，或者克里特、西西里和塞浦路斯等大岛屿的时候，仍然能够触及过去。许多纪念建筑、城堡、宫殿和遗址依然完好。借用伟大的地中海史学家费尔南·布罗代尔的话："这片大海耐心地为我们重演过去的景象，将其放置在蓝天之下、厚土之上，我们能亲眼看见这天与地，它们如同很久以前一样。只消集中注意力思考片刻或者瞬间的白日梦，这个过去就栩栩如生地回来了。"① 我希望这三部曲能够帮助中国读者更深入地了解地中海历史以及那里发生的事件（它们至今影响着我们的世界）的重要意义，对其产生兴趣。

罗杰·克劳利

---

① Braudel, Fernand, *The Mediterranean in the Ancient World*, trans. Sian Reynolds, London, 2001.

目　录

序言：托勒密的地图

在金角湾沿岸的写字楼群拔地而起的很久以前，甚至在清真寺群兴建之前，那里矗立着基督教的教堂。圣索菲亚大教堂的穹顶在地平线上独自屹立了一千年。在中世纪，如果人们登上大教堂的屋顶，就能鸟瞰整个"环水之城"，视野极其开阔。站在这里，人们很容易理解，为什么君士坦丁堡曾经能够统治世界。

1453 年 5 月 29 日下午，奥斯曼帝国的苏丹穆罕默德二世就这样登上了圣索菲亚大教堂的屋顶。永载史册的一天终于落幕。就在这一天，他的大军攻克了君士坦丁堡，使得伊斯兰教的预言成为现实，摧毁了拜占庭这个基督教帝国的最后残余部分。奥斯曼帝国的史官记载道，穆罕默德二世于"真主之灵升上第四层天堂"[1]时登上了大教堂屋顶。

苏丹眼前兵火肆虐、哀鸿遍野。君士坦丁堡遭到了严重破坏和彻底洗劫，"惨遭蹂躏，遍地如同被烈火烤黑一般"[2]。君士坦丁堡的军队土崩瓦解，教堂横遭抢劫，末代皇帝也在大屠杀中丧生。男人、女人和儿童被绳索捆成一串，排成长长的队伍，在土耳其人的驱赶下蹒跚行进。空荡荡的房屋上飘荡着旗帜，这表明，屋内的财物已经被洗劫一空。这个春天的傍晚，召唤穆斯林祈祷的呼声徐徐升起，盖过了俘虏们呼天抢地的哀号。这标志着一个皇朝的彻底终结，以及一个新的皇朝凭借征服者的权利正式粉墨登场。土耳其人原先是来自亚洲腹地的游牧部落，此刻在这座欧洲海岸上的城市（土耳其人称之为伊斯坦布尔）巩固了伊斯兰教的地位。攻克君士坦丁堡的丰功伟绩彻底奠定了穆罕默德二世的地位：他既是拜占庭的继承人，又是伊斯兰圣战无可争议的统帅。

苏丹从他居高望远的有利位置可以追忆土耳其民族的往昔，并憧憬未来。在南面，博斯普鲁斯海峡以南，是安纳托利亚（又称小亚细亚），土耳其人经历了漫长的迁徙，经过安纳托利亚北上；往北面是欧洲——土耳其人开疆拓土雄心壮志的目标。但对奥斯曼帝国来说，最具挑战性的却是西方。在午后的阳光里，马尔马拉海波光粼粼，仿佛锤扁的黄铜。它的西面是广阔的地中海，土耳其人称之为白海。征服了拜占庭之后，穆罕默德继承的不仅仅是一大块土地，更是一个海上帝国。

1453 年的事件是伊斯兰教与基督教这两个世界之间此消彼长、潮起潮落的斗争的一部分。从 11 世纪到 15 世纪，基督教通过十字军东征，曾一度控制了地中海。在希腊海岸地区和爱琴海诸岛上拔地而起的一系列基督教小国家成了十字军东征事业与西方拉丁世界的联系纽带。1291 年，十字军丧失了他们在巴勒斯坦海岸的最后一个主要据点阿卡，于是战争形势开始发生逆转。现在，伊斯兰世界要反击了。

自罗马帝国以来，还没有任何人拥有足够的资源，能够雄霸整个地中海，但穆罕默德二世自视为罗马皇帝的继承人。他的雄心壮志没有边际。他下定决心，要实现"一个帝国、一个信仰、一个君主"[3]；他自诩为"两海之王"[4]——白海和黑海。大海对土耳其人来说是完全陌生的。大海不是稳定的平地，没有自然边界，没有地方可供游牧民族安营扎寨。人类无法在海上定居。大海并不记得历史：伊斯兰教在此之前曾经在地中海有过立足点，但后来又丢掉了。但穆罕默德二世已经确立了他的宏图大略；在他麾下攻打君士坦丁堡的是一支庞大的（尽管还缺乏经验）的舰队，而土耳其人非常擅长学习。

在征服君士坦丁堡之后的岁月里，穆罕默德二世命人复制了一张古希腊地理学家托勒密绘制的欧洲地图，并命令希腊人将它翻译成了阿拉伯语。他像猎食的猛兽般虎视眈眈地审视着地中海的轮廓布局。他用手指抚摩着地图上的威尼斯、罗马、那不勒斯、马赛和巴塞罗那；他追寻着直布罗陀海峡；甚至遥远的不列颠也进入了他的视线。译员们非常谨慎，在地图上把伊斯坦布尔标注得特别突出。穆罕默德二世此时还不知道，在地图的西端，西班牙的天主教国王们正在规划他们自己的帝国伟业。马德里和伊斯坦布尔就像两面巨镜，反射着同一轮太阳的光辉；起初它们相距太遥远，互相还不了解。很快，敌意将会使阳光聚焦。托勒密的地图讹误颇多，画着奇形怪状的半岛和歪曲的岛屿，但即便这些错误也无法掩盖关于地中海的这样一个关键事实：它其实是两片海洋，在中间由突尼斯和西西里岛之间的狭窄海峡一分为二，马耳他岛就在这海峡的正中间，形成一个尴尬的小点。土耳其人将很快统治地中海东部，西班牙的哈布斯堡家族将总领地中海西部。这两股势力将在马耳他这个点上相遇。

今天，从西班牙南部起飞，横跨整个地中海飞往黎巴嫩海岸，只需三个小时。从空中俯视，地中海一派安静祥和。航船有条不紊、温和驯顺地在波光粼粼的海面上行驶。设有城堞的西班牙南岸绵延数千英里，分布有度假村、游艇码头、时髦的度假胜地，以及为南欧经济提供动力的重要港口及工业区。地中海仿佛是一个波澜不兴的潟湖，人们可以从空中追踪任何一艘船只。古代的可怕风暴曾经摧毁奥德修斯和圣保罗的航船，但那个时代已经一去不复返，今天的船只丝毫不必担心。地中海曾被罗马人称为世界的中心，但在今天我们这个日渐缩小的世界里却显得微不足道。

但在五百年前，地中海给人的体验是完全不同的。海岸地带饥馑遍野，由于农耕和放牧，先是植被遭到破坏，然后土地也变得贫瘠。到 14 世纪，但丁看到的克里特岛已经是个被生态灾难完全摧毁的地方。"在海中央坐落着一片荒原，"他写道，"它一度是泉水潺潺、树木葱茏的福地，现在却是沙漠。"[5] 就连大海也是荒芜的。地中海是由地质结构的猛烈塌陷而形成的，因此从外界进入的清澈海流会猛地跌落到深海沟壑中。地中海也没有像纽芬兰或者北海那样的大陆架可以养育丰饶的鱼群。对于沿海居民来说，这100多万平方英里的海面（它被分割成十几个单独区域，各自有自己独特的气流条件、复杂的海岸和星罗棋布的岛屿）是难以驾驭、硕大无朋和险象环生的。地中海是那么大，以至于东西两个海域几乎是两个完全不同的世界。如果天气良好，一艘帆船从马赛到克里特需要两个月时间；如果天公不作美，就需要六个月。当时船只的适航性惊人的差，风暴往往毫无征兆地骤然降临，海盗多如牛毛，所以水手们往往选择在近海航行，而不敢穿过开阔海域。航海过程中险象环生，登船起航往往就意味着要听天由命。地中海是麻烦重重的海。1453年之后，它将成为一场世界大战的中心。

欧洲史上最激烈最混乱的斗争之一就在地中海上演：伊斯兰教和基督教争夺世界中心的斗争。这是一场旷日持久的较量。战火在海上盲目地肆虐了一个多世纪。仅仅是最初的小规模战争（土耳其人借此取代了威尼斯的主导地位）就持续了五十年。这场斗争形式繁多：消耗经济的小规模战争、以信仰的名义进行的海盗突袭、对海岸要塞和港口的袭击、对大型岛屿堡垒的围攻，以及屈指可数的几场史诗级别的大海战。地中海沿岸的所有民族和利益集团都卷入了这场角逐：土耳其人、希腊人、北非人、西班牙人、意大利人和法国人；亚得里亚海和达尔马提亚海岸的各民族；商人、帝国捍卫者、海盗和圣战者，他们全都时不时地改旗易辙，为捍卫宗教、贸易或者帝国而战。没有人能够长期保持中立，尽管威尼斯人为此付出了艰难的努力。

这个被陆地环绕的竞技场为冲突对抗提供了无限机遇。地中海在南北方向惊人的狭窄；在很多地方，只有一条狭窄的水道将不同的民族隔开。劫掠者可以突然出现在海平线上，然后又自由自在地离去。自蒙古人的闪电式突袭以来，欧洲还是第一次经历如此骤然兴起的恐怖入侵。地中海成了一个毫无法度的暴力的生物圈，伊斯兰教与基督教以无可比拟的残暴互相碰撞。战场就是大海、岛屿和海岸，战局受到风力和天气的影响，主要的武器则是桨帆船。

奥斯曼帝国是个多民族国家，尽管基督教世界将他们简单地称为"土耳其人"、"基督之名最残忍的敌人"[6]。在西欧看来，这场斗争是终极战争的来源，是巨大的创伤，也是针对黑暗力量的精神斗争。梵蒂冈内部知道托勒密地图的事情。他们将它想象为奥斯曼帝国征服事业的模板，并以惊人的细节绘声绘色地揣测着高高矗立于博斯普鲁斯海峡之上的托普卡帕宫①内的情景。奥斯曼苏丹戴着典型的土耳其式头巾，身着肥大的土耳其式长袖袍子，长着鹰钩鼻，生性残忍，端坐在富丽堂皇然而透着野蛮劲儿的亭台楼阁内，研究着通往西方的海道。他的脑子里只有一个念头：消灭基督教。1517 年的教皇利奥十世深感土耳其人为心腹大患。"他

---

① 托普卡帕宫是位于伊斯坦布尔的一座皇宫，1465～1853 年一直是奥斯曼帝国苏丹在首都的官邸及主要居所，也是昔日举行国家仪式及皇室娱乐的场所，现今则是主要的观光胜地。"托普卡帕"的字面意思是"大炮之门"，昔日城堡内曾放置大炮，由此得名。征服君士坦丁堡的苏丹穆罕默德二世在 1459 年下令动工兴建托普卡帕宫。

手中无时无刻不拿着描绘意大利海岸的文件和地图"[7]，教皇心惊胆战地如此描绘苏丹，"他的全副注意力都用于集结火炮、建造船只和勘察欧洲所有的海洋和岛屿。"[8] 对土耳其人及其北非盟友来说，对十字军东征报仇雪恨的时机成熟了，扭转世界征服格局和控制贸易的机遇来了。

这场斗争将在宏大的战线上进行，往往远远超越大海的界限。欧洲人在巴尔干半岛、匈牙利平原、红海、维也纳城下与敌人激战。但最终，在 16 世纪，这场斗争的主角的全副力量都将集中于托勒密地图的中心。这将是一场长达六十年的角逐，由穆罕默德二世的曾孙苏莱曼一世策动。战争于 1521 年正式爆发，于 1565～1571 年达到高潮，在这六年的无可比拟的血战中，当时的两个巨人——奥斯曼土耳其帝国和西班牙的哈布斯堡皇朝将高举各自信仰的战旗，至死方休。这场战争的结局将决定穆斯林和基督教世界的边界，并影响各帝国在未来的前进方向。

这一切，都从一封信开始。

地中海，1560

俄国

立陶宛

基辅

克里米亚汗国

亚速海

摩尔达维亚

匈牙利

特兰西瓦尼亚

瓦拉几亚

布加勒斯特

黑海

博斯普鲁斯海峡

拉古萨

阿尔巴尼亚

阿普利亚

奥特朗托

安纳托利亚

妄卡拉

加里波利

爱琴海

希俄斯岛

凯法利尼亚

伊奥尼亚海

莫东科罗尼

莫奈姆瓦夏

克里特海

罗得岛

尼科西亚

塞浦路斯

贝鲁特

阿卡

克里特岛

地中海

亚历山大港

埃及

0   300 英里

马耳他围攻，1565 年 5 月至 9 月

10

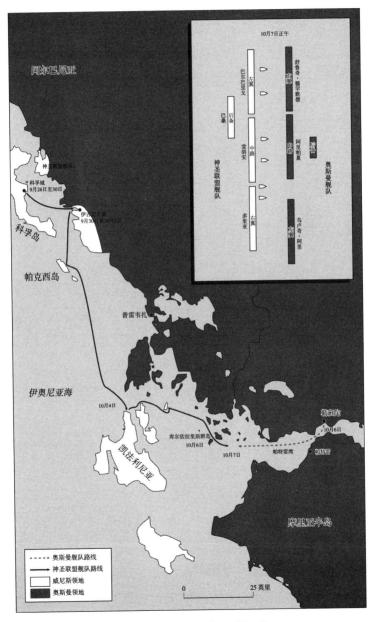

勒班陀之战，1571 年 10 月 7 日

11

第一部

恺撒们：海上角逐，
1521～1560 年

SOLIMANVS · IMPERATOR · TVRCHARVM ·

1. 苏丹驾到
1521～1523 年

　　　　　　　　　　1521 年 9 月 10 日，自贝尔格莱德

首先是一连串威风凛凛的皇室尊号。然后是威胁：

　　苏莱曼苏丹，蒙真主洪恩，万王之王，众君之君，
拜占庭与特拉布宗①至高无上的皇帝，波斯、阿拉伯、
叙利亚与埃及的强大君主，欧洲与亚洲的最高领主，麦

---

① 特拉布宗是从拜占庭帝国分裂出的三个帝国之一，创立于 1204 年 4 月，
　持续了 257 年。特拉布宗帝国的第一代君主阿列克赛一世是拜占庭帝国
　科穆宁皇朝最后一位皇帝安德罗尼库斯一世的孙子，他在第四次十字军
　东征时预见十字军将攻取君士坦丁堡，便占据特拉布宗独立建国。在地
　理上，特拉布宗的版图从未超过黑海南岸地区。1461 年，奥斯曼帝国
　苏丹穆罕默德二世消灭了特拉布宗。

加与阿勒颇亲王，耶路撒冷之君，世界之海的统治者，向菲利普·德·李尔·亚当，罗得岛的大团长，谨致敬意。

阁下获得了新的职位并业已抵达领地，我对此表示祝贺。我深信不疑，阁下必然会将此地治理得繁荣昌盛，赢得远胜于阁下前任的光荣。我还希望与阁下永结同好。那么，作为最亲爱的朋友，请您与我一同欢欣鼓舞，因为我追随着先帝足迹（他曾征服了波斯、耶路撒冷、阿拉伯和埃及），已于去年秋季攻克了最为固若金汤的要塞——贝尔格莱德。此后，我向异教徒提出决一雌雄，但那些懦夫没有接受挑战的勇气，于是我占领了其他多座美丽而防御坚固的城市，以利剑或烈火消灭了其大部分居民，将幸存者变卖为奴。在安顿我的兵力雄厚、百战百胜的大军进入营地过冬之后，我本人也将胜利返回位于君士坦丁堡的宫廷。[1]

能够读懂字里行间深意的人都知道，这不是一封表达友谊的书信，而是一封宣战书。此时，征服者穆罕默德的曾孙苏莱曼刚刚登基。根据传统和习惯，他必须在登基之后不久就取得一场战争的胜利；每一位新的苏丹都必须为他继承的世界帝国再度开疆拓土，以巩固自己"东方与西方土地的征服者"[2]的地位。此后他就可以将战利品赏赐给臣子，稳固军队的忠诚，并大肆进行仪式化的宣传。捷报（这是皇权的保障）将被发往五湖四海，令伊斯兰世界五体投地，令基督教世界胆战心惊；随后新苏丹就有权建造他自己的清真寺。

1. 苏丹驾到

新皇登基还必须有死亡相伴。法统规定，新苏丹必须处决自己所有的兄弟，"以天下大局为重"[3]，换言之，将内战掐灭在萌芽状态。一批令人心酸的儿童棺木将被从后宫抬出，送给怯声呜咽的妇女们；同时，携带弓弦（这是勒死目标的刑具）的刺客将被派往各个省份，去猎杀苏丹的其他兄弟。

苏莱曼登基时没有屠杀自己的兄弟，因为他是唯一的男性继承人。他的父亲塞利姆一世很可能在六年前就已经将其他儿子处死，以断绝政变的后患。二十六岁登基的苏莱曼得到的是一份独一无二的遗产。他接手的是一个强大、统一而掌控着无与伦比资源的大帝国。对虔诚的穆斯林来说，苏莱曼将给他们带来好运。他的父亲在给他取名时打开了一本《古兰经》，随机选择了一个词，就挑中了"苏莱曼"（也就是土耳其语中的"所罗门"），这预示着他将成为一位像古以色列贤君所罗门那样以智慧和公正著称的伟大帝王。在这个迷信预兆的年代，苏莱曼登基时的每一个细节都被认为具有预言意义。苏莱曼是奥斯曼帝国的第十位苏丹，而且出生于穆斯林纪年法①第十世纪的第十年。"十"是完美的数字。《古兰经》分为十个部分，先知穆罕默德有十个门徒，《摩西五经》中有十诫，伊斯兰占星学里的天界分为十层。他登上世界舞台的时机正是帝国命运的关键时刻。

苏莱曼在位的时期与世界上其他一些互相争斗的君主的

---

① 伊斯兰纪年法以公元 622 年为元年，在这一年，先知穆罕默德带领信众离开麦加，迁移到麦地那，这一事件称为"希吉拉"。伊斯兰纪年法是一种阴历，每年 12 个月，一共 354 天或 355 天。

统治时期有所重叠，苏莱曼将与他们决一雌雄：哈布斯堡家族的成员——神圣罗马皇帝查理五世和西班牙国王腓力二世；法国瓦卢瓦王朝的国王——弗朗索瓦一世及其子亨利二世；统治英格兰都铎王朝的亨利八世和伊丽莎白一世；莫斯科公国的统治者伊凡雷帝；伊朗沙阿①伊斯玛仪一世；印度莫卧儿帝国的皇帝阿克巴。这些君主都没有苏莱曼那么强的开疆拓土的使命感，野心也没有他那么大。

从一开始，他就精心筹划，给觐见的外国使节留下极其深刻的印象。"苏丹身材颀长，但非常强健，面庞瘦长但结实有力，"威尼斯人巴尔托洛梅奥·孔塔里尼如此描绘道，"据传闻，苏莱曼名副其实……像所罗门那样知识渊博、明察秋毫。"[4]他面容冷静、目光沉稳，皇袍虽朴素却威风凛凛。他头戴巨大的圆形头巾，低低地压在前额上，这头巾使他显得更加高大，苍白的脸色使得他不怒自威。他凭借自己的威仪和宫廷的富丽来震慑外人。很快，他将索求"恺撒"的称号，并希冀统领整个地中海。

他计划在近期先赢得两场胜利。苏莱曼对自己先辈的伟业耳熟能详，自孩提时代就梦想着完成他的曾祖父穆罕默德二世未能完成的两项征服大业。第一项是攻克贝尔格莱德这座要塞，它是通往匈牙利的大门。苏莱曼即位不到十个月，就已经兵临贝尔格莱德城下。到 1521 年 8 月，他已经在贝尔格莱德城内的基督教大教堂内祈祷了。第二个目标将使他成为"白海的皇帝"：占领罗得岛。

---

① "沙阿"即国王。

1. 苏丹驾到

年轻的苏莱曼

苏莱曼虎视眈眈的这个岛屿是古时留下的遗迹，与当时的政治环境格格不入。罗得岛是中世纪十字军东征时留下的一个奇异国度，离伊斯兰世界仅有咫尺之遥。在小亚细亚沿岸绵延100英里的多德卡尼斯群岛（"多德卡尼斯"的意思是"十二个岛"）是一连串石灰岩岛屿，其中最大也是最肥沃的就是罗得岛。它位于岛群的东南端。而群岛的最北端是建有灰白色修道院的帕特摩斯岛，这是东正教的一个圣地，圣约翰曾在这里获得天启，写下了《新约》中的《启示录》。这些岛屿与亚洲海岸的港湾和海岬距离很近，难解难分，因此亚洲大陆总是耸立在海平线上。从罗得岛到亚洲大陆仅有11英里，如果风向有利，乘帆船几个小时就能抵达；这的确是投石之遥，以至于在晴朗的冬日，亚洲白雪皑皑的群山在稀薄空气的折射下几乎触手可及。

穆罕默德二世于1453年攻克君士坦丁堡的时候，基督教国家仍然占据着整个爱琴海，形成一个防御圈。这个防御圈就像一个拱形结构，其力量取决于所有石块的互相支撑。到1521年，整个拱形结构已经土崩瓦解；但作为基石的罗得岛幸存了下来，作为一个孤立的基督教堡垒，威胁着土耳其人的海上航道，制约着他们在海上的扩张。

以教皇的名义守卫罗得岛及其附属岛屿的是十字军东征时期三大骑士团的最后残余——圣约翰骑士团（又称"医院骑士团"）。圣约翰骑士团的兴衰反映着整个十字军东征事业的成败。最初组建医院骑士团是为了医治和照料在耶路撒冷患病的朝圣者，但后来医院骑士团像圣殿骑士团和条顿骑士团一样，演化成了教会的武装力量。其成员向教皇宣誓终身保持清贫、贞洁和服从；他们的主要使命就是永不停歇地与异教徒做斗争。圣约翰骑士团参加了争夺圣地的漫长战争中的每一场重要战役，最后在1291年5月的阿卡城，面对穆斯林军队的猛攻，圣约翰骑士团成员背对大海，死战到底，几乎遭到全歼。被逐出圣地之后，他们寻找一个新的基地以便继续战斗，最后相中了信奉基督教的罗得岛。1307年，圣约翰骑士团攻占了罗得岛。罗得岛成了西方基督教世界深深插入伊斯兰世界的一根楔子，也是在将来发动新的反击、夺回巴勒斯坦的一个前进基地。

骑士们在罗得城建立了一座小型的封建堡垒，这是西欧十字军东征的最后前哨，只听命于教皇本人。他们的经费来自骑士团在欧洲的大片地产的地租，全部用于圣战。自称"圣战者"的骑士们对军事要塞了如指掌；好几代人在巴勒斯坦的边境防御战中积累下了丰富的经验。他们曾建造骑士堡①——十字军城堡中最固若金汤的一座；现在他们成竹在胸地加固了罗得城的防御工事，并开始了海盗的营生：他们建造并装备了一支由武备精良的桨帆船组成的小型舰队，借此劫掠奥斯曼帝国的海岸和航道，将俘虏卖为奴隶，将战利品据为己有。

两百年来，医院骑士团一直在伊斯兰世界的边缘进行海盗活动，以多德卡尼斯群岛作为一连串防御基地，遏制土耳其人。他们甚至在亚洲大陆上也掌握着一个立足点："解放者圣彼得"要塞，土耳其人称之为博德鲁姆要塞。这个要塞既是信仰基督教的奴隶逃亡的中转站，也是骑士团在全欧洲范围内募集经费的宣传工具。医院骑士团的骑士们对圣殿骑士团的命运②心知肚明，因此小心翼翼地维护着自己"基督教世界之盾"的形象。

欧洲对医院骑士团看法不一。对罗马教廷来说，罗得岛具有巨大的象征性意义，因为它是抵抗异教徒的最外层防线；随着拜占庭在伊斯兰力量的步步紧逼面前逐渐土崩瓦解，美丽的岛屿一个个落入土耳其人手中，罗得岛就是逐渐萎缩的海上边疆的重要一环。教皇庇护二世哀叹道："假如

---

① 骑士堡位于今天的叙利亚境内，由十字军建立。1142 年，的黎波里伯爵将该城堡封赏给医院骑士团。骑士团经营这个城堡一直到它于 1271 年被阿拉伯人占领。

② 圣殿骑士团和医院骑士团一样，也是基督教三大骑士团之一。它一度享有很多特权，富可敌国，与十字军的命运密切相关。1291 年，圣地陷落，圣殿骑士团失去根据地，最终沦为法王腓力四世解决财务问题的牺牲品。1307 年，其众多成员在法兰西被捕，遭到残酷审讯后以异端罪名处以火刑。圣殿骑士团就此灭亡。

其他的基督教君主都像罗得岛这个小岛那样，坚持不懈地与土耳其人保持敌对，那么亵渎上帝的土耳其人就不会发展得如此壮大。"[5] 即便在君士坦丁堡陷落之后，罗得岛仍然支持着罗马教廷最大的夙愿：最终重返圣地。但其他人对医院骑士团就不那么客气了：对信仰基督教的航海商人来说，骑士团是个与时代格格不入的危险事物。骑士团的海盗行径和对西方与伊斯兰世界贸易的封锁威胁着脆弱的和平，而商业的繁荣完全取决于和平。威尼斯人认为，医院骑士团和海盗没有什么区别，因此视其为仅次于奥斯曼帝国的威胁。

医院骑士团名声在外，但力量其实不大。罗得岛上的骑士从来不会超过五百人，他们都是欧洲贵族，得到当地希腊人和雇佣兵或多或少自愿的支持。骑士团是一个组织严密的精英军人团体，具有强烈的使命感，因此虽然兵力很少，但却能给敌人制造不少麻烦。他们的桨帆船潜伏在亚洲海岸的蔚蓝潟湖和怪石嶙峋的小海湾内，能够迅速地拦截过往船只——乘船从伊斯坦布尔前往麦加朝觐的穆斯林信众，从黑海运往埃及的木材，从阿拉伯成船运来的香料，以及蜂蜜、鱼干、葡萄酒和丝绸。无论敌友，都对医院骑士团噤若寒蝉。与医院骑士团的桨帆船作战，简直就像与蝎子纠缠。"这些海盗精力充沛、胆大妄为，"奥斯曼帝国的史官记载道，"他们扰乱平静的生活，给商人造成各种各样的损失，还会捕捉旅行者。"[6] 对穆斯林来说，医院骑士团素来是不共戴天的死敌，是"法兰克人的邪恶教派、魔鬼最凶残的儿子、魔鬼后嗣中最腐化的一群"。[7] 萨拉丁曾经坦然地屠杀被俘的医院骑士团成员，而毫无道德顾忌。骑士团对教皇的效忠使得奥斯曼帝国加倍地敌视他们。更糟糕的是，他们还在罗得岛上经营奴隶贸易，出售穆斯林奴隶。"先知的孩子中有多少被这些谎言的后嗣俘虏？"穆斯林史官哀叹道，"有多少信徒被迫叛教？有多少妻子和儿女？他们罪大恶极、不可饶恕。"[8]

连续多位苏丹都将罗得岛视为心腹大患、对帝国权威的挑战和亟待解决的问题。穆罕默德二世曾派遣大军前去讨伐，但惨遭失败。1517 年，苏莱曼的父亲塞利姆一世占领埃及之后，处于埃及通往伊斯坦布尔航道正中间的罗得岛的战略威胁更加突出。16 世纪初的几十年，地中海东部地区常发生饥荒，因而保证对伊斯坦布尔的粮食供应至关重要。"上述罗得岛人对苏丹的子民施加了严重的摧残，"[9]威尼斯人萨努多①于 1512 年在日记中写道。就在这一年，骑士团俘虏了 18 艘开往伊斯坦布尔的粮船，导致那里的粮价上涨了一半。民间的怨气直达天听，"医院骑士团阻止前往埃及的商船或朝觐者的船只通过，用火炮击沉船只，将穆斯林俘虏"。[10]对苏莱曼而言，这不仅仅是战略上的威胁；他作为"穆罕默德信士的长官"[11]的地位也不稳固了。医院骑士团在他的帝国的大门口将穆斯林俘虏并变卖为奴，是可忍孰不可忍。现在他决定彻底粉碎"法兰克毒蛇的巢穴"[12]。

苏莱曼在贝尔格莱德写下夸耀胜利书信的九天之后，收信人踏上了罗得岛。他是个法国贵族，名叫菲利普·维里

---

① 马里诺·萨努多（1466～1536），又称"小萨努多"，威尼斯史学家，他的日记详细记述了当时的一些事件，包括意大利战争和奥斯曼帝国的威胁。

耶·德·李尔·亚当，刚刚当选为骑士团的大团长。他时年五十七岁，家族中有多位先辈在十字军东征中马革裹尸。就是他的先人指挥了 1291 年在阿卡城的殊死抵抗。李尔·亚当对他即将执行的任务一定不存幻想。他从马赛出发前往罗得岛上任的途中凶兆不断。在尼斯①外海，他的一艘船失了火。在马耳他海峡，骑士团的旗舰"圣马利亚"号被闪电击中，导致九人死亡，电火花将大团长本人的佩剑毁得只剩下扭曲的碎片，但他毫发未伤地离开了被烧焦的甲板。船队在锡拉库萨②停泊以修复风暴造成的损伤时，他们发现，土耳其海盗库尔特奥卢在跟踪他们。库尔特奥卢率领一队武装到牙齿的桨帆船在外海游弋。骑士团的船队悄悄溜出锡拉库萨港，借助西风航行，迅速甩掉了追踪者。

李尔·亚当读到苏莱曼的信后，做了简洁明了、没有任何客套的回复，也不承认苏丹的众多冠冕堂皇的尊号。"菲利普·维里耶·德·李尔·亚当兄弟③、罗得岛大团长，向土耳其苏丹苏莱曼致意，"他的回信如此开始，"您的使节已经呈上您的书信，我对其用意心知肚明。"[13]大团长随后记述了库尔特奥卢企图俘获他乘坐的船只的经过，最后冷漠地以"后会有期"结束。与此同时，他向法兰西国王也发了一封信："陛下，自他即苏丹位以来，这是他写给罗得岛的第一封信，绝非友谊的表示，而是隐晦的威胁。"[14]

---

① 法国东南部港口城市，今天是旅游胜地。
② 西西里岛东岸海港城市。
③ "兄弟"是修道会和教会属下的骑士团成员互相之间的称呼，因为他们情同手足。

1. 苏丹驾到

李尔·亚当对可能发生的情况洞若观火。骑士团的情报工作非常优秀，而且他们四十年来一直在准备抵御敌人的进攻。16世纪初，他们不断向教皇和欧洲各国的宫廷请求提供经费和兵员。奥斯曼帝国于1517年占领埃及后，土耳其人的威胁达到了空前高度。基督教海域在胆战心惊地等待敌人的下一步行动。教皇利奥十世几乎噤若寒蝉："可怖的土耳其苏丹如今掌控了埃及和亚历山大港，以及整个东罗马帝国，并且在达达尼尔海峡建立起一支强大舰队，他将鲸吞的不仅仅是西西里和意大利，而是整个世界。"[15] 很明显，罗得岛处于正在聚集力量的风暴的最前沿。大团长再次发出求援的呼声。

基督教世界对他的求救置若罔闻。苏莱曼很清楚，意大利是西班牙的哈布斯堡王室与法国的瓦卢瓦王室之间交锋的战场；威尼斯在此前与土耳其人的较量中元气大伤，现在选择求和；而路德的宗教改革正在将基督教世界四分五裂。连续多位教皇都竭力刺激欧洲世俗君主们的良心，并幻想新的十字军东征事业，但都毫无效果。在比较清醒的时刻，教皇们放声哀叹基督教世界的紊乱。只有医院骑士团成员从全欧洲范围的各个基地集结起来，准备援救罗得岛，但他们人数极少。

李尔·亚当不为所动，开始为守城做准备。他派遣船只到意大利、希腊和克里特收购小麦和葡萄酒。他监督部下清理壕沟、修理堡垒，监管火药作坊的运作，并努力阻止告密者越过狭窄的海峡向苏丹的国度输送情报。1522年4月，骑士团收割了尚未成熟的小麦，肃清了城外地域，一把火将其夷为平地。港口入口处拉起了一对坚固的铁链。

在450英里之外的伊斯坦布尔，苏莱曼正在集结大军、装配舰队。奥斯曼帝国军事行动的一大特色就是，他们动员人力和资源的规模远远超过敌人的计算能力。史学家经常会把奥斯曼军队可供集结和投入作战的兵力夸大两倍或三倍，或者干脆放弃计算；遭到围攻的守军躲在城垛后，看到城外漫无边际的人、牲畜和帐篷，常常会将奥斯曼军队的兵力描述为"浩瀚如繁星"[16]。因此，基督教史学家对征讨罗得岛的土耳其军队的兵力做了很大夸张，声称其拥有 20 万大军和一支强大的舰队，"加莱赛战船①、桨帆船、平底船、弗斯特战船②和双桅帆船，总数超过 300 艘"[17]。李尔·亚当决定不去仔细计算自己的兵力。他们人数太少，如果数清楚了反而会导致士气低落，"而且他担心，进出罗得岛的闲杂人等会将这情况报告给土耳其苏丹"[18]。保卫罗得城的守军很可能只有 500 名骑士和 1500 名雇佣兵及当地希腊人。大团长决定举行一系列阅兵，以鼓舞士气。在阅兵活动中，各个连队"旌旗招展"，"锣鼓喧天、号角震耳"[19]。骑士们身穿带有白色十字的红罩袍，景象颇为悦目。

穆罕默德二世在 1480 年围攻罗得岛的时候并未御驾亲征，而是留在伊斯坦布尔，派遣一名大将前去讨伐。苏莱曼则决定亲自征伐"邪恶的可诅咒的奴仆"[20]。苏丹的亲临战

---

① 加莱赛战船是中世纪一种主要由威尼斯人制造、在地中海使用的大型战船，一度颇为流行。加莱赛战船的排水量可达 600 吨以上乃至接近 1000 吨，在当时可算真正的巨无霸；动力是划桨和风帆相结合，需要数百名桨手一同运作。较大的船体使它吃水较深，可以很稳定地航行，并可以搭载更多和更强大的火炮以及数量可观的水兵，因此战斗力很强，但搭载大量人员和使用划桨使其不适合远洋航行。随着风帆船的崛起以及火炮在海战中地位的提升，加莱赛战船逐渐被淘汰。

② 一种轻型桨帆船。

正在开炮的桨帆船

场令战事风险大增。失败将是不可接受的；一旦战败，指挥官们将被解职，甚至人头落地。苏莱曼此行志在必得。

6月10日，骑士团收到了苏丹的第二封信，这次就没有客套的外交辞令了：

> 苏莱曼苏丹致罗得岛大团长维里耶·德·李尔·亚当、他麾下的骑士们，以及各色人等。你等对我国人民的摧残令人发指，使我对他们心生怜悯，而对你们义愤填膺。因此，我命令你们立即投降，将罗得岛及其要塞交与我方。我将大发慈悲，允许你们携带最珍贵的私人财物安全离去；如果你们愿意接受我的统治，我将不向你们收取

27

任何赋税，也不会以任何方式限制你们的自由，更不会妨害你们的信仰自由。如果你们有理智，就应当选择友谊与和平，而不是残酷的战争。因为，你们一旦被征服，就将不得不接受胜利者通常施加的残酷惩罚。你们自己的力量、外部的援助和强大的防御工事都无法保护你们。我将把你们的防御工事夷为平地……我以上天的真主、创世者、四福音书作者、四千先知（他们从天而降，其中最伟大者乃穆罕默德，最值得崇敬者）我祖父与父亲的英灵、我本人的神圣尊贵的帝王头颅的名义，发出如此誓言。[21]

这一次，大团长不屑回信。他的全部精力集中在生产火药上。

6 月 16 日，苏莱曼率军开拔，渡过博斯普鲁斯海峡，沿着亚洲海岸南下，前往与罗得岛隔海相望的集结地。两天后，他的舰队从位于加里波利的基地起航，运载着重炮、补给和更多的兵员。

虽然双方兵力悬殊，但战局并非完全是一边倒的。奥斯曼军队于 1480 年包围罗得岛上的城镇时，他们仰望的还是一座典型的中世纪要塞。薄薄的高墙是为了抵御云梯和攻城器，但无法抵挡持续的炮火。到 1521 年，城防已经大大改良。骑士们的精神风貌和使命感或许是过时了，但在军事工程学上，他们却非常前卫。四十年来，他们花费了大量金钱，雇佣最优秀的意大利工程师来加强他们的堡垒。

这项工程恰好处于一场军事建筑学革命的巅峰时期。火药时代已经到来；发射石弹的大型火炮已被淘汰，让位于发射铁制穿透型炮弹、更为精确、体型更小的铜制火炮，这导致要塞设计也发生了革命。意大利军事工程师们将他们的行当发展成了一门科学。他们利用罗盘绘制火炮的射界图纸，并运用弹道学知识设计出激进的解决方案。他们在罗得岛的工程代表了军事工程学的最新成果：巨大的城墙，墙壁极厚、射界更开阔的带拐角的棱堡，用以使炮弹偏转的倾斜胸墙，可供安放长射程火炮的基座，喇叭口状的射击孔，带有隐蔽炮台的内层防御圈，深如峡谷的双道壕沟，以及能够使敌人暴露在狂风骤雨般火力下的壕沟外护墙。防御战的新原则是纵深防御和交叉火力。敌人每前进一步，都将遭到来自多个角度的袭击，而且前方还可能会有陷阱。1522 年的罗得城不仅是世界上最固若金汤的城市，也是攻城战术的试验场。修建工事的劳工主要是穆斯林奴隶；其中有个年轻的水手叫奥鲁奇，他注定将永远不会忘记，更不会原谅这段经历。

从布局上来看，罗得城呈圆形，像个苹果。但在设防港口与城镇连接的地方，苹果的弧线似乎被咬掉了一大口。骑士们作战时按民族分为若干集群，因此圆形防线被分为八个防区，每个防区各有一座塔楼，每个防区的守军是同一民族的同胞。有个防区由英格兰人防守；意大利人负责另一个区；奥弗涅①人防守最强大的一个棱堡；然后是德意志人、卡斯蒂利亚②人、法兰西人、普罗旺斯人和西班牙人。

---

① 法国中部的一个地区。

② 西班牙中部的一个地区，在西班牙历史上扮演了重要角色，是现代西班牙的基础。如今卡斯蒂利亚仍是西班牙的政治和行政中心。

罗得岛

1. 苏丹驾到

虽然没能从西欧得到有力的支援，李尔·亚当还是交了一个好运。他从克里特招募到了当时最优秀的军事工程师之一——加布里埃利·塔蒂尼，他是"一位了不起的工程师，在军事学上也是一位卓越的数学家"[22]。塔蒂尼在名义上是受威尼斯人雇佣的，后者坚决反对塔蒂尼为医院骑士团效力，因为这将会被视为破坏了威尼斯的中立。骑士们借着夜色掩护，将塔蒂尼从克里特一个荒无人烟的小海湾接走。这是一场令人精神大振的冒险。塔蒂尼面容饱经风霜、精力充沛、极富创造力，而且英勇无畏，抵得上 1000 个人。他立即着手对罗得岛的防御工事进行调整，测量距离和射界，对杀戮地带进行改良。

6 月 24 日是圣约翰的瞻礼日，对医院骑士团来说是最神圣的一天。就在这一天，奥斯曼舰队首次尝试在罗得岛登陆。两天后，舰队在罗得城以南 6 英里处下锚，随即开始耗时甚久的装备卸载工作，将人员和物资从大陆运到岛上。在庄严肃穆的仪式中，大团长将罗得城的城门钥匙放置在圣约翰教堂的祭坛上，"恳求圣约翰保管和保护钥匙，并保卫整个骑士团……仁慈地保护他们免遭正在围攻他们的强大敌人的侵害"。[23]

土耳其人花了两周时间才把所有人员和物资运到岛上。他们运来了名目五花八门的各式火炮：射石炮、蜥炮①、蛇炮、双筒炮和罐形炮。这些火炮能够发射形形色色的弹丸，在攻城战中各有独特的功能：直径 9 英尺的巨型石弹和穿透性极强的铁弹丸将被快速投射，轰击和穿刺城墙；铜制的燃

---

① 中世纪后期的一种重型铜炮。

烧弹炸裂后会抛洒出燃烧的石脑油，"以杀戮人员"[24]；还有弹道很高的臼炮弹；甚至还有生物武器——有些火炮被专门用来向城内投射腐烂的尸体。

世界上没有任何一支军队比奥斯曼人更精通攻城战。拜间谍所赐，他们抵达罗得岛的时候就已经对城防相当了解，因此对自己的任务做了非常务实的评估。他们寄予厚望的不是攻城大炮，而是地下武器：地雷。所以，登上阳光明媚海滩的人员当中有很大一部分只装备了鹤嘴镐和铲子。苏莱曼网罗了巴尔干地区富有经验的坑道工兵（主要是基督徒），让他们在城墙下挖地道。有资料表明，苏莱曼麾下坑道工兵的数量高达 6 万人，相当于全军的 1/3，当然这个数字有些夸大了。他们将流血流汗，一尺一尺地在设计精巧的意大利式棱堡下方挖掘前进。

7 月 28 日，守军可以看见奥斯曼帝国的船只从桅顶悬挂了庆祝条幅：苏莱曼本人乘坐桨帆船渡过了海峡。当苏丹在炮火射程外安营扎寨并监督了所有准备工作之后，攻城战就正式打响了。

最初的战斗是争夺城墙之外的地域，然后是争夺城墙本身。土耳其坑道工兵首先挖掘一道与罗得城防线平行的堑壕，然后在堑壕的前方树立起木栅栏；第二阶段是挖掘像蜘蛛网一样向城墙延伸的坑道。从一开始，这项工作就非常残酷。可怜的坑道工兵在开阔地上无遮无挡地挖掘作业，惨遭塔蒂尼的精确炮火的屠杀。守军还不时发动突袭，从城中杀出，消灭了更多的坑道工兵。这对奥斯曼帝国的指挥官们来说无关紧要，他们有的是人。堑壕挖好后，火炮被拖入防护性屏障的后面，然后就可以开始炮击了。重炮连续不断，日夜轰击城墙，长达一个月之久。臼炮向城市投射燃烧的弹丸，这些弹丸"落地之后旋即破裂，火苗飞腾而出，造成破坏"[25]。使用火绳枪的神射手尝试消灭出现在城垛上的守军。一名目击者记述说："手枪的射击声此起彼伏，令人难以置信。"[26]源源不断的人力供应使得挖掘工作进展神速。坑道工兵从半英里之外搬来"一座土山"[27]，堆筑了两座巨大的俯视城墙的土堆，随后在土堆上安置了五门大炮，居高临下地轰击城内。

土耳其军队兵力如此雄厚，以至于形成了一道长达 1.5英里、横亘全岛的半月形封锁线，正对着罗得城面向内陆的一面。庞大的堑壕系统一天天逼近城墙，堑壕敞开的顶部覆盖有木料和兽皮，坑道工兵就在这掩护下工作。

塔蒂尼积极地采取反制措施。随着敌人坑道的逼近，他建造了巧妙的监听装置：在木框架上紧绷兽皮薄膜，上面悬挂着铃铛。这种装置非常灵敏，来自地下的哪怕是最轻微的震动都能使铃铛响起。他还挖掘自己的防御性地道，拦截敌人的地道，将敌人杀死在黑暗中，用火药将敌人的坑道工兵炸得抱头鼠窜，另外还设置了复杂的陷阱，用凶悍的交叉火力痛击前进的敌人。为了防止漏过敌人的某一条坑道，他在城墙的地基里开凿了螺旋形的通风口，以分散敌人地雷爆炸的力量。

新建的意大利棱堡能够有效地抵挡炮击，但是年代更久远地段的城墙，尤其是英格兰人的防区，就比较脆弱了。而且土耳其坑道工兵干起活来真是不知疲倦。到 9 月初，塔蒂尼摧毁了敌人的大约 50 条坑道，但是到 9 月 4 日，英格兰人防守的棱堡下方发生巨大爆炸，撼动了全城；这里的一条地道躲过了守军的注意力，奥斯曼人得以在棱堡下方引爆了地雷，炸出了一个方圆 30 英尺的大洞。奥斯曼步兵潮水般涌入；苏莱曼的人马一时间建立了桥头堡，在城墙顶端插上了自己的旗帜，但后来被打退，而且损失惨重。随后几天内，战斗愈发血腥；奥斯曼人引爆了很多地雷，但塔蒂尼开凿的通风口系统发挥了效力，城墙没有受到多大损伤；奥斯曼军队发动了一些正面进攻，但都被击退，几千名不知名的奥斯曼士兵战死。苏莱曼的主炮手被一发炮弹打断了双腿，据说苏丹认为这个损失比任何一名将军的阵亡都更严重。士兵们士气低落，不肯进攻；9 月 9 日，指挥官们需要"用剑砍杀"[28]才能迫使士兵们投入战斗。守军的伤亡要少得多，但严重得多，因为他们没有任何补充兵员。仅在 9 月 4 日一天，骑士团就损失了三名主要指挥官：桨帆船分队的指挥官、掌旗官亨利·曼赛尔和高级指挥官加布里埃·德·波莫罗，后者"前去观察堑壕时从城墙上坠落……胸部受伤"[29]。

　　苏莱曼在炮火射程之外的安全地带观察战事，并在作战日记中以一系列简洁的言辞做了记载。8 月底，他简单地写道："26 日和 27 日，战斗。28 日，下令用树枝和石块把堑壕填平。29 日，曾被异教徒摧毁的皮里帕夏①的炮台再度开

---

① 皮里帕夏即著名的"皮里雷斯"（生于约 1465 ~ 1470 年，卒于 1553 年），原名哈只·艾哈迈德·穆哈德因·皮里。"哈只"是对曾经前往麦加圣地的朝觐者的尊称。"雷斯"原意是"船长"，后来变为对海军高级将领的尊称。"帕夏"是奥斯曼帝国行政系统里的高级官员，通常是总督、将军及高官。皮里雷斯是当时著名的将领、航海家、地理学家和地图绘制师。他参加了 1522 年的对罗得岛的围攻。由于他留存今日的著作《航海书》精确描述了地中海的众多重要港口和海防咽喉，令人不禁猜测，他很可能同时也是奥斯曼帝国的海军情报头子。

始射击。30 日，堑壕被填平了。31 日，激烈战斗。"[30] 这些日记充满了如同奥林匹斯诸神静观凡人打仗一般的冷静和超然。苏丹写到自己的时候都是用第三人称，似乎真主在人间的影子①已经超脱凡人的情感，但从这些日记里还是能够感受到苏丹的期望值的变化轨迹。他麾下的将领穆斯塔法帕夏曾告诉他，攻城战将持续一个月。9 月，当一系列地雷的爆炸撼动了城市，缺口被扩大时，似乎胜利的最后一击已经为期不远。9 月 19 日，苏莱曼记载道，一些部队成功地打进了一段城墙的内部。"这一次得到了情报，城内没有第二道壕沟，也没有第二道城墙。"[31]9 月 23 日，穆斯塔法帕夏认定，决战的时刻到了。传令官们在全军宣布，即将展开最后总攻。苏莱曼向官兵们发表了演说，激励大家勇往直前。他命人搭建了观战台，从那里亲自观看最后的总攻。

9 月 24 日破晓前，"甚至在晨祷之前，"[32]土耳其军队就发动了大规模炮击。在烟雾的掩护下，苏莱曼的精锐部队——近卫军开始前进。守军被打了一个措手不及。近卫军冲上城头，插起了旗帜。随后是一场血雨腥风的鏖战，双方苦战了六个小时。大团长成功地集结起了守军，各棱堡和外层城墙内的隐蔽阵地中射出冰雹般的枪弹，对入侵者迎头痛击。土耳其人最后发生动摇，撤退了。任何威胁都无法迫使土耳其士兵返回突破口。他们逃离了战场，留下的是滚滚狼烟和满地血污的瓦砾堆。苏莱曼在当天的日记里只写了一句话："进攻被打退。"[33]次日，他宣布，将让穆斯塔法帕夏在

———————

① "真主在人间的影子"是苏丹的一个尊号。

全军面前游行，然后将他乱箭射死。第二天，他回心转意，饶恕了穆斯塔法帕夏。

罗得岛遭围攻的消息通过窃窃低语传遍了地中海世界。欧洲的帝王们虽然按兵不动，但毕竟还是理解罗得岛的重要性：它是阻挡奥斯曼帝国海上扩张的堤坝。神圣罗马帝国的皇帝查理五世预计，罗得岛一旦陷落，地中海中部海域将向土耳其人洞开；土耳其人将继续推进，从海上进攻意大利，"最终摧残和毁灭整个基督教世界"[34]。但对罗得岛来说不幸的是，这个精明的洞见却没有产生实际的影响。10月，只有几艘小船突破了土耳其人的封锁，带来仅有几名骑士的援兵。在意大利，医院骑士团招募了2000名雇佣兵，这支队伍到达了西西里岛上的墨西拿，随后就止步不前。因为没有武装护航，他们不敢出海。在遥远的英格兰，一些英格兰骑士为远征做了准备。但他们的船只起航太晚，遭遇了恶劣的海况，后来在比斯开湾沉船，无人生还。

攻击在继续。土耳其人坚持不懈地对城墙进行爆破，或者正面攻击。十天内，土耳其人对英格兰人的防区发动了五次进攻，均被打退。到10月初，大部分英格兰骑士非死即伤。10月10日，形势急剧恶化。西班牙人防区的城墙遭到突破，杀入突破口的土耳其人死死咬住阵地，西班牙人无法将其逐出。骑士团仓促修建了一道内层城墙，对这个突破口进行了遏制，但土耳其人稳稳地站住了脚。"对我们来说，这是厄运当头的一天，"一名骑士写道，"这是我们的灭亡的开端。"[35]次日，更多噩耗降临：塔蒂尼在透过枪眼对防御工事进行观察时，被一名神射手一枪击中面部。枪弹打烂了他的眼窝，从头颅侧面射出。这位勇猛的工程师虽然身负重伤，但顽强地活了下来。在随后六周内他无法参加战斗。同时，可用的火炮数量日渐缩减，火药已经所剩无几。大团长不得不下令，未经批准不得开炮。

城内开始疑神疑鬼地大肆搜捕间谍。当地民族混杂，有拉丁人①、希腊人和犹太人，以及被迫为骑士团效劳、心怀不满的穆斯林奴隶，因此人们很容易怀疑，城内潜伏着通敌的第五纵队。在围城初期，有一些土耳其女奴企图烧毁房屋，这个阴谋被挫败，主谋被处死。虽然受到严密监视，男性奴隶还是不断偷跑；他们趁夜色从城墙爬下，或者溜进大海、游出港口。苏莱曼从逃兵那里得知，在 9 月 29 日的战斗中，骑士团损失了 300 人，其中包括几名重要的指挥官。还是在 9 月，一名犹太医生（其实是苏莱曼的父亲多年前安插在城内的间谍）用弩箭向城外传递消息，被当场抓获。神经紧绷的居民们开始幻想处处都有间谍；关于背叛的谣言和对末日的预言如野火般传播。10 月底，又抓住了一个用弩箭传递消息的犹太人。他是骑士团财务官安德里亚·达玛拉尔的仆人。达玛拉尔是个粗暴阴沉、不受欢迎的人物，他原本有希望成为大团长，但最终未能如愿。骑士们现在什么都肯相信。达玛拉尔被逮捕，并遭到严刑拷打。他拒绝承认通敌罪行，但还是被判有罪，先被处以绞刑（一直到濒死，随即解开绞索），然后开膛、阉割、斩首，最后被肢解。他

---

① 指信仰罗马天主教、以拉丁语为教会语言的西欧人。

的头颅和分解的肢体被插在城墙的矛尖上。军营中弥漫着恐惧。

随着援兵的希望越来越渺茫，骑士们把最后的希望寄托在天气上。在地中海作战是要看老天爷脸色的。到了秋末的绵绵淫雨开始的时候，士兵们就无心恋战，一心想返回兵营；应征入伍的人想返回自己的村庄和农场。海况也会越来越糟糕，船身低矮的桨帆船无法应付，在海上待的时间太长的船只将面临灭顶之灾。琢磨日历最认真的就是土耳其人了：传统的作战季节从每年的波斯新年 3 月 21 日开始，到10 月底结束。罗得岛上 10 月 25 日开始下雨。堑壕内灌满雨水，地面化作泥潭。战场变得像索姆河①一样。风向转为东风，将安纳托利亚平原的寒冷驱赶到罗得岛。工兵们的手指被冻僵，难以握住铁铲。开始有人病死。鞭策士兵继续作战也变得更困难了。进攻方开始灰心丧气。

奥斯曼帝国的任何指挥官如果能自行决断的话，都一定会停止进攻，以减小损失。因为他会害怕自己的舰队被风暴和礁石摧毁，担心自己的军队心怀不满、口出怨言，而且因为疾病而虚弱不堪。指挥官宁可让苏丹雷霆大怒，也一定要率军撤退。但苏莱曼这次是御驾亲征，所以决不能放弃：他

① 第一次世界大战中，英法联军于 1916 年 7 月对法国索姆河以北的德军发动正面进攻。德军阵地坚不可摧，进攻第一天英军就伤亡近 6 万人。攻势逐渐变成一场消耗战。10 月，倾盆大雨将战场变成无法通行的泥潭，联军不得不放弃战役，此时，联军仅前进了 8000 米。德军伤亡约65 万、英军约 42 万、法军 19.5 万。索姆河战役成为徒劳无益和疯狂残杀的代名词。

志在必得。执掌朝纲不久就遭遇失败，会严重损害他的权威。10月31日的作战会议决定，舰队将开往安纳托利亚海岸的一个安全锚地；苏莱曼命令建造一座石制的"逍遥宫"[36]，作为他的冬季寓所；攻城战则将继续进行。

战事拖过了整个11月。骑士们现在人数太少，无法面面俱到地防御所有地段，也没有足够的奴隶劳工来修补防御工事或者转移火炮。"我们没有火药了，"英格兰骑士尼古拉斯·罗伯茨爵士写道，"也没有任何弹药，除了面包和水之外没有任何粮食。我们已经绝望。"[37]海上没有任何大规模援军抵达。土耳其人稳稳地控制着西班牙人防区的突破口。此时那个突破口已经宽到足以让40个人肩并肩地骑马通过。骑士团对这个缺口发动了更多进攻，但寒冷的天气和疾风骤雨令士气十分低落："倾盆大雨下个不停，无休无止；雨点被冻结；下了很多冰雹。"[38]11月30日，土耳其人发动了最后一次大规模攻势。骑士团虽然挫败了这次进攻，但再也无法将敌人打退。战事陷入了僵局。城内的现实主义者"感到城市已经守不下去，敌人在一个地段突入了40码①，在另一地段突入了30码。他们已经无法继续后退，也无法将敌人击退"[39]。而苏莱曼每天都不得不目睹自己的军队蒙受新的惨重损失。现代的要塞设计给防守方加分不少，有效地弥补了攻防双方的兵力悬殊，使得双方的力量更加均衡。他知道自己的士兵的忍耐是有限度的。他必须找到一个解决方案。

12月1日，一名热那亚叛教者令人意外地出现在城门

---

① 码，英制长度单位，通常换算方式为1码 = 0.9144米。

前，主动提出为和谈斡旋。他被赶走，但两天后又回来了。以有条件投降为目标的谈判就这么小心翼翼地秘密开始了。绝对不能让外界知道，是苏丹本人在寻求谈判。如果世人知道世界上最强大的君主也在求和，会令他大损颜面。神秘的信件被送到大团长手中（苏丹当然否认是他发出这些信的），重申了投降的条件。双方渐渐地演化出了一种外交活动的模式。骑士们在闭门会议中对此事做了漫长的讨论。李尔·亚当主张死战到底；将罗得岛拱手交给敌人的想法让他悲痛得甚至晕倒在地。但塔蒂尼知道，从军事上讲，他们已经走投无路；而且城内居民想起了贝尔格莱德居民的悲惨命运，含泪哀求骑士团投降。苏丹提出的条件非常慷慨，令守军非常吃惊，起初甚至还颇有些狐疑：骑士们可以保持体面，携带财产和除了火炮之外的武器离开。平民的人身和宗教自由将得到尊重；奥斯曼人不会强迫平民改宗伊斯兰教，也不会将教堂改为清真寺；五年内不收任何赋税。作为交换，骑士们应当交出所有的岛屿和要塞，包括亚洲大陆上的"解放者圣彼得"要塞。这种慷慨大度说明，苏莱曼也陷入了一个僵局，急于尽快结束冬季战争。他甚至表示愿意提供船只，送骑士们撤离。

　　谈判断断续续地进行了两周。李尔·亚当努力拖延时间，于是土耳其人发动了一次新的进攻，迫使他回到谈判桌前。最终他接受了不可避免的命运。苏莱曼非常坚决，不可动摇："哪怕土耳其民族灭绝"[40]，他也一定要得到要塞。但他说服了基督徒，他一定会信守诺言。为了营造互信的气氛，苏莱曼撤军1英里，并与守军交换了人质。骑士团的人质包括尼古拉斯·罗伯茨爵士，他是有史以来第一位有幸目睹苏丹真容的英格兰人。这经历给他留下了极其深刻的印象。"土耳其苏丹非常睿智、审慎……言辞与行动皆如此"，他写道，"我们首先被带去向他请安，我们看到……一座极其奢华的大帐篷。"在这里，他向苏莱曼鞠躬致意，后者"坐在纯金打造的椅子上，帐内没有其他人"[41]。即便身处临时搭建的军营，苏莱曼的气场仍然十分强大。

12月20日，双方最终签订了协议。四天后，李尔·亚当身着"朴素的服饰"（黑色的丧服）前去向苏莱曼俯首称臣。这次会面几乎洋溢着君子之风。满脸络腮胡子、满腹忧伤的李尔·亚当俯身去亲吻苏莱曼的手，这显然触动了后者；骑士们英勇的抵抗也让他心生敬意。通过译员，他用同情的话语抚慰了明显在衰老的李尔·亚当，谈及了世事的难料，"由于人的命运浮沉不定，丧失城市和王国也屡见不鲜"[42]。他转向他的维齐尔①，喃喃道："我不得不将这位勇敢的老人逐出自己的家园，这令我非常忧伤。"[43]两天后，他亲自视察刚刚征服的城市，一路上几乎没有任何卫兵陪同，完全信赖骑士们的荣誉感，这个姿态是非同寻常的。他离开城市时掀起了自己的头巾，向对手表示敬意。

但并非事事都一帆风顺。圣诞节那天，一队奥斯曼近卫军进了城，表面上是担任守卫，却对教堂进行了抢劫和亵

---

① "维齐尔"最初是阿拉伯帝国阿拔斯王朝哈里发的首席大臣或代表，后来指各伊斯兰国家的高级行政官员。维齐尔代表哈里发，后来代表苏丹，处理一切政务。奥斯曼帝国把维齐尔的称号同时授给几个人。奥斯曼帝国的宰相称为"大维齐尔"，是苏丹的全权代表，下文中译为"首席大臣"。

衰老的李尔·亚当

渎。在遥远的罗马，发生了一件不祥之事，与基督教堡垒的即将陷落形成巧合。在圣彼得大教堂举行的圣诞节礼拜中，教堂拱顶高处的飞檐上有一块石头脱落，正好落在教皇脚边。

信徒们视此为一个明白无误的信号：基督教世界的基石已经崩溃；异教徒通往地中海的道路已经畅通无阻。在罗得城，穆斯林高呼"安拉!"，胜利入城，近卫军的军旗（伊斯兰世界的胜利旗帜之一）被徐徐升起，皇家鼓点和音乐响起。"就这样，曾经屈从于谬误的城市归入了伊斯兰的土地。"[44]

1523 年新年的黄昏，幸存的骑士，包括能够行走的和必须抬在担架上的伤病员，共计 180 人，登上了他们的克拉克帆船①"圣马利亚"号和三艘桨帆船"圣雅各号""圣凯瑟琳号"和"圣波拿文土拉"号。他们带走了骑士团的档案和最珍贵的圣物：盛放在镶嵌珠宝的匣子内的施洗者约翰的右臂骨和一幅珍贵的圣母像。苏莱曼一心想把塔蒂尼招入自己麾下，因此早已将他带走了。

船队从港口起航后，骑士们可以眺望小亚细亚白雪皑皑的群山，回想四百年的十字军东征史。随着罗得岛的陷落和博德鲁姆要塞的投降，十字军东征正式寿终正寝。在随后的几十年中，对医院骑士团的成员来说，罗得岛将是一个令人憧憬和神往的天堂；收复罗得岛的美好幻想要过很久才会破灭。现在等待他们的是充满不确定性的未来；在克里特海的上空，黑夜正在向他们疾驰。倚着护栏眺望远方的人群中有一位年轻的法国贵族，他叫让·帕里索·德·拉·瓦莱特。他时年二十六岁，与苏丹年纪相同。在岸上的人群中有一位

---

① 克拉克帆船是 15 世纪盛行于地中海的一种三桅或四桅帆船。它的特征是巨大的弧形船尾，以及船首的巨大斜桅。克拉克帆船体型较大，稳定性好，是欧洲史上第一种可用作远洋航行的船只。

年轻的土耳其士兵，他叫穆斯塔法，在此次战役中功勋卓著。

苏莱曼大获全胜，凯旋伊斯坦布尔。登基仅仅十八个月时间，这位沉默寡言的年轻君主就已经明白无误地表达出了自己的宏图大略。占领贝尔格莱德之后，通往匈牙利和中欧的道路已经洞开；夺得罗得岛，就是剪除了基督教在地中海东部的最后一座军事要塞。"敏捷如蛇"[45]的奥斯曼帝国战船可以席卷地中海中部了。罗得岛攻防战打响了一场宏大战争的第一枪，这场角逐将从维也纳城下一直打到直布罗陀海峡。

苏莱曼在这些征服事业之后的统治是奥斯曼帝国历史上最长久也最辉煌的篇章。被土耳其人称为"立法者"，被基督徒誉为"大帝"的苏莱曼将发动史诗规模的战争，令他的帝国达到全盛的顶峰。第十世苏丹的威严、公正和雄心无人可比。然而苏莱曼的黄金时代却受到圣约翰骑士团的烦扰：四十年后，骑士团将在拉·瓦莱特的领导下再次给苏丹制造麻烦。苏莱曼年轻时在罗得岛的慷慨大度被历史证明是一个代价沉重的错误。在 1522 年之后，并非只有年轻的苏丹一个人自认为奉天承运。在托勒密地图的最西端，有着另外一位足以与他匹敌的伟大帝王。

2. 求援

1517 ~ 1530 年

五年前。1500 英里以西。另一片大海。

1517 年 11 月，在恶劣天气下，一支 40 艘帆船的船队正颠簸地穿过比斯开湾。它们是来自荷兰的弗利辛恩的佛兰德船只，目的地是西班牙北岸。这些坚固的克拉克帆船足以抵御大西洋的惊涛骇浪。每艘船都张挂着巨大的帆，主帆在冬季劲风的猛冲下鼓胀起来。狂风骤雨席卷灰色的海域，有时遮蔽了船队，有时又让它们在昏暗的日光下显露身形。海岸线逐渐出现在雨帘中。

甚至从远处也可以清楚地看到，有一艘船与众不同。"国王"号上载着年轻的勃艮第公爵查理，他是来继承西班

牙王位的。"国王"号的帆上装饰着代表宗教和帝国权威的复杂徽记:

> 主帆上绘有耶稣被钉在十字架上的图像,两侧是圣母马利亚和使徒圣约翰[1]。整幅图像的外围是赫拉克勒斯的两根巨柱①。国王的箴言"走得更远"②写在缠绕在两根巨柱之间的卷轴上。这一切构成了王室纹章。上桅帆上画着三位一体像,后桅帆上绘有圣尼古拉像。前桅帆上画着环抱圣婴的圣母走在月球上,周围环绕着太阳的光辉,她头戴饰有七颗星的冠冕;最上面是卡斯蒂利亚的主保圣人圣雅各在战斗中斩杀异教徒的场景。

查理年仅十七岁。复杂的王朝继承法统规定,他理应是自查理曼以来欧洲最庞大领地的继承人。他的领地之广大,可与奥斯曼帝国等量齐观,而他的头衔之多也足以与苏莱曼匹敌。书记员要用长长的两页纸才能写下他的全部头衔:阿拉贡、卡斯蒂利亚与纳瓦拉国王,那不勒斯与西

---

① "赫拉克勒斯的巨柱"是直布罗陀海峡南北两岸上的巨岩,北面一柱是位于英属直布罗陀境内的直布罗陀巨岩,而南面一柱则在北非,但确切是哪座山峰没有定论。根据希腊神话,这两大巨岩是大力士赫拉克勒斯所立,为他捕捉巨人革律翁之行留下纪念。

② 原文为拉丁文"Plus Ultra",暗示西班牙视赫拉克勒斯之柱为通向新世界之门,而非地中海的门户;西班牙当时在海外还有大片殖民地。而根据历史学家考证,这句铭文来自赫拉克勒斯之柱树立之时,刻在上面的警告铭文"Non Plus Ultra",意为"此处之外,再无一物",表示赫拉克勒斯之柱就是已知世界的尽头。而据传是查理五世少年时身边的博士建议他把"Non"删去,作为自己的座右铭,刻在自己的纹章上。

2. 求援

西里国王，勃艮第领主，米兰公爵，哈布斯堡家族的族长，弗朗什—孔泰、卢森堡与夏罗尔的统治者，等等。他的领地在全欧洲星罗棋布，如同象棋上的黑色方块，从东方的匈牙利一直延伸到西方的大西洋，从阿姆斯特丹一直到北非海岸，甚至包括更遥远的地方——新发现的美洲大陆。

船帆上的徽记是年轻国王的佛兰德谋臣们精心选择的，目的是争取他的新臣民西班牙人的好感，并宣示他们的国王对整个帝国和圣战领导地位的所有权。在西班牙的地理大发现时代，查理的领土将远远超出直布罗陀海峡，囊括整个世界。他继承了西班牙王冠，同时也继承了"天主教国王"的头衔和消灭伊斯兰新月、以圣雅各之名击败穆斯林军队的使命。

从一开始，他的谋臣们就宣扬着这种观点：他们的君主是奉天承运，来担任全世界的皇帝的。他从奥地利的哈布斯堡家族那里继承了这样的箴言："奥地利理当统领全世界。"[2]两年后的 1519 年，通过重金贿赂，他当选为神圣罗马皇帝，史称查理五世。这完全是个荣誉称号，并不会带来新的土地或收入，但在那个重视皇帝头衔的年代，它能赋予极大的威望。有了这个头衔，查理五世就成为捍卫天主教欧洲、反对穆斯林和基督教异端的战士。很快，查理五世就将被誉为一个日不落帝国的君主。就在他当选皇帝的那一年，麦哲伦扬帆起航，后来为西班牙争得了全球霸业。

但不幸的是，在 1517 年 11 月，查理五世登上西班牙土地的时候，上演的却是一桩闹剧，此时还无人能预见到他未来的帝国威仪。船队接近西班牙海岸时，佛兰德水手们郁闷地发现，他们抵达的地方位于目的地以西100英里处。他们在无人通报的情况下突然出现在一个叫比利亚维西奥萨的小港口。当地居民没有读懂查理五世的船帆上威风凛凛的徽记，而误以为他们是海盗。居民们大为恐慌，携带财物逃进山里，准备抵抗。"西班牙人，快来参见国王陛下！"[3]的呼喊也未能澄清事实。众所周知，海盗会使出各种阴谋诡计来蒙蔽不够谨慎的人。过了相当一段时间，一些胆子比较大的平民"偷偷摸摸地从灌木丛和树篱中走出"[4]，这才认出了卡斯蒂利亚的旗帜。查理五世的呆若木鸡的臣民们终于振作起精神，仓促准备了斗牛比赛来为国王接风洗尘。

这不是一个光荣的开端。跟跟跄跄地登上西班牙土地的十七岁国王也没有什么震撼人心的威仪可言。苏莱曼精心设计的威严仪容令所有看到他的人肃然起敬，而查理五世看上去却像个白痴。哈布斯堡皇族世世代代的近亲结婚带来了不良的遗传。他的眼睛圆鼓鼓的，皮肤非常苍白，虽然身材匀称、天庭饱满，但却有个严重的缺陷：长长的下颚非常突出，导致嘴巴经常是张开的。那些过于粗鲁，或者地位极高因此能够言行无忌的人会说，这个年轻人看上去表情茫然，像个傻瓜。他的祖父马克西米利安直截了当地说，他活像个异教偶像。面部畸形使得查理五世无法正常地咀嚼食物（所以他一生都被消化不良困扰），并且造成了口吃。这位国王不会说西班牙语。他看上去严肃缄默，智商不高，很难让人预想到，他将来竟能统领天下。威尼斯人认为他对谋臣们言听计从，是后者的傀儡。但表面现象是骗人的。查理五世虽然其貌不扬，却极富独立思考的精神；虽然沉默寡言，却坚定不移地忠实于帝国的政务和保卫基督教世界的使命。"他脑子里藏的东西",一位教皇使节明智地评断道,"比脸上显露出来的多得多"。[5]

年轻的查理五世

查理五世初登西班牙土地的不愉快经历预示着他很快就将遇到诸多困难。在这位以法语和佛兰德语为母语的新国王即位之初，西班牙各地纷纷叛乱，据说只有从没亲眼见过他的人们才没有揭竿而起。除了伊比利亚半岛的内部问题之外，查理五世几乎马上就卷入了基督教西班牙与伊斯兰世界之间剪不断理还乱的历史难题中。在查理五世的船帆徽记上非常突出的直布罗陀海峡不仅是通往美洲和西印度群岛的门户，也是与敌意日增的伊斯兰世界的边疆，二者之间仅仅隔着 8 英里宽的海峡。他抵达西班牙不久之后，北非的奥兰①的军事总督科马雷斯侯爵就将向他详细汇报具体形势。与科马雷斯侯爵一同前来觐见国王的还有一个身穿阿拉伯服装的人。科马雷斯呈上的请愿书很快对国王的雄图大略构成了考验。

科马雷斯申诉的问题可以一直追溯到几个世纪前阿拉伯人对西班牙南部的占领，以及基督徒漫长的反攻，即著名的"收复失地"运动，但也涉及圣约翰骑士团。当时的人们对大转折的年份 1492 年，也就是哥伦布首航的那年，还记忆犹新。就在那一年，卡斯蒂利亚女王伊莎贝拉和阿拉贡国王斐迪南征服了摩尔人在西班牙的最后据点——格拉纳达王国。在伊比利亚半岛安宁生活了八百年的穆斯林一下子丧失了家园。很多人渡过海峡，逃往北非。留在半岛上的几万名穆斯林在基督教社会越来越不宽容的环境下，不得不忍受越来越多的限制。到 1502 年，卡斯蒂利亚的穆斯林面临着一

---

① 在今天的阿尔及利亚西北部。

个艰难的抉择：要么改宗基督教，要么离开西班牙。于是又有很多穆斯林愤然离去；留下的人，即所谓的摩里斯科人或新基督徒①，往往只是在名义上改信基督教，因此受到愈发焦虑的基督教君主的怀疑。

这些事件越过大海，对欧洲人称之为巴巴利海岸而阿拉伯人称之为马格里布的地区，也就是今天的摩洛哥、阿尔及利亚和突尼斯一带，产生了极大的刺激。在这条海上边界的两侧，海盗活动一向都很猖獗。现在复仇心切的大批穆斯林遭到驱逐，更令他们咬牙切齿。海盗活动不再是全无章法的恣意抢劫，而是变成了一场圣战。从巴巴利海岸的安全港口发起的劫掠活动越来越猖狂。基督教西班牙开始为自己清理门户的举措付出代价。新一代的伊斯兰海盗对西班牙海岸熟悉到了骇人的程度；他们会说西班牙语，能够冒充西班牙人；更糟糕的是，他们还能得到地中海北岸心怀不满的摩里斯科人的大力支持。基督教西班牙开始感到自己四面受敌。作为回应，基督徒攻占了巴巴利海岸的海盗要塞，建造了一连串堡垒，作为对抗伊斯兰世界的"马其诺防线"。

事实证明，这项政策考虑欠成熟，执行也很不得力。西班牙堡垒群岌岌可危地矗立在敌人的海岸上，没有得到充足的资源，又受到心怀怨恨的异族平民的包围。西班牙更重大的利益在意大利和新大陆。北非没有唾手可得的财富来刺激西班牙主教们的远征热情，于是成了一条几乎被遗忘的战

---

① 指改宗基督教的西班牙穆斯林及其后裔。"摩里斯科"在西班牙语中的字面意思是"小摩尔人"，有轻蔑和贬低的意思。

线。现在西班牙不得不为此付出代价：一群土耳其冒险家正在把整个地中海西部变成一个主战场。科马雷斯向国王申诉的就是巴巴罗萨兄弟的事情。

奥鲁奇和赫兹尔两兄弟被基督徒称为"巴巴罗萨"——红胡子。他们是来自地中海东部的冒险家。他们在罗得岛攻防战之前出生在莱斯博斯岛，那里正处于伊斯兰教和基督教两个世界之间四分五裂的边界上；他们的生活跨越了两个世界。他们的父亲是奥斯曼帝国的一名骑兵，母亲则是一名希腊基督徒。他们以伊斯兰教的名义开展海盗活动，还是拜圣约翰骑士团所赐。在与骑士们的一场冲突中，奥鲁奇不幸被俘，他的另一名兄弟被打死。奥鲁奇成了骑士团的奴隶，披枷带锁地在罗得岛的新堡垒的工地上苦干，然后又在骑士团的桨帆船上充当桨手，直到他锉断了铁链，泅水逃走。青年时代的这段经历促使他自命为伊斯兰的战士。

1512 年前后，兄弟俩突然出现在马格里布海岸。这两个一穷二白的冒险家在奥斯曼帝国的一场内战中站错了队，因此不得不逃离爱琴海。他们身无分文，有的只是水手的高超本领：借助星辰航海的技术、对大海了如指掌以及敢于冒险的精神。他们是奥斯曼帝国的科尔特斯①（此时科尔特斯即将以基督教的名义征服墨西哥）；和科尔特斯一样，他们也将给他们的西部边疆带来命中注定的转折。"红胡子奥鲁

---

① 埃尔南·科尔特斯（1485～1547）是殖民时代活跃在中南美洲的西班牙殖民者，以摧毁阿兹特克古文明，并在墨西哥建立西班牙殖民地而闻名。

奇开始在我们的海域航行、劫掠我们土地的那一刻起，"史学家洛佩斯·德·戈马拉①后来写道，"我们的西班牙从海盗那里遭受的所有苦难就拉开了帷幕。"[6]

奥鲁奇团伙的基地设在杰尔巴岛，离今天的突尼斯海岸很近。那是一个岸边种着棕榈树的多沙小岛，面向内陆的一面有个安全的深水潟湖，非常适合海盗活动。从这里，野心勃勃的海盗们可以轻松出击，抢劫在北非与意大利海岸之间来往的船只。他们很快养成了自己的习惯：春天航海季节开始时，他们乘几艘船出航，通常是一艘由基督徒奴隶划桨的大型桨帆船和几艘较小的划桨船，用来作战和袭击西班牙与意大利之间的航道。最初他们的目标是运送大宗货物（布料、军械、小麦和铁矿石）的商船；他们会在岛屿的背风处伏击商船，展开攻击时发出令人毛骨悚然的"安拉！"呼声。他们劫获的所有物资都被用于提高自己在马格里布的地位。他们会将缴获的船只开回杰尔巴岛，将其拆解，在不生树木的岸边利用这些木材打造新的战船。他们和突尼斯苏丹达成了一项协议，获准利用该城的港口拉格莱塔作为基地，并以奴隶和礼物获得了苏丹及平民的好感，同时他们的圣战事业得到了宗教领袖的支持。他们潜行于西班牙海岸，将西班牙穆斯林接到海峡南岸，并利用自己对西班牙地形的知识洗劫基督徒的村庄。意大利南部海岸地带以及各个大岛

---

① 弗朗西斯科·洛佩斯·德·戈马拉（1511~1566），西班牙史学家。虽然他从未到过美洲，但根据科尔特斯等人的口述，撰写了关于西班牙征服美洲的著作。有人批评他的著作错误很多，尤其是对科尔特斯的功绩过于夸大。

（马略卡岛、梅诺卡岛、撒丁岛和西西里岛）都开始对这些海盗心怀畏惧。海盗的袭击往往出人意料、迅猛而恐怖，造成了严重的破坏。赫兹尔声称在一个月内就俘虏了 21 艘商船和 3800 人，包括男人、妇女和儿童。

随着海盗们威名远播，或者说臭名远扬，他们逐渐成了传奇人物。奥鲁奇五短身材，粗壮结实，常常大发雷霆，右耳戴着金耳环，头发和胡须都是红色的，令人遐想，也令人畏惧。在马格里布的口头传说与诗歌中，以及在被压迫的西班牙穆斯林口中，他是伊斯兰世界的侠盗罗宾汉，还具有巫师的魔力。传说，他的财富取之不尽，用之不竭；真主给了他刀枪不入的本领；他和魔鬼定下了盟约，可以让他的船只隐形。对他的残暴的描述同样神乎其神。传说奥鲁奇曾经用牙齿咬开一名基督徒的喉咙，吞吃了他的舌头；他曾用弯刀杀死了 50 个人；他曾将一名医院骑士团成员的首级系在一根绳子上，然后旋转起来，直到首级的眼珠爆裂。在西班牙和意大利南部，人们听到他的名字时都要画十字。南欧的新印刷机火速印出耸人听闻的小册子。基督徒的私掠海盗得到了许诺，一旦抓住奥鲁奇，不管死活，必有重赏。

巴巴罗萨兄弟自己也特意推动这些神话的传播。他们在北非海岸寻求将自己的地位合法化，试图为自己建立真主保佑下的圣战者的形象。赫兹尔声称，"真主创造了他，以便震慑基督徒，令他们不敢出航[7]"，他得到了先知的托梦。恐怖和残暴都是战争的武器。1514 年，他劫掠梅诺卡岛时，在岸上留下了一匹马，马尾上缚着一张告示："我是天堂的雷霆；我的复仇绝不停歇，直到我杀死你们所有的男人，并

奥鲁奇

将你们的妻子、女儿和孩子全部贩卖为奴。"[8] 这种暴行足
以威慑基督教世界的海域。

哥哥奥鲁奇野心勃勃，不甘心一辈子做海盗。他来到马格里布的时候，北非传统的诸王国已经开始分崩离析，分裂为一系列城邦（突尼斯、的黎波里和阿尔及尔）以及周边的阿拉伯人及山区柏柏尔人的部落，这些城邦和部落之间混战不休。兄弟俩决心以西班牙征服者般的残酷善加利用伊斯兰世界内陆的权力真空，致力于在这个新世界为自己开辟出霸王基业。1515 年，奥鲁奇与伊斯坦布尔的帝国中心取得了联系。他派遣航海家和地图绘制家皮里雷斯带着礼物（一艘被俘的法国船只）去觐见塞利姆一世苏丹（苏莱曼的父亲），恳求他的保护。苏丹投桃报李，封赏了这些雄心勃勃的海盗。他赏赐给他们荣誉性的礼品：头衔、头巾和镶嵌珠宝的佩剑。更实用的礼物是两艘满载士兵、火药和大炮的重型桨帆船。这是个重要的时刻：与帝国中心的首次接触将启动一个进程，最终使马格里布成为奥斯曼帝国的一部分。

次年，奥鲁奇在一场令人震惊的伊斯兰世界内部的政变中夺得了阿尔及尔的统治权。他亲手将当地的苏丹扼死在浴室内，派遣他新近获得的、装备火枪的奥斯曼士兵席卷全城街道。与此同时，西班牙的私掠海盗正在新大陆使用火药做类似的事情：抢夺殖民地。

此刻，对于奥斯曼海盗、摩里斯科人和伊斯坦布尔的苏丹这三者的联合，西班牙人惊恐万状。他们在北非海岸的要塞群受到持续不断的压力。奥鲁奇对西班牙人位于贝贾亚的前哨阵地发动了两次进攻，都失败了。西班牙人发动了反击，企图将巴巴罗萨兄弟赶出阿尔及尔，但遭到惨败，船只和部队几乎全军覆没。奥鲁奇和奥斯曼篡位者们的地位得到巩固，于是继续向内陆扩张。他们占领了马格里布中部的古老首府特莱姆森，杀害了统治当地的阿拉伯王族的 70 名成员，并进一步孤立了西班牙军队控制的阿尔及尔岛屿要塞和邻近的奥兰。很快，奥鲁奇就控制了几乎相当于今天的阿尔及利亚全境的区域。他对海上交通和海岸的劫掠极具破坏性，而且愈演愈烈。穆斯林海盗开始将身体残缺的俘虏抛弃在基督教国家的海岸上，并嘲弄地让他们"去报告你们的基督教国王们：'这就是你们宣扬的十字军东征'"[9]。西班牙人感到深受威胁。交战几年以来，他们唯一的胜利就是在贝贾亚用火绳枪打残了奥鲁奇的一只胳膊。从此以后，奥鲁奇获得了一个新绰号"断臂"，也有人称他为"银臂"，因为据说他令人用纯银打造了一只前臂和手，接在自己的残肢上。这个传说足以反映，对基督徒而言，他是怎样的一个噩梦。

就在此时，年轻的查理五世收到了科马雷斯侯爵以及他的阿拉伯盟友——被废黜的特莱姆森国王的求援。侯爵解释了北非急剧恶化的形势，以及西班牙在当前和未来面临的危险。他恳求年轻的国王抓住这个千载难逢的机遇。科马雷斯认识到，奥鲁奇这一次在特莱姆森走得太远，超过了自己的能力所及。这座城市地处内陆，距离海盗位于阿尔及尔的巢穴 200 英里。他手下的那群土耳其人数量不多，而且激怒了当地的阿拉伯人，让后者几乎到了揭竿而起的地步。这是基督徒发动反攻、一劳永逸地肃清地中海西部海盗的良机。已经发誓要粉碎异教徒的年轻国王自然不能拒绝这个挑战。他下令发起他在地中海的第一次冒险。

查理五世给科马雷斯提供了 1 万名士兵以及足够的经费去煽动阿拉伯人大举造反。这一次，西班牙人的行动果断坚决。他们快速行动，切断了通往阿尔及尔的补给线，封锁了特莱姆森，对其进行了长期围攻。城防瓦解后，奥鲁奇没戏可唱了。阿拉伯人高呼"干掉他!"，海盗国王带着一小群随从溜出城市，快马加鞭地逃走。西班牙军队发现了他们的踪迹，于是开始追击。奥鲁奇将特莱姆森的财物丢弃在尘土漫天的道路上。很多西班牙官兵停下来去捡地上的宝石和硬币，但一群更为坚定的士兵穷追不舍，终于将奥鲁奇围困在一片干旱的丘陵地带。他们呼唤圣雅各相助，围上去进行最后的猎杀。土耳其人战斗到最后一人，奥鲁奇用独臂挥舞着战斧，直到他被一根长矛刺中。他临死之前凶狠地咬了杀死他的那人一口。堂加西亚·费尔南德斯·德·拉·普拉萨的身上就这么留下了一个传奇的伤口，一直到他去世。西班牙人砍下了奥鲁奇的银臂，作为战利品，并将他的脑袋插在长枪的枪尖上。西班牙人还借着火炬的光亮将奥鲁奇的躯体钉在特莱姆森的城墙上。之所以这么做，是因为人们的迷信，就像刺穿吸血鬼，阻止他复活一样。奥鲁奇怪诞可怕的带有红胡子的脑袋（眼珠子仍然恶狠狠地瞪着，似乎还不服气）被插在枪尖上送到马格里布各地展示，向大众证明，奥鲁奇确已死亡。最后，已经腐烂的头颅被送往西班牙。人们盯着它，虔诚地画着十字，在这可怕景象前战战兢兢。

对新近登基的查理五世来说，这是一场了不起的胜利，但它带来的优势几乎当即就丧失殆尽。西班牙一直没有一项解决北非问题的大政方针；军队没有继续向阿尔及尔进军并彻底捣毁海盗巢穴，而是班师回朝了。奥鲁奇的尸骸还钉在城墙上的时候，他更为狡黠的弟弟就迅速崛起，继续兄长未竟的事业。赫兹尔永远不会忘记，更不会原谅曾经受到的侮辱和伤害，于是继续在地中海西部坚持圣战。他的第一个行动就是彻底继承兄长的衣钵和神话：原本是黑发的赫兹尔将自己的胡须染成了红色。他的第二个行动甚至更加精明。

赫兹尔认识到，他在马格里布的地位是岌岌可危的。如果他这样一个外来入侵者想要在阿拉伯海岸生存下去，需要的不仅仅是兵员和装备，还需要宗教和政治上的权威。他决定放弃兄长的独立建国的梦想。他派了一艘船到伊斯坦布尔，给苏丹献上新的礼物，并正式向后者俯首称臣。他请求将阿尔及尔并入奥斯曼帝国。苏丹塞利姆一世做出了友好的回应：他正式任命赫兹尔为"阿拉伯人的阿尔及利亚"的总督，并将传统规定的总督身份的标志物赏赐给他：一匹骏马、一把弯刀和华贵的马尾旌旗。不久之后，塞利姆一世就驾崩了。现在，在阿尔及尔的清真寺里，人们在星期五祈祷中念叨的、城市的货币上铸造的都是苏莱曼的名字。阿尔及利亚一下子变成了奥斯曼帝国的一个行省。来自地中海东部的野心勃勃的水手们为帝国开拓了广大领土，而几乎没有花帝国国库的一分钱。于是，赫兹尔获得了政治上的合法性和新的资源：火药、大炮和2000名近卫军。还有4000名志愿者也加入了他的队伍，急于在这位神奇的统帅麾下分一杯羹。苏莱曼给这位年轻的海盗授予了一个新的荣誉称号：海雷丁，意思是"信仰之善"。于是，随着时间的流逝，他成了众所周知的海雷丁·巴巴罗萨。

这些事件具有决定性意义。从海雷丁正式向苏莱曼效忠，"亲吻圣旨，并毕恭毕敬地将其放置在自己头上"[10]的那一刻起，斗争的性质就发生了变化。从此以后，北非就不再仅仅是西班牙和一些惹麻烦的海盗之间的局部问题，而变成了苏莱曼和查理五世之间斗争的最前沿，这最终将不可避免地引发一场海上的全面战争。

3. 邪恶之王
1520～1530 年

　　苏丹对托勒密地图所代表的整个世界的觊觎令欧洲君主们不寒而栗，但就在罗得岛陷落后不久，曾参加攻城战的一位船长向苏莱曼进献了一本非同一般的书，假如基督徒们知道这本书的存在的话，一定会魂飞魄散。这本书的作者是一位对地理具有强烈好奇心的土耳其航海家，名叫皮里雷斯，也就是皮里船长。此前他已经为前任苏丹们绘制了一套准确度惊人的世界地图，其中包括了哥伦布所用地图的复制品。这次的《航海书》更为实用。它除了对哥伦布和瓦斯科·达伽马的发现做了记述外，还包含了在地中海航行的指导手册，资料来自皮里雷斯本人的航海经验。该书包含 210 幅带有航海指南的示意图，对近海地带做了详细介绍。除了爱琴海外，它还解释了如何在异教徒控制下的所有近海海域航行，远至直布罗陀海峡。对每次只能航行几天就需要上岸补充淡水的桨帆船来说特别关键的是，书里还标示了海岸和岛屿上有泉水的地点。皮里展示了威尼斯方圆百里之内和意大利与西班牙海岸所有可供桨帆船补充淡水的地点。他的著作其实是海战的蓝图。

在后来的岁月里，苏莱曼的海军将会广泛使用《航海书》。但在当时，苏丹对它以及作者本人却不屑一顾，这也体现出了苏丹对大海的态度。在 16 世纪 20 年代，他除了声称自己是地中海的主人外，对这片大海并不感兴趣。他的雄图主要体现在陆地上。大海是陌生的，也是荒芜的，就把它留给海盗们好了。只有陆地上的开疆拓土才能带来荣耀、新的头衔以及可供抚慰军队的土地和战利品。攻打罗得岛是苏莱曼在地中海上的唯一一次冒险；1526 年，他纵马讨伐的是匈牙利和查理五世在奥地利的领地。最初参加地中海战争的是海雷丁这样身处边疆的人。

虽然得到了军事上的输血，海雷丁的地位仍然岌岌可危。然而查理五世也无法利用海盗暂时的虚弱，因为他被其他的困难烦扰着。预计到奥斯曼帝国将沿着多瑙河大举进攻，他将奥地利领地交给了自己的兄弟斐迪南，而把注意力转向另一场针对基督徒邻居的战争。他的敌人是因未能当选神圣罗马皇帝而耿耿于怀的法国国王弗朗索瓦一世。这两位君主时断时续地打了一辈子。由于对法战争完全吸引了查理五世的注意力，在奥鲁奇死后的岁月里，西班牙在马格里布

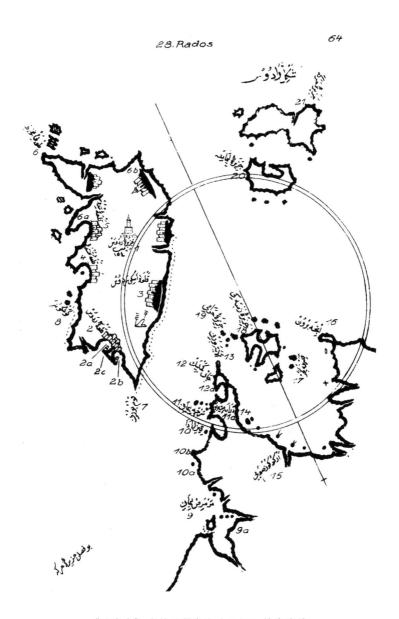

《航海书》中的罗得岛和小亚细亚的海岸线

的要塞持续地衰败了下去。一系列协调不力的远征造成了惨重的损失。1519 年，西班牙军队试图攻打阿尔及尔，不料船只失事，官兵惨遭屠杀。指挥官乌戈·德·蒙卡达躲在海岸上的死尸堆里，不光彩地捡了一条性命。巴巴罗萨因为自己兄长被杀，怒火满腔，不允许对方赎回战俘。查理五世提供一大笔赎金，希望赎回军官们，巴巴罗萨却命令将俘虏处死。查理五世提出付一笔钱，将死者遗体赎回，巴巴罗萨却将尸体投入大海，"如果死者的亲属来到阿尔及尔，他们不会知道自己的父亲或兄弟埋骨何方，也看不到骨灰，他们能看到的只有浪涛[1]"。此次重创西班牙舰队之后，海雷丁就能够恣意袭击查理五世的海岸了。

海雷丁的地位潮起潮落。1520 年，阿拉伯人和柏柏尔人合伙把他赶出了阿尔及尔，但西班牙人没有抓住这个机会壮大自己。他们从来没有完全掌握巴巴利海岸复杂的风向，出航总是太晚。1523 年，蒙卡达再次率军出征，却遭遇了更严重的事故，导致"26 艘大船和数量众多的小船损毁"[2]。阿尔及尔注定将成为基督教十字军的集体伤心之地。西班牙人利用宏伟的岛屿要塞对阿尔及尔进行了一定程度的控制，但在巴巴利海岸的西班牙要塞群的驻军士气却非常低落。北非是一条被遗忘的战线；有更重要的目标和战利品吸引着帝国的注意力。这是一场没人想打下去的战争。西班牙士兵们得到的兵饷少得可怜，有时甚至会受到克扣。要塞的物资补给毫无规律性可言，有时甚至会有驻军饿死。他们听到新大陆传来的消息，无不艳羡不已。"这里可不像秘鲁那样，走出门就能捡得到宝石，"一位军官抱怨道，"这里是非洲，我们看得到的只有土耳其人和摩尔人。"[3]有些士兵会叛变投敌，背弃自己的基督教信仰；也有人去美洲冒险，或者买通蛇头，偷偷返回西班牙。西班牙人在北非能够坚持下来，完全是因为马格里布的政治动荡。

对地中海东部的人们来讲，马格里布就是新大陆。随着海雷丁名望日涨，越来越多的海盗向西航行，步他的后尘。西班牙人自己也认识到了财富的诱惑。"听到在巴巴利海岸发财致富的传说，人们蜂拥而来。就是这种狂热驱使着西班牙人奔向西印度群岛的矿产，"[4]史学家迭戈·德·阿埃多如此写道。到 16 世纪 20 年代末期，巴巴利海岸至少有 40 个海盗头子在活动，在海雷丁的部署下袭扰基督教海域。海雷丁自己的形象也变得令人望而生畏：不可战胜、令人毛骨悚然，又有雄才大略。他将自己打扮为真主意志和苏莱曼皇权的表现；他的未卜先知的梦使得他安然逃过伏击、避开风暴，顺利地攻城拔寨。用他自己的话来说，他出现在基督教舰队中时，"如同太阳的光辉令星辰黯然失色"。[5]他的旗舰"阿尔及利亚人"号配备的桨手多达 108 人，桅顶张挂着一面红色大旗，上面画有三弯银月，船尾上带有两句相互交织的阿拉伯文句子。其中一句写着"我将征服"；另一句是"真主的佑护远胜最坚固的铠甲和最雄伟的塔楼"[6]。在"阿尔及利亚人"号逼近时，基督徒船只往往不战而降，船员们宁可投海自尽，也不愿意忍受海盗桨帆船的漫长折磨。海雷丁诡计多端，心狠手辣，发起火来如同火山爆发。他经历过成千上万次航行，对大海了如指掌；通过俘虏口供和西班牙穆斯林提供的大量消息，他可以获得极其准确的情报，对敌人的意图洞若观火。因此他能够出其不意、肆无忌惮地发起攻击。每年他率领由 18 艘船组成的小舰队扫荡两三次，拦截商船，烧毁沿海村庄，掳掠人口。十年间，仅在巴塞罗那和巴伦西亚之间长度仅 200 英里的海岸线上，他就俘虏了 1 万人。

海雷丁的神通广大和宣传攻势让基督教欧洲的民众为之战栗。奥鲁奇的威名已经渐渐被人们淡忘，于是海雷丁成了唯一一个"巴巴罗萨"和不计其数的骇人听闻的故事和歌谣的主角。印刷机持续轰鸣，印出海量的大开本报纸和木刻肖像画，以满足民众对他的好奇心。法国作家拉伯雷在 1530 年送了一幅这样的肖像画给一位来自罗马的朋友，并向后者保证，这幅画是"根据真人相貌画出的"[7]。在印制的肖像上，海雷丁威风凛凛，戴着头巾，身着富丽堂皇的长袍，巨大的双手抓着一幅卷轴和一把刀柄带有鹰头装饰的弯刀。他眼窝深陷，目光炯炯，胡须蜷曲如同食人妖，表情显得狡诈又贪婪。新技术使得欧洲人得以端详这位充满神话色彩的海盗，在他身上找到了残暴的样板。"巴巴罗萨，巴巴罗萨，你是邪恶之王，"[8]西班牙海岸地区流传着这样的歌谣。

追随海雷丁左右、服从他的钢铁意志，并将自己战利品的百分之十二进献给他的其他海盗也在海上谱写着自己的恐怖传奇。他们来自五湖四海。很多人是背叛信仰的前基督徒，由于犯罪或是被海盗俘虏而无法返回家园，于是至少在名义上改信了伊斯兰教。他们在海上生活，在海上死亡，给他们的船只取了美丽的名字："珍珠"号、"海神之门"号、

海雷丁

"太阳"号、"金色柠檬树"号、"阿尔及尔玫瑰"号。让人难以想象的是，这些居然是海盗船。他们短暂但丰富多彩的冒险生涯是对当时地中海世界的贫困、暴力和颠沛流离的绝佳概括。曾将俘虏捆绑在炮口上，然后开炮将他们炸得粉身碎骨的萨拉赫船长死于瘟疫。"刀疤脸"卡拉曼人阿里缺了两根手指；他在意大利海岸深受憎恶，热那亚人曾发誓要把他关在铁笼子里供人观看。"克里特人"莫雷兹会用砍下的一只人臂殴打他的桨手。突尼斯农民在试着判断某人的残暴程度时经常说的一句话是"他比莫雷兹还残忍？"科西嘉人埃利是海上伏击战的专家，他的最终归宿是被钉死在自己的桅杆上。绰号"魔鬼猎手"的利古里亚人艾登在阿尔及利亚一条河里溺水死亡。这些人就是海雷丁的圣战中的分队指挥官。他们砍下俘虏的鼻子和手，装满麻袋，作为战利品；他们不顾忌任何规则。

16 世纪 20 年代，海盗活动日益猖獗，但查理五世自己的决策却助长了海盗的气焰。在宗教裁判所横行无忌的年代，西班牙境内剩余的穆斯林仍然是个悬而未决的问题。在16 世纪 20 年代初期的一次叛乱中，巴伦西亚的摩尔居民对皇帝忠心不二，但皇帝却以怨报德。查理五世天性并不是个宗教狂，但他深知自己作为神圣罗马皇帝对基督教世界负有怎样的责任。1525 年，他批准了所谓的《阿拉贡净化宣言》，根据这道敕令，阿拉贡地区的所有穆斯林要么改宗，要么将被驱逐。直截了当的意思是，穆斯林必须在改宗和死亡间做出选择。巴巴罗萨迅速对处于困境中的巴伦西亚地区摩尔人伸出援手。大批穆斯林被海盗船运往马格里布，其中很多人加入了海盗战争，或者向海盗建议可供发动报复性攻击的合适目标。没有一个海湾、海岸村庄或者岛屿不曾遭到海盗的侵袭。西班牙臣民向国王的抱怨越来越强烈。

1529 年 5 月，这些因素终于促使矛盾激化。西班牙对其非洲前哨的忽视导致了决定性的大灾难。对阿尔及尔城及

3. 邪恶之王

其港口起到遏制作用的阿尔及尔小型岛屿要塞的火药所剩不多了。间谍将这一情况报告给了海雷丁，后者立即派兵猛攻要塞。要塞司令马丁·德·巴尔加斯被要求要么改宗伊斯兰教，要么死路一条。他选择了牺牲。在土耳其近卫军面前，他被活活打死。这是缓慢而痛苦的结局。不久之后，对此仍然一无所知的西班牙朝廷派来包括 9 艘船的换防部队，全部被海盗俘虏。

阿尔及尔岛屿要塞的陷落给地中海西部带来了持久的影响。海雷丁将城堡拆除，建造了一条堤道将城堡所在的小岛与大陆连为一体，于是得到了一个具有不可估量战略价值的安全良港。这极大地加强了海盗的力量。在蔚蓝大海上闪烁发光的白色阿尔及尔城化为海盗的王国和市场，号称马格里布的巴格达或者大马士革。海盗船可以安全地在此停泊，收集战利品和买卖奴隶。这对查理五世来说成了一个长期性难题。阿尔及尔是一直席卷到多瑙河的宏大战场的最西端。在岛屿要塞陷落的十天前，苏莱曼率领 7.5 万大军从伊斯坦布尔御驾亲征，杀向维也纳。

迎接这场猛攻的是查理五世的弟弟斐迪南。此时查理五世正在做一件更愉快的事情。在与法国争斗了八年之后，他正在签署一项和约，并希望借此获得长期和平。暂时从戎马奔波的重担下解脱出来，他出发去迎接他一生最伟大的胜利：在意大利接受加冕，成为神圣罗马皇帝和基督教世界的捍卫者。在礼炮轰鸣声中，他乘坐皇家桨帆船（船队的指挥官是罗德里戈·德·波图翁多）从巴塞罗那出发了。

这是一个雄霸天下、不可一世的瞬间，查理五世或许可以追求全世界统治者的地位。他的疆土从秘鲁一直延伸到莱茵河，但在西班牙海岸上，他却十分脆弱。1529 年夏季，这里没有了舰队的保护，海雷丁很快得到了风声。他立即派遣自己麾下经验最丰富的海盗头子"魔鬼猎手"艾登率领 15 艘小型划桨船去洗劫巴利阿里群岛和西班牙海岸。报复主要集中在巴伦西亚。在抢劫了大批经过的商船之后，艾登的海盗们突然袭击了一些正在庆祝瞻礼日的老百姓，抓获了大批朝圣者，然后又从同一片海岸上解救了 200 名穆斯林，最后扬长而去。

波图翁多将皇帝送到了热那亚，正在返航，这时得到了海盗大举出动的消息。在追回穆斯林奴仆即可获得 1 万埃斯库多①的重赏的刺激下，他立即前去拦截艾登。海盗船正停泊在荒无人烟的福门特拉岛（位于马略卡岛西南方）岸上，被波图翁多抓了个措手不及。波图翁多的 9 艘重型桨帆船把海盗的小型划桨船打了个落花流水。他完全有能力，也应当用大炮把海盗船轰个粉身碎骨，但他麾下的士兵有一半正在热那亚为皇帝保驾护航，而且他如果要拿到 1 万埃斯库多的赏金，就必须把穆斯林活捉回去。他决定不开炮，在踌躇之间丧失了良机。艾登的小型划桨船舰队得以逃离海岸，从西班牙桨帆船的侧面发起反击。现在轮到西班牙人措手不及了。波图翁多被一发火绳枪子弹击毙；他的旗舰向敌人投降了。其他西班牙战船陷入了恐慌。有 8 艘桨帆船被俘虏；第

---

① 西班牙、葡萄牙的古货币，不同时期的币值差别很大。

9 艘得以逃脱并报告了这个噩耗。艾登的战船现在数量翻了一倍，礼炮齐鸣、旌旗招展地返回了阿尔及尔。船上的基督徒奴隶（包括波图翁多的儿子）如此之多，以至于"他们挤在一起，完全无法挪动身子"[9]。

西班牙海军首次在远海与巴巴罗萨海盗舰队的大规模交锋以耻辱告终。"这是西班牙桨帆船舰队史上蒙受的最惨重损失，"[10]洛佩斯·德·戈马拉戏剧性地写道。这位并不以客观公正闻名的西班牙史学家把被俘船员的命运描绘得惨不忍睹。波图翁多的儿子"和其他很多西班牙人一起，被巴巴罗萨刺穿在尖木桩上……有人说，巴巴罗萨折磨和处决某些俘虏的方式既令人发指，又别出心裁。他命人在乡间平地上挖掘了齐腰深的土坑，将西班牙人放置其中；他把他们活埋在坑里，只露出胳膊和头部，然后命令众多骑兵从俘虏身上狂奔过去"[11]。巴巴罗萨自己的史书的说法是不同的："海雷丁在基督徒和摩尔人的各国和各个地区传扬着自己的赫赫威名，并送给苏丹两艘桨帆船，其中一艘载着波图翁多和其他的重要基督徒俘虏。"[12]海盗大亨的事迹是真是假，难以分辨。

波图翁多如果控制着全部兵力，也许结果会大不相同，但他的一半士兵此时正在博洛尼亚准备查理五世的庆祝活动。1529 年 11 月 5 日，他进入这座城市，为两个月后的加冕典礼做准备。查理五世的入城式是一场精心导演的皇家戏剧，以古罗马皇帝的凯旋式为蓝本，也是皇帝向全球霸业提出主张的非同一般的宣言。查理五世在教皇和他疆域内所有显贵大员的陪同下骑马走过凯旋拱门。鼓乐喧天，热闹非凡。

阿尔及尔

对盛宴满怀期盼的老百姓高呼着："恺撒，查理，皇帝!"[13] 查理五世在 4 名头戴羽饰头盔的骑士举起的锦缎华盖下庄严地策马前行。他自己的装饰精美的头盔上带有金鹰，他的右手紧握皇帝的权杖。在皇帝与教皇的旌旗的海洋中，有一面十字军的旗帜，上面画着被钉在十字架上的基督。在随后几个月的庆典中，艺术大师帕尔米贾尼诺①开始创作一幅巨大的带有寓意的皇帝肖像。画中，婴儿赫拉克勒斯将地球呈献给查理五世，地球面对观众的一面不是西印度群岛或者他的欧洲属地，而是地中海，那是世界的中心，注定要接受恺撒的统治。

事实上，十天前皇家桨帆船舰队蒙受的耻辱已经揭露了查理五世加冕这场哑剧背后的空虚。查理五世和巴巴罗萨兄弟交战十二年来，唯一看得见摸得着的战利品就是奥鲁奇的骷髅头和他的深红色斗篷，这两件东西此时被陈列在科尔多瓦大教堂内，令虔诚的基督徒心生恐惧。西班牙在马格里布的地位摇摇欲坠；大海从来没有如此危险过。地中海西部处于被奥斯曼帝国先驱部队吞并的危险中。11月 15 日，查理五世在博洛尼亚收到了托莱多大主教的一封信，信中以冷峻的言辞概述了当前的局势。现在必须立即采取措施；"除非灾难性的局面得到扭转，"大主教写道，"从直布罗陀到东方的地中海贸易都将丧失殆尽。"[14] 此刻务必当机立断。他敦促皇帝新建一支拥有 20 艘战船

---

① 弗兰西斯科·帕尔米贾尼诺（1503～1540），意大利画家。"帕尔米贾尼诺"的意思是"来自帕尔马的小个子"。

的舰队,"以宏大舰队出航,将巴巴罗萨消灭在他自己的巢穴(阿尔及尔)内,否则纯粹用于防御的金钱将付之东流"。[15]伊莎贝拉皇后也写了一封内容相仿的信。阿尔及尔是基督教世界获得和平的关键,而巴巴罗萨是阿尔及尔的关键。

查理五世审视这两封信时,心中有两个考虑。第一个考虑是相当重要的。在淫淫秋雨中,苏莱曼被迫停止了对维也纳的围攻。到 10 月初,天气已经转冷。苏莱曼的补给线过长,而适合作战的季节已经过去了。10 月 14 日,他在自己的作战日记中以惯常的简练风格写下了这样的话,仿佛这只是小事一桩:"在城墙上进行爆破,取得新的突破口。会议。徒劳的进攻。下令返回君士坦丁堡。"简短的几句话描绘出了撤退途中的惨淡:"17 日。军队抵达布鲁克。下雪。18 日。我军在阿尔滕堡附近越过三座桥梁。不少辎重和部分火炮在沼泽地丢失。19 日。渡多瑙河时遇到极大困难。雪继续下。"[16]这是奥斯曼帝国在两百年中首度受挫。苏莱曼不得不在伊斯坦布尔组织一场自己的庆祝典礼,以在民众面前挽回颜面。

查理五世的第二个考虑更为直接。在托莱多大主教提出建议之前,他就已经准备好了反击的手段。1528 年,他成功地从竞争对手——法国国王那里争取到了当时热那亚的卓越海军将领安德烈亚·多里亚的效忠。多里亚是热那亚城古老贵族的一员,也是个雇佣兵头领和冒险家。对弗朗索瓦一世的幻想破灭之后,多里亚接受了查理五世的丰厚赏金,转投他的麾下。多里亚的确是本领高超，而且后来的事实证明，他的忠诚经得起考验。多里亚带来了他自己的桨帆船舰队，并允许查理五世使用热那亚的战略性港口，另外他还带来了丰富的海战和反海盗的经验。但多里亚也有弱点。因为他的桨帆船是他个人的私有财产，所以使用起来非常小心谨慎；尽管如此，他仍然是目前皇帝领土内的最精明强干的基督徒海军指挥官。有了他，西班牙及其意大利属地间的航道一下子就安全了许多。热那亚人帮助查理五世控制他自己的海岸地带，并给他奉上了一支强大的舰队，来防御这些海岸。查理五世打算利用多里亚来阻止哈布斯堡家族在地中海的衰落，并积极主动地发动战争。

查理五世还加强了意大利南翼的防御。自罗得岛陷落之后，圣约翰骑士团就一直无家可归，在地中海四处漂泊。李尔·亚当向欧洲的权贵们逐个请愿，希望获得一个新的基地，以便把骑士团的使命——圣战继续下去。亨利八世在伦敦和蔼可亲地接见了这位老人，并为他提供火炮；但只有查理五世有可能给骑士团一个永久性的家园。他提出把马耳他岛（位于西西里岛以南，处在海盗袭扰意大利海岸的必经之路上）赠给骑士团。但这个礼物不是无条件的，查理五世可不会免费赠送。骑士团还有一项义务是保卫皇帝属下的位于巴巴利海岸上的黎波里城的要塞。皇帝的提议对骑士团并不有利，但李尔·亚当没有别的选择。如果没有一个基地可供开展海盗活动，骑士团一定会土崩瓦解。1530 年，查理五世将意义重大的诏书发给了李尔·亚当，"将马耳他岛、戈佐岛和科米诺岛赏赐给骑士团，以便他们能够安宁地执行其宗教义务，保护基督教社区的利益，凭借其力量与武器打击神圣信仰的奸诈敌人。条件是，骑士团应于每年万圣节向兼任西西里统治者的查理五世进贡一只猎鹰"[17]。这项交易把骑士团推到了地中海正中央的风口浪尖。

4. 远征突尼斯
1530～1535 年

　　查理五世发动反击的努力不仅限于西班牙和意大利海岸。到 1530 年，苏丹和皇帝之间的战争以对角线横亘整个欧洲，基督教世界自认为在各地都处于下风。马丁·路德的著名新教颂歌《上帝是一座强大的堡垒》的中心比喻不是随意挑选的：当时苏莱曼正在攻打维也纳。土耳其人一心要前进和包围，而基督徒却偏执于防守的心态。匈牙利平原的要塞星罗棋布，其建造和维护都十分昂贵；意大利人忙于在自己脆弱的海岸上大量修建瞭望塔；西班牙要塞群在险恶的马格里布海岸上苦苦支撑。伊斯兰世界的威胁无处不在，压得人喘不过气来。

4. 远征突尼斯

　　冲突的规模远远超过了人们的预期。16 世纪初，帝国权力发生了新的集中：奥地利的哈布斯堡家族和奥斯曼土耳其帝国能够以前所未有的规模聚集人力和资源，并且还能找到足以支撑这些运作的经济手段。战争的引擎就是位于马德里和伊斯坦布尔的中央集权式官僚政府，它们能够以相当高的效率征收赋税、招募军队、调度船只、组织补给、制造火炮和生产火药，这种高效在完全依赖手工劳动的中世纪战争中是无法想象的。军队规模越来越大，火炮威力越来越强，后勤和资源分配（在运输所需时间和交通方式的限制之下）越来越复杂和缜密。这是一场两个虎视全球的大帝国之间的斗争；就在 16 世纪 30 年代，皮萨罗①征服了秘鲁，突厥人进攻了印度。各个相距遥远的地点之间发生了错综复杂的关联，把世界各地拉得更近了。奥地利人寻求与波斯人结盟，土耳其人希望和法国人联手；德意志路德派的事业因伊斯坦布尔的决策而风生水起；在新大陆开采的金银为在非洲进行的战争提供经费。对圣战的承诺只是帝国霸业的工具，还有很多其他因素在起作用。在欧洲，拉丁语的衰落、关于民族认同的新观念和新教反叛在撼动古老的传统。整个地中海世界都受制于神秘的力量。人口猛增，城市发展迅速，现金交易取代了实物交换。通货膨胀轻易地让人们感到，没有

① 弗朗西斯科·皮萨罗（1475～1541）是灭亡印加王国的西班牙征服者。1510 年，他开始参加探索新大陆的远征，三年后加入巴尔沃亚领导的探险队，发现了太平洋。他沿哥伦比亚海岸进行了两次发现之旅（1524～1525，1526～1528），并继续向南探索，把新领地命名为秘鲁。1531 年，他消灭了印加王国。皮萨罗的余生致力于巩固西班牙对秘鲁的统治。他建造了利马城，后在该地被他背叛过的西班牙同伙杀死。

什么东西是恒久不变、值得永远信赖的了。

在 16 世纪 30 年代，地中海世界普遍感受到了这种全球性的躁动。民众的想象力大受刺激，对千禧年充满期待；在伊斯兰世界内部，有人认为，穆斯林纪年法的第十世纪将带来历史的终结。在基督教国家，1533 年被认为是耶稣受难的 1500 周年；无论是基督教还是伊斯兰教世界，都流传着诸多预言。大家普遍相信，苏莱曼和查理五世将决一死战，争夺整个世界。1531 年，伊拉斯谟①写信给一位朋友："此地流传着一个谣言，其实算不得谣言，而是路人皆知的事情：土耳其苏丹将率领他的全部军队入侵德意志，角逐最大的战利品。查理五世和苏丹中必有一人将成为世界之主，因为一个世界的天空再也承受不了两个太阳。"[1] 查理五世的谋臣对世界之主的想法做了很多讨论，但皇帝本人更为谨慎，他必须考虑法国或者信新教的德意志地区会怎样看待这种宏伟主张，因此他对此语焉不详。他是捍卫天主教信仰、反对异教徒（伊斯兰教和新教）的斗士。苏莱曼所处的伊斯兰世界则更为统一，所以他可以直言不讳。"正如天堂只有一个神，人间也只能有一个帝国。"[2] 他的首席大臣易卜拉欣帕夏向来访的外国使节毫不隐讳地宣称，"西班牙就像只蜥蜴，在灰尘里四下啄食一丁点野草；而我们的苏丹像只巨龙，张开大口即可吞下整个世界。"[3]

在这豪言壮语的背后，伊斯坦布尔民众其实很害怕查理

---

① 伊拉斯谟（1469~1536），荷兰教士和人文学者，被视为 16 世纪最伟大的欧洲学者，著有《愚人颂》。

五世的侵略性意图。由于在匈牙利战败而大大增加的焦虑和悲观情绪弥漫着整座城市。各种征兆口口相传，似乎暗示着，命运之轮将再一次逆转，君士坦丁堡将重归基督教世界。就像瘟疫和粮食紧缺一样，这是动荡年代的表征，但也反映了人们内心的恐惧。如果查理五世梦想着收复君士坦丁堡的话，那么苏莱曼则渴望征服罗马。两位帝王都亲临战场，尽管都非常小心地选择安全的地点。到 1530 年，这场斗争已经日渐成为两位君主之间的私怨，因为两位竞争对手都向关键性的头衔（恺撒和世界中心的主人）提出了主张。苏莱曼听到对查理五世于 1530 年举行的加冕典礼的描述，不禁火冒三丈。"他无比憎恶皇帝和他的'恺撒'头衔；他，土耳其苏丹将夺取恺撒的称号。"[4]法王弗朗索瓦一世如是说。苏丹素来将查理五世仅仅称为"西班牙国王"，与他展开了一对一的较量。1532 年春季，他准备再次率军沿多瑙河北上，并且发出了电闪雷鸣般的挑战："西班牙国王长久以来一直宣称与土耳其苏丹作对；但我，蒙真主洪恩，将率大军讨伐他。如果他有勇气，就在战场等我；我们将听从真主的意愿，在适当的时机相遇。但如果他不敢等我，就应当称臣纳贡。"[5]查理五世的答复是毫不含糊的。他在给自己妻子的信中写道："我义不容辞，必须亲自出马，捍卫基督教信仰。"[6]

　　双方的竞争聚焦在权威的外部表征上。查理五世在博洛尼亚入城式的每一个细节都被报告给了苏丹。苏莱曼在北上的途中也安排了自己的凯旋式，上演了与对手旗鼓相当的盛大场面。他命令威尼斯人为他制作了一整套足以供古罗马皇帝使用的豪华物件：一根权杖、一个宝座和一顶令人叹为观止的镶嵌宝石的皇冠式头盔，意大利人声称这顶头盔曾是亚历山大大帝的战利品。苏莱曼在大批骑兵的簇拥下，在无比宏伟的盛装队伍中进入了贝尔格莱德城，"仪式庄严豪华，鼓乐喧天，堪称奇观；他按照古罗马的风俗，在游行途中沿着街道穿过了凯旋拱门"[7]。这是一场规模宏大的宣传战争。查理五世和德意志新教诸侯进行了一番令人焦躁的谈判，耽搁了一些时日。他集结了一支大军，准备乘船沿多瑙河南下。最后决一死战的舞台似乎已经就绪。

但这场决定性的大战却没有发生。匈牙利中部一个叫克塞格①的小要塞进行了英勇抵抗，阻挡苏莱曼的进军达数周之久。而且查理五世这样谨小慎微的人很可能本来就打算避免正面对抗的野战。苏莱曼的军队在瓢泼大雨中止步不前，不得不再次撤退。归途要穿过高山隘道和水位猛涨的河流，这是一场令人精疲力竭的艰难跋涉。"大雨持续不断……渡河十分困难……遭遇浓雾，伸手不见五指"[8]，苏莱曼的作战日记似乎在重复前一次出征时的记录。苏莱曼返回伊斯坦布尔后，按照惯例又举行了庆祝活动，用凯旋的游行队伍和彻夜不灭的灯火来庆祝对西班牙国王的胜利。官方宣布的说法是"那可悲的西班牙国王为保住性命而抱头鼠窜，弃他那不信真主的子民于不顾"[9]。哈布斯堡家族则安排了自己的凯旋仪式，庆祝自己子虚乌有的胜利：艺术家们开始制作表现查理五世从土耳其人的魔爪中解放维也纳城的雕版画。

---

① 古称君斯，今天在匈牙利西部，与奥地利接壤。

苏莱曼镶嵌珠宝的皇冠头盔

双方都在堂而皇之地夸大其词，而丝毫不顾事实。真实情况是，土耳其人在一个作战季节内已经达到了前进距离的极限，而查理五世的主要精力投入了地中海。他自己从来没有选择多瑙河盆地作为战场。苏莱曼攻打克塞格的时候，查理五世在 200 英里之外。这是他们两人距离最近的一个时刻。

与此同时，查理五世选择了这个时机来转移整个战争的焦点。两人在多瑙河沿岸各自虚晃一枪的时候，查理五世批准了一次牵制性攻击。1532 年春，他命令安德烈亚·多里亚劫掠希腊海岸。44 艘桨帆船从西西里起航东进。多里亚心狠手辣并高效地完成了任务。9 月 12 日，当苏莱曼正在艰难地撤退时，多里亚猛攻了奥斯曼帝国具有战略意义的科罗尼要塞（位于伯罗奔尼撒半岛南端），并大肆蹂躏了附近的海岸地区。一支队伍为皇帝占领了科罗尼。苏莱曼大发雷霆。次年春季，他匆匆组建了一支舰队，前去收复这座城堡，多里亚对其予以迎头痛击，令苏莱曼的耻辱翻倍。60 艘奥斯曼桨帆船封锁了科罗尼，但多里亚轻松地突破了封锁线，把它们打得屁滚尿流。

这些事件令爱琴海东部波澜大起。土耳其人将希腊视为本土海域，但对它的防御却十分疲软。如果多里亚能够占领科罗尼，还有什么能阻止他进攻伊斯坦布尔？奥斯曼帝国正规海军的缺陷暴露无遗；海军是整个帝国的一个可怕弱点。苏莱曼认识到，为了自己的安全和荣誉，地中海不再是一个次要战场了。它是一个主要战区，必须牢牢控制。

苏丹迅速做出了反应。他将海雷丁从阿尔及尔召到京城，因为后者是唯一一个有经验、有能力指挥大规模反击的人。1533 年夏季，这位传奇海盗率领 14 艘桨帆船，"在轰鸣不断的礼炮声中"驶入金角湾，前去觐见苏丹。他带来了"18 名船长、他的伙伴，以及丰盛的礼物。他有幸得以亲吻苏丹的手，并得到不计其数的赏赐"[10]。在首席大臣易卜拉欣帕夏的支持下，海雷丁被任命为苏丹的海军司令，任务是建造一支新的舰队，夺回科罗尼，以及反击胆敢放肆的西班牙国王。海雷丁不仅得到了"kapudan-i-derya"（地中海舰队总司令）的正式头衔，苏莱曼还专门为他设立了一个总督席位，辖有"群岛行省"，即奥斯曼帝国统治下的地中海沿岸地区。这足以说明，苏莱曼如今对争夺大海的斗争是多么重视。

海雷丁时年六十七或六十八岁，处于幸运的巅峰，虽然年事已高，但精力仍然十分充沛。1533 ~ 1534 年冬季，他开始着手在金角湾的造船厂重整奥斯曼海军。他对帝国的所有优越自然条件都予以充分利用。造船需要消耗大量原材料：木材、沥青、油脂、黑铁和帆布。这些物资在帝国本土均可获得；而造船工匠、水手以及桨手（对基督徒海军来说，人力是个永久性的难题）可以由中央集权政府高效地征募，其范围和效率是无可比拟的。有了这些资源，海雷丁毫不停歇地建造一支无愧于白海统治者威名的帝国舰队。欧洲的间谍和外交官们密切地注视着他的进展。这种刺探并不困难，因为造船厂周围没有高墙阻隔。"巴巴罗萨长期待在造船厂内，"西欧得到了这样的报告，"为了节省时间，他吃喝都在那里。"[11]

5月23日，苏莱曼再次跨上战马，御驾亲征，这一次的敌人是波斯国王。此时巴巴罗萨的新舰队在礼炮声中驶出了金角湾。佛兰德使节科尔内留斯·德·斯赫博尔目睹了舰队的出航，给多里亚写了一份忧心忡忡的报告。舰队一共拥有70艘可动的桨帆船，包括3艘船尾带有灯笼的指挥船。海雷丁的装饰华丽的旗舰配备有160名基督徒划桨奴隶。"他一共拥有1233名基督徒奴隶……其他桨手是塞尔维亚人和保加利亚人，所有桨手都被铁链锁住，因为他们是基督徒。"[12]每艘桨帆船配有发射石弹的铜炮和100~120名士兵，"很多人参加远征是没有任何兵饷的，而是受海雷丁威名的吸引，以及对战利品的渴望"。舰队携带了大量财物，用来支付给领兵饷的官兵：5万金杜卡特①、价值4万杜卡特的宝石和300匹金线布。苏莱曼调集了数量惊人的资源。

在伊斯坦布尔的法国使节后来对此刻的意义有了深刻的理解。"土耳其人的霸权地位是从海雷丁在伊斯坦布尔的船坞度过的第一个冬天开始的。"[13]他在十年后如此写道。这支灵敏地驶向加里波利的舰队代表了土耳其海军实力的猛增。这是大规模海战时代的开端。在随后的四十年中，几乎每年春天，欧洲间谍都会发回关于土耳其庞大舰队准备摧毁脆弱的基督教国家海岸地区的可怕传言。

海雷丁的新舰队开始踏上复仇之路。当年夏季，他的战船如潮水般袭击了查理五世在意大利南部属地的海岸。苏丹

---

① 杜卡特是欧洲历史上很多国家都使用过的一种金币，币值在不同时期、不同地区差别很大。

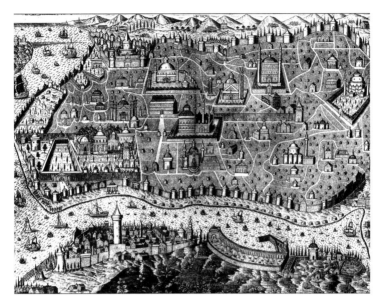

伊斯坦布尔，金角湾和兵工厂（靠前中心处）

的新海军司令显然得到了精确的情报。他知道亚得里亚海岸
建有大量瞭望塔，于是绕过意大利半岛的"脚后跟"，蹂躏
了通往那不勒斯的意大利西海岸，烧毁村庄，摧毁船只，将
整个居民点的男女都卖为奴隶。他的大规模登陆如此迅捷和
恐怖，猛烈颠簸的桨帆船围逼毫无防御的海岸的冲击力如此
强大，就像奥斯曼帝国边界上令人毛骨悚然的突袭一样。多
里亚舰队位于墨西拿的一支分队只能守在港内，眼睁睁地看
着奥斯曼舰队潮水般涌过。西西里对岸不远处的港口城市雷
焦在敌人接近时不得不被放弃；巴巴罗萨在那里捕获了 6 艘
运输船，将城镇烧毁。他将圣卢奇多城堡付之一炬，俘虏了
800 人。在切特拉罗，他烧毁了 18 艘桨帆船。他溜过那不
勒斯，洗劫了一个叫斯佩尔隆加的渔村，然后登陆，侵入内

陆 12 英里，企图抓捕美貌的丰迪伯爵夫人朱莉娅·贡扎戈，将她作为礼物进献给苏丹的后宫。他的阴谋没有得逞，于是将丰迪烧毁，"屠杀了很多男人，并劫走所有的妇女儿童"[14]。在 60 英里外的罗马，人们开始逃离城市。返航途中，他又在那不勒斯焚毁了 6 艘正在建造中的帝国桨帆船。然后，在人们反应过来之前，他的舰队已经离去，消失在南方的蔚蓝大海中，绕过正在闷燃的斯特龙博利岛①，驶往突尼斯。他带走了或许有几百名，甚至有几千名俘虏，其中一部分被送给了在伊斯坦布尔的苏莱曼。

这是一场令人发指的恐怖暴行和血腥报复，但这还只是开始。海雷丁个人的目标在马格里布的海岸上。8 月 16 日，他的小舰队在突尼斯落锚，船上运载的土耳其近卫军上了岸。当地不受欢迎的阿拉伯统治者穆莱·哈桑未发一枪便逃离了城市。土耳其人占领突尼斯，一下子把查理五世的烦恼增加了一倍。突尼斯城位于马格里布的颈部，制衡着整个地中海的轴线。突尼斯和西西里之间的海峡仅有 100 英里宽，马耳他就坐落在海峡中央。从突尼斯驶往皇帝的领地，只需二十个小时。突尼斯为海盗袭扰甚至入侵意大利提供了一个跳板，最自然的踏脚石当然是先从圣约翰骑士团手中夺取马耳他。这是进入南欧的传统路线；在 9 世纪，阿拉伯人就是从这条路径进入西西里的。海雷丁已经得到了"真主的启示"，将如法炮制。据说他在袭扰意大利过程中曾被托梦，说他注定将得到西西里岛。

---

① 斯特龙博利岛位于意大利西西里东北方，岛上有活火山。

4. 远征突尼斯

到 1534 年底，整个地中海西部已经被笼罩在对巴巴罗萨新舰队带来的巨大威胁的恐惧之中。西班牙和意大利海岸被越来越强烈的恐惧不安所困扰。船运保险费猛增；海岸城镇加固了防御工事，村庄则被放弃，另外建造了新的瞭望塔群。多里亚和西班牙海军司令阿尔瓦罗·德·巴桑追踪着关于巴巴罗萨行踪的每一条传言，让自己的桨帆船舰队时刻待命，随时出击。"从墨西拿海峡到直布罗陀海峡，欧洲没有一个地方的居民可以安宁地吃饭，或者高枕无忧，"[15]西班牙人桑多瓦尔①写道。甚至保持中立的威尼斯人在自己安全的潟湖内也惴惴不安，开始建造新的战船。这已经不是胆大包天的海盗袭击，而是两个大帝国之间的战争蔓延到了大海的中心。

意大利南部遭袭对查理五世来说是个伤害，而来自突尼斯的新威胁更是让他无比震惊。他很确信，这是苏莱曼为自己在匈牙利的战败之耻和希腊遭到多里亚攻击而进行的报复。对苏莱曼的举动不能置若罔闻。对敌人的任何行动都必须给予更大规模的回应。查理五世决心"进攻敌人，将他逐出基督教世界的海域"[16]。他决定组织一场针对巴巴罗萨的征讨，并御驾亲征，哪怕危及自己的人身安全也在所不惜。

1534 ~ 1535 年之交的冬天，查理五世亲自出马，筹划一场代价昂贵的前往突尼斯的海上远征。他从整个帝国境内

---

① 普鲁登希奥·德·桑多瓦尔（1553 ~ 1620），西班牙僧侣和史学家，他的著作对研究查理五世时期的历史非常重要。

征集了兵力和船只。运输船从安特卫普起航，由被铁链锁住的新教徒担任桨手。军队从德意志、西班牙和意大利各地开拔，前往位于海岸的集结地。多里亚在巴塞罗那集结了他的桨帆船舰队；巴桑率军从马拉加①出航。圣约翰骑士团乘坐他们的大型克拉克帆船"圣安妮"号（当时世界上最大的船只）前来参战；葡萄牙人派来了23艘卡拉维尔帆船②和另外一艘克拉克大帆船；教皇也资助了一支队伍。热那亚和巴塞罗那到处是人群和舰船，热闹非凡；成桶的饼干、淡水、火药、马匹、大炮和火绳枪被装上船。事实证明，查理五世是一位杰出的军事筹划者。这次远征规模空前，按照哈布斯堡家族的标准也算协调有力。这一次，舰队的出航赶上了有利季节。1535年6月初，舰队在西西里海岸集结完毕：共有74艘桨帆船、300艘帆船和3万名士兵。皇帝检阅了舰队，这是一场精心安排的仪式，富有宗教象征意义和皇家的威仪。查理五世下令建造了一艘无愧于他作为基督教世界捍卫者地位的宏伟战舰：一艘四层桨战船，即一艘巨大无比的桨帆船，每个桨位的上下四层各有一名桨手，镀金艉楼带有城堡状结构和红金两色天鹅绒的华盖，桅杆上飘扬着带有纹章的旗帜。其中一面旌旗上画有耶稣受难像和查理五世的个人箴言"走得更远"，另一面大旗画有光芒四射的星辰，周围环绕着箭矢，写有"上帝为我引路"[17]字样。6月14日，舰队从撒丁岛盛大出航。桨手们用力

① 位于西班牙南部，是西班牙在地中海的仅次于巴塞罗那的第二大港。著名画家毕加索出生于此地。
② 卡拉维尔帆船是15世纪盛行的一种三桅帆船，当时的葡萄牙和西班牙航海家普遍用它来进行海上探险。

划桨，华丽的战船沿着停泊船只中间的航道前行，周边号角齐鸣，人们欢呼雷动。查理五世还带来了他自己的御用画师扬·维尔摩恩，以便记录下唾手可得的胜利。皇帝打算控制好自己在画卷上的形象。

舰队花了不到一天时间就抵达北非海岸。到 6 月 15 日早上，舰队已经在古迦太基遗址外围下锚，准备攻打拉格莱塔。这座要塞控制着通往内湖（"绿色之城"突尼斯就坐落在内湖岸边）的航道，被称为"咽喉"。海雷丁不断从突尼斯城袭击帝国军队，因此后者花了一个月时间才排除了拉格莱塔这个障碍。7 月 14 日，帝国军队的克拉克帆船和桨帆船一波波逼近要塞，用船首炮猛轰敌人的防御工事。在一番狂轰滥炸之后，步兵突破了城墙，以巨大的代价攻克了要塞。西班牙人在要塞废墟中意外地发现了带有法国王室百合花纹章的炮弹。

海雷丁目瞪口呆地看着帝国军队逼近突尼斯城。他的地位岌岌可危；他尤其担心数千名被铁链锁住的基督徒奴隶会暴动。他提议把奴隶斩尽杀绝，但受到身边随从的强烈反对。这倒不是出于道德上的顾虑，而是因为奴隶主们不愿意自己的财产受到损失。果然，巴巴罗萨的担忧不是没有道理的。在激烈战斗之后，他率领部队返回突尼斯城的城墙。在城内，一群被迫改宗伊斯兰的俘虏感到局势发生了变化，开始逃脱枷锁。基督徒夺取了军械库，武装起来，冲上大街。巴巴罗萨背后没有安全的基地，只得逃之夭夭。他带领几千名土耳其人逃往阿尔及尔。7 月 21 日，查理五世胜利进入突尼斯城，没有遇到任何抵抗，他的坐骑在惨遭屠杀的穆斯林尸体上高步踏过。

查理五世的舰队

4. 远征突尼斯

战役的结局是血腥的。查理五世已经向部下许诺，由于突尼斯城没有投降，所以按照惯例，允许士兵们尽情掳掠。于是，突尼斯城居民遭到了恐怖的大屠杀。清真寺被洗劫一空；成千上万的突尼斯人虽然对海雷丁并不比对穆莱·哈桑更有好感，但仍然在大街上惨遭屠戮。一万多名平民被卖为奴隶。穆斯林对意大利的袭击、基督徒被劫掠和卖为奴隶、巴巴罗萨兄弟对基督教海岸地区二十年来的残酷侵害，都使得帝国军队怒火中烧，刺激他们暴露出原始的野性，对这座城市进行了极其残忍的蹂躏。

在血洗突尼斯之后，查理五世在天主教欧洲威望大增。他置生死于度外，亲临突尼斯战场，证明了自己的勇气、决心和军事才华。根据当时的西班牙史料，他曾冲杀在最前线，"手执长矛，像最贫贱的普通士兵一样出生入死"[18]，子弹曾从他的头边呼啸而过。他胯下的战马被枪弹打死，而他的侍从就战死在他身旁。西班牙史学家确保他的英雄事迹广为传扬。查理五世认为，自己完全有资格自称"战争之皇"。

实际的收益也是非常可观的：穆莱·哈桑被重新扶上突尼斯王座，作为帝国的傀儡，拉格莱塔则驻扎了西班牙军队。最重要的是，前一年春季不可一世地从伊斯坦布尔出航的那支奥斯曼舰队，现在几乎被查理五世烧了个一干二净。在突尼斯的湖内就摧毁了82艘船只。查理五世原打算对巴巴罗萨穷追不舍，占领阿尔及尔，但军中爆发了痢疾。8月17日，他威风凛凛地返回了那不勒斯，深信已经将对手打倒在地。

查理五世在运筹帷幄时从不会因为经费问题而束手束脚，

但远征突尼斯的经济代价是惊人的。维持桨帆船舰队是极为昂贵的，而且皇帝还刚刚为在多瑙河上对抗苏莱曼的战事支出了 90 万杜卡特。按照估算，驶往突尼斯的舰队要花费 100 万杜卡特，查理五世是没有这么多钱的。针对巴巴罗萨的远征之所以能实现，要感谢在世界的另一端发生的事件。1533 年 8 月 29 日，弗朗西斯科·皮萨罗绑架了阿塔瓦尔帕，安第斯山脉卡哈马卡地区的印加王国的末代国王。他在勒索了一大笔黄金作为赎金之后，将人质扼杀。于是，西班牙盖伦帆船①的队伍为查理五世奉上了一笔意外横财——价值 120 万杜卡特的南美黄金，"用以对土耳其人、路德和信仰异教的其他敌人开展圣战"[19]。阿塔瓦尔帕的金库为查理五世的圣战付了账。这是新大陆第一次影响了旧大陆的历史轨迹。

对查理五世来说，是上帝帮助他赢得了这场大捷，因此他是以上帝的捍卫者的身份返航的。"在我这样一个基督徒看来，您在突尼斯取得的无比光荣的胜利远远胜过其他流传青史的事件。"[20]阿谀谄媚的保罗·乔维奥②如此写道。御用画师扬·维尔摩恩设计了一套十二幅挂毯，记录了此次战役中的场景。皇帝本人无论走到哪里，都要带着这套挂毯，以见证他的辉煌。这是皇帝军事生涯中的一个巅峰。

---

① 盖伦帆船是至少有两层甲板的大型帆船，在 16～18 世纪期间被欧洲多国采用。它可以说是卡拉维尔帆船及克拉克帆船的改良版本，船身坚固，可用作远洋航行。最重要的是，它的生产成本比克拉克帆船便宜，生产 3 艘克拉克帆船的成本可以生产 5 艘盖伦帆船。盖伦帆船被制造出来的年代，正好是西欧各国争相建立海上强权的大航海时代。所以，盖伦帆船的面世对欧洲局势的发展亦有一定影响。

② 保罗·乔维奥（1483～1552），文艺复兴时期的意大利医生、史学家、传记家。他对当时的多场战争做了记述，成为重要的历史文献来源。

4. 远征突尼斯

巴巴罗萨的基地被摧毁，马格里布与伊斯坦布尔之间的联系被切断，这在整个地中海西部产生了极大反响。查理五世抵达那不勒斯时得到了群众山呼海啸般的欢呼。有谣言在流传，声称巴巴罗萨本人已经一命呜呼。海岸地区沉浸在节日气氛中；人们用教堂钟声、礼炮、游行和宴饮来庆祝喜讯。在托莱多和格拉纳达，信徒们唱着圣歌游行，跪拜在圣母像面前。圣约翰骑士团举行了感恩仪式，在马耳他的夜空中燃放烟花爆竹；而受此事件影响较小且生性比较轻浮的威尼斯人则抓住这个借口，举行了狂欢节和假面舞会。但最为欣喜若狂的是巴利阿里群岛的居民。马略卡岛和梅诺卡岛以前在海盗手里蒙受了极大苦难。在马略卡岛的帕尔马城，人们欢呼雀跃地重演了海盗的败落。一名罪犯被染红胡须，割掉舌头，穿上土耳其服装，然后被推推搡搡地拥进城市广场。在群众的欢呼声中，这个惊恐万状的犯人被活活烧死。喜悦、残忍、复仇、宗教救赎、狂欢、神秘的狂热：强烈的感情激荡着整个大海。

10 月的一天，在这种狂欢气氛中，一队飘扬着西班牙旗帜的桨帆船驶进了梅诺卡岛的马翁港。从海岸上观察的人们喜悦地高呼，表示欢迎，以为那是多里亚的舰队扫荡北非海岸归来。他们看得清船上水手穿着基督徒的衣服，于是在船队稳步入港时敲响教堂大钟，以示欢迎。停泊在港内的一艘葡萄牙卡拉维尔帆船放了一炮，作为友好的致敬，不料对方还以猛烈炮火。葡萄牙人大吃一惊，赶紧去武装自己，但为时已晚，巴巴罗萨的桨帆船群正向他们猛扑过来。老海盗根本没有死。他安全逃出了突尼斯，重整旗鼓，卷土重来。

他在突尼斯以西的博恩①还有 15 艘桨帆船。他在那里躲过了多里亚，驶往阿尔及尔，在那里又集结了更多的船只。现在他又回来蹂躏基督教海域了。伪装成西班牙船只的桨帆船群作为真主的复仇，降临马翁。巴巴罗萨俘虏了那艘卡拉维尔帆船，把城镇洗劫一空，掳走 1800 人，并摧毁了城防工事。阿尔及尔的奴隶市场上一时间货物爆满。

　　基督教海域重新回到原先的噩梦状态。海岸地区的人们不禁为之心惊肉跳，这恐惧由西班牙和意大利各个港口的大小船只传到了没有设防的各个岛屿和海岸城镇。查理五世投入的大量努力和金钱似乎都白费了。他只是伤到了巴巴罗萨，远没有把他彻底消灭。当年年底，苏丹的海军司令回到了伊斯坦布尔。通常对败军之将从不宽容的苏莱曼原谅了他丢失战船的罪过，并命令他建造一支新的舰队。

扬帆航行的桨帆船

---

　　①　今称安纳巴，位于阿尔及利亚北部、地中海沿岸的一座城市。

5. 多里亚与巴巴罗萨

1536～1541 年

查理五世有多里亚，苏莱曼有巴巴罗萨。很显然，在突尼斯战役之后，争夺地中海的两位帝王都选择了自己的斗士，并集结力量。巴巴罗萨是苏丹的海军司令，多里亚则是查理五世的舰队统领。这两位航海家都是各自主公意志的执行者。地中海不再是一个海盗争斗的遥远边疆，而变成了像匈牙利平原那样的大帝国角逐的主战场。一年年过去，战事越来越激烈。巴巴罗萨于 1536 年再次进攻意大利，多里亚以牙还牙，于次年在希腊海岸俘虏了若干奥斯曼桨帆船。舰队的规模也越来越宏大。1534 年，巴巴罗萨建造了 90 艘桨帆船；1535 年，建造了 120 艘。两位指挥官多次在海上擦肩而过，在意大利的海角和海湾周围互相追踪，但从来没有交过手。他们的海战是一系列缺乏协调的猛击，如同患遗忘症的拳击手之间的搏斗。有很多因素导致一直没有发生连续性的大战役：海洋条件的限制、作战季节的掣肘、战役准备的后勤工作的耗时、在没有雷达的时代只能盲目地搜寻敌人以及经验丰富的水手的谨慎天性。双方都深知海战的风险。微弱的劣势也可能会导致严重的后果，风向的微微转变也可能影响战局。与风险极大的海战相比，安全的劫掠突袭永远是上策。但到了 16 世纪 30 年代中期，由于帝国野心的持续压力和建造更大舰队的军备竞赛，两人之间的空间在日渐缩小，他们将不可避免地发生碰撞。

在拉格莱塔发现的法国炮弹对查理五世来说是个凶兆。1536 年，他又开始了一场针对法国瓦卢瓦王朝的国王弗朗索瓦一世的全面战争。对四分五裂的欧洲来说，这是一个令人痛心的事实：天主教国王用来与法国和新教徒作战的时间、金钱和精力要多于对抗苏莱曼的消耗。哈布斯堡家族在人们心中的强大形象令基督教世界恐惧，而不是将后者团结起来。于是在这种大环境下，苏莱曼得以巧妙地影响地中海的力量平衡。

法国人多年来一直与奥斯曼帝国眉来眼去，寻求与后者结盟，要么是直接通过秘密的使节，要么是以巴巴罗萨兄弟为渠道。早在 1520 年，法国就派遣了一名大使到突尼斯，劝说海盗"在皇帝的那不勒斯属地内给他制造更多麻烦"[1]。他们为海雷丁提供了军事技术的支援（大炮、火药和炮弹）以及关于皇帝的情报。"我不否认，"弗朗索瓦一世向威尼斯大使承认道，"我希望土耳其苏丹实力强大，做好战争准备，但我这么希望不是为了他的缘故——因为他是个异教徒，而我们都是基督徒——而是为了削弱皇帝的力量，迫使他靡费金钱，并给反对这个可怕敌人的各国政府吃上一颗定心丸。"[2]1536 年初，弗朗索瓦一世和苏莱曼签订了一项协议，给予对方贸易权。协议的背后深意是，他们将对意大利发动钳形攻势，打垮查理五世。在苏丹的帝国争霸战中，地中海成了舞台中心。弗朗索瓦一世对苏丹的最终目标显然心知肚明。"土耳其苏丹会发动海上远征，"他告诉威尼斯人，"或许会一直打到罗马，因为苏莱曼苏丹总是在说'进军罗马！进军罗马！'"[3]苏丹命令已经返回伊斯坦布尔的巴巴罗萨"建造 200 艘战船，准备远征阿普利亚①，于是他埋头于这项工作"[4]。土耳其的海军力量再次升级。

在亚得里亚海北部，威尼斯人焦躁不安地关切着这些事件。奥斯曼人远征罗马势必意味着侵犯威尼斯在亚得里亚海的领海。威尼斯竭尽全力，想在两个极具威胁性的大帝国之间保持自己的独立。查理五世已经吞并了威尼斯周边的所有意大利土地；苏莱曼的海军威胁着威尼斯的海上领地。威尼斯共和国的唯一野心就是在海上安安稳稳地做生意、挣大钱。它无力在军事上竞争，因此主要依靠娴熟的政治手段来保障自己的安全。威尼斯积极地向土耳其苏丹献媚讨好，毫不吝惜地用大笔金钱贿赂土耳其高官，并坚持不懈地对苏丹

---

① 今称普利亚，是意大利南部的一个大区，东邻亚得里亚海，东南临伊奥尼亚海，南面则邻近奥特朗托海峡及塔兰托湾。

的一举一动进行刺探。威尼斯人把他们最优秀的外交官派往伊斯坦布尔，在那里供养着一大群会讲土耳其语的线人和地图绘制师，并发回无穷无尽的加密报告。这项政策给威尼斯买来了三十年的和平。对他们来讲最重要的是与易卜拉欣帕夏（位高权重的首席大臣）的特殊关系。易卜拉欣生于亚得里亚海岸，原先是威尼斯的臣民。他深受苏莱曼信任，但随着苏莱曼将炯炯的目光转向大海，这一切都开始发生变化。

1536 年 3 月 5 日晚上，易卜拉欣像往常一样来到皇宫，与苏莱曼一起用膳。他离开的时候，吃惊地遇见了刽子手阿里和一队宫廷奴隶。野心勃勃的维齐尔行为太过分，几乎认为苏丹的权力就是他自己的，并且招致了苏丹的妻子许蕾姆的嫌恶。次日早上，人们发现了易卜拉欣被砍得血肉模糊的尸体。从鲜血四溅的墙壁上可以明显看出，易卜拉欣一直反抗到倒地毙命。这个血污的房间被保留下来，多年都维持原状，用来警告所有野心勃勃的维齐尔，只消苏丹一声令下，宠臣也会立刻变成死尸。

易卜拉欣被处决标志着苏莱曼统治的一个重大转折。自此以后，苏莱曼更加严峻；伊斯兰教的虔诚取代了原先有志成为恺撒的帝王威仪。易卜拉欣的暴死使得威尼斯一夜之间失去了一个重要的支持者。显然，苏莱曼越来越无法容忍"威尼斯异教徒……这个以巨大财富、广泛的商贸活动和在交易中的狡诈和阴险著称的民族"[5]。威尼斯桨帆船和土耳其海盗在亚得里亚海发生的尖锐冲突为奥斯曼帝国的入侵提供了一个借口。1537 年初，苏莱曼在法国人的支持下准备对意大利发动两路夹攻，并将威尼斯位于科孚岛的基地视为入侵的踏脚石。土耳其人极具针对性地要求威尼斯元老院与他们结盟。威尼斯共和国进退两难；土耳其人虽然没有明说，但这显然是个威胁；威尼斯不可避免地需要在查理五世和苏莱曼之间做出选择。威尼斯人局促不安地宣布中立，礼貌地拒绝了苏丹的要求，然后武装了 100 艘桨帆船，因为"据我们观察，世界上其他君主都在这么做"[6]。他们决定静观其变。

法国国王的预测是完全正确的。1537 年 5 月，苏莱曼派出一支大军，前往位于亚得里亚海岸的阿尔巴尼亚城镇法罗拉。与此同时，巴巴罗萨也从海上大举出动。170 艘桨帆船驶出伊斯坦布尔，向意大利的亚得里亚海岸猛扑。在一个月内，他"如同瘟疫般在阿普利亚海岸肆虐，[7]"焚毁城堡、掳掠人口，令恐慌情绪一直传到罗马。多里亚的舰队规模不足以与这支大舰队抗衡，于是他撤回西西里，继续关注事态发展。8 月底，苏丹宣布改变策略，命令巴巴罗萨占领科孚岛。2.5 万人在岛上登陆，攻打要塞，但令威尼斯人自己也很意外的是，要塞居然守住了。土耳其人万分期待与法国人会师，但后者始终不见踪影；攻城大炮在淫淫秋雨中陷入泥潭，而且威尼斯人明智地对自己的棱堡进行了加固。三周后，苏莱曼命令放弃攻城，但威尼斯已经不可挽回地卷入了战争，加入了皇帝那一边。1537 年冬季，教皇保罗三世从中斡旋，提出了具体的条件，打算建立一个神圣联盟"以反对公敌——暴君土耳其苏丹"[8]。联盟的形式将是一场海上的十字军东征，最终目标是占领伊斯坦布尔，立查理五世为君士坦丁堡皇帝。威尼斯人是务实主义者，私下里更希望能够快速打垮巴巴罗萨，恢复原状，继续与伊斯兰世界进行和平的贸易。

这是一个关键性时刻。南欧感到自己命运未卜。基督教世界如果遭到决定性失败，整个地中海就将任凭奥斯曼舰队无情劫掠。1538年，当盟国正在组织和活动的时候，巴巴罗萨已经出海，让威尼斯人尝到了失败的滋味。除了塞浦路斯和克里特之外，威尼斯在爱琴海上还控制着一连串小型港口和岛屿，包括伯罗奔尼撒半岛上的纳夫普利翁城和莫奈姆瓦夏城、斯基亚索斯岛、斯科派洛斯岛、斯基罗斯岛、圣托里尼岛，还有其他一些分散的基地，它们都拥有整洁的港口、天主教教堂和阴森森的棱堡，城门上雕刻着圣马可①的狮子。海雷丁逐个洗劫了威尼斯的这些基地，将守军全部屠杀，将身体健全的男人掳走当作划桨奴隶，然后继续航行，在炽热的天空下只留下燃烧的废墟。奥斯曼史学家简洁地列举了威尼斯共和国的损失："本年度内，威尼斯人拥有25个岛屿，每座岛屿都建有一座、两座或三座城堡；这些城堡全被攻克，12个岛屿称臣纳贡，其他13个岛屿受到劫掠。"[9]海雷丁正在蹂躏克里特岛南岸，这时一艘小型划桨船送来了消息，基督徒正在亚得里亚海集结一支相当规模的舰队。于是他转身北上，前去应战。

① 基督教传福音者，传说是《马可福音》的作者，他也是威尼斯的主保圣人。

海盗追赶基督教船只

　　神圣联盟在科孚岛的集结非常缓慢。威尼斯人和教皇的桨帆船在 5 月份就抵达了那里，求战心切。他们在那里足足等了将近三个月，总司令多里亚才缓缓地从热那亚出发，绕过意大利半岛，前来会合。他到 9 月初才抵达，此时天气已经开始转冷。意大利和西班牙部队之间当即就发生了争执。漫长的等待让威尼斯人焦躁不安。维持桨帆船舰队的代价给共和国造成了很大开销；因此他们急于抢在巴巴罗萨能够进一步破坏威尼斯附属岛屿之前，发起决定性的攻击。欧洲的基督教政治在很大程度上支配着各方的决策；各方的战略目标差别甚大，就连颇为乐观的教皇保罗三世也无法掩饰这些分歧。威尼斯参战的目的是保护自己在地中海东部的领地。对查理五世而言，海上边界到西西里为止，他对威尼斯在更东方的利益不感兴趣。多里亚之所以行动这么缓慢，很可能是皇帝的授意。对多里亚而言，双方之间的互不信任几乎是公开的，这源于热那亚和威尼斯之间的宿怨。这一切都很不吉利。

9 月初，舰队终于出航，寻找与巴巴罗萨决战的机会。他们拥有数量优势——139 艘重型桨帆船和 70 艘帆船，而敌人只有 90 艘重型桨帆船和 50 艘小型划桨船。但是土耳其人藏在了希腊西海岸的一个小海湾——普雷韦扎湾，得到了岸基大炮的良好保护。将近三周时间里，神圣联盟舰队封锁了普雷韦扎，但无法引蛇出洞，并且天气渐渐寒冷起来；多里亚担心暴风会摧毁他的舰队。9 月 27 日晚，他决定起锚撤退。就在此时，一直严密观察战局的巴巴罗萨看到他的机会来了。多里亚和巴巴罗萨在地中海的猫鼠游戏已经玩了好多年，现在一决雌雄、夺取海权的时刻到来了。

9 月 28 日是个狂风怒号的秋日。土耳其人出动作战时，外海的基督教舰队非常分散；各国的小舰队混杂在一起，桨帆船和帆船也乱糟糟的，缺乏协调。求战心切的威尼斯人高呼"战斗！战斗！"划桨向前冲。多里亚却令人无法理解地将自己的船队留在后方。最前锋的战船被孤立了。威尼斯人的舰队中有一艘重武装的大帆船，面对大群奥斯曼桨帆船的袭击岿然不动。但其他船只被俘虏或者击沉了。多里亚转向战场的时候，依然让自己的战船保持在外海，只进行远距离的炮击。威尼斯大帆船在整个白天打得奥斯曼舰队不能近身，但当夜幕降临、风向转变时，多里亚放弃了战斗，开始撤退，并熄灭了自己的船尾灯笼，以阻止敌人的追击。按照奥斯曼帝国史学家的说法，多里亚"撕扯着自己的胡须，抱头鼠窜，所有的小型桨帆船都跟着他逃走了"[10]。

5. 多里亚与巴巴罗萨

巴巴罗萨获得了一场著名的胜利，班师回朝。"那天上午和日落之间进行的战斗，此前在海上从未有过。"[11] 后世的史学家卡迪布·切莱比如此写道。苏莱曼得到捷报后，"当众宣布了胜利的消息，所有在场的人都站立起来，向真主表达了感恩和赞美。随后海军司令（巴巴罗萨）得到命令，向主要军官支付 10 万金币的赏金，向全国各地发送捷报，并在所有城镇公开宣布这个喜讯"[12]。

事实上，这场战役的规模算是相当小的。传说中的大批桨帆船猛烈交锋根本就是子虚乌有。神圣联盟可能损失了 12 艘船，跟几天后 70 艘奥斯曼帝国船只被风暴摧毁的情况相比根本不算什么，但这对神圣联盟的心理打击是巨大的。基督徒完全被敌人的策略压倒了。基督徒的损失主要在威尼斯人的舰队。多里亚没有支援威尼斯人，这令他们火冒三丈。他们感到，热那亚的海军司令要么是背叛了他们，要么是险恶地刻意为之，要么是懦弱怯战。多里亚或许是对这场战事并不十分热心，或许是看到敌人的航海技术超过自己，于是选择撤退，以减少自己桨帆船的损失。巴巴罗萨很可能是占了上风；他安全地躲在普雷韦扎湾内，可以选择对手处于不利风向的时刻发起进攻，但两人之所以没能决一死战，还有别的因素在起作用。

威尼斯人不知道的是，查理五世没能在突尼斯消灭巴巴罗萨，于是使出了阴招。1537 年，他开始秘密地与这位苏丹的海军司令谈判，引诱他弃暗投明，而就在战役前夜，这些协商仍在进行中。9 月 20 日，巴巴罗萨派来一位西班牙籍信使，与多里亚和西西里总督进行了会谈。巴巴罗萨提出的条件是无法接受的，据说他要求将突尼斯返还给他，但这些协商说明，敌对的两位海军统帅之间有着某种合谋关系。他们两人都是受人雇佣，而且名望都受到了威胁。两人都有足够的理由谨慎行事；对他们来说，如果不顾风向而鲁莽地冒险，损失都将远远大于收益。西班牙人记起了一句谚语：一只乌鸦不会去啄另一只的眼睛。对多里亚来说，还有别的生意上的考虑：很多桨帆船是他的私人财产，他当然不愿意为了帮助可憎的宿敌威尼斯人而损失自己的战船。三十年后，经验不如多里亚和巴巴罗萨丰富的指挥官们将在同一片海域孤注一掷，将对风向的小心谨慎置之脑后。

巴巴罗萨在这番活动中究竟有几分真诚，完全无法确定。或许易卜拉欣帕夏的垮台让他看清了在苏丹的朝廷里伴君如伴虎，或者查理五世许诺帮助他实现在马格里布独立建国的梦想。更有可能的情况是，他在陪着查理五世和多里亚玩，哄骗对手，令其产生狐疑和犹豫。可以确定的是，在伊斯坦布尔的法国间谍罗梅罗医生没有丝毫疑虑。"我可以担保，巴巴罗萨是个比先知穆罕默德还虔诚的穆斯林。"罗梅罗医生写道，"和西班牙人的谈判只是个幌子。"[13]

乍一看，普雷韦扎战役的军事后果无足轻重，但它在政治和心理上的影响非常巨大。它证明，只有一支团结一致的基督教舰队才能与拥有海量资源的土耳其人匹敌。1538 年，对基督教世界来说，任何协调统一的反对土耳其人的海上军事行动都是空中楼阁。神圣联盟土崩瓦解：1540 年，威尼斯人与苏丹签订了一项丧权辱国的和约。他们支付了一大笔赎金，并被迫承认被巴巴罗萨夺去的所有领土归苏丹所有。

他们事实上已经成了土耳其的附庸，尽管没有人使用这个词。整个地中海经验最丰富的海军大国威尼斯在随后的二十五年中没有再参加任何海战，直到对多里亚家族的猜忌促使他们再次扬帆起航。普雷韦扎战役为奥斯曼帝国统治地中海打开了大门。威尼斯人从这场战役中唯一得到的成果，就是大帆船的优良战斗力得到了实战考验。他们认识到了大型浮动炮台的价值，将在未来学以致用。

查理五世本人再次做了一次努力，试图打破奥斯曼帝国在地中海西部的霸权。他记起了在突尼斯的胜利，于是决定向阿尔及尔发起一次类似的行动。1541 年夏季，苏莱曼在匈牙利，而巴巴罗萨在多瑙河上作战。这是发起进攻的一个绝佳机遇。

皇帝颇有些热衷于冒险。到 1541 年，他的财政受到了极大压力。为了节约经费，他决定在当年晚些时候进攻阿尔及尔。因为他很确信，在冬天不会有舰队从伊斯坦布尔起航来阻挡他，所以可以减少投入的兵力，从而减少各方面的开支。多里亚警告他，这样做风险很大，但查理五世决定赌一把。

这次冒险的结局是灾难性的。9 月末，他的规模可观的舰队从热那亚起航。参加此次远征的冒险家中包括墨西哥的征服者埃尔南·科尔特斯，他想在旧世界也施展一番拳脚。直到 10 月 20 日，各参战单位才在阿尔及尔集结完毕，但天气还算晴朗。军队登陆成功，在等待给养的时候，查理五世的好运气到头了。10 月 23 日夜间，突然下起了瓢泼大雨。士兵们无法保持火药的干燥，于是一下子处于劣势。巴巴罗萨先前任命了一名叫哈桑的意大利叛教者在他不在期间代行阿尔及尔总督的职务。哈桑是个勇敢而坚决果断的人。他率军杀出城，将查理五世的军队击溃。全靠圣约翰骑士团的一支小分队拼死抵抗，才防止了全军的溃散。更糟的还在后面。一夜之间，风力猛增；在沿岸巡弋的帆船拖着嘎吱作响的铁锚，一艘接一艘地被大风吹到了岸上。幸存者摸着黑在惊涛骇浪中跌跌撞撞地登陆，惨遭当地人屠杀。查理五世不得不率领败军沿着海岸撤退 20 英里，多里亚的桨帆船在那里等着接他。然而船只不够，无法把部队主力救走。查理五世乘坐的那艘桨帆船在近海颠簸着，险象环生。他将自己的马匹从船上推下海，告别了巴巴利海岸。被抛弃在海岸上的官兵的恶毒咒骂被狂风送到了他的耳边。他损失了 140 艘帆船、15 艘桨帆船、8000 名士兵和 300 名西班牙贵族。大海令他丢尽了脸面。阿尔及尔的奴隶市场货物过剩，以至于在1541 年，每个基督徒奴隶只卖相当于一头洋葱的价钱。

查理五世看待这起灾难倒是非常冷静和理智。"我们必须感谢上帝，"他在给弟弟斐迪南的信中写道，"并希望在这次灾难之后，他将善待我们，赐给我们真正的好运。"[14]而且他不肯接受必然的结论：他出航的时间太晚。关于骤然兴起的暴风，他写道："没人能够预先猜到它。选择最佳时机比尽早行动更关键。只有上帝知道何时是最佳时机。"[15]任何熟悉马格里布海岸的人都不会同意他的话。查理五世此后再没有出海远征过。次年，他前往尼德兰，去处理新教徒起义的棘手问题和一场新的对法战争。

6. 土耳其的海
1543～1560 年

　　到了 16 世纪 40 年代，局势已经很明朗，查理五世在争夺地中海的战争中处于下风。普雷韦扎的惨败使得各基督教国家无法再次合作；阿尔及尔的灾难确立了这座城市作为伊斯兰海盗活动之都的地位。此时形形色色的冒险家和叛教者从地中海各个角落蜂拥奔赴阿尔及尔，参加对基督教海岸和航道的劫掠。

　　在这种气氛下，1543～1544 年法国海岸的非同一般的景象尤其令基督教欧洲震惊和惶恐。法国和查理五世又打了起来，于是弗朗索瓦一世进一步加强了自己和苏莱曼的联盟。巴巴罗萨受邀与法军合兵一处。他们一起洗劫了尼斯城，查理五世的一个附庸属地；1543 年冬天发生了令基督教世界瞠目结舌的事情：巴巴罗萨麾下凶猛的细长型桨帆船安全地停泊在法国港口土伦。土伦城内有 3 万名奥斯曼士兵；大教堂被改为清真寺，基督教墓地遭到了亵渎。土伦城被迫使用奥斯曼帝国的货币，城内飘扬着召唤穆斯林祈祷的呼声，每天五次。"看到土伦，你可以想象自己身处君士坦丁堡，"[1]一名法国目击者宣称。似乎东方国度已经秘密入侵了基督教海岸。自称"最虔诚的基督教国王"的弗朗索瓦一世已经同意为巴巴罗萨的舰队提供过冬的粮草，并加强他的部队，以便"他可以统领大海"，条件是巴巴罗萨应当继续劫掠查理五世的领地。事实上，被迫供养这批不受欢迎客人的是土伦居民。

这种奇异的联盟很快就因为双方的貌合神离而出现裂痕。对于这项令全欧洲震惊的联盟，弗朗索瓦一世是三心二意、支吾搪塞的。巴巴罗萨对盟友的软弱十分鄙夷，于是将整个法国舰队扣押，索要赎金。法国人开始觉得自己和魔鬼结了盟约；弗朗索瓦一世最终不得不付给巴巴罗萨 80 万金埃居，请他拿钱走人。赎金当然是土伦居民出的，这让他们成了穷光蛋，但同时也因为土耳其人的离去而松了一口气。

1544 年 5 月，奥斯曼舰队驶往伊斯坦布尔，陪同他们的还有 5 艘法国桨帆船，后者身负觐见苏莱曼的外交使命。船上有一位法国神父，名叫热罗姆·莫朗。这位醉心于古典①文化的教士自愿参加此次航行，担任船队的神父。他迫

---

① 指古希腊和罗马。

切希望看到君士坦丁堡和沿途的古典世界的遗迹。

　　莫朗在一艘桨帆船的甲板上饱览了地中海的自然和人工奇观，将旖旎的盛景全部记录在自己的日记里。他目睹了海上闪电风暴的可怕景观和桅杆顶端圣艾尔摩之火①的诡异闪烁。他看到了仍然被涂成鲜艳的蓝色和金色的古罗马别墅遗迹，还在黑暗中驶过了斯特龙博利岛的火山，后者"一刻不停地吐出巨大的火焰"。武尔卡奈罗岛的沙滩"黑如墨汁"[2]，令他叹为观止；他还凝神观看了岛上冒着气泡、带有硫黄气味的火山口，它令人想起地狱的深渊。在希腊南部的奥斯曼帝国港口莫东②，他参观了一座完全由基督徒骨骸搭建成的方尖碑，还登陆游览了特洛伊古城的遗址，最后抵达了"著名的、皇家的、非常伟大的君士坦丁堡城"[3]。当他乘坐的桨帆船经过苏丹皇宫时，礼炮齐鸣，欢迎他们的到来。这一路上，他也很不情愿地见证了奥斯曼帝国海权的强大。

　　苏莱曼为巴巴罗萨提供的帝国舰队（120 艘桨帆船和一些支援帆船）以不可阻挡的力量在意大利西海岸肆虐。查理五世的海岸防御体系无力抵挡这样武装强大、机动性超强的敌人。听到海盗接近的消息时，人们直接逃之夭夭。空荡荡的村庄被焚毁；有时入侵者会追击逃亡的平民，深入内陆好几英里。如果人们躲进一座牢固的海岸堡垒，桨帆船的船

---

① 圣艾尔摩之火是一种自古以来就被海员观察到的自然现象，常发生于雷雨中，在桅杆顶端之类的尖状物上，产生如火焰般的蓝白色闪光。它其实是一种冷光现象，是由于雷雨中强大的电场造成场内空气离子化所致。

② 今称迈索尼，是希腊南部的港口城市。"莫东"是威尼斯人给它取的名字。

长们就将船头转向海岸，用大炮猛轰城墙，或者把船上的大炮拖曳上岸，攻打堡垒，也不管需要多长时间。他们根本不怕反击。只有少量西班牙士兵把守着孤立的瞭望塔。在海上，多里亚的侄子詹奈托率领 25 艘桨帆船追踪敌人的舰队，但刚有交锋的迹象，就被迫撤回了那不勒斯。

莫朗一天又一天地观看土耳其舰队的活动。伊斯兰圣战、帝国争霸、私人劫掠和恶意报复杂糅在一起，共同鞭策着土耳其人的劫掠活动。他目击了规模庞大的人口掳掠行动。每次袭击过后，男女和儿童身披锁链排成长长的一队，被驱赶到岸边登船，在海上还要面对与陆上同样大的风险。有时，某些海岸村庄会进行一种残酷的抽彩，抽中的人就要被交给海盗，他们希望这样至少能保住一部分人口。埃尔科莱港愿意交出 80 人，由巴巴罗萨自己挑选，条件是释放 30 人。他接受了这个交易，但仍然把村庄付之一炬，只有一间房屋没有被烧毁。在伊斯基亚岛，土耳其舰队烧毁了多个村庄，抓走了 2000 名奴隶。防御工事当然会被摧毁。他们发现吉廖岛已经人去房空，于是将村镇夷为平地，但城堡还做了抵抗，于是又把城堡炸了个稀巴烂。投降的 632 名基督徒被卖为奴隶，但他们的指挥官和教士则在巴巴罗萨面前被斩首，以儆效尤。这是一种精心设计、非常有效地打击敌人士气的方法。"这真是非同寻常，"莫朗证实，"仅仅提到土耳其人，就让基督徒不仅失去了力量，还丧失了智慧。"[4]巴巴罗萨使用的是成吉思汗式的极端残暴手段。

他的某些镇压行动是发泄私怨，甚至对死人也不放过。在海岸城镇特拉莫纳，他命人将前不久去世的巴尔托洛梅·

6. 土耳其的海

佩蕾蒂的遗体从墓穴中掘出，按照仪式将其开膛破肚、剁成碎片，然后把残尸和他的军官和仆人的尸体一起在公共广场上焚烧。巴巴罗萨离去之后，人肉烧焦的气味还弥漫在空中。战战兢兢的老百姓从藏匿地点溜出来，对这种暴行感到无比震惊。这是对佩蕾蒂前一年袭击巴巴罗萨的故乡莱斯博斯岛、摧毁巴巴罗萨父亲的住宅的报复。

奥斯曼人继续航行。舰队焚烧了伊斯基亚岛上的数个村庄并带走了2000奴隶。他们的舰队如同遮天蔽日的黑翼一般扫过那不勒斯时，那里的居民和守军畏缩在岸炮后面，不敢露头。更南方的萨莱诺只是因为一个奇迹才得了救。桨帆船群逼近萨莱诺时天色已黑，如此接近城市，莫朗甚至看得见城内窗户里的灯光，这时"上帝大发慈悲"，伸出了援手。突然间刮起了暴风，"西南面的残酷之海漆黑一片，桨帆船甚至互相都看不见，再加上持续不断的倾盆大雨，令人无法忍受"。船上挤在露天甲板上的基督徒划桨奴隶被淋成了"落汤鸡"，还遭到残酷的殴打。一艘满载俘虏的小型划桨船在风暴中倾覆，"除了一些游泳逃生的土耳其人外，其他人全部溺毙"[5]。

与土耳其人一起航行的法国人越来越为他们的暴行瞠目结舌，最后利帕里岛（西西里外海的一系列火山岛中最大的岛屿）发生的事情终于让法国人忍无可忍了。利帕里岛民已经得知土耳其舰队接近的消息。他们加强了防御工事，但没有将妇女儿童疏散，也没有撤往装备精良的要塞。海雷丁派遣5000人和16门大炮登陆，准备长期围困。在他狂轰滥炸的时候，守军试图进行谈判；他们提出1.5万杜卡特的赎金，但海雷丁索要3万杜卡特和400名儿童。最终守军以

在伊斯基亚岛上卸下奴隶

为已经达成了协议，将为每个人都支付赎金。于是他们举手
投降，交出了城堡的钥匙，但海雷丁背信弃义，除了支付大
量赎金的一些富户外，将所有人都卖为奴隶。普通百姓被命

令一个个从凶残执拗的帕夏面前走过。年老体衰和没有价值的人被用木棒狠揍一顿，然后释放。其他人则被用铁链锁住，带到利帕里岛的港口。海盗们发现有些高龄居民躲在大教堂内，于是抓住他们，扒掉他们的衣服，将他们活活地开膛破肚，"借此泄愤"。莫朗完全无法理解这些行为。"当我们问这些土耳其人，为什么要如此残酷地对待可怜的基督徒，他们回答说，这种行为具有极大的美德。这是我们得到的唯一回答。"[6] 莫朗也不能理解，上帝为什么会允许如此的苦难发生；他只能得出结论，这是由于基督徒自己的罪孽，因为据说利帕里人"喜好鸡奸"[7]。

深受震动的法国人自己掏腰包，赎买了一些俘虏，然后看着其他人被带走，目睹"命运悲惨的利帕里人被迫离开自己的城市，被卖为奴隶。他们泪流满面、发出呻吟和抽噎；父亲看着自己的儿子，母亲看着自己的女儿，忧伤的眼睛里抑制不住地涌出泪水"[8]。查理五世血洗突尼斯，海雷丁蹂躏利帕里：争夺地中海的角逐已经成了残害平民的战争。利帕里的城堡、大教堂、墓园和房屋遭到洗劫和焚毁。全城成了冒着黑烟的瓦砾堆。巴巴罗萨安排了暂时停战，主动提出在附近的西西里将新俘虏全都卖掉，这时法国桨帆船编了个借口，自己离开了。

1544 年夏季，巴巴罗萨从意大利海岸和附近的海域俘虏了约 6000 人。在返航途中，超载运送奴隶的船只处于危险中，于是船员们将几百名较虚弱的俘虏投入了大海。他胜利返回金角湾时已是黑夜，港内礼炮齐鸣、灯火通明，欢迎他的凯旋。成千上万人聚集在岸边，争相一睹"大海之王"[9]的凯旋。这将是他的最后一次大远航。1546 年夏季，八十高龄的巴巴罗萨在自己位于伊斯坦布尔的宅邸内因热病死去，广大群众对他哀悼不已。他被安葬在博斯普鲁斯海峡沿岸的一座宏大陵墓内。后来所有出征远航的将士都要来他灵前参拜。葬礼上"枪炮齐鸣，以圣徒应得的礼仪纪念他"[10]。在几十年的恐怖之后，基督徒几乎不敢相信，"邪恶之王"真的已经死了。基督徒对他的名字的恐惧到了迷信的程度，有种传说一直流传下来：他可以离开自己的坟墓，与亡灵一起在大地上漫游。只有一位希腊魔法师能够解决这个问题：在坟墓内埋葬一只黑狗，对焦躁不安的阴灵进行安抚，让它重返哈得斯。

巴巴罗萨的确也不断"回到人间"来威吓基督教海岸。在他身后，有新一代海盗头子继承他的衣钵；其中最突出的一位叫作图尔古特（基督徒称他为德拉古特）。他生于安纳托利亚海岸，人生轨迹与导师巴巴罗萨如出一辙：他起先是马格里布海岸的雄心勃勃的私掠海盗，后来参加过普雷韦扎海战，从 1546 年起向苏莱曼效忠达二十年之久。巴巴罗萨在大海里播种了龙牙①，将有一代代的海盗前赴后继。

巴巴罗萨在 1544 年的最后一次大远征证明，穆斯林舰队可以在海上随意巡游，指哪打哪。这些规模宏大的扫荡是地中海全面战争的一部分，而土耳其人正在赢得这场战争的胜利。掳掠人口是土耳其帝国政策的工具，造成的损害是极

---

① 根据希腊神话，腓尼基王子卡德摩斯杀死了一条巨龙，按照雅典娜的指示，将龙牙播种在地下，生长出许多武士。这些武士互相残杀，其幸存者和卡德摩斯一起建立了底比斯城。

大的。从巴巴罗萨于 1534 年首次率领帝国舰队出航起的四十年中，意大利和西班牙海岸损失了大量人口：1535 年，梅诺卡岛损失了 1800 人；1544 年，那不勒斯湾损失了 7000 人；1551 年，马耳他外海的戈佐岛损失了 5000 人；1554 年，卡拉布里亚损失了 6000 人；1566 年，格拉纳达损失了 4000 人。土耳其人有能力以优势兵力向具体的地点发动出其不意的攻击；他们能够登陆并恣意摧毁相当规模的海岸城镇，甚至能够威胁意大利的主要城市。1540 年，安德烈亚·多里亚的侄子将图尔古特围困在撒丁岛海岸，将其俘虏，并把他卖为划桨奴隶。巴巴罗萨发出威胁，如果不将图尔古特赎回，就将封锁那不勒斯；热那亚人认为服从这个条件是上策。多里亚和巴巴罗萨两人亲自会面来商谈具体的条件。3500 杜卡特的赎金对基督徒来说是笔糟糕的买卖：十一年后，图尔古特自己封锁了热那亚。在普雷韦扎战役之后，基督徒没有足够强大的海军来回应这样的威胁。查理五世忙于同时进行好多场战争，因此无暇，或者无力，在海上对抗土耳其人。这时多里亚能做的仅仅是施加一些压力。

　　海盗的袭击也不仅仅是通过大舰队的行动进行的。查理五世和苏莱曼之间的战争此消彼长，取决于发生冲突的时机，但在 1547 年，苏丹与皇帝签署了一项和约，以便抽出精力来征讨波斯，于是海上的大规模远征暂时就停止了。尽管如此，战争仍然以其他方式继续。马格里布野心勃勃的海盗填补了这个真空，给基督教海岸带来了一种完全不同的苦难。奥斯曼舰队是大大咧咧地打破各地的防御，而这些实力较弱的海盗则诉诸伏击和偷袭。这种恐怖暴行更为狡诈和迁回。偷袭取代了正面猛攻。

海盗的策略很快就为人们所熟知，令人战栗。可能会有几艘小型划桨船在外海游弋，躲在海平线下，熬过白天的炎热。同时他们会派遣一艘俘虏来的渔船去侦察海岸，可能会让一名本地的变节者来指认合适的目标。船队会在凌晨行动，低矮的黑色海盗船在满天星光下劈波斩浪，驶过夜幕下的大海。船上没有灯笼；海盗用木塞堵住基督徒划桨奴隶的嘴，防止他们喊出声来。船首抵岸时，海盗迅速突袭村庄；他们踢开房门，把衣衫不整的居民从床上拖下来，砍断教堂大钟的绳子，以防止村民发出警报；几声尖叫和犬吠在广场上回响，一大群稀里糊涂的俘虏被带到他们自己的海滩上，驱赶上船。然后海盗就消失了。"他们掳走年轻女人和儿童，"一名西西里村民对这样一次袭击回忆道，"他们抢走货物和金钱，然后闪电般回到他们的桨帆船上，定好航向，就消失了。"[11]恐怖主要在于它的出其不意。

到16世纪中叶，地中海周边的人口失踪已经是家常便饭，在海边劳作的人会突然间踪迹全无：单独驾船出海的渔夫、在海边放羊的牧人、收割庄稼或者料理葡萄园的劳工（有时甚至在内陆几英里处也不安全）、在岛屿间不定期航行的船只上的水手，全都是海盗绑架的对象。被海盗劫持后，几天之内他们就可能出现在阿尔及尔的奴隶市场上，或者被关押在海盗船上，跟随寻找更多战利品的海盗船进行漫长的航行。在途中身体变虚弱或者死亡的人会被丢到海里。

在特别残酷的情况下，俘虏可能会在一两天后就重新出现在自己的村庄。海盗会出现在近海，升起停战旗，展示俘虏，索取赎金。哀痛无比的亲属们会有一天的时间去筹集赎金。有的人家可能会将自己的田地和船只抵押给当地的放债人，于是陷入一个不可逃避的债务旋涡。如果他们没能筹到赎金，人质就会彻底消失。那些非常贫穷且目不识丁的农民很少有机会被赎回，因此很少能再次看到自己的家园。

这种突然袭击让基督教海域陷入了深深的恐惧。那些在海上或者陆地上被掳走的人永远不会忘记被俘的创伤。"至于我，"法国人杜·沙斯特莱对那个噩梦时刻回忆道，"我注意到一个高大的摩尔人向我走来。他的衣袖一直卷到肩膀上，只有四个指头的大手握着一把军刀；我害怕得说不出话来。这张乌黑的脸奇丑无比，带有两个象牙白色的眼珠，丑恶地转来转去，给我带来的恐惧远远超过人类先民目睹伊甸园门前带火宝剑时的恐惧。"[12]

这种恐惧因种族差异而加剧。在狭窄的地中海上，两个文明通过突然的暴行和复仇互相接触。欧洲人此时正在西非劫掠黑奴，但在地中海，他们自己却是被奴役的对象，尽管在 16 世纪，被伊斯兰世界奴役的欧洲人的数量远远超过欧洲人掳走的黑奴。而且大西洋上的奴隶贸易是一种冷酷的生意，而在地中海，奴隶贸易却受到互相的宗教仇恨的激发。伊斯兰世界的袭击不仅仅是为了损害西班牙和意大利的物质基础，也是为了打击对手的精神和心理基础。热罗姆·莫朗于 1544 年目睹的对墓园的洗劫和对教堂的仪式化亵渎有其深意。意大利诗人库尔蒂奥·马太哀叹"上帝蒙受的凌辱"：圣像被用匕首插在地上，圣礼和祭坛遭到嘲讽。他还为挖掘死尸、捣毁已经辞世的几代人的遗骸的恶行震惊不已："我们死者的遗体已经入土十多年，在地下也不得安宁。"[13]海盗在意大利民间传说中成了地狱的代理人，而让人愈发无法忍受的是，这些撒旦的使节往往是为形势所迫或者心甘情愿改宗伊斯兰教的叛变基督徒，而这些人对自己的家园非常熟悉，因此更能够大肆破坏。

在这种大环境下，查理五世在 1541 年没能收复阿尔及尔，就显得尤其严重。这座城市现在得到了一座防波堤和强大防御工事的保护，成了海盗活动的中心。这是座充满淘金热的城市，任何人在这里都可以梦想变得像巴巴罗萨那样富有。来自贫瘠大海的各个角落的冒险家、私掠海盗和浪荡子，有穆斯林也有基督徒，都争先涌向这座城市，打算在"掳掠基督徒"[14]的生意上一试身手。这座城市有的地方像是一个花里胡哨的大市场，奴隶和战利品在这里买卖转手；有的地方则像是苏联的古拉格劳改营。成千上万的俘虏被关在奴隶营地里。这些营地由澡堂改建而成，黑暗、拥挤、臭气熏天。每天奴隶们都戴着镣铐，从这里被领出去做苦工。富有的俘虏，比如在阿尔及尔被关押了五年的西班牙作家塞万提斯，在等待赎金的时间里或许会得到相当程度的善待。贫穷的俘虏就必须搬运石头、伐木、采盐、修建宫殿和壁垒，最糟糕的情况是去船上划桨，直到疾病、虐待和营养不良夺去他们的生命。

1540 年之后的岁月里究竟有多少人被卖为奴隶，我们无从得知，但这并不是只有一方在做的生意。双方在整个地

中海都在进行"掳掠人口"活动，如果说伊斯兰世界的贩
卖奴隶活动很猖獗的话，基督教世界也进行了小规模的以牙
还牙。圣约翰骑士团就是冷酷无情的奴隶贩子，尤其是拉·
瓦莱特，那个年轻时曾在罗得岛作战的法国骑士。骑士们以
马耳他为基地，派出一小群重型武装的桨帆船，重新回到了
他们在爱琴海的旧有活动范围，袭扰着奥斯曼帝国在埃及和
伊斯坦布尔之间的航道。骑士们和海上的任何海盗一样心狠
手辣、毫无顾忌。热罗姆·莫朗抵达威尼斯所属的蒂诺斯岛
时，骑士们刚刚"拜访"过这里。岛民们欢迎了这些"朋
友和基督徒"，直到一天早上，岛民们在离开城镇，下地干
活时，"这个骑士和他的部下看到城堡里人很少，于是杀了
他们，洗劫了城堡，掳走妇女、男孩和女孩作为奴隶"[15]。
这个丑恶行径很快就遭了报应。这名骑士自己被土耳其海盗
抓获，送往伊斯坦布尔，莫朗在那里目睹他被处决。命运无
常，风水轮流转。

　　骑士团不是基督教方面唯一的奴隶贩子。任何小规模的
基督徒海盗都可以一试身手，劫掠地中海东部；意大利海岸
上的里窝那和那不勒斯都有生意兴隆的奴隶市场。不少穆斯
林被掳走，关进马耳他的奴隶营，或者押上教皇属下的帝国
桨帆船，但穆斯林奴隶的数量远少于被抓到马格里布或者伊
斯坦布尔的基督徒奴隶。关于被卖身为奴的基督徒，留下了
海量的文字叙述，但关于穆斯林奴隶几乎没有留下任何资
料。偶尔有模糊不清的关于个人苦难的记述会打破这普遍的
沉默。16 世纪 50 年代末，一个名叫胡玛的女子不断向苏莱
曼哭诉，请求追回自己前往麦加朝觐却被圣约翰骑士团掳走

的孩子。她的两个女孩已经被劫持到法国，改宗基督教，嫁了人。在伊斯坦布尔，呼天抢地的胡玛成了路人皆知的人物，她坚持不懈地守候在大街上，一旦苏丹骑马经过，就把请愿书塞到他手里。在她的孩子失踪二十四年后，苏丹穆拉德三世仍然写道，"名叫胡玛的女士一而再，再而三地拦住我的坐骑，呈上请愿书"。[16] 据我们所知，两个女孩始终没有被追回来；她们的兄弟可能被卖作划桨奴隶，死在了一艘马耳他桨帆船上。在基督教和伊斯兰世界，类似的小悲剧数不胜数，都是关于劫持和丧失亲人的故事。

所有这些暴力活动的工具都是桨帆船。这种快速但脆弱的低矮船只是地中海的战争机器，是海洋条件造就的。海战如何进行、在何时何地进行，同样也取决于海洋条件。桨帆船吃水浅，因此可以轻松地靠岸，有利于两栖作战；它们可以潜伏在近海，准备伏击；也可以在笨重的帆船（其机动性完全受制于变幻难测的风向）周围任意旋转。与此同时，桨帆船的适航性惊人的差，而且依赖于不断地补充淡水（以供应桨手饮用），所以只能在近海行动。桨帆船每隔几天就要靠岸一次，因此它们的作战半径有限，部署也受到季节的制约。冬季的暴风意味着，每年10月至来年4月，海战都要暂时偃旗息鼓。最关键的是，海战的发动机是人力；16世纪的掳掠人口活动的所有动机中，抓人做划桨奴隶是重要的一项。

在15世纪，威尼斯海上霸权处于巅峰的时期，桨帆船的桨手都是志愿者。到16世纪，桨手主要是征募来的。奥斯曼海军很大程度上依赖每年从安纳托利亚和欧洲行省征募来的桨手。各国也都使用强制劳役：俘虏、罪犯等。在基督教国家的船上，还有因为生活贫困、无以为继而自己卖身为划桨奴隶的人。这些可怜虫每三四个人被锁在一条约 1 英尺宽的长凳上，正是他们使得海战成为可能。他们唯一的功能就是苦干到死。他们的手足都戴着镣铐，就坐在桨位上拉屎撒尿，吃少得可怜的黑饼干，忍耐着口渴，有时甚至去喝海水。划桨奴隶的生命常常是悲惨而短促的。他们只穿着亚麻马裤，除此之外一丝不挂，皮肤被烈日炙烤；他们被锁在狭窄的长凳上，长时间无法睡眠，有些桨手因此发疯；在一艘战船努力俘虏敌船或者拼命逃跑时，需要长时间的剧烈劳动，这时保持节拍的鼓点和监工的皮鞭（由晒干的公牛阴茎涂上焦油制成）鞭策着他们拼命划桨，哪怕精疲力竭了也不能停歇。桨手拼死划桨的景象可怕得令人不敢直视。"对被剥夺自由的人来说，划桨是最无法忍受和最可怕的工作。"[17]英格兰人约瑟夫·摩根描绘了这样的景象，"一排排身子半裸、忍饥挨饿、部分皮肤被晒得黝黑、身体精瘦的可怜人，被锁在木板上，有时一连几个月都无法离开……裸露的皮肉遭到残忍的、持续的鞭打，被催促用力划桨，甚至超过人力可承受的范围，不断地继续最猛烈的动作。"人们从基督教国家的港口起航时，常常听到这样的祝福："上帝保佑你，不要落到的黎波里的桨帆船上。"

有时由于疾病蔓延，一支舰队在几周内就能损失惨重。桨帆船是一个死亡陷阱、一条海上泔水沟，它的熏天臭气在两英里外就闻得到。当时的习惯是，隔一段时间就把船体沉入海底，以清洗上面的屎尿和老鼠。但如果船员们没被疾病

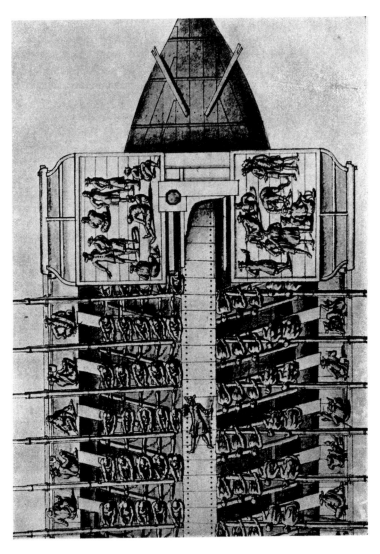

划桨的奴隶们

打倒，活了下来，参加了战斗，桨手们就只能坐在那里，等待被自己的同胞和相同信仰的人杀死。奥斯曼帝国的大部分桨手在名义上都是自由人，但他们的处境好不了多少。苏丹从内陆省份征募大量桨手，其中很多人之前从来没看过大海。他们作为桨手没有经验，效率也不高，由于条件恶劣，往往大批死去。

桨帆船以各种方式消耗着人力，就像消耗燃料一样。每个死去的可怜桨手被抛下海之后，就必须有人接替他，因此总是缺乏足够的人力。西班牙和意大利官方的备忘录总是不厌其烦地报告桨手的缺乏，因此船只建造的速度常常超过桨手配备的速度。1555 年，圣约翰骑士团的桨帆船舰队突然遭到了一场灾难，于是就发生了这样的现象。

10 月 22 日夜间，骑士团的 4 艘战船安全地停泊在马耳他的港口内。桨帆船群的指挥官罗姆加（骑士团经验最丰富的船长）在自己旗舰的尾部睡觉。这时一场诡异的旋风从海上刮来，吹断了船只的桅杆，将船只打翻。破晓时，全部 4 艘桨帆船都底朝天地漂浮在灰色的海面上。营救者乘小船去寻找生还者，并查看船只的损失情况。他们听见其中一艘船内传出沉闷的敲击声，于是在船体上凿了一个洞，在黑暗中往底下张望。船上的宠物猴子迅速跳了出来，然后是罗姆加，他在一个水淹到肩膀，但是有空气的狭小空间内熬了一夜。直到用浮筒将船只扶正，大家才清楚地看到了全部的可怕景象：300 名溺死的穆斯林划桨奴隶的尸体仍然被锁在长凳上，像白色的鬼魂一样在水里漂浮着。对船只的修理和更换还算是可以解决的问题，但寻找新的船员却是真正的难题。教皇打开了那不勒斯大主教属下的监狱，提供了一批划桨奴隶；骑士们随后不得不乘船出海去抓捕更多奴隶，来填满桨手长凳。这对双方都是一样：很多的劫掠仅仅是为了补充人力，以便开展新的袭击。暴力是个恶性循环。桨帆船对人力的需求就是战争的一个动机。

在 16 世纪 50 年代，形势越来越明朗，查理五世在一步一步输掉这场战争。德意志和低地国家新教徒造成的麻烦、无休止的对法战争，甚至美洲的金银也无法解决的债务问题：这一切都困扰着皇帝。他忙于维持整个帝国，无心长时间关注地中海局势。与苏莱曼的断断续续的停战也无助于大局。奥斯曼舰队不出动的时候，还有马格里布的海盗在放肆。海盗不断洗劫意大利、西西里、巴利阿里群岛和西班牙的海岸，几乎不受任何阻挡。严重的经济损失和人口下降对意大利南部影响特别大。有时当地的总督不得不命令将某一海岸地区的居民全部撤走，以免他们被奥斯曼帝国掳走，就像 1566 年的亚得里亚海岸那样。但海盗还是蹂躏了 500 平方英里的乡村。西班牙和意大利之间的海上贸易不时地处于瘫痪的边缘。西班牙的地中海帝国的整个结构似乎都受到了这次无情劫掠的威胁。一位法国主教在 1561 年写道："图尔古特紧紧掐住了那不勒斯王国的咽喉……以至于马耳他、西西里和附近其他港口的桨帆船受到了图尔古特的严重骚扰和遏制，没有一艘船能从一个地方驶往另一个地方。"[18] 流言再次传遍整个地中海西部，声称这些攻击是大规模入侵意大利的序曲。在罗马，连续多位教皇为之战战兢兢，恳求各国采取联合行动。在马格里布，西班牙要塞一个个被攻克。圣约翰骑士团为查理五世防守的的黎波里于 1551 年陷落；此后，的黎波里就像阿尔及尔一样，成了伊斯兰海盗们的淘金地。贝贾亚于 1555 年被穆斯林占领。已经八十高龄的安德烈亚·多里亚发动了一些反击，效果不一；他把图尔古特围困在杰尔巴岛的潟湖内，但这名海盗把自己的船只拖上岸，通过陆路把船拖走，轻松地溜出了多里亚的手掌心。次年，图尔古特再次出动，率领苏莱曼的帝国舰队进攻了马耳他。此后西班牙向非洲发起的远征都以灾难和死亡告终。

到 16 世纪 50 年代初，查理五世已经是个心力交瘁的老人，被整个帝国的重担压垮了。他极富责任感，对基督教世界的大小政务事必躬亲，积劳成疾，以至精神崩溃。他身患痛风病，财务完全被德意志银行家控制，他执拗地在一个个人的、微小的世界里寻求秩序。"他常常一连几天沉浸在忧郁中，"一名目击者记述道，"他的一只手已经瘫痪，一条腿蜷缩在身下，不肯接见廷臣，很多时间花在拆卸和组装钟表上。"[19] 1556 年，他将西班牙王位禅让给了儿子菲利普二世①，隐居在一所修道院内，专心侍奉上帝。除了宗教书籍和他一辈子的日记外，他还带去了自己的世界地图以及尤利乌斯·恺撒的著作。他统治时期内最后一次海上灾难发生在 1558 年夏季：一支西班牙远征队在马格里布全军覆灭。消息传回西班牙时，查理五世已经奄奄一息。没有人忍心把这噩耗告诉他。

这时苏莱曼已经心满意足地宣布，他赢得了与主要对手的较量。1547 年，他与查理五世及其弟斐迪南签署了一项

---

① 同时，查理五世将神圣罗马帝国帝位传给了自己的弟弟斐迪南，史称斐迪南一世。

停战协议。斐迪南同意年年纳贡，以保住自己的匈牙利领地。在苏莱曼看来，斐迪南已经成了一个附庸，而协议文本中将查理五世仅称为"西班牙国王"。斐迪南和查理五世亲自在协议上签了字。苏莱曼自视高不可攀，不肯亲自与异教徒打交道，于是按照惯例让一名官员在协议上加上了皇家花押字。对苏丹来说，协议中的头衔、条件和行文都具有巨大的象征性意义。从此，他自命为"罗马人的皇帝"：恺撒。

查理五世尸骨未寒，苏丹就在白海迎来了一个具有决定性意义的胜利时刻。腓力二世继承西班牙王位时，西班牙海岸的局势正在恶化，他不得不当即把注意力转移到地中海问题上。北非海盗已经进入大西洋，扰乱了西班牙盖伦帆船往返西印度群岛的交通。1559 年，无休无止的对法战争暂时停顿，解决马格里布问题的决定性时刻似乎到来了。

西班牙人拟定了计划，打算夺回具有战略意义的的黎波里港，并重新获得地中海轴线的控制权。战役的准备工作就像西班牙所有的海上冒险一样，非常艰苦，而且还受到了腓力二世自己的某种压制。新国王和他父亲并不相像：查理五世喜好冒险，但腓力二世谨小慎微，注定将以"审慎的国王"的雅号留名青史。查理五世常常御驾亲征，腓力二世则稳坐马德里的王宫，通过一系列命令遥控在远方冲锋陷阵的指挥官。他对远征指挥官的选择也颇具争议。安德烈亚·多里亚已经九十三岁高龄，虽然看上去还精神矍铄，但毕竟年事已高，不能参战；指挥棒被交给了多里亚的侄孙乔万尼·安德烈亚，一个经验不足、年仅二十一岁的年轻人。这将带来灾难性后果。

1559 年 12 月，拥有 50 艘桨帆船和 6000 名士兵的舰队终于起航。对于行动目标，舰队起初还有所迟疑，最后决定兵锋直指图尔古特位于杰尔巴岛的海盗巢穴。1560 年春，西班牙军队轻松占领了杰尔巴岛，并在那里建造了一座要塞，进驻了部队。但海盗们已经向伊斯坦布尔报告了消息，一支拥有 86 艘桨帆船的奥斯曼舰队在皮雅利帕夏统领下紧急出动。他们在仅仅二十天内就抵达了杰尔巴岛，创造了一项纪录。奥斯曼舰队的船帆黑压压地出现在海平线上，令乔万尼·安德烈亚的舰队大吃一惊。西班牙人慌里慌张地上船，乱成一团，没有排好作战队形。皮雅利将西班牙战船一艘一艘地逐个消灭。乔万尼·安德烈亚带领他私人的桨帆船群逃之夭夭，留下的是含糊其辞的诺言：他将派来援兵，解救被围困的要塞。援兵始终没有来；腓力二世举棋不定，后来他的这种优柔寡断将成为家常便饭；他先是匆忙地准备救援舰队，然后又害怕在最后关头会损失更多船只，不准它出航。他就这么抛弃了要塞守军。要塞遭到攻打，然后水源被切断，于是陷落了。全部守军 5000 人，要么战死，要么被处决；只有贵族军官被饶了性命。他们被作为战利品和缴获的桨帆船一起送给了苏莱曼。穆斯林在杰尔巴岛上用死者的骨头搭建了一座金字塔；这座"骷髅要塞"一直保留到 19 世纪。

对西班牙来说，灾难不仅仅在于损失了若干船只和人员。虽然 30 艘桨帆船、5000 名士兵和 6400 名桨手的损失很难补充，但这不算是最糟糕的。真正严重的是，他们损失了 600 名经验丰富的水手、2000 名海军火绳枪兵和久经沙场的指挥官：整整一代熟悉桨帆船作战的人，他们的经验是通过多年的实践积累来的，这些人的损失是不论多少印加黄金都无法弥补的。杰尔巴岛的惨败之后，西班牙和意大利更加无遮无挡。

1560 年 10 月 1 日，皮雅利帕夏的凯旋舰队围绕在苏丹后宫的下方，在震耳欲聋的欢呼声中驶入了金角湾。佛兰德使节比斯贝克①目睹了这一"对土耳其人来说是天大喜事，却令基督徒怆然泪下"[20]的盛况。苏莱曼来到了御花园一端的楼台亭阁，"以便近距离观看庞大的舰队驶入港湾，以及被示众的基督徒指挥官"。舰队的分列式是精心安排的，目的是展现奥斯曼海军的无比强大。奥斯曼桨帆船被涂成鲜艳的红色和绿色；被俘的基督徒船只则被拆除了桅杆、索具和船桨，"以便让它们在土耳其桨帆船的对照下显得渺小、丑陋和可鄙"。在皮雅利旗舰的艉楼上，旌旗招展、鼓乐喧天，基督徒指挥官们被押着示众，作为教导大家做人要谦卑的活教材。

奥斯曼帝国的海上力量达到了巅峰。如果说，某一方在某个时刻能够完全控制不可控制的地中海的话，那就是这一刻。但在那个初秋的日子，能够近距离观察苏丹的人会发现，他的脸上没有胜利的喜悦。他的样子看上去凝重严峻、永不满足。

在热那亚，离九十四岁生日仅有四天的安德烈亚·多里亚将面庞转向墙壁，离开了人世。

---

① 奥吉耶·吉斯林·德·比斯贝克（1522～1592），佛兰德作家、草药学家和外交官，先后为哈布斯堡家族三位君主效劳。他在 1554 年和 1556 年担任斐迪南（后来的神圣罗马皇帝）驻奥斯曼帝国大使，对土耳其的风土人情和文化政治做了很多记述。据说他是将郁金香从土耳其引进欧洲的人。

第二部

震中：马耳他战役，
1560～1565 年

GUN AND GUNNER.

7. 毒蛇的巢穴
1560～1565 年

　　杰尔巴岛惨败的消息传遍基督教国家的海岸，令人们不寒而栗。很显然，现在地中海中部的局势具有关键意义。1560 年 7 月 9 日，筹划了杰尔巴岛战役并在此役中幸存的西西里总督给腓力二世写了一封直言不讳的信："我们必须吸取教训、励精图治。如果能让陛下成为大海的主宰，哪怕将臣等全部变卖，将我本人第一个卖掉，臣等也在所不辞。只有控制了大海，陛下才能安享太平，陛下的子民才能得到保护。如果不能控制大海，等待我们的只有噩运。"[1]

　　西班牙和意大利弥漫着对敌人入侵的恐惧。人们鼓起勇气，等待新的航海季节的到来。现在似乎没有任何力量能抵挡奥斯曼帝国的海上入侵。苏莱曼再次大举出击只是时间问题。地中海成了遍布谣言的海：每年春天，都会从伊斯坦布尔传来秘密报告，声称一支强大的舰队即将起航，但最后都不了了之。甚至对能够接触土耳其宫廷内层的人，这也很难理解。事实上，苏莱曼面临着更紧急的事务和问题。他的几个儿子之间争斗正酣，帝国和波斯之间发生了纠纷，他的众位维齐尔之间进行着权力斗争，并且还有瘟疫和粮食短缺的难题。大海上弥漫着"虚假战争"①的气氛。每一年，腓力二世的领地都要加固海岸防御工事，但每年都又停下来。与此同时，深知西班牙海军脆弱现状的腓力二世开始建造桨帆船。法国人对他紧盯不放。1561年，法国国王收到的一份报告写道："两个月来，西班牙国王命令巴塞罗那的造船厂劳作不歇，以便将几艘桨帆船和其他海船完工。"[2]为了迎接不可避免的大摊牌，腓力二世正在迎头赶上。

1564年，地中海中部的上空终于刮起了风暴。那年夏天，圣约翰骑士团触发了一系列事件，一直影响到苏莱曼皇宫的楼台亭阁，并在无意中引发了争夺大海中心的决定性较量。

自骑士团于 1530 年抵达马耳他以来，他们的桨帆船群

---

① "虚假战争"指第二次世界大战期间，从1939年9月德国入侵波兰到次年5月德国入侵西欧之间，在法德边境上，双方虽然已经互相宣战，但都按兵不动的现象，又称"静坐战"。

7. 毒蛇的巢穴

几乎每年都出海进行他们自己的海上圣战，以基督教的名义扫荡大海，劫掠伊斯兰世界的船只，并抓捕奴隶。让·德·拉·瓦莱特于 1557 年当选大团长以后，这种活动愈演愈烈。拉·瓦莱特年轻时曾参加罗得岛防御战，现在对海战激情满怀。圣战和谋求利润的海盗活动之间的界限非常模糊；对威尼斯人而言，骑士团不过是"举着十字架游行的海盗"[3]，与穆斯林海盗是一丘之貉，他们的活动带来了无穷无尽的麻烦。这些海盗中为首的就是在 1555 年的旋风中幸存的罗姆加。在倾覆船体下的海水里泡了一整夜之后，他的神经系统受到了永久性的损害。据说在那之后，他的双手抖个不停，喝酒时总会把酒洒出杯子。但罗姆加依然以高超的航海本领、无比的勇气和残忍暴虐而威名远播。穆斯林母亲们会用他的名字吓唬小孩去睡觉，但对士气低落的基督徒来说，他却是希望之源。希腊海岸居民听到罗姆加突然驾到的传言，争相带着水果和家禽作为礼物去海滩上迎接他。

他的袭击相对而言规模都比较小。骑士团只能派由 5 艘重武装桨帆船组成的微型舰队出海，但他们的攻击范围远至巴勒斯坦海岸，攻击力是惊人的。1564 年夏天，罗姆加的活动突然间变得非常具有戏剧性。

6 月 4 日，罗姆加率领骑士团的战船群在希腊西海岸外围巡游，遇到了一艘巨大的盖伦帆船"苏丹娜"号，以及护航的一队奥斯曼桨帆船。骑士们感到有利可图，于是冲杀上去，在激战之后将帆船俘虏。这是一个价值极大的战利品。这艘船属于苏丹的太监总管（他是宫廷的一位大员），满载价值 8 万杜卡特的东方货物，目的地是威尼斯。大帆船被开往马耳他，在那里很快成为羞辱奥斯曼帝国荣誉的一个强有力符号。同时，罗姆加再次出海，按照拉·瓦莱特的命令，对苏丹的航运进行大肆破坏。他对目标的选择非常准确。在安纳托利亚外海，他用大炮击伤了一艘大型武装商船，在对方的高贵乘客弃船逃跑时将其俘虏。他抓获了开罗总督以及一位一百零七岁高龄的老妇，她曾是苏丹女儿米赫里马赫[①]的保姆，刚从麦加朝觐回来。三天后，他俘虏了正奉苏丹之名前往伊斯坦布尔的亚历山大港总督。这些达官贵人值一大笔赎金。罗姆加的桨帆船带着 300 名其他俘虏返回马耳他时，他每一桩暴行的消息都传到了伊斯坦布尔。米赫里马赫及文武百官的愤怒控诉在苏莱曼耳边回荡。老太太深受米赫里马赫的喜爱，她被劫持尤其令人痛心。她注定将在马耳他了却残生。大家都高声疾呼，要求对侮辱两海之王和信士长官的行为严惩不贷。

听着这些涕泗横流的哀叹的苏莱曼已经不再是那个曾经在 1521 年以威仪和骑士风度震撼了基督教人质的年轻苏丹了。他已经七十岁高龄，统治世界上最大的帝国已经将近半个世纪。他向东西方发动了十几次大规模战争，讨伐他的竞争对手们；他的寿命超过了除了伊凡雷帝之外所有曾经与他角逐帝国霸业的君主们。苏莱曼是各个大帝国中

① 米赫里马赫（1522~1578），苏莱曼一世与宠妃许蕾姆的女儿。米赫里马赫的意思是"太阳和月亮"，因为据说她是在春分日出生的，这一天日夜等长。米赫里马赫积极赞助文艺和建筑事业，周游整个帝国，参与政事，并辅佐她的弟弟塞利姆二世。

7. 毒蛇的巢穴

圣约翰骑士团的桨帆船

最令人闻风丧胆的帝王。他几乎像他的曾祖父"征服者"穆罕默德二世那样残酷无情，就王者风范而言足可与查理五世匹敌。但就像他的最大对手查理五世一样，他也已经心力交瘁。

在欧洲人绘制的晚年苏丹的肖像上，他形容憔悴、心神不宁、眼窝深陷。他心中有很多悔恨。除了和西方的异教徒以及东方的穆斯林竞争者波斯国王进行了无休无止的战争之外，他还受到了很多奥斯曼体制内部问题的困扰：近卫军的蠢蠢欲动、文武官员的腐败和野心、皇子们的内战、不服从中央的少数民族的反叛、通货膨胀、宗教异端的爆发、瘟疫和饥荒。他在私人生活中则表现出了软弱和判断失误，经历了很多悲剧。在历代苏丹中独一无二的是，他为了爱情迎娶了自己最宠爱的女奴罗克塞拉娜（后来更名为许蕾姆①），但奥斯曼帝国皇位继承的残酷逻辑（只有一位皇子能够存活和统治）让他的家庭四分五裂。他经历了一些伤心欲绝的时刻。他目睹了最宠爱的儿子穆斯塔法被扼死，后者的罪名是密谋反对他。后来他才发现，穆斯塔法是无辜的。另一个皇子贝亚兹德连同他所有的幼小儿女一起被处死。到 16 世纪 60 年代，他的儿子中只剩下了最无能的塞利姆能够继承皇位。苏莱曼年轻时曾经大张旗鼓、展示自己的富丽堂皇以和欧洲君主一争高下，但后来却越来越虔诚和稳重，因为他想强调自己作为哈里发地位守护者和伊斯兰教正统领袖的地位。他的宫廷笼罩在庄严肃穆的阴暗中。罗克塞拉娜死后，苏莱曼开始遁世。他很少出现在公开场合，只透过一扇格子窗沉默地观看国务会议的进程。他只喝水，用陶制盘子用膳。他砸毁了自己的乐器，禁止贩卖酒类，全副精力都投入到修建清真寺和慈善机构上。他患有痛风病，关于他身体日衰的传言飞遍了欧洲。在 16 世纪 50 年代末和 60 年代初，对事态密切关注的各个欧洲宫廷不时听到苏丹已经垂死的消息。"苏丹还活着，但时日无多。"[4] 1562 年，遥远的英格兰就得到了这样的颇有把握的报告。人们越来越

① 罗克塞拉娜（约 1502 ~ 1558），据说原是来自利沃夫（当时属波兰，今属乌克兰）东正教家庭的民间女子，在一次克里米亚汗国对当地的劫掠中被掳为奴，并被售往伊斯坦布尔，在那里她被选入苏丹的后宫。很快她就获得了苏莱曼一世的宠爱，为他养育了四个孩子，后来更是令人吃惊地获得了自由人的身份，同苏莱曼正式结婚，成为他合法的皇后。在其影响下，终其一生奥斯曼帝国和她的祖国波兰都保持了和平。苏莱曼一世逝世后，罗克塞拉娜的儿子塞利姆二世继承了苏丹宝座。"罗克塞拉娜"的意思是"乌克兰人"。土耳其人称她为许蕾姆，意为"欢快的人"。她的传奇一生成为许多艺术作品的题材，包括约瑟夫·海顿的 63 号交响曲等。

相信，苏莱曼被他虔诚的女儿米赫里马赫以及宫内的虔诚人士控制了。

就是在这样的背景下，苏莱曼于 1564 年夏末获悉了马耳他骑士团肆虐的消息。基督教史学家相信，后宫圈子蒙受了损失（太监总管的船只被俘虏、米赫里马赫的老保姆被绑架、亚历山大港和开罗的总督被劫持），于是给被病痛困扰、受后宫女眷影响的苏丹灌了迷魂汤，他才决定入侵马耳他。但是外人很难窥伺到奥斯曼帝国战略的内部运作。罗姆加的放肆袭击并不是苏莱曼决定彻底消灭医院骑士团的原因，而只是导火索而已。

年迈的苏莱曼

当然，如果白海的皇帝无法保障前往麦加的朝觐者的安全，的确有损虔诚苏丹的颜面；米赫里马赫一直在劝告苏丹，占领马耳他这个异教徒巢穴是一项神圣的义务，但苏丹做出占领马耳他而且是必须在此时占领的决定，却另有深层原因。多年以来，所有基督教国家的海军战略家都深信，土耳其人一定会进攻马耳他。巴巴罗萨早在 1534 年就梦想占领这个岛屿。图尔古特在 1551 年亲自向苏丹请求攻打马耳他。"在消灭这个毒蛇的巢穴之前，您将不会有任何进展。"[5] 马耳他的战略地位实在是太重要了，制造的麻烦太大了，绝不能无限期地忽视它。有了马耳他，就有可能控制地中海中心；而且它的存在始终威胁着苏莱曼在北非的属地。苏莱曼原先以为医院骑士团在逃离罗得岛之后湮灭在历史长河中了，他们却一年又一年地兴风作浪，嘲笑他的威权。间谍向苏丹报告，骑士团计划在稳固的马耳他港口内兴建新的大规模防御工事。苏莱曼在罗得岛的老经验告诉他，如果骑士团在新家站稳了脚跟，将他们逐出会非常非常困难。

1564 年夏季，双方都在考虑重大的战略问题。土耳其人没能充分利用杰尔巴岛的大胜来扩大战果。意料之外的喘息之机让西班牙得以重整旗鼓。腓力二世密切注视着地中海，视其为关键战场。他在竭尽全力地建造桨帆船。1564年 2 月，他任命了一位睿智而经验丰富的老航海家堂加西亚·德·托莱多为海军司令。9 月，伊斯坦布尔还在琢磨如何回应罗姆加最近的袭击时，堂加西亚从西班牙南部出发，渡过直布罗陀海峡，占领了非洲海岸上的一个海盗基地——

贝莱斯岛屿要塞①。西班牙人在全欧洲范围内对这个小小胜利大肆吹嘘，令苏莱曼怒火中烧。腓力二世和苏莱曼除了分别对地中海之主的霸权地位提出主张外，都在盲目地冲向一场决定性的较量。

双方都深知，马耳他是地中海中部的关键所在。1564年秋，堂加西亚在给腓力二世的信中分析了奥斯曼帝国对西班牙在地中海所有基地的威胁。堂加西亚认为，受到威胁最严重的就是马耳他。如果守得住马耳他，西班牙就能增援南欧海岸，并最终将土耳其人逐出地中海西部。如果马耳他陷落，"基督教世界将受到严重损害"[6]。土耳其人将以马耳他为跳板，向欧洲腹地发起更深远的攻击；西西里、意大利海岸、西班牙海岸，甚至罗马城都将在奥斯曼帝国的攻势前不堪一击。

在 1564 年 10 月 6 日的国务会议上，苏莱曼拍板决定入侵马耳他；按照基督教史学家的说法，苏丹此举是为了"开疆拓土、消灭对手西班牙国王的力量……他的舰队，或者至少是一支强大的桨帆船群。一旦占据这个最稳固的地点，非洲和意大利的所有王国都将称臣纳贡，基督徒的所有商业和私人航运都将得到控制"[7]。这将是指向敌人心脏的一记猛击。

一个月后，苏丹任命了此役的指挥官们，并为此次征讨赋予了更明确的宗教意义："我打算征服马耳他岛，因此我

---

① 今称戈梅拉，位于地中海西南部，摩洛哥北岸，属于西班牙管辖。现在已经与大陆连为一体，成为半岛。

任命穆斯塔法帕夏为此次战役的指挥官。马耳他岛是异教徒的一个总部。马耳他人已经封锁了穆斯林朝觐者和商人在白海东部使用的通往埃及的航道。我已命令皮雅利帕夏率领帝国海军参加此次战役。"[8]奥斯曼帝国的战争机器轰鸣着开动了。"虚假战争"寿终正寝。

苏莱曼将把整个帝国的资源投入到自早期十字军东征以来地中海上最为雄心壮志的海上冒险中。这是一场极其复杂、补给线漫长的远程作战。马耳他不是罗得岛。罗得岛离土耳其只有咫尺之遥,而马耳他却在土耳其以西800英里处,与基督徒控制的西西里距离很近,肉眼就可以看见,处在基督徒桨帆船大舰队的最远打击范围之内。罗得岛土地肥沃、水源充足,足以供养一支入侵的军队,值得冒险去进行过冬的长期作战。马耳他却一贫如洗。遭到海风鞭笞和毒日炙烤的马耳他岛和附近较小的戈佐岛位于非洲和意大利之间的海峡上,其实只是被侵蚀的山顶的遗留部分,冰河时代末期的大洪水将它们与西西里分隔了开来。马耳他的土地具有新石器时代的严酷:荒芜、干枯、多石且年代久远。岛上没有河流,也没有树木。在冬季,为了获取淡水人们不得不将雨水储存在石刻的蓄水池内。木柴非常稀缺,甚至按磅来出售。夏季气候非常严酷;湿润的海风从海中汲取水分,赤道般的闷热笼罩着全岛,足令身披甲胄的人窒息。整个岛只有20英里长、12英里宽,非常狭小,困难重重。可供登陆的地点很少:岛屿西岸有悬崖峭壁的保护,在东岸有若干小海湾可供部队上陆,还有一个优良的深水港(其自然条件在整个地中海无可匹敌）处于骑士团控制之下。入侵的军队必须自己携带在整个战役期间需要的所有东西：粮食、营帐、木材、攻城物资。土耳其人虽然能够得到北非海盗的有限支持，但主要还是依赖漫长而脆弱的补给线。时间选择也是极其关键的：他们出航既不能太晚，也不能太早。适合远征的时间只有几个月。

他们也不能指望得到当地平民的帮助。马耳他人就像是地中海的巴斯克人，是一个独一无二的小民族，是他们居住的岛屿在历史上的特殊地理位置（它是所有入侵、迁徙和贸易的中心）的产物。由于历史的原因，马耳他人的血统非常复杂。一波波的腓尼基人、迦太基人、罗马人、拜占庭人、阿拉伯人、诺曼人和西西里人被移植到古老的根茎上，形成了一个身份特殊的民族。"西西里人的性格，混杂有非洲人的特征"[9]，一位在 1536 年来到马耳他的法国人这样描述当地人。马耳他人和伊斯兰世界关系密切，讲的是一种阿拉伯语（他们把上帝称为"安拉"），但他们是狂热的天主教徒，自豪地将自己民族的历史追溯到《圣经》里圣保罗遭遇海难、邻近多个岛屿接受基督教的时代。这些吃苦耐劳的人民依靠贫瘠的土地艰难谋生，忍耐着地中海世界的穷困生活。穆斯林海盗的长期侵袭使得马耳他陷入无法解脱的悲苦中，因此他们不大可能背弃他们的统治者——医院骑士团。马耳他人尤其畏惧享有"伊斯兰出鞘之剑"雅号的图尔古特。图尔古特在 1551 年发动的侵袭使 5000 人被卖为奴隶，戈佐岛居民被一网打尽。面对这样的恐怖，骑士团似乎是最好的屏障。

　　土耳其人对此心知肚明。奥斯曼帝国的任何征伐都要进行全面彻底的准备工作。虽然有后宫的敦促，但入侵马耳他的决定绝非心血来潮。在此之前，土耳其人已经对马耳他进行了多年的侦察和刺探。奥斯曼帝国的地图绘制家皮里雷斯在《航海书》里已经给出了马耳他的地图，并对其做了描述；图尔古特劫掠这些岛屿达十几次之多，对当地非常熟悉，并将自己的知识广泛传授出去。在战役前不久，奥斯曼帝国的工程师们还装扮成渔民，对马耳他进行了实地考察。他们用鱼竿测量城墙，带回了要塞工事的可靠布局图。据说苏莱曼手中有要塞工事的精确模型。奥斯曼帝国统帅部知道岛上哪里有水源，哪里有安全锚地，守军的兵力如何，又有哪些弱点。在伊斯坦布尔，将领们根据这些情报精心制定了策略：当务之急是夺取安全的港口，以保护至关重要的舰队，然后必须控制城墙；基督教骑士们身穿坚固的铠甲，因此务必要有相当数量的火绳枪兵。岛上缺少木料，这意味着建造攻城武器所需的全部木料都必须用船运来。至于攻城战术，由于当地的石灰岩地形，坑道作业难以奏效；只能炸出一条路来，因此必须重视火炮。土耳其人希望，猛烈炮击能够打破骑士团的蓄水池，迫使敌人在暑热中无水可饮、迅速投降。

　　人力和物资的集结与协调需要复杂的筹划和后勤支持，但在战役的后台组织上，中央集权的奥斯曼帝国是无可匹敌的。专断的命令被发往帝国各地。士兵们受命到伊斯坦布尔周边和希腊南部的指定地点集结。战役记录中的不依不饶的口吻显示出了整个行动的庞大规模，发给各行省官员和总督的一连串简短命令也体现出一种焦虑："粮食问题非常重要……缺乏火药……如果由于你的懈怠，炮弹、炮架和黑火药不能尽快送抵我处，以真主之名起誓，你将死无葬身之地……一分钟都不能耽搁……不管在该处能找到何种水果和其他种类的食物，你应帮助商人尽快将它们运送给舰队……我的指挥部抵达时，尽快将船只所需的饼干烘制完毕，小心谨慎地装上船，送往……切勿懈怠……你必须在当地召集自愿参加马耳他战役的船主。"[10] 整个帝国都忙碌起来。

在伊斯坦布尔城内，外国间谍们很快意识到，土耳其苏丹终于准备开战了。战争即将爆发的证据就在他们眼前。所有外国人被禁止在主城内居住。他们必须居住在金角湾（构成伊斯坦布尔深水港的小海湾）对岸的有城墙的小城加拉塔①。加拉塔位于金角湾之上的狭窄山坡，下方海湾里的来往情况尽收眼底，还能鸟瞰金角湾上游仅 300 码处的造船厂，那里的小海湾周围密密麻麻地坐落着木制仓库和船坞滑道。

造船是一项进展缓慢、噪音惊人的劳动密集型活动。只要认真观察，几乎不可能错过一项大型军事行动正在进行中的迹象：笨重的驳船绕过海角，进入港口，满载着来自黑海地区森林的木材、绳索、帆布、焦油和炮弹。运载油脂（用来涂抹桨帆船的船体，以加强防水性）的牛车轰隆隆地在遍布车辙的小路上行进。造船厂除了核心人员——木匠、

---

① 今天是伊斯坦布尔位于欧洲部分贝伊奥卢区的一部分。它坐落于金角湾北岸，一道水湾将它同老城隔开。

船缝填塞匠、制桨匠和铁匠外，还涌进了大量短期工人。在
1564～1565 年之交的冬季，空中持续回荡着刺耳的拉锯声、
清脆的锤击声、斧凿声和在铁砧上打铁的声音。煮沥青的大
锅翻滚着冒出的黑烟与腐臭的动物油脂和锯末的气味交织在
一起。

在造船厂内的船台上，船体从龙骨开始逐渐成形；木匠
们在安装甲板、桅杆，并设置桨位。索具工人在装配船帆。
战役准备的后勤工作涉及整个城市，甚至遥远的地方。在铸
造工厂和铁匠铺，工人们在铸造或者锻造武器——炮弹、刀
剑、标枪和炮架；面包师们在生产烘制两次而成的饼干；帝
国的征兵官员在各个行省执行征募人员的命令。不久，大批
人员将抵达伊斯坦布尔和加里波利，包括来自海岸平原地区
的有经验的水手，以及来自巴尔干或者安纳托利亚的此前从
未见过大海的健壮的农村少年，他们将担任桨手。基督徒奴
隶们被关押在营地里，等待被驱赶上船、与船桨锁在一起。

准备工作紧张有序地飞速进行。一个西班牙人在 2 月报
告称，土耳其人的战备"进展神速"[11]。图尔古特已经强
调，务必尽早出航，以赶上春季的大风。威尼斯人报告称，
苏丹本人亲自视察了船只；他"多次表示希望亲自去造船
厂，以便亲眼查看事情进展的情况，并不依不饶地催促远征
尽快开始"[12]。战备的成本是巨大的，大约是财政收入的
30%，而且其他军事行动都得不到援助了。但将这些情况看
在眼里的欧洲人却都说不准，此次战役的目标是什么。有人
猜测是马耳他，也有人猜是西西里。西班牙人害怕土耳其人
会进攻拉格莱塔——西班牙在突尼斯附近的战略立足点。甚

至中立国威尼斯也准备加强自己的塞浦路斯领地的防御。土耳其人按照他们的一贯作风，把牌捂得紧紧的，坚持继续造船。

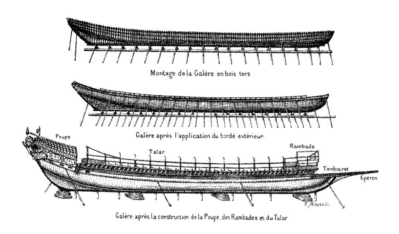

Montage de la Galère en bois tors

Galère après l'application du bordé extérieur.

Poupe Talar Rambade Tamboret Éperon

Galère après la construction de la Poupe, des Rambades et du Talar

建造桨帆船的步骤

1564 年 12 月，苏莱曼确定了指挥体系。他不会亲自出征，而是授权穆斯塔法帕夏指挥整个战役，后者是在波斯和匈牙利南征北战的老将，年轻时曾在罗得岛和医院骑士团作战。这位帕夏是久经战阵的将军，但性格暴躁，生性残忍，而且特别仇恨基督徒。协助穆斯塔法帕夏并主管舰队的是杰尔巴岛的英雄——皮雅利帕夏。按照基督教史学家的说法，苏莱曼命令穆斯塔法"像对待自己的亲生儿子一样对待皮雅利；并命令皮雅利像尊崇自己的父亲一样尊崇穆斯塔法"[13]。对马耳他有着第一手经验的图尔古特也应招从的黎波里赶到马耳他前线，他受命协助和辅佐穆斯塔法和皮雅利二人。"我要仰仗你的军事经验，"苏丹对这位老海盗说，

"你必须在海上帮助穆斯塔法帕夏，保护我们的海军，对抗可能从其他国家出发、救援马耳他的敌人的海军。"[14]后来的基督教史学家认为，权力分散在三个人身上导致了随后的巨大麻烦，但是穆斯塔法显然是战役的最高统帅。

3月，大量桨帆船、小型划桨船和驳船建成下水，并装载了物资。必须预先考虑到攻城所需的所有东西：62门大炮被拖上了船，其中包括2门能够发射巨大石弹的巨型蜥炮，还有10万发炮弹、2000吨火药、火绳枪及枪弹、箭矢及头盔、挖掘战壕和坑道所需的工具（"皮带、绳索、铁锹、鹤嘴锄、铲子、铁棒、木料"[15]）、用作防御屏障的预制木框架、"用于搭建防御工事的大量兽皮、羊毛制袋子、旧帐篷和旧帆布"、数量巨大的两次烘制而成的饼干及其他食品、帐篷、炮车、轮子。大规模战役所需的全部物资都经过帝国的财务官员（他们是所有战役的脊梁骨）——登记在册、检查和清点。

3月30日，大军出征的那天，在土耳其人擅长的盛大仪式中，穆斯塔法帕夏接受了军旗和象征总司令权威的宝剑，然后在喧天鼓乐和欢呼声中登上了他的桨帆船"苏丹娜"号。这艘战船是苏丹本人的赏赐，由无花果木制成，拥有28个桨位，每个桨位从上到下有四名或者五名桨手，船上飘扬着红白两色的军旗。海军司令皮雅利拥有自己的旗舰，那是一艘非常美观的战船，船尾带有海军权威的象征物：三盏船尾灯笼、绿色丝质大旗和一块每边长达10英尺的锤扁白银制成的方形铭牌，其顶端附有新月和拖曳着马鬃

7. 毒蛇的巢穴

的金球，象征帝国威严。第三艘旗舰——皇家桨帆船代表苏丹本人，这艘战船的船尾饰有月亮和金字的《古兰经》经文以及"土耳其风格的不同图景"[16]。大军开拔是一幅了不得的盛景。晨祷之后，舰队起航了。画有《古兰经》经文、新月和弯刀的五颜六色的旗帜在微风中飘扬。船桨冲撞着金角湾的平静海水。海岸堡垒礼炮齐鸣；铙钹和笛子声震耳欲聋。士兵们腰杆笔直地坐在船上，一动不动，有如磐石。近卫军头戴白色头巾，顶端的鸵鸟羽毛在风中微动；神职人员头戴绿头巾，征募来的士兵戴白头巾。在聚集起来的伊玛目①的喃喃祷告声和桨帆船的计时鼓点声中，庞大的舰队在皇宫草地下方驶出港湾，向白海进发。按照文献记载，奥斯曼帝国历史上规模最大的海上远征行动就这样"在胜利气氛中拉开了帷幕"[17]。

但人们心中也有一些忧虑不安。虽然做了深度的筹备工作，但整个行动毕竟是为了赶上春季的有利风向而仓促开始的。奥斯曼人有没有妥善地估测风险呢？他们集结的兵力是否充足？一切是不是都太仓促了？仅仅几天时间，有些船只就不得不进行修理，重新填充船缝，重新给龙骨上油。一艘大船在希腊外海倾覆，损失了几百人和大量珍贵的火药。征募足够的桨手也像往常一样困难。

---

① 伊玛目是伊斯兰教社会的重要人物。在逊尼派中，伊玛目等同于哈里发，是穆罕默德的指定政治继承人。逊尼派认为伊玛目也可能犯错误，但假如他坚持伊斯兰教的仪式，仍要服从他。在什叶派中，伊玛目是拥有绝对宗教权力的人物，只有伊玛目才能明晓和解释《古兰经》的奥秘含义，他是真主选定的，不会犯错。这里指的是主持礼拜的德高望重的穆斯林，是一种荣誉称号。

此次远征也并非深得民心。士兵们，尤其是下了马的骑兵，不喜欢长时间航海，并且有传言说，这次战役将会非常艰苦。有些士兵通过贿赂逃避参战。为了凑齐兵员，不得不赦免一些罪犯。首席大臣阿里的一句话对这些困难做了概括，并暗示了行动的风险和指挥层的严重问题。阿里志得意满地留在苏丹身边，在观看穆斯塔法和皮雅利登船时，俏皮地讥讽道："这两个生性快活、酷爱咖啡和鸦片的人，将一起在群岛周边观光游览。"[18] 急于出航的舰队还忽略了一项重要的仪式：他们没有按照惯例去参拜博斯普鲁斯海峡岸边的巴巴罗萨陵墓，那可是保佑航海一帆风顺的吉祥物。

8. 入侵舰队

1565 年 3 月 29 日 ~ 5 月 18 日

伊斯坦布尔城内与西欧通气的土耳其职业眼线们每天都向西方发去报告。"3 月 29 日早上，舰队司令和总司令穆斯塔法亲吻了苏丹的手，接受了授权。"富格尔银行家族①发

---

① 富格尔家族是德意志商业和银行业大亨，曾统治 15、16 世纪的欧洲工商业。家族的创立者汉斯·富格尔（1348 ~ 1409）是奥格斯堡的织工。在他的孙子乌尔里希（1441 ~ 1510）、格奥尔格（1453 ~ 1506），特别是雅各布（1459 ~ 1525）的经营下，家族开展国际贸易，包括香料和奴隶贸易，并在开采铜矿和银矿上获得大量财富。富格尔家族给予各国国王和皇帝贷款，并参与教皇免罪符的贩售，使家族在欧洲政治具有很大的影响，因而招致马丁·路德的批评。查理五世因得到富格尔家族的财力支持，得以当选神圣罗马皇帝。16 世纪后，富格尔家族逐渐衰落，但三个有爵位的支系一直延续到 20 世纪。

出了这样扣人心弦的紧急通讯。"舰队驶向何方，尚不明确，但有迹象表明，目标是攻打马耳他。"[1] 在 800 英里之外的马耳他，拉·瓦莱特在 1564 年底前就得到了土耳其人备战的消息。骑士团在地中海各个主要的信息集散地都有自己的情报来源。1565 年 1 月，大团长渐渐开始采取措施。

不知是因为多年"虚假战争"的影响（几乎每年春天都有消息称奥斯曼舰队将大举西进），还是因为穆斯林军队的目标也许是拉格莱塔，又或者是因为骑士团缺乏资金，或是因为拉·瓦莱特个人的优柔寡断，我们不得而知，但是马耳他几乎所有的防御措施都做得太晚了。

1565 年春，大团长已经七十岁高龄。他为骑士团坚持不懈地效劳了一辈子。他在二十岁时加入骑士团，此后就一直没有回过自己在法国的家，这在骑士们当中是独一无二的。他把一切都奉献给了以基督之名进行的圣战：他曾在与巴巴利海盗的斗争中身负重伤；他曾经被俘做了一年的划桨奴隶；他曾经担任桨帆船舰队司令和的黎波里总督。拉·瓦莱特虽然生于 15 世纪，却具有封建时代十字军的古风：冷峻严肃、不屈不挠、激情如火、具有强烈的基督教使命感——这令威尼斯人颇为恼火。"他身材高大、孔武有力，"西班牙军人弗朗西斯科·巴尔比①写道，"威风凛凛，很好地保持了大团长的尊严。他生性忧郁，虽然年事已高，但非

---

① 弗朗西斯科·巴尔比·迪·科雷焦（1505～1589），生于意大利北部的科雷焦。除了他作为西班牙军队的一名火绳枪兵参加了马耳他战役之外，我们对他的生平几乎一无所知。他在整个战役期间写了日记，战役结束后出版，成为后世研究马耳他战役的主要文献来源。

拉·瓦莱特

常强健。他非常虔诚，记忆力惊人，睿智、机敏，在陆地和海上戎马一生，经验丰富。他温和、耐心，会讲多种语言。"[2]虽然巴尔比对他评价很高，但有迹象表明，拉·瓦莱特毕竟不是个年轻人了：他的签名字很大、笔迹颤抖，至少说明他眼睛近视，而且他在为一场不确定的战争进行代价高昂的准备工作时，显得过于谨慎。现在，岛上开始疯狂地准备防御工事，但几乎已经太晚了。就像罗得岛一样，马耳他的安全依赖于死守堡垒。但在1565年初，这些堡垒还有不少缺陷。

马耳他的关键在于东岸的绝佳天然良港（由一系列复杂的小海湾和小半岛组成），它深入陆地4英里，构成了一系列绝佳的安全锚地。在港湾内的两座邻近的小型海岬上（它们就像被系在岸边的石头桨帆船一样，从大港湾里突出来），骑士们分别建造了一座要塞。第一座要塞比尔古（城镇）是骑士团自己的基地，按照惯例，周围环绕着带有棱堡的城墙和深深的壕沟。这个海岬不大，长1000码，一端逐渐变细，突入海湾的最尖端处建有一座坚固的小城堡——圣安杰洛堡，居高临下地俯视周边海域。第二座要塞森格莱阿与比尔古之间相隔300码宽的海面，建设得没有那么完备，但在朝向陆地的一端建有一座堡垒——圣米迦勒堡。作为一个防御体系，这两个海岬是互相依赖的。两个海岬之间的小海湾构成了一个安全的港口，骑士团的桨帆船群就停泊在这里；1565年春，被俘的奥斯曼帝国太监总管的大帆船也停在这里。小海湾的出入口可以升起铁链，封闭港口；两座堡垒之间有浮桥相连。1565年春，骑士团面临的问题是，

8. 入侵舰队

比尔古和森格莱阿面向陆地一侧的防御工事都没有完工。

更糟糕的是，这里的地形不利于防守。两座堡垒后方的地域都更高，而且海对面还有一个更高的半岛，称为希伯拉斯山，那是整个港口的战略关键所在。希伯拉斯山的一面俯瞰着比尔古和森格莱阿，另一面则俯视一个与两座堡垒间的小港对称的深水港——马萨姆谢特。多年来，连续多位来访的意大利军事工程师都建议骑士团在希伯拉斯山上建一座新的要塞，作为自己的首府；那样的话，不仅能够完全控制岛上的安全锚地，还能占据有利地势，固若金汤。但骑士团没有采取多少措施去实践这条良策；他们仅仅在希伯拉斯半岛的一端匆忙建造了一座小型星形要塞——圣艾尔摩堡，为港口提供一定程度的保护。

拉·瓦莱特在审视他的防御体系时清楚地认识到，全部三座堡垒——比尔古、森格莱阿和圣艾尔摩堡都是半成品，急需修补和巩固，才有可能抵挡奥斯曼帝国经验丰富的攻城炮兵。1565 年初的几个月里，骑士团开始缓慢地施工。要做的工作实在太多了。

骑士团约有 600 名骑士，比半个世纪前在罗得岛上时多不了多少，而且其中很多人分散在欧洲各地。2 月 10 日，大团长发布征集令，命令所有骑士在马耳他集合。大约 500 人在围城开始前赶到。在战时，骑士团的惯例是征募雇佣兵和当地平民，以补充兵力。1 月，拉·瓦莱特开始安排招兵买马，其中包括西班牙国王派来的西班牙和意大利队伍，以及雇佣兵。但集结这些士兵，并将他们从意大利本土和西西里运到马耳他的过程非常缓慢，最后及时抵达的兵员寥寥无几。第三个兵力来源——马耳他本地的民兵，在拉·瓦莱特眼里是一钱不值的。他这样描述他们："几乎毫无斗志，很容易被火绳枪和炮火吓瘫。"[3]后来的事实证明，大团长的轻蔑是没有根据的。马耳他人成了战斗主力，而且完全忠诚可靠。

与此同时，骑士团还在大力搜罗给养。在岛上，大量淡水被装在陶罐里，送往比尔古和森格莱阿。另外还派遣船只到意大利去收购粮食。这并不容易，因为地中海地区爆发了饥荒，粮食非常短缺。于是罗姆加扣押了不幸来到马耳他海峡的运输船，征用了它们运载的货物。骑士团还将非战斗人员（妇女儿童、老人、自由穆斯林和娼妓）强行疏散，送往西西里。尽管如此，很多马耳他平民通过请愿，被允许留下来。守城所需的物资、武器装备和粮食被运到岛上："锄头、鹤嘴镐、铲子、五金器具、篮子……面包、粮食、医药、葡萄酒、咸肉和其他物资。"[4]粮食被储存在宽敞的地下室内，并用石头封死大门。援兵陆续抵达：西班牙和意大利步兵，雄心勃勃、有志于保卫基督教的冒险家组织的志愿兵队伍，以及骑士团人员在意大利招募的雇佣兵。马耳他和西西里之间的海峡来往交通非常忙碌。旨在完成森格莱阿围墙和巩固比尔古棱堡群的施工也开始了，但进展很慢，因为建材需要从意大利进口，而且非常缺少劳动力。拉·瓦莱特征募马耳他人（男女都有）来修建防御工事。骑士们自己，甚至大团长本人，每天都要干几个小时的活，给大家树立榜样。同时拉·瓦莱特写信给他的世俗君主——西班牙国王，以及他的精神领袖——教皇，恳求他们提供兵员和经费。

8. 入侵舰队

地中海的所有基督教国家都屏住呼吸，注视着土耳其舰队的一举一动。传递情报的船只在海上穿梭来往。对腓力二世而言，奥斯曼帝国的战争企图显然是间接针对西班牙的。"土耳其舰队此次出动的桨帆船比以往历年都多，"[5]他在 4 月 7 日写道。巴塞罗那的造船厂在日夜运作；在一阵恐慌中，腓力二世命令征集民船，作为最后的抵抗力量。春季，奥斯曼舰队快速行动，绕过希腊，在各个预定的集结点收纳更多的粮食、淡水和兵员。4 月 23 日，舰队抵达雅典；5 月 6 日，抵达希腊南部的莫东；5 月 17 日，西西里岛锡拉库萨港的指挥官派人给西西里总督送去一份十万火急的报告："凌晨 1 时，卡西比莱①的岗哨连开了 30 炮。我担心，连续开了这么多炮，一定是因为土耳其舰队到了。"[6]

在整个地中海世界，恐慌情绪如野火般不胫而走。所有人都理解马耳他的重要性，如果敌人的目标真的是马耳他的话。外交官之间的交流回荡着压倒一切的危机感，但欧洲仍然是老样子：四分五裂、互相猜忌。在 1565 年，基督教国家联合一致抗敌的希望就像 1521 年在罗得岛和 1537 年在普雷韦扎一样渺茫。教皇庇护四世高声疾呼，号召各国组成一个新的神圣联盟，对抗异教徒，但得到的回应让他大失所望。他向腓力二世馈赠了大笔金钱，让他建造桨帆船，但对方没有什么积极反应。西班牙国王"遁入森林了"，教皇抱怨道，"而统治法国、英格兰和苏格兰的尽是妇孺之辈"[7]。② 危险

---

① 西西里锡拉库萨的一个村庄。

② 当时的法国国王查理九世仅十五岁；统治英格兰的是伊丽莎白一世女王；统治苏格兰的是玛丽女王。

极大，支援却极少。他认识到，苏丹"一定要来损害我们或者天主教国王（腓力二世），土耳其的舰队非常强大，士兵勇猛无畏，为光荣和帝国而战，也为他们的荒谬宗教而战"。土耳其人没什么可担心的，"因为我们资源匮乏，而且整个基督教世界一盘散沙"[8]。同时，教皇向骑士团许诺，将竭尽全力支援他们。

腓力二世虽然天性优柔寡断，但并非无所事事。西班牙人在杰尔巴岛惨败后，一直在努力重建自己的舰队。1564年10月，腓力二世任命他的海军司令堂加西亚·德·托莱多为西西里总督。于是整个地中海中部和马耳他岛的防御成了堂加西亚的职责。他"秉性严肃，具有卓越的判断力和丰富的经验"[9]，对战略局势有着准确的理解，但被无法克服的困难掣肘。他缺少奥斯曼帝国那样的资源协调能力，也没有中央集权的政府机构。西班牙舰队是四支分舰队（分别属于那不勒斯、西班牙、西西里和热那亚）的联合体，部分力量还要依赖像多里亚那样的私营桨帆船船主。将所有这些部队及其全部桨手、士兵、弹药和给养集结到一个地方就是一个令人生畏的庞大任务，何况同时还要保护西班牙和意大利南部免受海盗的肆意袭击。土耳其人是在风平浪静的海域航行的，而集结中的西班牙舰队却要忍耐地中海西部更为棘手的大风。到1565年6月，马耳他已经被攻打一个月之久，堂加西亚还是只能集合25艘桨帆船；土耳其人则派来了165艘。腓力二世的海军司令不得不小心谨慎。如果他羽翼未丰的舰队被歼灭，将给基督教世界带来灾难性后果。但他也开始在西西里集结兵力和资源，为抵御奥斯曼帝国的进攻早做准备。

4月9日，堂加西亚率领30艘桨帆船，渡过仅30英里宽的海峡来到马耳他，与拉·瓦莱特会晤。两位指挥官一起视察了比尔古和森格莱阿的防御工事。然后堂加西亚要求去视察希伯拉斯尖端的星形堡垒——圣艾尔摩堡。精明的西班牙老将立刻准确地指出了这个小堡垒的战略意义。他认为圣艾尔摩堡是整个防御的关键所在。敌人一定会努力尽早占领此地，以便为其舰队提供安全的锚地，并阻断外界救援比尔古和森格莱阿的海路。"岛上所有其他要塞的命运都取决于这座堡垒。"[10] 务必"尽一切努力，尽可能久地保卫和守住圣艾尔摩堡"，以便拖住敌人，为集结足够强大的援军争取时间。但圣艾尔摩堡的整个结构还不完善：它规模太小，不能容纳很多士兵和火炮；建筑水平不高，还没有合适的胸墙。堂加西亚对地形进行了仔细勘察，发现了一个特别的弱点。在圣艾尔摩堡西侧，大海之上，有一个侧翼非常脆弱："敌人能够轻松突破此处。"[11] 他建议尽快建造一个侧翼堡垒（用城防工程师的术语，这叫"三角堡"，就是一座三角形的外部堡垒，用于防护那一段城墙），并命令他的军事工程师监督此项工程。

次日，他起航前去视察突尼斯的拉格莱塔港的防务，临走之前向拉·瓦莱特许诺将派遣1000名西班牙士兵前来支援，还留下了自己的儿子，作为信誉的保证。总督没有带来援兵，这让拉·瓦莱特颇为失望，但堂加西亚自己也在四处搜罗人马，以便击退土耳其人。他看到骑士团的5艘桨帆船和拉·瓦莱特私人所有的2艘战船，请求拉·瓦莱特借船给他。如果土耳其人来了，这些战船肯定会被封锁在港内，没有用武之地。骑士团属下的 1000 名穆斯林划桨奴隶也是珍贵的资源，他们如果留下，在围城战中会有帮助，但也可能造成威胁。拉·瓦莱特礼貌地拒绝了堂加西亚：他的桨帆船还要运输物资，而奴隶劳工正在城墙上做工。两人道别时，堂加西亚给了大团长三点建议：作战会议应仅限于少数几个值得信赖的人，以确保能够秘密而迅速地做出决策；应当禁止鲁莽的骑士们逞强地冲出城墙作战，这样做虽然英勇，却十分愚蠢，因为守军兵力有限，不能轻易损失人员；最后一点是，大团长本人不应当身先士卒，"因为经验表明，在战争中，领袖的死亡常常导致灾难和失败"[12]。然后堂加西亚就启程了。

岛上的战备工作更加十万火急地进行，但拉·瓦莱特或许还不知道，敌人进逼的速度是多么快，他的时间已经所剩不多。骑士团疯狂地苦干，拼命抢修三角堡（它其实比一座土木工事强不了多少），以加强圣艾尔摩堡的防御。5 月7 日，一艘桨帆船在森格莱阿和比尔古之间港湾的出入口布设了铁链，将内层海域封锁起来；5 月 10 日，若干连队的西班牙士兵和雇佣兵抵达，令守军精神为之一振。骑士团对人员和装备进行了集结；对马耳他民兵进行了基本的火器射击训练，"每个人都要向目标开三枪，成绩最好的人会得到嘉奖"[13]；火药作坊在赶制火药，石匠在开采用来修建城墙的石料；在骑士团的军械库内，铁匠们在抡动大锤，修理头盔和胸甲。各个防区和资源（淡水、火药、奴隶）都指定了专人负责；设计了烽火讯号及警告敌人接近、鸣炮为号的方案；还计划向乡间的水井和其他水源下毒、将平民疏散至有防御的避难地、收割庄稼和集合牲口。总之，坚壁清野，用一片荒芜和贫瘠的土地迎接土耳其人。为了鼓舞士气，骑士们身穿威风凛凛的钢甲和红色罩袍，举行了阅兵式。

除了港口之外，还有两三个对马耳他具有重大战略意义的地点。其中一处是临近的戈佐岛上的小要塞；另外一处是马耳他岛中心的姆迪纳城堡。姆迪纳被当地人称为"老城"，是马耳他原先的首府。这座拥挤的中世纪城堡内分布着狭窄的小巷和迂回曲折的大道，环绕着令人肃然起敬的壁垒，是岛屿中部的制高点。从这里可以鸟瞰全岛，甚至可以看到 9 英里外的港口。过去马耳他人遭到袭击时常常会选择姆迪纳为避难地，但它的防御工事其实已经过时，无法抵御炮火。拉·瓦莱特任命了一位葡萄牙骑士佩德罗·梅斯基塔为姆迪纳城及马耳他岛其他地域的指挥官。当地居民看到所有的防御资源都被集中到港口，不免紧张不安起来。为了安抚他们，部分士兵被派遣到戈佐岛和姆迪纳。骑士团的骑兵也都集结在姆迪纳，可以从那里出动，突袭敌人。

虽然有了这些准备工作，马耳他岛还是被打了一个措手不及。5 月 18 日早上，圣安杰洛堡和圣艾尔摩堡的观察哨发现东南方 30 英里处的海平线上出现了船帆，在黎明的清澈阳光中看得一清二楚。此时庄稼还在地里没有收割，牛群还在吃草，关于疏散平民的安排还没有解释清楚，各位骑士的岗位分配还没有最终确定，防御工事仍然没有完工，要塞城墙下的房屋（它们有可能为敌人所用）还没有被拆除。奥斯曼帝国战争机器的速度、效率和后勤水准让整个地中海中部目瞪口呆。

要塞大炮发出了三声炮响的警告信号，战鼓擂动，军号吹响，烽火台的火焰将敌人入侵的消息传遍全岛。平民当中发生了恐慌。人们蜂拥向姆迪纳。靠近港口的平民挤进小小的圣艾尔摩堡，或者逃往比尔古，"带着自己的孩子、牲口和货物"[14]。汹涌的人流聚集在比尔古城门前，拉·瓦莱特不得不派遣一队骑士将部分平民带往邻近的森格莱阿半岛。

到中午时，守军就能了解到奥斯曼舰队是多么庞大。所有的文献记载都表明，这是一幅超乎寻常的盛景。"土耳其舰队离马耳他还有 15～20 英里，可以看得一清二楚。白色的棉布船帆遮盖了东方的半个海平线，"[15]贾科莫·博西奥①记载道。这景象真令人魂飞魄散：数百艘舰船以一个巨大的新月阵形驶过平静的海面——130 艘桨帆船、30 艘小型划桨船、9 艘运输驳船、10 艘大帆船、200 艘较小的运输船，载有 3 万名士兵。入侵舰队遮蔽了整个视野，可以清楚看到 3 艘五颜六色的旗舰，它们的旌旗在风中飘扬。每艘旗舰"都有 5 层桨，装饰得富丽堂皇；苏丹的旗舰有 28 个桨位，船帆红白两色；穆斯塔法的旗舰上飘扬着苏莱曼亲自赐予的司令旗，穆斯塔法本人带着两个儿子就乘坐着这艘旗舰；皮雅利的旗舰带有 3 盏灯笼。3 艘旗舰的艉楼上都雕刻着新月图案和复杂的土耳其文字，分别装饰有华丽的丝绸天蓬和奢华的锦缎"[16]。

---

① 贾科莫·博西奥（1544～1627），圣约翰医院骑士团的史官。他出身意大利贵族家庭，后来撰写了从骑士团起源到拉·瓦莱特的骑士团历史。

8. 入侵舰队

有人从圣安杰洛堡的城堞上观看敌人的舰队，也有人在桨帆船里腰杆笔直地翘首眺望。对他们来说，这是决定命运的一刻。四十四年前，相隔大半个世界和人的一生，拉·瓦莱特曾经站在罗得岛的壁垒上，目睹这样的情景。和他一起在马耳他的一些年老的希腊人也能回忆起年轻的苏莱曼的入侵舰队在东升旭日中从亚洲海岸驶来的景象。穆斯塔法帕夏当年也曾在罗得岛上观看骑士团在一个冬日的清晨起航离去。在差不多半个世纪里，争夺地中海的战线一直在向西推进，现在已经到达了大海的中央。在这个明媚 5 月的清晨，轻轻颠簸的桨帆船内戴头巾的武士们凝视着马耳他港口的石灰岩高地。身穿钢甲和红色罩袍的骑士们也注视着敌人。这是漫长战争中具有历史意义的一个瞬间，就像每年吹动船只航行的有规律的季风一样，富有生命力而不可阻挡。

按照当时的标准，这场战役的筹划者和指挥官都是惊人地年迈。马耳他攻防战汇聚了整整一代帝王、海军统帅和将领的作战经验，这些经验是在几百次航行、劫掠和战役中慢慢积累起来的。苏莱曼、拉·瓦莱特、堂加西亚和穆斯塔法帕夏都已经七十多岁；正准备从的黎波里起航的图尔古特据说已经八十岁。他们的人生都可以上溯到 15 世纪。似乎整个无踪迹可循的大海上所有的航海和作战经验都汇聚到了一个地点。这幕大戏的主角的命运就像航船在水中拖出的航迹一样，交错混杂；他们都有着胜利与失败、被俘和赎回的共同经验。拉·瓦莱特和图尔古特曾经见过面，当时图尔古特被安德烈亚·多里亚的侄子俘虏，正在基督徒的桨帆船上划桨，等待赎金。在杰尔巴岛春风得意的皮雅利将在此与当年的手下败将——西班牙指挥官堂阿尔瓦罗·德·桑德决一雌雄。尤其对图尔古特来言，马耳他是一个命运汇聚的地方。他曾经七次劫掠这个岛屿，他的兄弟就在戈佐岛上战死。由于未能从当地指挥官那里索回兄弟的遗体，大发雷霆的图尔古特进行了残酷的报复，将全岛居民都卖为奴隶。曾有一个算命的人告诉图尔古特，他将死在马耳他岛上。

拉·瓦莱特派遣了一艘快船前往西西里，向堂加西亚报告消息，并召开了作战会议。前一年夏天被罗姆加俘虏的土耳其太监总管的大帆船仍然停泊在骑士团的内港，似乎在嘲讽敌人。

9. 死亡的岗位

1565 年 5 月 18 日 ~ 6 月 2 日

奥斯曼舰队南下绕过马耳他岛，在此过程中，岛上的一连串瞭望塔不断发出警示的炮声和烽火信号，密切监视敌人的行动。一支 1000 人的队伍从比尔古出发，监视敌人舰队向马尔萨什洛克（意思是"南风港"，这是一个宽敞的锚地，很适合登陆）行驶的进度。但基督徒军队出现在海岸上的景象让皮雅利决定不在南风港登陆，于是舰队绕过岛屿的西海岸，在石灰岩峭壁下航行。到黄昏时，舰队已经在一系列小海湾的清澈水域下锚。一整夜里，海岬上的岗哨观察着土耳其船只在锚地颠簸着，感受到了极大的威胁。在黑暗中，土耳其人开始上岸。

次日拂晓前，骑士团从姆迪纳派出了一队骑兵，由法国骑士拉·里维埃指挥。他们的任务是伏击侵略军，抓捕一些俘虏。这项行动以惨败告终。拉·里维埃和几名士兵精心隐蔽起来，观察着敌军的前卫部队，等待机会，这时另一名骑士脱离了隐蔽，策马向他冲来。感到困惑的拉·里维埃从藏匿处现身，却被土耳其人发现。已经失去了出其不意的奇袭机遇，于是拉·里维埃别无选择，只能向敌人猛冲过去，但他的坐骑被击毙，他自己被敌人俘虏后被拖向桨帆船舰队。守军知道这意味着什么。在战争中，有价值的俘虏都会遭到毒刑拷打，以榨取情报。骑士团出师不利。

这是个星期日的早上。基督徒平民匆匆赶往要塞内的教堂，祈求上帝的救援，这时奥斯曼舰队快速驶回了马尔萨什洛克，开始大规模登陆。在海岸上远远观察的人能够看到一幅非同寻常的景象，既恐怖，又壮观，同时又陌生，似乎亚洲全部灿烂辉煌的盛景都在欧洲的海岸上绽放。土耳其人的服饰非常新奇，五光十色，帽子也稀奇古怪：近卫军士兵蓄着令人难忘的大胡子，穿着长裤和长上衣；骑兵身披轻型链甲；狂热信徒穿着白衣；帕夏身着杏色、绿色和金色的长袍；半裸的苦行僧穿着兽皮；巨大的头巾、洋葱形的头盔、鸭蛋青色的圆锥形帽子、饰有微微拂动的鸵鸟羽毛的近卫军帽，以及形形色色的装备。近卫军携带的长火绳枪上镶嵌着象牙，呈阿拉伯式花纹图案。此外，他们还有由柳条和镀金黄铜制成的圆盾，匈牙利样式的尖盾，来自亚洲大草原的弯刀和柔韧的弓，饰有邪恶之眼、蝎子和新月图案的丝绸旗帜，以及用行云流水般的阿拉伯文书写的徽记。士兵们搭建起了钟形帐篷，演奏着音乐，发出各种嘈杂声响。

手持火绳枪的土耳其士兵

到第二天，奥斯曼军队的大部分物资和重炮都已经上陆，并向前推进，在比尔古和森格莱阿这两座堡垒的上方安营扎寨。这景象让意大利人弗朗西斯科·巴尔比感到一种诡谲的惊异。"在圣玛格丽特高地上搭建起了一座井井有条的营地，旌旗招展、五光十色。这景象让我们都惊异不已。他们所有乐器的声响也非常新奇，因为他们按照惯例带来了很多喇叭、号角、军鼓、风笛和其他乐器。"[1]

喧闹的土耳其军队可能包括2.2万~2.4万名士兵，以及8000名负责支援的非战斗人员，但骑士团的史官总会远远夸大敌人的兵力。土耳其军队的核心是6000名近卫军，即苏丹自己的精锐部队，每人都配备奥斯曼长管火绳枪，欧洲人不熟悉这种枪，它填弹速度比较慢，但比欧洲火枪精确，是用来狙击敌人的，力量足以击穿中等重量的板甲。还有大队乘骑步兵，他们是受到战利品诱惑的志愿兵、水手和冒险家。此外还有一支炮队，以及相应的支援人员：军械士、工程师、坑道工兵、旗手、木匠、伙夫，以及其他随军人员，其中显然包括希望购买基督徒奴隶的犹太商人。这些人来自奥斯曼帝国的五湖四海。其中包括来自埃及的火枪兵，来自安纳托利亚和巴尔干、萨洛尼卡和伯罗奔尼撒半岛的骑兵。其中很多人是叛教者，改信伊斯兰教的希腊人、西班牙人和意大利人，在战斗中被俘后获得自由的前基督徒奴隶，或者受在伊斯兰大旗下作战的机遇吸引的雇佣兵；有些人根本不是穆斯林。奥斯曼帝国是形形色色的信仰和动机的大熔炉。有些人是为了伊斯兰教而战，有些人则是被强迫参战，或者是为了发财致富。

9. 死亡的岗位

在骑士团的比尔古城堡内，人们沉浸在宗教狂热中。大团长和马耳他大主教组织了一次忏悔游行。教士和平民在狭窄的街道上行进，"虔诚地恳求上帝保护他们免遭野蛮人的疯狂攻击"[2]。一位曾经被的黎波里海盗贩卖为奴的嘉布遣会①修士——埃博利的罗伯特站在女修院教堂的祭坛前向群众授予圣餐，长达四十小时，并以激情澎湃的演讲震撼和感召了群众。

危机激起了骑士们最深切的圣战热情。他们在坚固的棱堡后抵抗伊斯兰世界进攻已经近五百年。他们在骑士堡、哈丁②、阿卡和罗得岛为自己创造了一个骑士神话：光荣地拼死抵抗具有压倒性优势的敌人，丝毫不畏惧大屠杀、殉道和死亡。这一连串为了基督教事业蒙受的失败恰恰证明了骑士团存在的意义。但拉·瓦莱特很清楚，马耳他将是最后的堡垒。如果战败，不仅会将基督教欧洲的心脏暴露在敌人面前，圣约翰骑士团也将死无葬身之地。

马耳他守军约有 6000 ~ 8000 人。其中欧洲贵族骑士（他们身着坚固的铠甲，头戴尖顶盔，形似美洲的西班牙征服者，外披带有白色十字的红罩袍，这象征他们对基督的忠诚，但也成为敌人狙击手的绝佳目标）顶多只有 500 人。与他们并肩作战的有堂加西亚派来的西班牙和意大利职业军

---

① 嘉布遣会是天主教方济各修会的独立分支。1525 年由玛窦·巴西（约 1495 ~ 1552）创立。玛窦·巴西认为，方济各会修士的会服不合圣方济各所著原式，于是自行设计尖顶风帽，并蓄须赤足，许多人纷纷效法他的榜样。他们的生活简朴清贫。嘉布遣会在反宗教改革时期积极活动，力图让普通人保持对天主教的忠诚。现在主要从事传教和社会工作。

② 位于巴勒斯坦的城市。1187 年 7 月 4 日（十字军东征时期），阿拉伯人的著名统帅萨拉丁在此大破基督教军队，耶路撒冷国王和圣殿骑士团团长被俘。基督教军队作战时向来携带的圣物真十字架落入穆斯林手中。

人连队。这些人效忠于西班牙国王，装备精良、斗志昂扬，但他们来马耳他不是为了争得荣耀。他们的期望和绝大多数军人是相同的：他们作战是为了军饷、赏赐和生存。在这方面，他们和很多穆斯林士兵没有什么区别。这些士兵中包括一位意大利人弗朗西斯科·巴尔比，他已经六十岁，而且穷困潦倒，作为火绳枪兵参加了这次战役，并存活下来，写下了关于这场攻防战的第一手记述。

除了这些职业军人，还有一些来马耳他追寻荣耀的绅士冒险家、一些来自罗得岛的希腊人、被释放的罪犯、划桨奴隶和改信基督教的前穆斯林（这些叛教者很不可靠）。马耳他战事将地中海各民族都聚集到了一个中心点。在这个命运和动机的市场上，有些人会突然改弦易辙；双方都受到叛徒的困扰，这些变节者有的是为了逃脱奴隶的枷锁，有的是为了改回自己原先的宗教信仰，有的是为了加入到更可能取胜的那一边去，也有的是为了更好的回报。基督徒防御力量的基石是 3000 名坚忍不拔的马耳他民兵，他们戴着简陋的头盔，身穿有衬垫的棉布外衣。在骑士们身旁，这些民兵将证明自己对基督的事业忠贞不贰；笃信天主教的马耳他人愿意为了保卫自己的家园和多石的田地战斗到只剩最后一个儿童。

5 月 20 日，土耳其人开始从马尔萨什洛克港向内陆推进，进逼大港①。在敌人前进过程中，拉·瓦莱特派遣若干小分队在破碎复杂的地域（这里有被围墙环绕的田地和灰

---

① 大港即比尔古、森格莱阿和希伯拉斯山围绕而成的港湾，它是马耳他岛的一个古老的天然良港，早在古腓尼基时代就是港口。

尘滚滚的道路）伏击敌人。这些早期的交锋已经非常凶残。憧憬着光辉业绩的年轻骑士们在缓缓前进的土耳其大军寻找水源的路上与他们捉迷藏。他们返回比尔古时，就像阿帕契族印第安武士一样，马鞍前部悬挂着死不瞑目的头颅、敌人的旗帜和从死人身上砍下的珠宝。一名骑士带回了一根戴着金戒指的手指；另一名骑士从一名土耳其军官衣着华丽的尸体上剥下了一只金手镯，上面雕刻着这样的字样："我来马耳他不是为了财富或荣誉，而是为了救赎自己的灵魂。"[3] 土耳其人希望能够把当地居民争取到自己这边的幻想也很快破灭了。马耳他人偷袭敌人，并对其加以羞辱。他们杀死了一个土耳其人，在附近找到一只猪，将其屠宰，把死人放置在一个合适地点，将猪嘴塞进他的嘴里，然后躲在一堵墙后。其他穆斯林看到尸体时，恐惧而愤怒地冲上前去，想将战友从这死后的凌辱中解脱出来，却被伏击者全部击毙。

虽然守军在个别地点取得了一些胜利，但土耳其大军的滚滚前进是无法阻挡的。土耳其人建立了营地，安排了守卫；尖木桩和帐篷上飘扬着旗帜；士兵们用马耳他人抛弃在田地里的牛拖运火炮和补给物资，基督徒的小规模侵袭被打退。穆斯塔法在俯瞰大港的高地上设置了自己的指挥部，并夺取了位于马尔萨的水源，守军曾经试图向水源投放苦草药和粪便。几天之内，整个岛屿的南部被侵略者牢牢控制，燃起了熊熊大火。土耳其人收集了所有能利用的物资——粮食、牲口、木柴，然后将田地付之一炬。从比尔古和森格莱阿的城墙上也能看到"岛屿的那个部分看来完全陷入火海和浓烟中"[4]。

安营扎寨之后，穆斯塔法命令将拉·里维埃（两军初次交锋时被俘的法国骑士）带到俯瞰比尔古的山上。他可能已经遭到了拷打。土耳其人命令拉·里维埃指示城防的薄弱环节，并许诺给他自由。拉·里维埃指出了两个地点：奥弗涅人和卡斯蒂利亚人的防区。帕夏决心试试骑士团的防御究竟有多强。

5月21日早上，全军滚滚前进。从城墙上眺望，景象无比神奇和壮美："土耳其军队以一个完整的队伍遮盖了整个乡间，队形就像一轮新月；从比尔古看去，这是一幅壮观的景象，只见士兵们穿着华丽和阔气的服装。除了他们光辉耀眼的武器和大小军旗之外，他们还携带着其他五颜六色的三角旗，从远处看去像是一块巨大、闪烁的鲜花海洋，还听得见他们在演奏各式各样稀奇古怪的乐器，既悦目又悦耳。"[5]土耳其军队接近时，这些盛景和音乐被"敌我双方大炮的可怕轰鸣和我们火枪的射击声"淹没了。

土耳其军队逼近时，守军敲响战鼓，并展开了圣约翰的红白两色大旗。拉·瓦莱特看到他的部下求战心切，决定测验一下他们的士气。等到敌人进入要塞大炮的射程后，他命令700名火绳枪兵开出城门，敲锣打鼓、旌旗招展，还派出了一队骑兵。他不得不手执长枪，亲自阻止热情澎湃的预备队也一起冲杀出去。如果他没有拦住他们的话，"比尔古就会成为一座空城，因为他们与土耳其人作战的热情如此高涨"[6]。在五个钟头的激战之后，基督徒撤回城内，按照他们自己的说法，他们杀死了100名敌人，自己只损失了10人。这是守军斗志高昂的明证。从卡斯蒂利亚人和奥弗涅人的防区射出了暴风骤雨般的枪弹，以至于穆斯塔法本人也遭遇了危险。这位帕夏的结论是，拉·里维埃撒了谎。拉·里维埃被带到一艘桨帆船上，在基督徒奴隶面前被残忍地活活打死。

次日，即 5 月 22 日，土耳其人对邻近的森格莱阿半岛进行了一次类似的武力侦察。这一次，拉·瓦莱特记起了堂加西亚的建议，禁止部下冲出城门迎战。（堂加西亚的另一条建议——不要以身涉险——显然已经被大团长忽略了；他站在比尔古的城堞上，子弹在他身旁呼啸而过，他身边就有两人中弹倒地。）从此以后，守军将不再随意出击，而是依赖于防御工事。虽然拉·里维埃的欺骗给土耳其人造成了守军很强大的假象，但防御其实非常薄弱。据弗朗西斯科·巴尔比说，壕沟护墙"在某个地段非常低，对敌人来说根本不构成障碍"[7]。守军日夜紧急施工，增高护墙。

与此同时，在位于马尔萨的新建营地里，奥斯曼军队总指挥部在考虑可供选择的方案。甚至对经验丰富的老将来说，马耳他也是个难题，或者说是一连串错综复杂、变数很多的难题。要考虑的问题实在太多了：复杂的港口设施、陌生的马耳他季风、土地的贫瘠、淡水的需求、从舰队到军营的漫长补给线。在罗得岛，入侵者面对的是一座固若金汤的要塞；而在马耳他，他们还不得不考虑很多虽然不是那么棘手但非常分散的目标，所有这些目标都需要处理。

连为一体的两座海岬比尔古和森格莱阿构成了基督徒防御的核心，但它们与海对面希伯拉斯山上的圣艾尔摩堡（它是通往最佳港口的门户）是相互依存的。奥斯曼军队的大营在马尔萨，与停在马尔萨什洛克的舰队相隔 6 英里，而守军初期的袭击已经表明了保护补给线全线的重要性。另外，岛屿腹地的两座城堡——姆迪纳和戈佐岛上的城堡——也必须考虑，因为如果对其置之不理，它们可能成为游击战的中心和守军的集合休整地。这么多目标中，必须选择一个来首先处置；其他的目标必须予以遏制。有必要兵分几路。这样的话，2.2 万名士兵未必够用。

指挥官们还要考虑其他问题。在夏季，马耳他周边的季风比白海东部要难以揣摩得多，这让皮雅利颇为焦虑。他的压倒一切的任务是保证舰队的安全。假如船只被风暴摧毁，或者遭到敌人火船的大胆袭击，整个远征军将被困在岛上——而敌人随时可以从近处得到增援——并面对缓慢但不可逃避的集体死亡。马耳他处在信奉基督教的西西里岛的鹰翼庇护下，是西班牙国王的领地；西班牙人迟早会发动反击。漫长的交通线、有限的时间、无法在马耳他过冬：这都是必须再三斟酌的问题。

5 月 22 日，土耳其将领们进行磋商之时，穆斯塔法和皮雅利两人间的关系变得高度紧张。海军司令和陆军统帅之间因为优先权和资历的问题有摩擦；两人都知道苏莱曼在注视他们；苏莱曼的皇旗和旗舰代表他本人的存在，而且他的传令官也会将前线的一举一动报告给他。穆斯塔法和皮雅利在奥斯曼帝国宫廷内都广交朋友；两人都渴望荣耀，而竭力避免失败的耻辱。唯一能把两人联合起来的是对图尔古特的嫉妒，后者是苏丹设计的指挥层三角中的第三股力量，随时都可能从的黎波里赶到马耳他。基督教国家的文献对两位土

9. 死亡的岗位

耳其大将在当天为了推动各自的策略所做的争吵、抉择和投票做了生动形象的描绘，当然这描绘或许是高度虚构的，因为几乎不可能有任何基督徒奴隶能够涉足帕夏的华丽帐篷。

最后，他们选择的目标就是堂加西亚曾经预测的地点——小小的圣艾尔摩堡，"马耳他其他所有要塞的关键所在"[8]。这项决定很可能几个月之前在伊斯坦布尔就尘埃落定了，那是出征很久以前的 1564 年 12 月 5 日的国务会议，当时工程师们向苏丹展示了圣艾尔摩堡的布局图和模型，并解释说，他们发现它"位于一个非常狭窄的地域，容易进攻"[9]。当时在伊斯坦布尔城内的西班牙间谍向马德里发送了一份报告，除了一点搞错之外，准确地预示了后来战事的发展："他们的计划是先占领圣艾尔摩堡，以便控制港口，让大部分船只在那里过冬，然后通过围攻拿下圣安杰洛堡。"[10]现在穆斯塔法的工程师们再次勘察了地形，确信拿下圣艾尔摩堡是小菜一碟，估计只需要"四五天时间"；"没了圣艾尔摩堡，敌人得到救援的希望就彻底断绝了"[11]。如果说他们自信能够迅速攻克圣艾尔摩堡的话，这个决定也有防御性的因素，甚至有一丝畏惧。拿下圣艾尔摩堡之后，"舰队就能够进入马萨姆谢特港内，得到保护，免遭风暴与海上灾害及敌人袭击的威胁，这样就不至于发生所有人被困死在岛上无法逃脱的情况"[12]。甚至在战役伊始，他们就已经开始考虑离家万里作战的后果。尤其对皮雅利来说，保住舰队是压倒一切的。时间紧迫，将领们决定不等图尔古特来认可这个决定，而是立即开始行动。

对拉·瓦莱特来说，时间也是至关重要的。据说他从逃跑的叛教者那里得知奥斯曼帝国的计划时，不禁向上帝致谢。敌人进攻圣艾尔摩堡的企图将为骑士团争取到一个喘息之机去修整森格莱阿和比尔古的防御工事，并向堂加西亚、腓力二世和教皇求援。要塞的施工不分昼夜，继续进行；城墙外可能为敌人提供掩蔽的障碍物（树木、房屋和马厩）全被拆除；所有平民都被发动起来，向城内运送大量泥土，以便修补遭炮火破坏的城墙。大团长只能劝导圣艾尔摩堡的守军死战到底，尽可能多地杀伤敌人，为主力部队争取时间。

5 月 23 日，土耳其人开始将重炮（安放在轮式车辆上）从舰队运往希伯拉斯半岛。7 英里的道路崎岖多石，非常难走，动用了大量的牲口和人力。旷野里回荡着铁轮子的嘎吱声、牛群的低吼声、精疲力竭的人们的呼喊声。巴尔比从森格莱阿观看着敌人的大炮："我们可以看到每门大炮由 10 ~ 12 头阉牛拖曳，还有很多人拖着绳子。"[13]

守军在做自己的准备。土耳其人在希伯拉斯半岛建立阵地之后，圣艾尔摩堡通往外界的唯一安全道路是从怪石嶙峋的前滩乘船穿过港口到比尔古，距离是 500 码。拉·瓦莱特命令将躲避在圣艾尔摩堡的一些妇女儿童疏散，并送去了给养、100 名士兵（指挥官是马斯上校）、60 名获释的划桨奴隶以及食物和弹药。圣艾尔摩堡守军一共有 750 人，大部分是胡安·德·拉·塞尔达指挥下的西班牙士兵。

从面向陆地的一面（土耳其人在此搭建了大炮的射击平台）看，圣艾尔摩堡呈低矮的长条形，就像一艘石头制成的潜水艇浮在多石山岭的一端。城堡布局呈四星形，其中

9. 死亡的岗位

两个尖角面向土耳其人正在建立阵地的山峰。城堡面向敌人的前方有一道在岩石上凿出的壕沟,在背面(即面向大海的一面)有座塔楼①,它在整个城堡上方高高耸立,就像潜水艇的指挥塔。在城堡中心有一块操练场,操练场的前方有一座碉堡、一座蓄水池和一座小教堂,以便给士兵们提供精神慰藉。仓促修建起来的三角堡在城堡外面,由一座桥梁和城堡连为一体;如果遭到敌人的侧翼袭击,外堡能起到一定的防护作用,但对从希伯拉斯山上俯视的经验丰富的攻城工程师来说,圣艾尔摩堡微不足道、弱不禁风。它的缺陷不胜枚举;它的设计不合理,建造得又太仓促。它的胸墙太矮,又没有枪眼能保护士兵,所以开枪射击的守军一定会成为敌人的活靶子;城堡规模太小,因此壁垒上无法安放很多火炮;它没有出击口,所以士兵们无法安全地离开城堡以便清理掉敌人为了填平壕沟而投入其中的东西,也很难发动反击。最糟糕的是,四角星的尖角太锐利,因此城墙下有大片射击死角,守军无法向那些地带开火。奥斯曼工程师对攻城任务的评估看来是中肯的。总的来讲,圣艾尔摩堡是个石头制成的死亡陷阱。

奥斯曼军队对攻城战术有着十足的把握。他们精通应用工程技术,擅长将大量人力分配到具体任务上,战前能够精心筹划,在战役中又能根据实际情况随时调整并迅速设计出巧妙的新方案,他们的这些本领是世界上其他任何一支军队

---

① 法国人把这种塔楼称为"骑士塔",一般是指在城堡内部建造的高于城墙的塔楼,用以集中火力向下射击。

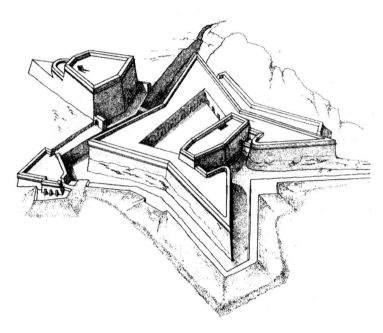

圣艾尔摩堡

圣艾尔摩堡的牢房和中央阅兵广场，士兵布置在后方，三角堡在左侧。

都无法匹敌的。奥斯曼军队曾在波斯和匈牙利边境地带攻城拔寨，在罗得岛以惊人的速度挖掘地道，连敌人都承认奥斯曼军队"在土方工程上天下无敌"[14]。现在他们开始以可怕的娴熟技巧着手工作。圣艾尔摩堡以及海对面比尔古和森格莱阿的守军都无比敬畏地注视着敌人。这里满地碎石、缺少表层土壤和树木，因此坑道作业非常困难，但土耳其工兵还是"以蔚为奇观的勤奋和速度"[15]将他们蜘蛛网般的坑道向前推进。由于坑道角度选择很巧妙，在相当长一段时间内，守军都无法向挖掘坑道的工兵射击。土耳其军队还从1英里以外运来泥土，以便搭建炮台。成百上千人排成长队，背着泥土袋子和木板走上山坡。这项行动的精心筹划达到了惊人的地步：他们的物资和修建炮台所需的部件都是在伊斯坦布尔预先制造好，然后从那里运来的。坑道不断逼近城墙，对守军虎视眈眈。几天之内，土耳其人就在离圣艾尔摩堡的壕沟仅600步左右的地方掘壕据守下来。很快，他们的前沿就抵达了壕沟边缘。他们建造了两座泥土平台，用以安置大炮，并用三角形的木制壁垒（灌满泥土）保护大炮。他们的前沿阵地上飘扬着鲜艳的旗帜；大炮被步履艰难地拖过光秃秃的山岭，一直拖到顶峰的炮位上。他们还建立了其他阵地，用来轰击一水之隔的比尔古。夜间，运输驳船静悄悄地驶进圣艾尔摩堡下方的马萨姆谢特港，运来成捆的木柴，用来填平城堡的壕沟。海对面的拉·瓦莱特惊恐地观察着敌人的活动，匆忙派人去西西里向堂加西亚紧急求援。

5月28日（星期一），奥斯曼帝国的大炮已经开始从山顶轰击圣艾尔摩堡。到星期四（基督教日历中的耶稣升天节）时，已有24门大炮就位，分成两排，有轮子的大炮发射穿透性的铁弹头，巨大的射石炮（其中一门参加了当年的罗得岛战役）则发射巨大的石弹。在首轮炮击之前，先用火枪进行一轮劈头盖脸的齐射，打得守军在胸墙后不敢抬头，然后大炮开始猛轰。炮群开始猛击圣艾尔摩堡面向壕沟的两个尖角和朝向三角堡的薄弱面。在海对面，拉·瓦莱特为了尽可能地打乱敌人的炮击，在圣安杰洛堡安放了四门大炮，轰击一山之隔能够看得见的敌人炮台。他的炮击取得了一定成效：早在5月27日，皮雅利就被一枚石弹碎片打成轻伤；但是守军的火药消耗太大，无法继续炮击下去。

从一开始，守军就看不到一点好兆头。他们躲在胸墙后，只要一抬头，在夏日蓝天映衬下就成为敌人的活靶子。奥斯曼近卫军的狙击手们手持长管火绳枪待在下方的战壕里，监视着任何风吹草动。他们的耐心真是惊人，一动不动地埋伏起来，能够一口气坚持五六个小时，一直瞄着敌人方向，手指放在扳机上，就像等待猎物的猎人一样。他们在一天之内就击毙了 30 人。守军尽可能地搭建临时拼凑的防护胸墙；同时还用泥土或者其他任何随手能搞得到的东西来修补坍塌的城墙。几天之内士气就低落了下去：他们若是胆敢站直身子去观察在山上赫然耸现的奥斯曼大炮，就面临被狙击手打死的危险。敌人的战壕近在咫尺、炮弹四处开花和城堡的突出缺陷无不表明，他们的阵地是守不下去的。早在 5 月 26 日，圣艾尔摩堡守军就派胡安·德·拉·塞尔达在夜间游过了港湾。他是腓力二世麾下的西班牙军官，对骑士团没有效忠的义务。他向拉·瓦莱特及其议事会直言不讳地说出了大家对形势的判断，其实这也是大团长心知肚明的事情：圣艾尔摩堡太薄弱、太小，而且没有侧翼防护，"就像患有结核病的躯体，需要持续不断地吃药才能维持生命"[16]。如果没有援兵，顶多能守八天。必须投入更多资源。

这可不是大团长乐意听的话。他的想法是，圣艾尔摩堡必须死守，以便争取时间让比尔古和森格莱阿加强防御，以及让位于 30 英里外西西里岛的堂加西亚派来救援舰队。他挖苦地"感谢"了胡安·德·拉·塞尔达的建议，并要求圣艾尔摩堡守军信守荣誉，死战到底。同时他许诺派遣急需的支援：梅德拉诺上尉指挥下的 120 名士兵乘船抵达了圣艾

9. 死亡的岗位

尔摩堡，梅德拉诺将接管心怀不满的西班牙士兵的指挥权；还给圣艾尔摩堡送去更多食物和弹药。伤员被送到了位于比尔古的骑士团医院。在这些果断措施的鼓励下，圣艾尔摩堡守军的士气有所回升，但他们的困境其实没有改观。闷燃的不满情绪将很快再次熊熊燃烧起来。

拉·瓦莱特和身在西西里的堂加西亚之间通过小船来回传递消息，这些船只似乎能够轻松地突破奥斯曼帝国的海上封锁。总督的消息是非常令人垂头丧气的。他的船只和军队在集结过程中发生了不计其数的耽搁。组建一支特遣舰队的后勤工作极其复杂。有些桨帆船还在巴塞罗那进行装配；在热那亚，乔万尼·安德烈亚·多里亚一直在等待来自伦巴底的部队，后来又下了大雨，海况很糟糕，出航的风险太大。在西西里，堂加西亚有 5000 名士兵，但只有 30 艘桨帆船；而且土耳其人对此洞若观火。土耳其人可以让自己很多桨帆船的船员上岸干活，只留下 70 艘战船在海岸巡逻。同时，他们继续炮击。拉·瓦莱特把这些消息只告诉了议事会小圈子的人。

天气越来越热；夜间月色皎洁，但奥斯曼帝国的工兵日夜不停地猛干，他们的坑道像蛇一样蜿蜒前进，离城墙越来越近。他们还用从希伯拉斯山的陡坡搬运来的泥土修建防护墙。"这的确是非同寻常，"骑士团的史官贾科莫·博西奥宣称，"看着土耳其人在这荒芜的地方能够几乎在一瞬间就运来山一样的泥土堆，并用这些泥土建造棱堡和炮台，以便轰击圣艾尔摩堡；他们同时还将坑道和有掩护的交通壕快速地向前推进。"[17]梅德拉诺发动了一些出其不意的袭击，扰乱土耳其人的工作，杀死他们的劳工。但在 5 月 29 日的一次袭击中，土耳其近卫军发动了反击，将他们的军旗插到了护墙上，离城堡的外围工事和三角堡都只有咫尺之遥。在 5 月 31 日（耶稣升天节），奥斯曼帝国的炮手以 24 门炮开始了一轮规模更大的轰击，决心将圣艾尔摩堡的工事炸成石块。炮击持续了一整夜，烈度不减。炮火一刻不停，按照守军的计算，这些大炮在射击过程中都没有得到清理或者冷却，这对大炮和炮手都是非常危险的。次日黎明，一发炮弹打倒了圣艾尔摩堡的旗杆和军旗。土耳其军中发出一声大吼，他们认为这是胜利即将到来的预兆。

圣艾尔摩堡守军争取到的时间在一水之隔的比尔古和森格莱阿得到了充分利用。士兵和平民与时间赛跑，疯狂地猛干，建起城墙、搭建胸墙和作战阵地，因为一旦圣艾尔摩堡陷落，敌人的大炮就将转向他们的工事。夜间的炮火惊得城内的狗狂吠起来；拉·瓦莱特命令将狗全部杀死，包括他自己的猎犬，并不断派遣小船到圣艾尔摩堡。到此时，土耳其人已经开始发现他们计划的漏洞。于是他们在岸边部署了两门轻炮和一些火绳枪兵，希望能扰乱比尔古与圣艾尔摩堡之间的生命线。

6 月 2 日早上，战局继续恶化。拂晓时，圣艾尔摩堡的"骑士塔"的观察哨发现东南方海上有船帆。一时间，守军希望这是堂加西亚救援舰队的先驱，但真相是可怕的。那是图尔古特和他的海盗们从阿尔及尔赶来了，共有约 13 艘桨帆船、30 艘其他船只和 1500 名伊斯兰战士，而领导他们的是整个地中海上经验最老到，也最为足智多谋的指挥官。图尔古特受到欢迎的情况或许突出显示了他和已经在前线的指挥官们能力的巨大差别。皮雅利决心要让对方肃然起敬，于是率领自己的桨帆船群"以整齐的队形"[18]迎接新来者。船队在经过圣艾尔摩堡时对城堡发出了一轮齐射。炮弹呼啸着掠过城堡上空，杀死了一些正在战壕内的己方士兵，而城堡的还击炮火将一艘桨帆船拦腰打了个大洞，土耳其人不得不赶紧将它拖走，免得彻底完蛋。

苏莱曼的最终希望可能寄托在了图尔古特这位"睿智而久经沙场的战士"[19]身上，穆斯塔法和皮雅利对此也心知肚明。"伊斯兰出鞘之剑"比任何人都更了解马耳他；他不仅是个本领高强的航海家，还是经验丰富的炮手和攻城专家。这个老海盗登陆之后，很快掌握了前线局势。他不满地撅起了嘴唇。他或许根本就不主张进攻马耳他，而更愿意攻击较轻松的目标——在拉格莱塔的西班牙飞地，这对他自己的北非领地始终是个肉中刺。他或许也不同意先攻打圣艾尔摩堡（基督教方面在这个问题上的记述似乎都是虚构的），但既然攻城已经开始，越早完事越好。他没有浪费任何时间，立刻亲自到前线去重新分析地形和炮兵的部署。他认识到兵贵神速：必须尽快把更多火炮送上前线，并且必须尽可能接近敌人。第二门重型射石炮被拖上了前沿，另外四门大炮被安置在北岸，轰击圣艾尔摩堡脆弱的侧翼。他决心以尽可能猛烈的炮火将要塞炸为齑粉。于是，他在马萨姆谢特港对面的一个地点部署了一个炮队，对三角堡和"骑士塔"进行狂轰滥炸。不久，他又在对面的海岬上设置了另一个炮队。现在圣艾尔摩堡受到了 180 度的炮击；博西奥声称，炮火如此猛烈，"小小的要塞居然没有被炸成瓦砾堆，真是个奇迹"[20]。

图尔古特的最后一条建议是尽快拿下三角堡，"哪怕损失大量精兵也在所不惜"[21]。

10. 欧洲的三角堡

1565 年 6 月 3 日 ~ 16 日

拉·瓦莱特一天天向西西里和意大利本土发去十万火急的求援信，在信中再三强调马耳他的重大战略意义。一旦马耳他落入敌手，基督教欧洲将成为"一座没了三角堡的要塞"[1]。欧洲君主们非常理解这个比喻。自君士坦丁堡陷落以来，基督教帝王和教士们嘴上常常使用意大利要塞工程学的术语。他们将整个基督教地中海视为一个巨大的同心圆防御圈，圆心就是罗马城——上帝的堡垒，它不断遭到大批野蛮人的攻击。外围防御工事一个一个地坍塌了。1453 年之后，威尼斯成了欧洲的外墙；土耳其人在仅仅五十年内就突破了这道防御。罗得岛是基督教世界的盾牌。这面盾牌如今也破碎了。随着战线的退缩，土耳其人一步步逼近了圆心。现在马耳他成了欧洲的三角堡。所有人——罗马城的教皇、高坐马德里宫廷的天主教国王、身处与马耳他一水之隔的西西里岛的堂加西亚都理解它的意义：三角堡一旦陷落，要塞本身的末日就不远了。1565 年 5 月底和 6 月初，对基督教世界防务的关注聚焦在一个点上。如果说欧洲的关键在于马耳他，马耳他的关键在于圣艾尔摩堡，那么圣艾尔摩堡的生死存亡则取决于防护它薄弱侧翼的那个临时拼凑的三角堡。图尔古特像拉·瓦莱特一样，对此一清二楚。他决定采取行动。

在一整夜的猛烈炮击之后，到 6 月 3 日早上，奥斯曼军队已经在接近壕沟、离三角堡的护墙仅有几十码的地方建立了掩蔽阵地。很讽刺的是，这一天恰好是圣徒艾尔摩（水手的主保圣人）的节日。

奥斯曼帝国的工程师们决意对前一夜弹幕炮击的效果做一番评估，于是溜进了要塞前的壕沟，接近了三角堡。堡垒内鸦雀无声，没有人呼喊口令，瞭望台上也没人开枪。他们一直走到要塞脚下，也没被守军发现。守军的哨兵可能已经被一发火绳枪子弹击毙，静静地趴在胸墙上，"看上去好像还活着"[2]。他的战友（仅有 40 人）以为他还在站岗。但也有人说，三角堡守军是一群胆小鬼，已经躲藏起来。

工程师们悄悄溜走，把情况报告给了穆斯塔法。一队近卫军携带云梯匍匐前进，偷偷地爬过胸墙。他们大吼着冲进了三角堡，将遇见的第一批敌人打倒在地。其他守军拔腿就跑，仓皇之间居然没有拉起通往主堡的吊桥。一小群骑士坚定地冲杀出来，才阻止土耳其近卫军杀进圣艾尔摩堡。守军发起了一次勇猛的反击，想把入侵者赶出三角堡；有两三次，反击眼看就要成功，但更多的土耳其士兵潮水般涌过壕沟，守军不得不撤退。土耳其人似乎闪电般巩固了自己在三角堡的阵地，搬进了成麻袋的羊毛、泥土和木柴，搭建起了一座壁垒，以防备守军从圣艾尔摩堡内发起反攻。这临时搭建的防御工事上飘起了土耳其旗帜，这是军事占领的关键标识。但这只是随后激战的序曲而已。土耳其士兵们在壕沟内抵着墙壁竖起了云梯，发动临时组织的猛烈攻击，希望能够借此冲进圣艾尔摩堡。他们自认为必胜无疑，但这样的冲锋简直是自杀。守军向他们没有防护的脑袋投掷石块，泼下滚油。战斗的嘈杂震耳欲聋。按照基督教史学家的说法，"大炮和火绳枪不停地轰鸣，人们发出毛骨悚然的惨叫，浓烟滚滚、大火熊熊，似乎整个世界都要爆炸"[3]。在五个小时的血战之后，土耳其人被迫后撤，在壕沟里丢下了 500 名精兵的尸体。守军声称自己只损失了 60 名士兵和 20 名骑士，其中包括法国骑士拉·加登普，他身负重伤，爬进要塞教堂，死在了祭坛脚下。奥斯曼军队虽然伤亡惨重，但控制住了三角堡。

守军几乎旋即就感受到了三角堡丢失的严重后果。土耳其人发疯地猛干，拼命巩固自己在三角堡的阵地，用灌满泥土的羊皮袋子堆起平台，直到它与城墙齐高。现在他们在离圣艾尔摩堡仅有几码的地方建立了攻击阵地；他们很快就能用两门缴获的火炮轰击圣艾尔摩堡的心脏地带。在下方的壕沟里，土耳其士兵可以一直走到城墙基部，而不必担心遭到袭击。

到 6 月 4 日黎明，土耳其人还在加固三角堡的时候，人们看到一艘小船在接近圣艾尔摩堡下方的多石海岬；壁垒上的哨兵们提高警惕，准备射击，这时黑暗中响起一声叫喊："萨尔瓦戈！"那是西班牙骑士拉斐尔·萨尔瓦戈。一艘从西西里来的桨帆船把他送来，溜过了港口周围的土耳其封锁线，带来了堂加西亚的口信。和萨尔瓦戈一起来的还有一位经验丰富的米兰达上尉。两人爬上岸，在黑暗中简略地查看了一下要塞的情况，然后爬回船上。此时圣艾尔摩堡和比尔古之间的航道已经受到狙击手的威胁。船只已经不能在大白天往返；甚至夜间航行也险象环生。他们静悄悄地划船时，突然遭到一轮齐射，一名船员被打死。

拉·瓦莱特听萨尔瓦戈报告时，陷入了阴郁的沉默。如此粗心大意地丢失三角堡，着实是沉重的打击。西西里来的消息也让人鼓不起劲来：堂加西亚正在努力集结兵力，但估计要到 6 月 20 日才能派出援军。问题是，圣艾尔摩堡还能撑多久。米兰达第二次被派往圣艾尔摩堡，对那里的防御工事和守军士气做更细致的评估。他的第二次报告是斩钉截铁的："如果土耳其人坚持进攻，圣艾尔摩堡是守不了多久的，因为守军的火炮缺少水平回旋的空间，效力很差。而且，守军背后没有任何据点，无路可退。"[4] 但拉·瓦莱特仍然想一探究竟。他派了另外几人专门去研究夺回三角堡的可行性，但得出的结论是相同的："没有任何办法可以收复三角堡；应当尽其所能，巩固现有的防御。"[5] 从此刻起，岌岌可危的圣艾尔摩堡的每一分钟都是靠外界的输血死撑下来的。每天夜间，援兵和物资都被偷偷运过海湾，躲过敌人的炮火，使圣艾尔摩堡苟延残喘下去。

10. 欧洲的三角堡

在三角堡陷落之后，拉·瓦莱特拼命维持圣艾尔摩堡的士气。于是，他任命米兰达为圣艾尔摩堡的实际指挥官。这位西班牙战士不是贵族骑士，但经验丰富、讲求实际，是个理解士兵疾苦的前线指挥官。宗教的慰藉不能增强士兵们的斗志，看得见摸得着的奖赏却能起到这样的效果。米兰达请求给他金钱，"因为士兵们最喜欢的就是钱"[6]，以及成桶的葡萄酒。他向士兵们发放了军饷，并在操练场周围有遮蔽的拱廊设立了赌桌和吧台。在短期内，这些刺激手段是有效的。

但土耳其人感到最后摊牌的时刻快到了。他们一刻不停地把三角堡加高，以便俯射圣艾尔摩堡，并向城堡内部猛烈射击。士兵们拼命苦干，用木柴、泥土和成捆的木料填充壕沟。与此同时，部分桨帆船的桅杆被拆下并拖到前线，改装成木桥，然后搭在壕沟上和邻近三角堡的地方，在那里作业的工兵可以得到火绳枪兵的保护。任何胆敢从胸墙上露头的守军会被当场击倒。工兵们还在城墙另一段修建了第二座桥。但架桥的工作激起了守军的猛烈攻击：他们冲杀出来，企图将第一座桥烧毁，但只取得了部分成功，"到晚祷时土耳其人就把桥修复了"[7]。架桥工作继续进行：奥斯曼人建起了一座宽度可容5个人并肩行进的堤道，上面铺了一层泥土，以抵御火攻。蹲在胸墙下的守军完全无法阻止土耳其人的这项工程；整个城堡都遭到火力试探，因此"圣艾尔摩堡没有一个地方是安全的"[8]。守军感到了自己处境的绝望，而且敌人很可能发动新的袭击，守军的士气再次衰落下去。

圣艾尔摩堡的全体守军，包括圣约翰骑士团的骑士和米兰达上尉，都同意派遣另外一名军官梅德拉诺前往比尔古，向拉·瓦莱特和他的议事会阐明战局。这是他们一致的回应。梅德拉诺宣称城堡无论如何守不下去了，"因为他们的防御工事已经被夷平，敌人的桥梁很快就要完工，而且由于三角堡高于整个城堡，土耳其人能够居高临下地轰击他们，根本无法自卫"[9]。拉·瓦莱特不知用什么手段说服了这个忧心忡忡的西班牙人，让他返回城堡，带回了含糊其辞的抚慰话语，但城堡守军越来越恐慌。土耳其人继续架桥，同时城墙根部鹤嘴镐的敲击声让守军相信，敌人准备布设地雷。同时，炮击继续进行，日夜不停，"他们似乎想把城堡化为齑粉"[10]。很显然，敌人的总攻近在眼前。6月8日，比尔古的议事会收到了一封信：圣艾尔摩堡的末日快到了，守军估计自己随时都可能被炸上天；他们已经撤进了城堡中心的教堂，宁愿猛冲出去，死个痛快。这封信上有50名骑士的签名。

拉·瓦莱特的答复仍然是：坚守下去，为主力部队争取时间。他派了另外三名骑士到对岸。他们抵达时发现城堡内闹成一团。守军的神经已经崩溃。有人做了仓皇的准备，打算放弃城堡；炮弹和掘壕工具被丢进了水井；有人已经做了爆破准备，计划从城堡内部将其完全炸毁。拉·瓦莱特的三名使节宣称，圣艾尔摩堡仍然可以继续守下去，它是建在坚固的岩石上的，地雷奈何不了它。守军听到这话，不禁火冒三丈。操练场上发生了哗变。他们嘲讽使节，让他们演示一下，究竟怎样防守下去。士兵们紧闭大门，将使节扣押在城堡内。直到有人恢复理智，敲响了警钟，士兵们才回到各自的岗位，三名使节才溜走并返回对岸。在比尔古，议事会讨论了此事；有叛变情绪的守军很快派了一个人游到比尔古，重申了他们的恐惧。在秘密闭门会议上，议事会也踌躇不决，不知如何是好；有人主张将圣艾尔摩堡守军撤出，以挽救士兵的生命；也有人坚持死守。但事实上他们已经没有选择；现在港湾已经处于奥斯曼帝国大炮的监视下，根本不可能把这么多人安全地撤出。必须说服守军，让他们死守下去，为其他人争取时间。

威逼利诱双管齐下，终于将兵变平息了下去。堂康斯坦丁诺，骑士团的使节之一，主动提出召集志愿者参加圣艾尔摩堡的防御。在比尔古的广场上，鼓声召集新兵集合到军旗下。然后议事会冷静地告知哗变的士兵，他们如果想回来也可以，因为"每回来一个人，就有四个人恳求着要取代他在圣艾尔摩堡的位置"[11]。同时拉·瓦莱特写信给在城堡内的骑士们，提醒他们曾经向基督和骑士团发下的誓言。梅尔希奥·德·蒙塞拉特被任命为圣艾尔摩堡的新指挥官；官兵们斗志猛涨；两个改宗基督教的犹太人自愿参战，这让基督徒们刮目相看。激情澎湃的布道师埃博利的罗伯特也来到了圣艾尔摩堡。米兰达上尉用"军人能够理解的话语"向士兵们做了激动人心的演说，督促他们"英勇作战、在死前尽可能多杀野蛮人"[12]。圣艾尔摩堡派出了第二个游泳的信使，宣布"守军异口同声，不愿离开城堡，但必须给他们援军和弹药；他们全都愿意在圣艾尔摩堡战斗到死"[13]。夜间的增援和物资运输在继续；100 名士兵渡过海湾来到圣艾尔摩堡，还带来了大量旗帜，插在城墙上，以便给敌人造成守军得到大量援兵的假象。没人再嘀咕说要撤退了。

进攻圣艾尔摩堡（E）；希伯拉斯山(Y)；穆斯塔法帕夏的帐篷，位于左下（Q）；图尔古特

令（O）；森格莱阿（D）；比尔古（B）；圣安杰洛堡（A）。

在争夺小小的圣艾尔摩堡的一天天激战中，双方动用了火药时代正在演化中的各种武器。土耳其人肯定拥有，而且也使用了致命的弓箭手，但遭到猛轰的城堡周围回荡的爆炸声给人的感觉是，世界末日的大决战已经爆发了。在远距离上，这是一场狙击手和大炮的战斗；神枪手可以一枪毙敌，铁炮弹能将人开膛破肚，但在争夺城墙的近距离战斗中，双方还使用了一系列巧妙的小型燃烧武器。基督徒拥有原始的手榴弹和火焰喷射器——罐装的"希腊火"① 和成桶的沥青，以及可旋转的大炮和重型火绳枪，它们能够发射鸽子蛋那么大的石弹和用来屠杀以密集队形冲锋的大群敌人的链弹。土耳其人则以牙还牙，使用了爆裂炸弹，它能向身着重甲的守军抛掷火焰。所有这些武器都很粗糙、还在实验阶段，而且非常不稳定。使用这些武器的风险是很大的；关于这场攻防战的记述中经常有使用燃烧武器的人被自己炸死的片段：成桶的火药可能会爆炸；手榴弹在投出之前可能引爆周围的弹药；常常有人被己方的武器烧死或者烧残。但这些武器在起作用的时候，效果是毁灭性的。

在这个燃烧武器的试验场上，基督徒们决定试验一种新装置。6 月 10 日，拉·瓦莱特送去了一些火圈，这种新武器据说是骑士拉蒙·福尔廷发明的。"这种武器包含箍桶用

---

① 希腊火是最早为拜占庭帝国使用的一种可以在水上燃烧的液态燃烧剂，为早期热兵器，主要应用于海战中。希腊火多次为拜占庭帝国的军事胜利作出巨大贡献，一些学者和史学家认为它是拜占庭帝国能持续千年之久的原因之一。希腊火的配方现已失传，其成分至今仍是一个谜团，但一般认为是以石油为基础。

的铁圈，上面覆盖用来填塞船缝的粗麻屑，然后在滚烫的焦油大锅里浸透。然后再铺一层粗麻屑，再次放到焦油里浸泡。这个过程要重复多次，直到它们有人腿那么粗。"[14] 使用方法是将它们抛过胸墙，投向以密集队形冲锋的大队敌人。

这种新武器很快就被投入了实战。一天，土耳其人再次发动了猛攻；身着宽松长袍的近卫军潮水般涌过桥梁，将云梯靠在城墙上。土耳其士兵跌跌撞撞地向前冲锋时，城墙上的守军用火炬点燃了铁圈，然后用火钳夹着它们，伸过胸墙，抛掷出去，火圈在斜坡上蹦跳、旋转着滚下，如同疯狂的火环。它的杀伤效果是惊人的。巨大的火圈能够同时席卷住两三名士兵的衣服；被火焰吞噬的人变成了一个火球，转过身奔向大海，长袍和头巾都熊熊燃烧，身后留下一片恐惧和大火。火圈在精神上的威慑力是巨大的。近卫军撤退了，但只是暂时的。穆斯塔法决心拿下圣艾尔摩堡。天黑之后，土耳其军队再次发起进攻。整个夜空都被大炮的火光和火攻武器（火圈、火焰喷射器和倾盆大雨般泼向城墙下的希腊火）的焰光照得通亮。穆斯林士兵投掷爆裂的手榴弹作为反击，这些手榴弹在胸墙上爆炸，以一种令人难以置信的可怕亮光照亮了守军的身形。战场亮如白昼；从对岸看，圣艾尔摩堡简直像是喷发的火山。比尔古的炮手们不需要火炬照明也可以准备炮火，用交叉火力扰乱土耳其人的攻势。惨叫声、呼号声、爆炸声和刺眼的火光让大团长坚信，圣艾尔摩堡已经陷落。但它还是守住了。土耳其人再次撤退。

现在已是拂晓，太阳正冉冉升起。守军精疲力竭，只是死撑着才能站住脚，穆斯塔法也知道这一点。他命令再发动一次新的猛攻。生力部队携带着绳索和抓钩涌向前沿，将抓钩抛掷到守军借以抵御火枪射击的胸墙上的临时工事（用成桶的泥土搭建而成）上。土耳其士兵利用抓钩和绳索爬上了城墙，在城墙顶端建立了一个阵地，插上了自己的军旗。棱堡的指挥官马斯上校感觉到了危险，用一门轻炮将城墙上的近卫军轰了下去，一声巨响，"他们坠落到壕沟里，令其他人毛骨悚然"[15]。攻势垮台了。损失惨重的土耳其人不得不撤退。战场上一片沉寂。穆斯林花了一整天时间收集己方死者的尸体，将他们埋葬在集体墓穴里。但守军兵力损失的速度也是难以承受的。拉·瓦莱特又送去了150名援军、弹药和用来搭建工事的"篮子、床垫和绕成团的绳索"[16]。奥斯曼人原先预计四天就能攻克圣艾尔摩堡，但现在已经是第十四天了。

战事不利的坏消息开始从奥斯曼军营渗透出来。从土耳其军队逃走的基督徒和被俘的土耳其人向拉·瓦莱特和比尔古的议事会透露了一些关于圣艾尔摩堡防御情况的鼓舞人心的消息。土耳其人在前一夜的损失是非常惨重的，很多久经战阵的老兵也血洒战场。土耳其军营内爆发了疫病，还有很多伤员奄奄一息；开始实行粮食配给制，每名劳工每天只能领到10盎司的饼干。几位帕夏和近卫军之间关系不好："几位帕夏责备说，近卫军平素自夸为'苏丹之子'，还有其他很多自吹自擂的狂言，却没有斗志攻克一个微不足道、薄弱残破的城堡，尽管已经架好了一座桥。"[17]与此同时，穆斯塔法和皮雅利之间、陆军和海军之间激烈的竞争气氛进一步影响了士气。鞭策穆斯塔法继续进攻的有两种力量：对战败蒙羞的恐惧和对荣耀的渴望。帕夏们还得到消息，堂加西亚正在西西里集结船只和军队。皮雅利每天都派遣一支桨帆船舰队在马耳他海峡巡逻。

圣艾尔摩堡守军的士气虽然有所恢复，但也绝谈不上斗志昂扬。6月13日，穆斯塔法获悉了一条鼓舞人心的情报，似乎能最终解决他的难题。一名意大利士兵无疑是认为城堡死期将至，于是溜过城墙，来到了奥斯曼军营。他建议穆斯塔法将三角堡继续加高，以阻止城堡周围的任何兵力运动，并切断从比尔古来的补给线；然后再来最后一次袭击，就能彻底消灭最后残存的守军。第二天，守军听到有人用意大利语向他们喊话。穆斯塔法劝守军投降，"以自己的脑袋担保"[18]，愿意保证他们的通行安全，允许他们离开城堡后去任何地方；否则就只有无比残酷的死亡。劝降得到的回复是一轮火绳枪齐射和一连串的旋转火圈。守军已经决心死战到底。他们已准备好迎接最后一次进攻。

穆斯塔法开始准备他希望是最后一次的进攻，运用的是屡试不爽的奥斯曼帝国战术：日夜不停的持续炮击、小规模突袭、局部地区的进攻和不计其数的佯攻（目的是让守军得不到任何睡眠，以致精疲力竭），然后才发动最后主攻。劳工们一刻不停地苦干，努力用泥土和成捆的木柴将壕沟填平，同时火绳枪兵轰击着胸墙。守军尽可能地阻挠敌人的行动。他们将壕沟内的木柴点燃，还击毙了衣着华丽的近卫军阿迦①，这大大地震

---

① 阿迦是奥斯曼帝国某些高官或将领的称号。有人认为，"阿迦"与中国清朝对皇室成员的称呼"阿哥"有联系。

动了奥斯曼军营。6月15日夜间，月光皎洁，土耳其军队发起了又一场猛烈的弹幕轰击。然后是一片沉寂。

6月16日黎明前，一个声音打破了沉寂。毛拉①们召唤信众做晨祷；两个小时内，毛拉们大声诵经，信徒们以有节律、响度渐强的声音做出回答，做好拼死战斗、牺牲自己的精神准备。守军蹲在临时搭建的壁垒后面，聆听着诡异的吟唱声在远方的黑暗中升起又降下。拉·瓦莱特此前派去了新一批援兵，此时守军们虽然十分疲惫，但秩序井然。每个人都有自己的职责和岗位。他们分成若干个三人小组，每组包括一名火绳枪兵和两名长枪兵。此外有专人负责将死尸拖走，还有三支机动队伍，负责援助任何危险地段。他们堆积了大量的火攻武器、石块和很多浸透葡萄酒的面包。胸墙后准备好了大桶的水，被黏着性燃烧武器烧着的人可以扑进大桶，挽救自己。

太阳升起时，土耳其人开始了新一轮试探性的弹幕射击，炮火之猛，"大地和空气都为之颤抖"[19]。随后穆斯塔法发出讯号，命令部队以一个庞大的新月队形前进。苏莱曼的皇旗被展开；一支长矛上挑起了一具头巾；战线的另一端发出了一缕黑烟，作为回应。五花八门、令人眼花缭乱的各式旗帜和盾牌开始蜂拥前进，"上面画有非常新奇的图案；有的画着形形色色的鸟类，有的画有蝎子和阿拉伯文

---

① 毛拉是伊斯兰教内对学者或宗教领袖的称号，特别是在中东和印度次大陆。原意为"主人"，在北非也用在国王、苏丹和贵族的名字前。现称毛拉者，多为宗教领袖，包括宗教学校的教师、精通教法的学者、伊玛目（清真寺内率领穆斯林做礼拜的人）和诵经人。

字"[20]。在队伍的最前沿，身披豹皮、头戴饰有鹰羽帽子的士兵们疯狂地冲向城墙，以渐强的声音呼喊着安拉的诸多尊名。在城垛上，基督徒们也呼喊着基督教人物的名字——耶稣、马利亚、圣米迦勒、圣雅各和圣乔治——"每个人呼喊自己最热爱的圣徒的名字"。土耳其人向桥梁猛冲；云梯被靠上城墙，双方短兵相接。在整个战线上，大群士兵在进行白刃战。有的土耳其士兵被从云梯上抛下，也有人从桥上坠落。在混乱中，有人在向敌人射击时误伤了友军。西风将守军枪炮发射产生的黑烟吹回到他们脸上，让他们短时间内看不清周围。然后，堆在一起的易燃易爆的燃烧武器被点燃，很多人被活活烧死。

在比尔古，观看这场鏖战的人们"肝胆俱裂、不知如何援助友军脱离这巨大危险"[21]。战斗的一些细节令人刻骨铭心。巴尔比瞥见一名士兵的身形被地平线映衬着，"手里拿着一个火焰喷射器，好像着了魔一般拼死战斗"[22]。他们还能看见一小群衣衫鲜艳的土耳其人以密集队形向前冲杀。由于陆海军之间的竞争，有 30 名领头的桨帆船船长发誓"要么杀进城堡，要么同赴黄泉"[23]。他们借助云梯爬上了圣艾尔摩堡后方的"骑士塔"。拉·瓦莱特命令位于圣安杰洛堡的炮手向入侵者瞄准。不料炮火没有命中，却杀死了 8 名守军。"骑士塔"的剩余守军沉着地引导对岸的炮手重新校正瞄准。第二轮炮弹落在了一群敌人当中，杀死了 20 人。"其他人则被烧死、砍死，尸体被抛了下去，没有一个人能够逃走，"[24]巴尔比如此记载道。守军可以很清楚地看到身穿华丽长袍的穆斯塔法和图尔古特在敦促部下继续冲锋，但对"骑士塔"的猛攻失败了。火圈在奥斯曼帝国队伍中肆虐，"敌人头上似乎戴了烈火的冠冕，身体也完全被火焰笼罩"[25][26]。有人被从城墙顶端重重推下；壕沟开始被死尸填平。插在胸墙上的鲜艳的奥斯曼帝国旗帜被撕下。梅德拉诺上尉夺走了一面敌人的旗帜；一眨眼的工夫，他头部中弹，但敌人插在城头的两面具有象征意义的大旗都被撕烂了。苏丹的皇旗也被俘虏。米兰达负了伤，但仍然让人把他放在一把椅子上，抬到了胸墙旁。他手里一直紧握宝剑。七个小时的血战之后，攻方开始退缩。土耳其人撤退了。胜利的呼喊飘过了海湾："胜利！基督的信仰胜利了！"[27]精疲力竭的守军赢得了这场战斗的胜利。他们看着敌人撤退，累得几乎站不住脚。虽然取得了胜利，但代价很惨重：150人战死，相当于全部守军的1/3。有人用意大利语对他们的胜利欢呼做了最后的反驳："闭嘴！你们今天没完蛋，明天也会完蛋。"[28]

煽动土耳其人发动此次猛攻的那个意大利叛徒虽然逃走了，但也没有好下场。几天后，姆迪纳的马耳他平民抓住了这个身穿土耳其服装的叛徒，把他捆在马尾上拖走。一群儿童用棍棒将他活活打死。战争一天天变得愈发丑恶。

11. 最后的求援者

1565 年 6 月 17 日 ~ 23 日

6 月 17 日，遭受了沉重打击的土耳其将领们在穆斯塔法的营帐召开会议，再一次研讨圣艾尔摩堡的棘手问题。图尔古特又一次指出了奥斯曼军队在整个行动中的盲点：未能切断圣艾尔摩堡与比尔古之间的海上补给线，因此圣艾尔摩堡能够不断得到补给。土耳其人开始在岸边挖掘一条新堑壕，一直通到圣艾尔摩堡脚下、从比尔古来的船只通常停靠的地方。同时他们还加强了对"骑士塔"的轰击力度。在这番行动之后，圣艾尔摩堡的末日肯定不远了。据说大团长听到这个消息时感谢了上帝，因为土耳其人直到现在才想到要切断圣艾尔摩堡的生命线。12 名骑士自愿增援圣艾尔摩堡,但拉·瓦莱特没有批准。在必败无疑的战斗中损失更多兵力是毫无意义的。他派出了两艘船,分别给堂加西亚和教皇送去了绝望的求援信。其中一艘船被敌人俘虏,但令穆斯塔法暴跳如雷的是,这封信是用密码写成的,他军中没有一个叛教的前基督徒能够破解密码。在比尔古和森格莱阿,骑士团继续加强防御工事。

次日出现了一个短暂的喜悦时刻。但具体是怎么回事,各方说法不一。当时,奥斯曼帝国的将领们在海边的堑壕内视察一个炮台。最有可能的情况是,那门大炮射角太高,因此图尔古特命令将炮口降低。但还是太高,于是他命令再调低一点。第三次试射又太低了,炮弹没有飞出堑壕,而是打在了堑壕壁上。石弹碎片在炮台上四下横飞。一枚碎片击中了图尔古特耳朵下面的部位。另一枚碎片击中了陆军后勤总管索利阿迦,导致他当场毙命。图尔古特的头巾起到了一定防护作用,他负了重伤,倒在地上。老海盗躺在那里,说不出话来,舌头拖出嘴角,鲜血从头部喷涌而出。穆斯塔法在一片混乱中沉着冷静地命人盖住图尔古特的身体,将他秘密地抬进他自己的营帐,免得影响官兵的士气。但消息还是很快泄露了出去。不久就有变节者将这起事故的消息传到了比尔古。图尔古特奄奄一息,昏迷不醒。

土耳其人步步紧逼。第二天,有一座棱堡遭到了极其猛烈的炮击,被炸出了一个很大的缺口,足以让士兵们轻松地登梯上墙。守军几乎没有办法修理破损的工事。他们如果冲出城堡去收集修理工事所需的泥土,就一定会被击毙。于是他们只能用毛毯和旧船帆尽可能地堵住缺口,蹲在胸墙下。

当夜，一次巨大的爆炸撼动了整个港湾；比尔古的一座火药作坊发生了事故。土耳其士兵们欢呼起来。为了打击敌人的热情，拉·瓦莱特向对岸开了十几炮，但这消息对圣艾尔摩堡守军来说却糟糕透顶。6 月 20 日，奥斯曼人警戒港口的新炮台建成了。基督徒船只甚至在夜间也无法在港湾航行了。19 日，一艘船做了最后的尝试；它很快就被敌人发现；在前往圣艾尔摩堡的途中，有一名船员被敌人的炮弹打掉了脑袋；返航时又有一人被火绳枪击毙。米兰达送来了最后的消息：再派更多人到圣艾尔摩堡送死是不人道的。从此刻起，只有马耳他人能够在夜间游泳往来。拉·瓦莱特勉强同意，目前已经没有任何办法。

6 月 21 日是基督圣体圣血节，基督教日历中的一个重要节日。"我们坚持尽可能隆重和虔诚地庆祝了这个伟大而高贵的节日，"[1]巴尔比在日记中记述了当时在比尔古庆祝节日的情形。他们举行了游行（大团长亲自参加），但为了躲避对岸敌人的炮火，游行路线必须精心选择。圣艾尔摩堡守军已经奄奄一息。现在有十几名最精锐的土耳其狙击手已经占据了"骑士塔"一侧的高处，可以从那里向城堡的心脏射击。甚至操练场也处在敌人火力之下。但守军仍然不断尝试将填充在壕沟内的柴火点燃；意大利人佩德罗·德·福尔利在自己背上捆了一个火焰喷射器，用绳索坠下城，企图摧毁威胁极大的桥梁。他没能将桥梁烧毁，因为桥面上覆盖着厚厚一层泥土；他有没有安全返回城堡内，我们不得而知。炮击仍然在继续。奥斯曼军队的大炮整夜猛击残破不堪的城墙；不时的佯攻让疲惫的守军不得不在黑暗中睁大眼睛。现在他们在胸墙下只能四肢贴地爬行，根本无法离开自己的岗位。教士们不得不带着圣餐爬到前沿士兵身边。

6月22日黎明，穆斯塔法决定一鼓作气拿下城堡。他首先确认已经将圣艾尔摩堡包围得水泄不通；皮雅利将他的桨帆船群调到附近，从海上轰击城堡。挤满火绳枪兵的小船把守着城堡与对岸的比尔古之间的航道。近卫军再一次冲过桥梁；城堡整个一圈都遭到猛攻，数千人将云梯靠上城墙。胸墙上爆发了白刃战，穆斯林试图插上他们的旗帜，基督徒向毫无防护的敌人脑袋上投掷石块和火罐。"骑士塔"上的狙击手从背后袭击守军，身着显眼盔甲的骑士被轻松地打倒。城堡指挥官蒙塞拉特的脑袋被一发炮弹打飞。根据贾科莫·博西奥的说法，当时"赤日炎炎"[2]。头戴钢盔、身披板甲的基督徒汗流浃背，但仍然一刻不停地拼杀。比尔古的人们战战兢兢又头脑混乱地观看这场厮杀。他们听得见惨叫声和大炮的轰鸣声，看得见厄运当头的城堡"笼罩在熊熊大火中"[3]。在六个小时的混战之后，对岸传来了意大利语和西班牙语的呼喊声："胜利！胜利！"[4]进攻停滞了。土耳其人不得不撤退。圣艾尔摩堡岿然不动。

在午后阳光炙烤下，幸存者在一片瓦砾的城堡内爬行着。很多指挥官都已经阵亡。其他人（艾格拉斯、米兰达、马斯）则身负重伤，无法站立。胸墙上、操练场上死尸满地。现在已经无法安葬死者，甚至根本无法挪动尸体。城墙被打出了多个缺口；没有任何建材可用来修补城墙。在令人无法忍受的烈日暴晒下，苍蝇肆意飞舞，到处弥漫着石粉与火药的刺鼻气味和死尸的恶臭。这是马耳他攻防战的第二十六天。

还有力气站立的守军聚集在小教堂内。按照史官的说法，"大家众志成城，决心在这里给人生旅途画上句号"[5]。他们决定做最后一次求援的努力。一名游泳健将溜进海里，最后一艘船也被派出。这艘船遭到了 12 艘土耳其驳船的攻击，但还是抵达了对岸。船和游泳的信使带来的是同一条消息：守军已经只剩最后一口气；活人已经所剩无几，其中大多数都负了伤；燃烧武器已经用尽，火药濒临告罄。他们毫无希望得到增援。

拉·瓦莱特面色阴沉地听着这些话语。他命令这些人死战到底，现在最后的时刻已经差不多降临了。"只有上帝知道，大团长此刻的感受是什么，"[6]巴尔比在日记中写道。拉·瓦莱特拒绝了所有派出援兵的请求；那样做只是白白浪费珍贵的资源。但他最后软了心肠，同意派遣一支小舰队，试试突破敌人的海上封锁线，向城堡输送物资。5 位船长，包括罗姆加，在夜色掩护下起航了。这次尝试是徒劳的；他们遭到岸上的炮火袭击，很快又撞上了潜伏在一侧的皮雅利的 80 艘桨帆船。

圣艾尔摩堡守军目睹救援的尝试以失败告终，于是"决心为耶稣基督的事业慷慨赴死"。他们没办法离开自己的岗位，于是"他们就像死期将至的人一样，互相忏悔，哀求我主怜悯他们的灵魂"[7]。为了防止教会圣器遭到敌人的亵渎，教士们将它们埋在了小教堂地下。挂毯、圣像和木制家具则被搬到室外烧毁。奥斯曼军队的大炮持续轰击着城堡。拉·瓦莱特从他的窗口观看了一整夜；在大炮火光的映照下，城堡可以看得一清二楚。

6 月 23 日是星期六。巴尔比在日记中写道："今天是施洗者圣约翰（骑士团的同名圣徒与佑护者）节日的前夕，土耳其人在黎明发动了最后一次进攻。"[8] 皮雅利的战船逼近了遭到猛烈轰击的城堡，船首炮指向目标，开始炮击。陆军部队云集在城墙前。城堡守军只剩 70 或 100 个活人。他们全都精疲力竭，很多人还负了伤。他们翻检死去战友的尸体，寻找最后一点点火药来装填他们的火绳枪。米兰达和艾格拉斯无法站立，只能坐在椅子上，手里拿着剑。他们坚守阵线达四个小时。大约上午 10 点，土耳其人的进攻明显停顿了。近卫军和乘骑步兵们再次排好队形进攻时，城堡内无人开枪还击。守军的火药已经耗尽。广场上和城墙下躺着 600 具死尸。幸存的守军紧握刀剑和长枪，坚守岗位，但火绳枪兵们已经不再隐蔽了。几百名土耳其士兵感到守军的抵抗已经瓦解，潮水般涌过桥梁，翻过胸墙，一路没有遭到任何反抗，见人就杀。战船上的人也开始登陆。米兰达和艾格拉斯被打死在他们的椅子上。还能跑得动的守军撤往广场，在那里做最后抵抗。有人试图敲鼓，与敌人谈判，但为时已晚。前几周徒劳无益的进攻带来的巨大耻辱令穆斯塔法火冒三丈，于是他命令将守军斩尽杀绝。凡是砍下守军头颅的士兵都可以得到重赏。近卫军汇集到广场上，高呼着"杀！杀！"[9] 有些遭到围困的守军逃向教堂，希望敌人会对此有所顾忌，能够饶他们一命，并接受他们的投降，"但他们很快看到，土耳其人在无情地屠杀已经投降的人，于是他们冲到广场中央，死战到底，尽可能多杀敌人"[10]。

比尔古的人们最后看了几眼垂死挣扎的圣艾尔摩堡："骑士塔"残破的顶端有一个孤独的身影在挥舞着一把双手剑；意大利骑士弗朗切斯科·兰弗雷杜齐按照预先约定点燃了宣告城堡即将陷落的烽火；随后"骑士塔"上的旗帜被扯下，奥斯曼帝国的旗帜被升起，"令比尔古守军魂飞魄散"[11]。

圣艾尔摩堡攻防战最后的可怕一幕上演于操练场。在穆斯塔法的警惕注视下，一些被俘的守军被带到城墙下，站成一排，作为土耳其士兵射箭练习的活靶子，他们很快就被射死；逃进教堂的伤员全部被杀死在里面；骑士们更是极端仇恨的对象，他们被头朝下吊在拱形回廊的铁环上，脑袋被打裂，胸腔被撕开，心脏被挖出。多次蒙受战败羞耻的近卫军开始疯狂报复、大开杀戒。几名幸存的西班牙和意大利职业军人跪在地上，喊叫着说他们不是骑士，哀求对方"看在你们的真主的面上"[12]饶他们的性命。哀求是徒劳的。一个不幸的人看到土耳其人疯狂屠杀的场面，躲进了一个箱子里。两名变节者发现了这个沉重的箱子，以为里面有什么金银财宝，于是将它扛走，半路上被穆斯塔法拦下。他命令将箱子打开。躲在箱内的人目瞪口呆，被拉出来打死。守军没有一个人能活下去。

最后的障碍已经被铲除，于是皮雅利舰队的全部船只旌旗飘扬、炮声隆隆地驶进了马萨姆谢特港。船只安全地停在港内，水手们可以仰望圣艾尔摩堡城墙上迎风招展的奥斯曼帝国旗帜。

穆斯塔法想要将圣艾尔摩堡的守军斩尽杀绝，但他做不

圣艾尔摩堡鏖战

到这一点。有些守军从城堡逃向海边，没有被急于报复的奥斯曼陆军抓住，而是向图尔古特的海盗们举手投降。他们被作为可以换来赎金的战利品运走了。其中有些人，包括意大利骑士弗朗切斯科·兰弗雷杜齐，在多年后会再次现身，就像从阴间复活一样。另有四或五名马耳他人没有受到盔甲的累赘，溜出了城门，逃到面向比尔古的海边，藏在岸边的洞穴内。天黑之后，他们借着夜色掩护溜进大海，悄无声息地游到了对岸的比尔古，将他们亲眼看见、亲身经历的事件报告给了大家。

比尔古的人们被这第一手报告震惊了，但在次日就得到了新的印证。圣艾尔摩堡主要指挥官的头颅被插在枪尖上，展示在整个港口前。然后穆斯塔法命令给一些骑士和一名马耳他教士的尸体——"有些残缺不全，有些没了头部，有些被开膛破肚"[13]——穿上显眼的红白两色罩袍，钉在木制十字架上，对耶稣受难进行戏仿。随后尸体被丢到圣艾尔摩堡一角的海里，被潮水冲到了对岸的比尔古。土耳其人这样做是想恐吓比尔古居民，剥夺他们继续抵抗的斗志。但这暴行起到了相反的效果。拉·瓦莱特决心不后退一步，绝不让敌人轻易得逞。他向城内居民发表了激荡人心的演说，禁止人们在公共场合表现出哀恸。他还命令将尸体厚葬。骑士团主保圣人圣约翰的瞻礼日礼拜照常举行。大团长计划即刻对敌人进行报复。所有土耳其俘虏都被押出地牢，在城墙上被全部处决。他还派遣一名信使到姆迪纳，通知那里的指挥官处死所有俘虏，但要缓慢地进行，一天杀一个，每天都要杀。当天晚些时候，圣安杰洛堡的大炮开始轰鸣。它们射出的不是炮弹而是人头，雨点般落向对岸的奥斯曼帝国营地。
罗得岛那样充满骑士风度的停战不会再上演了。

据说，皮雅利走进了圣艾尔摩堡，目睹了横尸遍野的惨
景，内心感到无比的憎恶。"为什么要如此残酷?"他向穆
斯塔法问道。在这场战争的几十年中，这样的问题不时被大
声说出，或在人们心头闪现，一次又一次在地中海世界回
响。穆斯塔法回答说，这是苏丹的命令:必须杀死所有成年
男子，不允许抓俘虏。他当即派船将捷报和缴获的战利品送
往伊斯坦布尔。威尼斯人得知这个消息后，束手无策，只能
以玩世不恭的心态在大街上举行了庆祝活动。或许是威尼斯
官方策划了这个"群众自发的欢庆"，好让奥斯曼帝国的间
谍们以为，威尼斯共和国仍然是忠于苏丹的。

圣艾尔摩堡陷落的两个小时之后，图尔古特"饮下了
烈士的琼浆玉液，将这个虚荣的世界永远遗忘"[14]。

12. 血债血还

1565 年 6 月 23 日 ~ 7 月 15 日

6月23日（圣约翰的瞻礼日）下午。比尔古和森格莱阿的守军从他们的防御工事里阴郁地望着对岸圣艾尔摩堡残垣断壁上飘扬的奥斯曼帝国旗帜。天黑之后，土耳其军营灯火通明，欢呼雀跃。"我们万分悲痛，"弗朗西斯科·巴尔比在日记中叹息道，"因为这种庆祝不是骑士们为了纪念他们的主保圣人而做的活动。"[1]

但拉·瓦莱特不是唯一一个忧心忡忡的将领。穆斯塔法已经损失了珍贵的时间（整个计划的关键元素）和至少4000人，保守估计也是全军人数的1/6，还包括一大部分精锐的近卫军。他已经消耗了1.8万发炮弹。不管事先在伊斯坦布尔的筹划准备是多么充分，火药并非用之不竭。图尔古特的死亡是另一个打击。穆斯塔法命令海盗们将他的遗体运回的黎波里，并带回所有能找得到的火药。他还派遣一艘小型划桨船火速赶往伊斯坦布尔，带去了缴获的要塞大炮，作为战利品。这一招是很聪明的。他本能地感觉到，长期没有正面消息已经让苏莱曼颇为不悦。他必须将最后的总攻提前。同时，伊斯坦布尔的帝国政府内部发生了一场不流血的革命。6 月 27 日，首席大臣去世了。接替他的是第二维齐——出身波斯尼亚的索科卢·穆罕默德帕夏。历史证明，他将是奥斯曼帝国最有雄才大略的维齐尔之一，也是一位配得上他的伟大君主的卓越政治家。在随后的许多年中，为奥斯曼帝国这艘巨舰领航的主要是索科卢。

在比尔古，拉·瓦莱特不得不面对死守圣艾尔摩堡造成的后果。基督徒方面有 1500 人死亡，相当于全部战斗人员的大约 1/4，按照比例算，损失比敌人还要严重。但这些人的牺牲至少为加强两个半岛的薄弱防御争取到了一点时间。拉·瓦莱特在公众面前总是表现得坚定不移，但他的内心其实已经接近绝望。他将一连串十万火急的信件送到岛中央的姆迪纳，然后又从那里用小船送往外界。他在给腓力二世（在西班牙）的信中写道："我已将全部兵力投入圣艾尔摩堡的防御……我们现在人数不多，守不了多久了。"[2] 在给身处西西里的堂加西亚的信中，他一再哀求立即派来大规模的救援舰队，"否则我们必死无疑"[3]。

大团长拉·瓦莱特和穆斯塔法帕夏年轻时都曾在罗得岛

作战，双方都没有遗忘那场战役的经验教训。奥斯曼帝国的工程师们对港口进行勘察，标定炮火射角，安置平台，准备炮击比尔古和森格莱阿——这已成定局，不可避免；与此同时，穆斯塔法决定试试寻找快刀斩乱麻的便捷方法。6月29日，"晚祷时分"[4]，一小队骑兵举着白旗接近了森格莱阿的城墙。领头的人身穿色泽艳丽的长袍，他向空中开了一枪，表示希望谈判。回答他的是一串炮火，迫使他敏捷地躲到一块岩石后。有一个人被推上前，不得不盲目地冲向城墙，希望自己不会被击毙。这个可怜虫是个年老的西班牙人，在奥斯曼帝国做了三十二年奴隶，会说土耳其语。骑士们将他擒获，蒙上他的眼睛，带他去见大团长。这人被派来的目的是重复苏莱曼在四十年前曾经提出的建议：守军只要投降，就可逃脱必死的命运，"携带你们所有人员、财物和火炮"[5]安全地前往西西里。拉·瓦莱特当即"用可怕而严厉的声音"[6]回答道："把他绞死！"老人战战兢兢地跪倒，"说他只是个奴隶，他来劝降也是被强迫的"[7]。拉·瓦莱特允许这可怜虫离去，给诸位帕夏带去一条口信，他不接待任何使节，下一个使节将丢掉性命。

拉·瓦莱特这么做，是因为吸取了罗得岛的教训。他明白，1522年的结局的关键因素就是平民的斗志低迷。任何谈判的暗示都会严重影响抵抗的决心。他决心用死亡来惩罚失败主义言论。几天后，一个叛变投敌的马耳他人向城墙上的同胞们呼喊，拉·瓦莱特禁止做出任何答复。回答敌人的只有沉默和炮火。况且穆斯塔法在攻克圣艾尔摩堡之后大开杀戒，将马耳他教士斩首，又把他的尸体钉在十字架上，让

12. 血债血还

尸体漂浮在海湾上，这早已使得穆斯塔法失去了任何赢得马耳他民心的机会。所有平民，一直到妇女儿童，都对入侵者恨之入骨，恨不得将俘虏撕成碎片。

穆斯塔法劝降守军、快速取胜的念头落了空，于是加紧攻城。他决定封锁两个半岛，但先集中力量对付较弱的森格莱阿，然后再攻打位于比尔古的骑士团主堡。森格莱阿半岛在朝向陆地的一端有一座城堡——圣米迦勒堡，从那个方向保护着半岛以及一个小城镇。这个海岬颇为荒芜，有座小山，上面建有两座风车磨坊；再往外，海岬尖端渐渐变细、伸进港湾的地方，有一座鸟嘴状的作战平台，被称为"马刺"。森格莱阿的所有防御工事几乎都无法令人满意；圣米迦勒堡的壕沟（在岩石地表上凿出）还没有完工，从要塞设计上讲和圣艾尔摩堡一样有缺陷。海岬西岸的尖端只有"马刺"，很容易遭到对岸炮火的侵袭，根本没有像样的防御工事。只有东岸的防御还算比较稳固。东岸面向内港，可以得到对面比尔古的保护；森格莱阿和比尔古之间内港的出入口被一条坚固的铁链封锁了起来。但如果穆斯塔法能够想出办法，从海上进攻森格莱阿的西岸，它很快就将末日临头。

事实上，穆斯塔法已经设计了一条攻打森格莱阿（土耳其人称之为"风车要塞"）的大胆策略。但不幸的是，一起奇怪的变节事件很快就将他的妙计泄露了。奥斯曼军队包括了相当数量的改宗伊斯兰教的前基督徒，他们之所以改变信仰，有的是自愿的，有的是被迫的。这些人现在和基督徒只有咫尺之遥，因此他们的忠诚很成问题。6 月 30 日早上，弗朗西斯科·巴尔比在森格莱阿尖端的"马刺"上眺望港口对岸时，看到一个孤零零的身穿骑兵铠甲的人从对岸向这边偷偷挥手。他表示希望守军派条船来接他。任何船只出动都很容易惊动敌人；于是守军通过手势让那人游过来。他卸去铠甲，将衬衫系在自己头上，笨拙地游过港湾。三名水手从"马刺"跳入水中，帮他过来。他们游到那个精疲力竭的人身边时，土耳其人敲响了警钟，跑向海滩。基督徒们开枪掩护，压制住敌人，直到那个半死不活的逃兵被拉到岸上。

这起变节事件对守军的情报工作来说是意外的成功，对穆斯塔法却是沉重打击。这个逃兵名叫穆罕默德·本·达伍德，原名菲利普·拉斯卡里斯，出身伯罗奔尼撒半岛的一个希腊贵族家庭。他现年五十五岁，孩提时代就被土耳其人抓走，并改宗伊斯兰教；现在，看到圣艾尔摩堡的英勇抵抗，"他的心被圣灵触动"[8]（这是虔诚的史学家的说法），决定"重拾天主教信仰"。穆罕默德在奥斯曼帝国军中颇有地位，而且是穆斯塔法身边小圈子中的一员。他向拉·瓦莱特逐条解释了穆斯塔法计划的细节。为了能够攻击森格莱阿西翼，同时又避免让船只在基督徒炮口下驶入港口，穆斯塔法计划将他较小的船只从马萨姆谢特港拖上陆地，拖过希伯拉斯山脚，进入森格莱阿远方小海湾的顶端。这条情报的价值不可估量；守军立即开始积极采取反制措施。而穆斯塔法在忙着准备炮台以便猛轰森格莱阿的时候，遭到了又一次打击。

7月3日夜间，长长一队黑影在马耳他乡间秘密行进着。在温暖的夏夜，他们沉默地行军；能听见的只有马匹偶尔的响鼻声、低沉的脚步声和甲胄轻微的碰撞声；他们小心地穿过了奥斯曼军营后方迷宫般错综复杂的灰蒙蒙的小路。

这 700 名士兵是几天前堂加西亚从西西里派来的小队援军。他们分乘四艘桨帆船渡过海峡，秘密地在马耳他岛北岸登陆。这项救援行动事先做了精心筹划，安排了复杂的烽火信号，还用身穿土耳其服装的马耳他人传递消息。援军在浓雾掩护下被带到了姆迪纳，藏在这座有城墙的城市内。当地人很好地保守了援军抵达的秘密，但也是因为运气特别好。一个小孩在城墙上通过一扇窗户向外望，看见一个人在大雾中鬼鬼祟祟地溜走，于是大呼"土耳其人！土耳其人！"[9]骑兵抓住了这个逃亡者，将他带回。他是个希腊奴隶，希望能获得自由，于是逃往奥斯曼军营，准备出卖秘密。他被乱刀砍死。

援军队伍在破晓前抵达比尔古远方的海岸，按照事先安排，在那里等待大团长派出的船只。在 20 英里的行军过程中，为了避开奥斯曼帝国战线，他们绕了一条巨大半圆形的远路，但一路基本上安全无事。只有一个名叫格拉维纳的吉罗拉莫的"全副武装、非常肥胖"[10]的骑士和十几名背负辎重的士兵掉了队。他们被敌人俘虏，带到穆斯塔法面前。其他人则乘船进入比尔古，受到了大军凯旋一般的热烈欢迎。这对拉·瓦莱特来说是个振奋人心的时刻。援军主要是来自西西里驻军的职业军人，指挥官是马沙尔·德·罗夫莱斯。拉·瓦莱特的侄子，还有两个英格兰冒险家约翰·史密斯和爱德华·斯坦利（他们是被放逐的天主教徒）也在援军中。

穆斯塔法从格拉维纳的吉罗拉莫那里得知真相后，既无比震惊，又暴跳如雷。基督徒竟然在他们眼皮底下搬来援军，真是奇耻大辱，穆斯塔法为此和皮雅利大吵了一场。穆斯塔法觉得最好先将他自己的解释送到苏莱曼耳边，于是在7月4日派遣了另一艘船。奥斯曼陆军部队疯狂工作，终于完全切断了比尔古和森格莱阿与外界的联系。从此以后，守军向外传递消息成了一项危险的工作；只能在夜间让马耳他人携带信件游泳出去，信件用密码写成，填塞在牛角内，再用蜂蜡封口。

与此同时，森格莱阿的居民开始亲身经历他们曾目睹圣艾尔摩堡守军遭受的苦难。土耳其军队在两个海岬周围建立了弧形的炮兵阵地，成群的劳工和牛艰难地把大炮从圣艾尔摩堡上方高地拖到新的阵地。大炮安置完毕，准备射击。7月4日，土耳其军队开始大规模轰击圣米迦勒堡面向陆地的城墙和暴露的西岸；火绳枪兵则狙杀守军士兵和加强防御工事的劳工。炮火持续不断。拉·瓦莱特的对策是派遣两人一组、被镣铐锁起来的穆斯林奴隶到暴露地带干活。土耳其人不管这么多。穆斯塔法仍然继续从高地炮击，把这些被强迫的劳工打倒。巴尔比对他们的困境深感同情。"这些可怜人苦干不停，累得半死，几乎站不稳。他们割掉自己的耳朵，甚至宁愿被打死也不肯继续干活。"[11] 几天后，一对身披镣铐的奴隶被困在炮火中，用土耳其语向城外的同胞们呼喊，让他们发发慈悲，停止射击。马耳他人误以为这些奴隶是在向敌人炮手指引城墙最薄弱的环节。一群妇女呼喊着扑向这些奴隶，把他们拖过大街小巷，用乱石将他们打死。

12. 血债血还

7月6日（星期五），菲利普·拉斯卡里斯的情报被证明是准确无误的。港湾上游突然出现了6艘船只。土耳其人将它们放在涂满油脂的滚轮上，驱赶着牛群，将它们拖运了1000码，穿过希伯拉斯半岛，然后又在港湾上游下水。第二天又运来了6艘。到第十天已经有60艘，第十四天已经有80艘。奇怪的是，港湾内的奥斯曼战船尺寸好像也大了一些：它们的船侧被加高，以便构成一个足以抵御火绳枪火力的上层结构。

双方都在紧锣密鼓地做准备工作。奥斯曼军队持续地进行炮击，发动小规模突袭，只是在7月8日停顿了一天（这给了守军一种诡异的感觉），以便庆祝宰牲节。7月10日，穆斯塔法的过于匆忙造成了一场壮观的事故。火炮在射击间歇没有让炮管冷却一段时间。其中一门大炮发生炸膛；火苗点燃了堆积起来的火药，"发出巨大的闪光和浓烟，将40个土耳其人炸飞，粉身碎骨"[12]。

在森格莱阿和比尔古的作坊和铁匠铺内，人们在疯狂地准备应对措施。铁匠和木匠们忙着制造火绳枪用的小弹丸和引线，修理枪炮，锻造铁钉，以及搭建木制的防御工事。由于得到拉斯卡里斯的通风报信，拉·瓦莱特启动了两项重大工程。他命令用气密的木桶建造了一座浮桥，随时都可以投放到比尔古和森格莱阿之间内港的指定位置，在两个城堡之间建立联系，以便快速地调动兵力。与此同时，马耳他造船匠们设计出了一个精巧的防御装置，用来保护薄弱的海岸，抵抗敌人的海上攻击。他们在夜间（这是唯一安全的施工时段）涉水走进温暖的近海，在距岸边约十几步的海床上安

219

对圣米迦勒（I）和森格莱阿的袭击。风车在最末端处（G）；"马刺"在风车的左侧。
前的桨帆船（K）；在其左侧，隐藏的炮台；圣安杰洛堡（A）；E和M之间的锁链锁闭了内港。

中还有：圣艾尔摩堡（H）；船被拉入港（X）；连接森格莱阿和比尔古（B）的浮桥（L）；

插了许多木桩（用船桅制成），排成一条长线。每根木桩上都安装了铁环；他们将一根铁链穿过各个铁环，形成了一道坚固的障碍物，足以保护森格莱阿的整个西岸，一直延伸到"马刺"处，这样可以阻止船只靠岸。

这道障碍最初让奥斯曼军队统帅部十分恼火，次日它就成了一场非同寻常斗争的焦点。黎明时，四个人从奥斯曼军队控制的海岸上出发，携带着斧子走进海里，潜泳到岸防铁链处。他们爬上木桩，一边在上面保持平衡，一边劈砍铁链。同时，火绳枪兵猛烈射击，掩护这些游泳者。形势危急，必须迅速决断。一群马耳他士兵和水手在赏金的刺激下，脱下衣服，跳入大海。他们几乎全裸，只戴着头盔，牙齿紧咬着短剑。一场游泳者之间的激战爆发了。赤裸的人们在水中笨拙地互相砍杀和猛刺，一只手拍水，另一只手挥剑。蔚蓝的海水开始被血染成粉红色。一名入侵者被杀死；其他人负了伤，游向对岸。当夜，又一群土耳其人游了过来，尝试一种新战术。他们将船只的缆绳系在木桩上，缆绳的另一端则连接在岸边的绞盘上。成群的士兵转动绞盘，将木桩拔出水。马耳他水手们再次游过去，砍断了缆绳。

穆斯塔法深感受挫，焦躁万分，于是决定发动一次总攻。他的冲动因为图尔古特的女婿哈桑（阿尔及尔总督）的到来而愈演愈烈。哈桑带来了 28 艘船和 2000 名士兵，求战若渴，而且对陆军的努力嗤之以鼻。炮火日夜不停，在森格莱阿面向陆地的城墙上打开若干缺口。拉·瓦莱特命令将浮桥抛入森格莱阿和比尔古之间的海面，准备就绪。奥斯曼军队的炮兵做了最大努力，但未能摧毁浮桥。弹药和燃烧武器被分发给守候在岗位上的士兵们。大家都知道敌人即将发起进攻。穆斯塔法的公开计划很简单，就是从陆地和海上同时发起进攻，压倒守军，但他的计划还有秘而不宣的细节。从土耳其军营叛逃的人告诉基督徒们，穆斯塔法打算把基督徒斩尽杀绝，只留拉·瓦莱特一人，要将他披枷带锁地送到苏莱曼面前。大团长的回应是当众起誓，绝不被敌人生擒。

对神经紧绷地守候在岗位上的守军来说，这是个焦虑不安的夜晚。月光非常明亮；巴尔比带着自己的火绳枪，和其他一些士兵守在"马刺"上。他听得见对岸伊玛目们的吟唱声在黑暗里不断起伏，无休止地歌咏着真主的诸多尊名。

7月15日，星期日，离黎明还有大约一个半小时。森格莱阿后方的山峰上点起了烽火；对岸的圣艾尔摩堡也点燃烽火，作为回应。阿尔及利亚人集结在森格莱阿面向陆地一侧城墙外的壕沟内。奥斯曼军队的火绳枪兵们排队进入森格莱阿对岸的堑壕，调整火枪的瞄准装置。炮兵做好射击准备。马沙尔·德·罗夫莱斯和新近从西西里驰援赶到的士兵们聚集在城墙上。在"马刺"上，弗朗西斯科·巴尔比和他的战友们在西班牙上尉弗朗西斯科·德·萨诺盖拉指挥下，蹲伏在低矮的土木工事后，准备打退敌人从海上的进攻。黑暗中的港湾对岸，土耳其士兵登上船只，发出很大的嘈杂声。穆斯林呼喊了三次安拉的名字。船桨开始划动，浪花四溅，小小的舰队起航了。

破晓时，岸上的守军可以看见黑压压的大群战船缓缓驶过平静的海域。初升的太阳照亮了一幅不同寻常的图景：舷侧堆有成捆棉花和羊毛的船上载着成百上千的士兵——戴着饰有随风飘舞羽毛的高帽子的近卫军；衣着华美的阿尔及利亚人则身穿鲜红色长袍、"金银线织就的衣服和朱红锦缎"[13]，戴着稀奇古怪的头巾，装备有"非斯的精致火枪、亚历山大港和大马士革的弯刀以及华美的弓"。冲在最前的是三艘满载戴头巾圣人的战船，按照基督徒的记载，这些圣人"穿着奇装异服"，"头戴绿帽，很多人手里拿着打开的书卷，吟唱着诅咒语"[14]。他们其实是在背诵《古兰经》的诗节，激励士兵奋勇战斗。战船装点着不计其数、五颜六色的各式旗帜，在清晨的海风中飘扬着。响板、号角和手鼓的乐声飘向对岸。这令人难以置信的场面的指挥官是希腊海盗坎德利萨，他高坐在一叶轻舟上，挥舞着一面小旗，活像乐队指挥。对守军来说，这场景真是无与伦比，"如果不是如此杀气腾腾的话"[15]，真是充满了仙境般的壮美。

船队接近目标时，吟唱声停止了，宗教船只后撤。岸炮开始轰鸣，炮弹在船队中横飞，打死了不少人；"尽管如此，他们仍然以极大的勇气和决心发起进攻"[16]，呐喊声和火绳枪射击声夹杂在一起；桨手们拼命划桨，加快速度。在"马刺"上，守军等待着登陆船只冲撞木桩的巨响。

同时，在陆地一侧的城墙前，哈桑率领阿尔及利亚人发起猛攻。他们冲出壕沟，携带云梯翻过壁垒，争先恐后地要证明自己的勇气。守军用暴风骤雨般的子弹迎接他们；侧翼阵地上的西班牙火绳枪兵也发出一轮冰雹般的齐射。几百人被打倒在地，但他们凭借着兵力的绝对优势，继续冲锋，在胸墙上取得了一个立足点。整个战线一片喧嚣。"我不知道，地狱的图景能否描绘这场可怕的战斗，"史官贾科莫·

12. 血债血还

博西奥写道，"熊熊大火、酷热、火焰喷射器和火圈发出的持续不断的火焰；浓烟、恶臭、开膛破肚残缺不全的死尸、兵器碰撞声、呻吟声、呐喊和吵嚷声、大炮的轰鸣声……人们互相残害、大开杀戒、拼死挣扎、互相推搡、坠落、射击。"[17] 整个地中海世界的各民族在混乱的队伍里搏斗着；马耳他语、西班牙语、土耳其语、意大利语、阿拉伯语、塞尔维亚语和希腊语的呼喊声此起彼伏；挣扎闪动的火光和浓烟中，有时能短暂地瞥见一些人的身形——方济各会修士埃博利的罗伯特一手拿着十字架，一手握着利剑，从一个岗位走到另一个；一个暴跳如雷的土耳其近卫军士兵跳上胸墙，在近距离一枪打在一名法国骑士头上；被火团困住的阿尔及利亚人惨叫着奔向大海。但进攻方受到了狭窄地形的阻碍，因此尽管斗志昂扬，哈桑最后还是不得不将他的阿尔及利亚人撤下。近卫军的阿迦旋即命令正规军上前，不给守军任何喘息的时间。第二波部队猛烈地冲击着城墙。

在海岸上，战船加快速度，撞上了木桩防线。木桩承受住了这次冲击，船上的人不得不跳下来，拖着长袍淌水前进，不时喊叫和开枪射击。守军已经严阵以待；他们准备了两门臼炮，准备横扫海滩，但是奥斯曼军队前进得如此迅猛，以至于臼炮根本没有时间发射。攻方没有受到任何抵抗，冲向海岬末端的"马刺"，后者唯一的防御工事就是一道低矮的路堤。

"马刺"的指挥官萨诺盖拉集结了部下，命令他们"用长枪、利剑、盾牌和石块"[18] 将入侵者击退，这时他们的防御陷入了骤然的混乱。一名水手对点燃的燃烧武器操作失

225

当，导致它在他手里当场爆炸，将待用的全部武器都点燃了，周围的人都被烧死。在黑烟和混乱中，土耳其人爬了上来，将他们的旗帜插在胸墙上。萨诺盖拉亲自冲上去阻挡潮水般的敌人。他身穿一整套富丽的铠甲，在胸墙上保持平衡，在蓝天映衬下成了一个绝佳的靶子。一发子弹击中他的胸甲，发出脆响，但没有伤害到他。然后，一个"头戴饰有黄金的黑色大帽子的近卫军士兵在炮台基座跪下，向上瞄准，一枪打中了他的腹股沟"[19]。萨诺盖拉上尉倒地死去；双方都冲上去争抢他的尸体。下面的土耳其人抓住了他的两腿，上面的守军则抓住手臂。一番恐怖而滑稽的拔河之后，守军夺得长官的尸体，将其拉上胸墙，"但敌人把他的鞋子脱下之后才放弃"[20]。敌人如此之近，兵力又如此雄厚，巴尔比和他的战友们丢下了火枪，开始用石块攻击敌人。

就在守军从海上和陆地上腹背受敌的时刻，穆斯塔法亮出了他的王牌。他预留了 10 艘大船和大约 1000 名精兵，包括近卫军和水兵。这些满载兵员的大船从对岸起航，绕过"马刺"尖端，来到铁链之外、没有得到木桩保护的那一小块海岬上，一路几乎都没有引起守军的注意。这个地点没有任何防御；此处的城墙非常低矮，登陆易如反掌。这些人是来死战到底的；为了加强他们的斗志，穆斯塔法特意选的都是不会游泳的人。船队悄悄躲过海上的血腥厮杀，已经准备好冲上海岸。他们目标的 200 码之外就是第二个半岛——比尔古的尖端。

但是，土耳其统帅部在筹划这次助攻的时候忽略了一个关键的细节。在比尔古半岛尖端，也就是这支突击队的登陆

基督徒与穆斯林的对抗：
在地中海的较量的背后，是十字军东征和宗教战争的漫长历史。

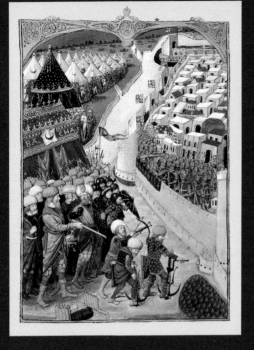

欧洲画作，描绘1480年奥斯曼人第一次进攻罗得岛失败的情景。土耳其人戴着头巾，手持弩弓，圣约翰骑士团的成员们身穿红色和白色外衣，守候在城墙后。

奥斯曼画作，描绘1522年奥斯曼人第二次进攻罗得岛的情景。头戴白帽的奥斯曼近卫军用火枪攻击对方。

苏丹苏莱曼大帝，戴着巨大的头巾，以增添他的威严。▷

提香所作的查理五世像。查理五世挥金如土，雇用艺术家
创作自己的肖像，彰显他的皇权。

欧洲人所作的海雷丁·巴巴罗萨肖像。他是海盗和苏丹的海军将领。16世纪地中海上最令人畏惧的航海家。

精美的细密画表现了奥斯曼苏丹在海上的辉煌胜利。图中，奥斯曼桨帆船冲向敌人，船首炮轰鸣，旗帜招展。◁

这幅细密画表现的是海雷丁·巴巴罗萨在伊斯坦布尔，从苏莱曼那里接受重建奥斯曼舰队、袭扰查理五世领土的指示。△

两位敌对的海军统帅：

年事已高的海雷丁·巴巴罗萨（左）与多里亚（右）。

医院骑士团大团长让·德·拉·瓦莱特，马耳他的守护者

查理五世于1535年远征突尼斯，以消灭巴巴罗萨：他的桨帆船一波波进攻，轰击拉格莱塔外港。突尼斯在远景中，巴巴罗萨的舰队被封堵在那里。

19世纪的画作，描绘1538年海雷丁·巴巴罗萨在普雷韦扎湾打败安德烈亚·多里亚。巴巴罗萨站在自己桨帆船的船首。

复原图，从奥斯曼战壕的角度看圣艾尔摩堡面向陆地的正面。"骑士塔"在后方耸立，高于主堡。

圣艾尔摩堡，图中有碉堡和中央操练场，后方是"骑士塔"，左侧是三角堡。

马耳他的瓦莱塔城鸟瞰图。圣艾尔摩堡在前景中。瓦莱塔城在圣艾尔摩堡后方，建在希伯拉斯山上，是在攻城战后建造的。

38 - Chapel of Bones, Valetta, Malta.

这座以人骨装饰的小教堂是马耳他最著名的死亡纪念所，也是 19 和 20 世纪的旅游景点，但在第二次世界大战期间被炸弹摧毁。这座小教堂是 1731 年在瓦莱塔建造的，其所用的骨骸，包括 2000 个嵌在墙上的头骨，来自 1565 年在圣艾尔摩堡中与土耳其人英勇奋战而牺牲的基督教军人的遗体。

19 世纪描绘法马古斯塔陷落的印刷画作。
布拉加丁被捆缚在一根屹立至今的古老石柱上，准备迎接恐怖的死亡。
拉拉·穆斯塔法帕夏在阳台上观看。

MARC ANTONIO · COLONA

马可·安东尼奥·科隆纳，
1570年援救塞浦路斯的神圣同盟舰队的威尼斯指挥官。

DON·GIOVAÑI·D'AVSTRIA

青年时代的奥地利的堂胡安。

博斯普鲁斯海峡岸上的巴巴罗萨陵墓。

现代人对勒班陀战役期间堂胡安的旗舰的复制，图中是装饰华美的船尾。

阿尔瓦罗·德·巴桑，堂胡安在勒班陀战役期间的谋臣。

▷

塞巴斯蒂亚诺·韦尼尔，
勒班陀战役期间的威尼斯海军统帅。

勒班陀战役的开端。

大炮轰鸣，浓烟滚滚，爆炸声震耳欲聋。

威尼斯艺术家维琴蒂诺描绘勒班陀战役的不朽名作，
栩栩如生地描绘了战场上的浓烟、嘈杂、混乱和巨大的冲击力。
在"苏丹娜"号上，阿里帕夏（左侧居中）正在鼓舞部下死战到底。

勒班陀战役的最后阶段。

奥斯曼人跳入大海，却被乘着小船的敌人杀死。

点的对岸，守军部署了一个隐蔽的炮台，几乎与海平面同高。土耳其船队接近时，这个炮台的指挥官吃惊地发现，敌人根本不知道他的存在。他偷偷地给5门大炮装填了致命的混合葡萄弹——成袋的石块、铁链碎片和带尖钉的铁球，然后打开炮门，屏住呼吸等待敌人接近。敌人还没有发现他，真是难以置信。他一直等到敌人已经非常接近、坐以待毙，然后才开炮。冰雹般凶狠的弹雨呼啸着飞过海面，将船只撕碎。土耳其人被打了一个措手不及，要么被暴风雪般的炮火杀死，要么跌进海里。10艘船中有9艘被打烂，当场沉没；没有被击毙的人则在海上淹死。第10艘船勉强逃走。一瞬间，数百名精兵就成了漂浮在水上的死肉。

城墙下和海滩前的激战仍在继续。在近海，希腊人坎德利萨告诉部下说，哈桑的人马已经突破了陆地一侧的城墙，以此激励他们。城墙并没有被突破，但那里的阵地的确具有关键意义。拉·瓦莱特焦急地从比尔古通过浮桥调来援兵，其中一半人马去扭转城墙的战局。看到城墙上调来了生力部队，近卫军的阿迦开始撤回他的部队。他们携带着己方死者的尸体撤退了，然后开始最后的猛烈炮击，杀死了一些骑士。剩余的援兵去支援海岸守军。西西里总督堂加西亚·德·托莱多的儿子也参加了这场战斗，尽管拉·瓦莱特不允许他以身涉险。他几乎刚赶到战场就被一发火枪子弹击毙。

海滩上的人看到一群年轻的马耳他人赶来，用弹弓向敌船射击，并且高呼"援军到了！胜利！"[21]他们这才知道，奥斯曼军队已经从陆地一侧的城墙撤退。从海上进攻的土耳其军队突然意识到，形势一下子变得对他们不利了。更糟糕的是，坎德利萨欺骗了他们。他们咒骂着"希腊叛贼"[22]，转身逃跑。他们恐慌地抱头鼠窜，溃不成军。他们争前恐后地抢着上船；靠近岸边的少数船只被潮水般涌来、推推搡搡地登船的人群掀翻；不会游泳的人被自己的长袍缠住，淹死在海里。更糟糕的是，大多数船只已经撤离了海滩。登陆部队被切断了。他们发疯一般发出各种讯号，让舰队回来救援他们。

守军抓住良机，冲上海滩，大肆砍杀在浅水里跌跌撞撞的穆斯林。巴尔比和他的战友冷静地站在远处，将可怜的敌人一个个射杀。有些土耳其人宁愿被淹死，绝望地跳入大海；有些人丢弃了武器，跪在地上哀求饶命。守军没有怜悯敌人；圣艾尔摩堡遭血洗的记忆还很清晰，基督徒们冲上前，高呼"杀！杀！圣艾尔摩堡的血债要用血来还，你们这些混蛋！"[23]其中，还没有长胡子的少年费德里克·桑乔其奥记起自己被血腥残杀的兄弟，带着满腔的怒火，毫无悔意地肆意砍杀。"就这样，他们铁石心肠地将敌人斩尽杀绝。"

在近海，土耳其船只仍然逡巡不前，不知如何是好，因为他们接到了互相矛盾的命令。皮雅利担心他的船只遭受损失，于是骑上马，在岸边狂奔，命令船只原地不动。但在漫天烟尘中，他被一发掠过的炮弹打倒在地，头巾被炸飞，耳朵也被震聋。陆军统帅穆斯塔法看到他的人马遭到屠杀，发出了相反的命令。他命令船只立即到海滩救人。但船队遭到比尔古的炮火袭击，很快又后撤了。

在基督教史学家的笔下，海边的情景酷似《圣经》描绘的大规模屠杀，"如同法老的军队被红海的惊涛骇浪摧毁"[24]：数量惊人、五颜六色的各式军事用品——旗帜、帐篷、盾牌、长矛和箭筒——密集地漂浮在海面上，看上去更像"厮杀刚刚结束的战场"。还不时有活着和半死的人、身体残缺和奄奄一息的人，就像市场石板上的鱼一样，满身血污，痛苦挣扎着。

马耳他人涉水走进这可怕的"肉汤"，将还活着的敌人结果，剥去死人的衣服。他们从死者身上夺走华贵的服饰和精美的武器。他们缴获了有镶嵌装饰的弯刀和做工精细、饰有金银、在阳光下闪闪发光的火绳枪，以及敌人为攻克和占据城堡而准备的各种物资：大量粮食、用来捆俘虏的绳索，甚至还有起草完毕、准备发给伊斯坦布尔的捷报。穆斯塔法先前对此役志在必得。抢劫死尸的人还收回了相当数量的金钱（因为每个土耳其士兵都随身携带自己的财物），以及"大量大麻"[25]。

只有 4 个土耳其人被生俘。他们被带到大团长面前，接受讯问，然后被交给平民。俘虏被拖走的时候，"为圣艾尔摩堡报仇！"[26]的喊声传遍了各条小巷。城墙下躺着的、在海上轻轻随波逐流的尸体共有 4000 具。随后好多天，一直有尸体被冲刷到岸上。

13. 堑壕战
1565 年 7 月 16 日 ~ 8 月 25 日

第二天，苏莱曼向穆斯塔法传了一条旨意：

很久以前，我派遣你前往马耳他，为的是占领这座岛屿。但我没有收到你的任何报告。我已经下了旨意，收到我的命令后，你应立即报告关于马耳他战役的情况。的黎波里总督图尔古特是否已经抵达该处，并协助你作战？敌人海军情况如何？你是否已经征服马耳他的部分地区？你应写信将所有情况报告给我。[1]

苏莱曼将这封信的一份副本发送给了威尼斯执政官，蛮横地命令"务必即刻将此信转交给穆斯塔法帕夏。另外，你应向我报告那里的情况"[2]。

苏丹不是唯一一个对马耳他战事心急如焚的人。基督徒们也在关注马耳他岛的困境，愈来愈感到恐惧。地中海西部到处是传递谣言、新闻、建议、警告和计划的往返船只。拉·瓦莱特从位于比尔古的总部一直在和西西里的堂加西亚·德·托莱多保持通信，但在圣艾尔摩堡落入敌手之后，与外界的联络越来越困难。现在的办法是派遣化装为土耳其人的马耳他人游过港湾，溜过敌军战线，前往姆迪纳，然后搭乘小船，取道戈佐岛前往西西里。送信是件危险的工作；有时为了确保消息送出，拉·瓦莱特不得不发送同一封信的四个副本。皮雅利的战船在海峡上巡逻，追击着送信的船只。一旦被敌船抓住，信使们就将信扔进大海，慷慨赴死。即便信件被缴获，穆斯塔法也仍然无法破解密码，因此联络线虽然危机四伏，但一直在坚持运作。

消息越来越糟糕，尤其是在圣艾尔摩堡陷落的噩耗传来后，意大利海岸地区陷入了莫大的恐慌。对于战败的后果，没有人比教皇庇护四世更心知肚明。"我们深知，"他写道，"假如这个岛屿落入不信真神的敌人魔爪（上帝保佑，不要让这样的事情发生！），西西里和意大利的福祉将受到多么大的威胁，基督徒人民又将遭受多么大的灾难。"[3]大家明白，罗马是奥斯曼帝国征伐的最终目标。在庇护四世狂热的想象中，土耳其人几乎已经兵临城下。他命令，如果西西里传来消息，哪怕是深夜，也要立即将他叫醒。他已经下定决心，宁可死在罗马城，也绝不逃走。

随着全欧洲渐渐认识到马耳他的重大意义，一小群冒险家和来自圣约翰骑士团其他前哨基地的骑士们动身前往西西里，准备加入救援行动。全欧洲都屏住呼吸，焦虑地注视着战局。甚至信新教的英格兰也为天主教的马耳他祈祷。

但救援马耳他的组织工作慢如龟爬。拉·瓦莱特以冷若冰霜的礼貌言辞写信给堂加西亚，越来越急促地催他赶紧行动，私下里则忍不住咒骂他的迟钝。在6月底派出小股援军之后为什么就杳无音讯了？平民的斗志已经接近崩溃；只需一万人就能打垮土耳其军队，因为后者"大部分是乌合之众，对作战完全缺乏经验"[4]。堂加西亚作为腓力二世国王在当地的代表，被指责优柔寡断、过分谨慎。后来，人们直言不讳地将马耳他遭受的长期苦难归咎于他。

这是很不公平的。问题并不出在西西里，而是在马德里。堂加西亚是个经验极其丰富、非常精明的军事家，对局势有着敏锐的把握。他早就将马耳他的问题上报给腓力二世，讲得一清二楚。奥斯曼帝国对马耳他的进攻是对西班牙在整个地中海的霸权的挑战；必须采取行动，而且必须当机立断。他恳求国王给他军队和资源来援救马耳他。"如果马耳他得不到援助，"他在5月31日写道，"就必然会陷落。"[5]他敦促腓力二世正视这个问题。堂加西亚对马耳他的命运并非冷淡的旁观者。他的亲生儿子就参加了战役，还没有给父亲发出什么消息，就阵亡了。腓力二世的答复是谨慎的。国王受到杰尔巴岛惨败的持续困扰，也很害怕庞大的奥斯曼舰队。在杰尔巴岛战役之后，西班牙舰队以巨大的代价进行了重建，腓力二世不希望再次失去舰队。他给堂加西亚下了明确命令，不准拿他的舰队冒险；没有国王本人的批准，不准采取任何行动。腓力二世命令堂加西亚小心地保护国王的舰队（皮雅利则从苏丹那里接到了同样的命令）："舰队的损失将比丢失马耳他更为严重……假如马耳他陷落（上帝保佑，不要让这样的事情发生），还会有别的办法将它收复。"[6]地中海中部的很多人对国王的观点不敢苟同。审慎的国王批准集结部队，但不准动用他们。

基督教世界的一盘散沙再次残酷地暴露出来。教皇庇护四世对腓力二世的答复火冒三丈。国王舰队的一大部分是得到了教皇资助才建成的；它是用来保卫整个基督教世界的。他授意西班牙籍红衣主教们提醒腓力二世，"假如教皇没有资助陛下建造桨帆船，今天陛下就在海上就没有一船一桨能够抵挡土耳其人"[7]。国王仍然迂回婉转、谨小慎微。他指示堂加西亚，只要舰队不受到威胁，就可以援助马耳他。信件回复的缓慢更无助于事态的发展：从西西里送一封信到马德里，然后再收到回复，至少要六周时间。同时，总督继续加紧集结兵力和船只，并不断游说腓力二世宫廷的达官显贵。到 8 月初，他已经准备好发动远征，但仍然没有得到国王动用船只的许可，而此时战局一天天变得更加险恶。

虽然 7 月 15 日在"马刺"遭遇惨败，穆斯塔法仍然拼命督促攻城，似乎他能感到苏丹在远方已经对他不悦。他放弃了从海上进攻马耳他要塞的计划。从此时起，他将开展一场圣艾尔摩堡风格的消耗战——狂轰滥炸、坚持不懈的坑道作业、出其不意的突袭。他将集中力量，同时对比尔古和森格莱阿朝向陆地一面的短战线发动进攻。

这是比尔古首次遭到猛攻。这个半岛是整个岛屿的城镇中心，也是骑士团的最后堡垒。朝向陆地的一面筑有巩固的防御工事，包括两座坚固的突出棱堡——圣约翰堡和圣雅各堡，分别得名自骑士团和西班牙的主保圣人。这些防御工事背后的海岬上坐落着一个人口密集的城镇，包括错综复杂的小巷。海岬向大海一面延伸，逐渐变细，尖端筑有圣安杰洛堡。这个牢固的小城堡与大陆之间有一道灌有海水的壕沟相隔，壕沟上有吊桥。它是一个后撤阵地，用于最后的抵抗。

到 7 月 22 日，穆斯塔法已经将他的所有火炮集中在俯视港湾的高地上。黎明时分，14 个炮台上的 64 门大炮开始轰击比尔古和森格莱阿的防御工事。"这炮火持续不断、强度惊人，既震撼人心又令人恐惧。"[8] 在巴尔比看来，这就像是世界末日。西西里居民不需要别人提醒，战争已经来到了他们门槛上，因为他们在马耳他以北 120 英里处的锡拉库萨和卡塔尼亚都能听到隆隆的炮声。这场炮击的烈度和穿透力都是惊人的；大炮可以射击整个城镇，摧毁房屋、杀死室内的人，将防御工事化为瓦砾堆。21 英尺厚的土木工事似乎是安全的了，但躲在工事后的人还是会被炸飞。这场炮击一刻不停地持续了五天五夜。奥斯曼军队的工程师们迅速判明了比尔古陆地一面防线的薄弱环节——卡斯蒂利亚人的防区，即东岸接近海边的那段城墙（守军无法用交叉火力防御这一地段）。他们选择了这个地段，进行"特殊照顾"，为总攻铺平道路。

在炎热的 7 月，势均力敌的两支军队沿着比尔古和森格莱阿面向的陆地防线展开了一场激战。穆斯塔法戎马生涯中攻城拔寨的经验极其丰富，而且拥有本领高强的工程师和奥斯曼帝国的雄厚人力资源。坚韧而严厉的拉·瓦莱特对敌人没有一丝一毫的怜悯，对以少敌多的纵深防御战术了如指掌。这位老将知道，这是最后的决战，不仅仅是他个人的最后决战，也是他为之奉献了一生的骑士团的最后抵抗。穆斯塔法帕夏可以感觉到苏莱曼在注视他；伊斯坦布尔的楼台亭阁似乎近在咫尺。苏丹的皇旗在军营飘荡；苏莱曼的亲信侍从们不断将报告发送给苏丹。两军的统帅都不能承受失败；两人都准备好亲临火线，拿自己的生命冒险。两人之间的斗争既是精神意志的角逐，也是军事技能的较量。

穆斯塔法虽然能把防御工事炸成瓦砾堆，但受到了很多困难的烦扰，尤其是战场规模的狭小。比尔古的战线仅有 1000 码宽，森格莱阿的战线更短。不管他的兵力多么庞大，在任何一个时间点上，能投入作战的兵力是有限的。守军人数虽少，但身披坚甲，而且得到临时搭建的城墙和壁垒的保护，因此并没有什么劣势。同样让他担忧的是，间谍和俘虏传来消息，在 30 英里外的西西里，军队和船只正在集结。另外，到了盛夏，他的军营内开始流行疫病。在当时各国的军队中，土耳其军队在营地卫生条件和组织工作上算是最小心仔细的了，但马耳他的自然条件很不利。军队不得不在水源周围的低洼沼泽地带扎营，而且骑士团还污染了部分水源。在炎炎赤日下，在到处散布着尚未埋葬的死尸的地域，很多人患上了斑疹伤寒和痢疾。奥斯曼帝国将领们感受到了时间的压力。

炮击比尔古（B）；一队头戴羽毛头饰的土耳其士兵（O）；穆斯塔法（L）和皮雅利（

马背上观战。

穆斯塔法抓紧时间，寻求突破守军的防线。在"马刺"战败之后的最初几天内，土耳其军队尝试用船桅架桥，越过森格莱阿的壕沟。守军多次出击，试图将桥梁烧毁。大团长的侄子身穿富丽堂皇的铠甲，目标过于明显，在一次鲁莽的突袭中被击毙，但最后守军把桥烧掉了。穆斯塔法毫不退缩，命令坑道工兵在坚硬的岩石中挖掘地道，准备进行爆破，并用炮火声掩盖坑道作业的声音。好运气拯救了森格莱阿。7月28日，土耳其坑道工兵在地下用一支长矛刺探，想查明自己离地面有多远，这时"由于上帝的旨意"[9]，城墙上的守军看到矛尖从地下插了出来。基督徒们挖掘了自己的地道，冲进敌人的地道，投掷了燃烧武器，将土耳其坑道工兵赶出。地道被封闭了。这次失败显然让穆斯塔法颇为沮丧，因为这项工程花费了很大力气。但智斗继续进行。土耳其人炮击街道的时候，拉·瓦莱特命令在街上修建了石墙。火绳枪兵开始狙击修补壁垒的劳工时，马沙尔·德·罗夫莱斯用船帆遮蔽他的部下，迫使狙击手只能盲目乱射。土耳其人试图填平壕沟，但守军在夜间出击，将壕沟里的东西清理出去。外层工事在炮火下坍塌时，守军的回应是建造内层防线——用泥土和石块匆忙搭建的障碍物，以支撑摇摇欲坠的前线，还拆除房屋以获取建材。在遍地瓦砾的废墟上，双方都努力维持交叉火力点，并建造障碍物以保护自己的士兵。攻城战需要大量的人力，但土耳其人有的是劳动力。工作的规模是庞大的：挖地道、建壁垒、挖掘不断逼近敌人的堑壕、搬运土方和移动火炮。穆斯塔法动用了五花八门的战术；他将火炮位置不断转移，在吃饭时间或者深夜发动突然袭击，发动旨在拖垮对方神经的毫无规律的炮击，有时候瞄准并射击城墙的特定地段，有时又随意轰击城墙后的城镇，以恐吓平民，又不断地提出停战谈判的要求，以转移对方的注意力或打击对方士气。

土耳其人的花招不胜枚举。8 月 2 日，土耳其人发动了一次集中进攻，同时还进行了猛烈炮击。守军被炮火压得抬不起头来的时候，土耳其人鬼鬼祟祟地逼近，没有受到己方炮火的影响，开始爬墙。以为遭到火力压制的守军过了一段时间才意识到，敌人大炮发射的都是空包弹。他们重新集结起来，打退了敌人。

拉·瓦莱特将防御的组织工作牢牢控制在自己的铁腕下。他决心不能被敌人打个措手不及，于是命令晨祷钟在天亮前两个小时敲响，而不是在通常的时间。他规定，敲鼓召集士兵，敲钟则是让大家后撤。所有关键地点都堆放了大量弹药；特制的燃烧武器——表层涂有沥青、装满棉花和火药的麻袋——随时待命。士兵们准备好了成袋的泥土，用于抢修；他们给烧煮沥青的大锅不断添柴，保持沥青沸腾。大团长亲自到各处视察，身边有两名侍从陪伴，分别拿着他的头盔和长枪，另外还有一个小丑跟着他，任务是将各处的形势报告给大团长，并"努力用俏皮话逗他开心，尽管往往没有什么能让人笑得出来的事情"[10]。

对双方来说，维持士气都是至关重要的。土耳其人的所有军事行动都依赖一种被众人深深理解的赏罚制度。海军为马耳他战役所做的记录中清晰地记载了士兵们的英勇事迹和他们得到的赏赐："厄梅尔立下大功，在夜间俘虏了姆迪纳要塞的一名异教徒……穆罕默德·本·穆斯塔法在圣艾尔摩

239

堡战役中缴获了异教徒的旗帜，并砍下多人的脑袋……皮尔·穆罕默德斩杀多名敌人，立下大功……上级传来旨意，他将得到一个官职。"[11]骑士团奖励英勇事迹的方式没有预先的安排，而是更为即兴。安德雷亚斯·穆尼亚东内斯指挥了冲下地道、驱逐敌人坑道工兵的行动，被赏赐了一条金链；在8月2日的战斗中，三名火绳枪兵立下了战功，每人的军饷增加了10斯库多①；罗姆加许诺，将自掏腰包，向任何从堑壕中活捉一名土耳其人的官兵重赏100斯库多。

抓俘虏是非常重要的；双方都持续不断地努力收集情报。7月18日，一名被俘的土耳其人在遭受拷打后供认，现在奥斯曼军营内对西西里的逐渐兵力集结深感担忧。几天后，皮雅利派出一艘轻型帆船（船员是意大利叛教者）去锡拉库萨看看究竟。关于战事如何继续，两名大将间发生了矛盾。皮雅利不肯为陆地上的围城战负责，命令舰队出海，扫荡航道，寻找敌人舰队集结的迹象。这让陆军十分恐惧，以为海军抛弃了他们。过了几天时间，两人的分歧才弥合。皮雅利在越来越强烈的竞争气氛中返回，继续参加攻打比尔古；两位帕夏谁能先突破城墙，已经成了荣誉问题。他们此前已经为了个人荣誉、战术和舰队使用等问题摩擦不断。皮雅利认为自己在图尔古特还活着的时候受到了冷遇，并认为在赏赐官兵的时候，穆斯塔法更偏爱陆军，对舰队则很冷淡。这些鸡毛蒜皮的争斗影响了军队的士气，据史学家波切维②记载，"海军司令在开炮的时候，炮手

① 从16~19世纪意大利使用的一种货币，币值变化很大。
② 易卜拉欣·波切维（1572~1650），土耳其史学家，著有两卷本土耳其历史。

们得到指示'现在不要开炮，穆斯塔法将军正在午睡'。"[12]水手们的回答是耸耸肩。他们对战斗能有多少热情，又能有多大的努力？他们责怪穆斯塔法制造了这些分歧。

关于这些争吵以及奥斯曼军队士气下降的消息对拉·瓦莱特来说是特别有价值的，但他也有自己的麻烦。他已经向平民保证，援军已经在路上；大家普遍相信，援军将于7月25日（西班牙的主保圣人圣雅各的纪念节日）那天抵达。到了那一天，援军毫无踪影，拉·瓦莱特不得不向群众发表鼓气的演说，敦促所有人坚信上帝会救他们。淡水供应也让他担心；大街上还发生了暴乱。现在他给堂加西亚的信显得越来越悲观："我怀疑饮水供应能否持续下去，我们正走向最终的和无法逃避的灭亡。"[13]后来，淡水短缺的问题如有神助般得到了解决；在比尔古一座房屋的地窖内发现了一个泉眼，足以满足很大一部分居民的需求。大团长为此当众向上帝感恩。每次突袭或战役取胜，他都会这么做。但持续的炮击"就像是移动的地震"[14]，造成了严重的破坏。在这种气氛下，两位帕夏加倍努力地攻城；守军继续后撤和狙击敌人。

在遭围攻的城堡之外，一场游击战正在进行。每天都有一小队基督徒骑兵从姆迪纳出发，伏击敌人的掉队士兵，并刺探奥斯曼军营。这支小分队的指挥官是一名意大利骑士，名叫温琴佐·阿纳斯塔吉。他机智敏锐而雄心勃勃，注定要在战役结束后青史留名，因为格列柯①为他画了一幅肖像；

---

① 原名多米尼柯·狄奥托科普洛（1541~1614），西班牙绘画艺术的第一位大师。"格列柯"在西班牙语中意为"希腊人"，因为他出生于克里特岛。他的画作数量惊人，最著名的有《奥尔加斯伯爵下葬》等。

但他的结局非常悲惨，二十年后被另外两名圣约翰骑士团成员杀害。阿纳斯塔吉从敌人营地捕捉掉队士兵，以获取情报，并将会说土耳其语的间谍安插到敌营。他每天从远处观察由无数帐篷组成的巨大敌营，发现它的后方没有设防。"这些营地的状况就像我们多次描述的那样，"他在发往西西里的信中写道，"只在正面有防御工事，用于抵御我军要塞发出的炮火，但后方和侧面没有堑壕，睡觉的时候也没有安排岗哨。"[15]另外，到7月底，他发现土耳其人在筹划一场一劳永逸的最后总攻。一连七个夜晚，姆迪纳的骑兵队伍躲在离敌营一英里的一个干燥峡谷内，密切观察敌情。在第八天，即8月6日的夜晚，他们听见大队人马在黑暗中出营。阿纳斯塔吉的部下紧拉缰绳，静静守候。

8月6日（星期一）对拉·瓦莱特来说不是个吉利的日子。晚饭时，比尔古的城墙上相对比较安静，这时一个叫弗朗西斯科·德·阿吉拉尔的西班牙士兵侧身悄悄地走到靠近大海的阿拉贡人防区。他戴着火绳枪兵的向上翻起、饰有羽毛的钢盔，肩上扛着火枪。他说，他是来狙杀敌人的。他点燃了火枪的导火线，观察下方壕沟，寻找目标。"那些狗杂种一个也看不见！"[16]他对岗哨喊道。然后，趁没人注意的时候，他突然跳进了壕沟，开始全速跑向奥斯曼帝国战线。岗哨开枪示警，城墙上射出一轮枪弹，但阿吉拉尔已经跑进了敌人的前沿战壕，受到热烈欢迎，并立即被带去见穆斯塔法帕夏。

这起变节事件极为严重。阿吉拉尔是个受到很高评价和高度信任的人。他消息非常灵通。马沙尔·德·罗夫莱斯和拉·瓦莱特开会的时候，阿吉拉尔经常在场。他听到了很多关于守军困境的秘密讨论——防御工事的真实状况、岗哨安排的日常细节、武器供应和战术。这些信息现在全到了穆斯塔法手里。

拉·瓦莱特立即准备迎接敌人的进攻，深知穆斯塔法会准确地打击城墙最薄弱的环节。他命令在关键地点储备了燃烧武器；钉有铁钉的木板已经就位；大锅的沥青也准备好了。大团长计划和一支机动救援部队一起在城市广场上等候，随时驰援危险地段。

当天夜间，土耳其人对比尔古和森格莱阿狂轰滥炸，并做好进攻准备。营地和船上的所有战斗人员已经倾巢出动。大队人马被船只运过港湾，在比尔古以东登陆。阿纳斯塔吉的骑兵队在两英里外的黑暗中等待，听着大炮的轰鸣，监视着敌营。

破晓前一个小时，穆斯塔法和皮雅利分别向两个海岬同时发动大规模攻势。8000 人围攻森格莱阿，4000 人攻打比尔古。攻势按照惯常的程序开始：黑暗中的吟唱、击鼓和可怕的呐喊声。火绳枪的枪火以及燃烧武器、火圈、火焰喷射器和大锅里滚烫沥青的闪光将黑暗驱散。混乱的呼喊、教堂钟声和铙钹的脆响混成一片。在渐渐明亮的晨光中，守军可以看得见一个身穿华丽红丝绸衣服的人手举大旗，爬过残破的胸墙。那是希腊人坎德利萨，他在"马刺"的战斗中被直言不讳地指责为懦夫。现在他率领部队进攻，发誓要第一个将旗帜插在城墙上。他的身形太暴露，很容易瞄准。守军很快就用火绳枪将他打倒。随后是司空见惯的争抢尸体的斯打。虽然损失了这员大将，而且伤亡惨重，但奥斯曼军队毕竟兵力雄厚，渐渐占了上风。防御工事越发残破不全。

在邻近的比尔古战线上，皮雅利的人马正杀进卡斯蒂利亚人的阵地，这里的外围防御工事已经被连续数日的集中炮火炸成了瓦砾堆。他们冲上城墙，开始插旗。在广场上等候的拉·瓦莱特得到了前线已经吃紧的消息。他从侍从手中接过自己的头盔和长枪，带领机动部队冲到危险地段，高呼："今日不死，更待何时！"[17]卡斯蒂利亚人防区的指挥官们试图把他拦回去，拼命阻止他登上已经被敌人占领的"骑士塔"。拉·瓦莱特"像普通士兵一样手执长枪"[18]，转到另一个阵地，从一名士兵手中夺过火绳枪，开始射击。

此时土耳其人已经成功地将苏丹皇旗插在了城墙上；这面饰有白色马尾、顶端有个金球的大旗成了激烈争夺的焦点。弗朗西斯科·巴尔比写道："我们看见了那旗帜，于是抛掷带钩子的绳索，想把它钩住，最后终于成功了。我们在这边拉，土耳其人在另一侧猛拽，旗杆顶端的金球掉了下来。他们把苏丹皇旗救走了，但是我们已经用燃烧武器烧掉了它的很多丝绸和金质流苏。"[19]

昏天暗地的血战持续着。奥斯曼士兵每有一波撤退下来，就有新的一波接替。双方的不少关键人物都丧失了战斗力。摧毁敌人地道的英雄穆尼亚东内斯右手负伤，后来死去；罗得岛总督阿里·博尔图齐贝伊阵亡。拉·瓦莱特腿部受伤，在大家的劝说下终于后撤。"这一天的战斗极其凶险，双方都打得极其顽强，血流成河，"[20]巴尔比写道。战场上的景象非常恐怖；有很多尸体"缺了脑袋，没有手脚，烧得焦黑，或者四肢被撕成碎片"[21]。阿纳斯塔吉的骑兵队感到战斗已经达到高潮，从原野中择路潜行，来到奥斯曼军营。接近敌营的时候，他们开始冲锋。

两位帕夏都不愿没有胜利就离开战场。两人激烈地竞争，力求取胜。宪兵们用棍棒将从杀戮地带畏缩的人赶回战场。在城墙内，守军实力越来越弱。他们已经连续战斗九个小时，没有得到任何休息。尽管拉·瓦莱特确保战士们能得到面包和掺水葡萄酒，而且包括妇女儿童在内的平民也参加了战斗，但局势还是迅速恶化。奥斯曼军队的将领们能感到，胜利已经唾手可得。

这时，进攻突然间止步不前，似乎也没有什么明显的原因。卡斯蒂利亚人防区前壕沟内的土耳其士兵突然掉头就跑；森格莱阿城下的士兵也加入逃跑的人群。他们潮水般逃离战场，背后遭到守军的射击。任何威胁或是军官们的拳打脚踢都无法阻止这骤然的溃败。城墙上的守军对此大惑不解，穆斯塔法帕夏更是摸不着头脑。他骑着马努力控制住溃军，将部队带出了火枪射程。消息不胫而走：堂加西亚的援军已经登陆，焚毁了大营。隐约能听得见大营方向传来呼喊声，还能看得见帐篷上升起了黑烟。奥斯曼军队一片恐慌；遭围攻的城堡内的所有男人、女人和小孩都爬上城墙，盯着空无一人的堑壕，不敢相信自己的眼睛。然后他们喊了起来："胜利！援军到了！"[22]

"今日不死，更待何时"

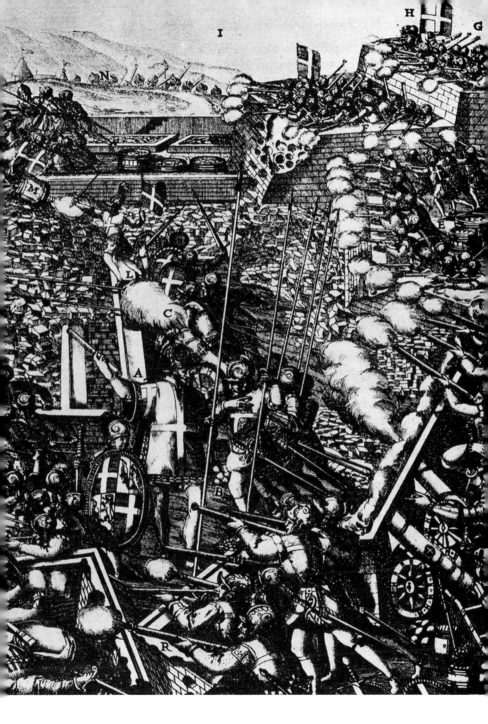

双方都错了。那不是强大的西班牙军队从西西里赶到，而是阿纳斯塔吉的一小队骑兵（或许只有 100 多人，既有骑士也有马耳他民兵）扫荡了无人把守的土耳其军营。营内只有伤病员和少量哨兵及后勤人员。骑兵们挥舞着马刀冲进营地，大肆砍杀，报仇雪恨。他们横冲直撞，屠杀病员，砍倒哨兵，烧毁帐篷，破坏补给物资。奥斯曼人的盲目恐慌传染了整个大军。然后，阿纳斯塔吉的队伍在穆斯塔法来得及做出反应之前又安全返回了姆迪纳，让奥斯曼军队统帅部暴跳如雷、丢尽颜面。穆斯塔法和皮雅利又大吵大闹起来。

马耳他在 8 月 7 日能够幸存，完全是由于阿纳斯塔吉的幸运一击。马耳他岛虎口脱险。人们在圣劳伦斯教堂内唱起了《感恩赞》，然后举行了宗教游行。大街上有人掩面而泣。但守军看到城墙已经残破不堪，担心自己的末日已经不远了。有谣言称，骑士们将撤退到比尔古尖端的圣安杰洛堡，而将平民抛弃。为了粉碎这个谣言，拉·瓦莱特采取了断然的措施。这位坚忍不拔的老人命令将骑士团的所有珍贵圣像搬到圣安杰洛堡，然后将吊桥升起。骑士团将和所有平民一起在破败的城墙处死战到底，让圣像自己作最后的抵抗好了。

第二天，穆斯塔法决定好好处置姆迪纳的骑兵队。其实他早在攻城战开始的时候就应当做这个决定，现在为这个疏忽付出了沉重的代价。皮雅利受命将姆迪纳的基督徒骑兵队全部消灭。他精心准备了一场伏击。一队人马被派去袭击姆迪纳城外平原的牧场。骑兵队出城将这支敌人赶走，返回时却发现回城的道路被一大队奥斯曼步兵封锁了。骑兵队经过

13. 堑壕战

一场激战，损失了大约 30 人及其马匹，才逃回城内。有些人徒步撤退，第二天才返回。皮雅利的人马随后进逼姆迪纳城。他们接近时吃惊地发现，城墙上居然有很多士兵；土耳其人原以为姆迪纳城非常薄弱，没有多少守军；现在城墙上却站满了士兵，射出暴风骤雨般的枪弹，敲着军鼓和教堂大钟。皮雅利的前进可能有些机会主义，而不是事先安排的，因为他没有携带重炮。他们现在决定走为上计。土耳其人的时间已经不多了；他们没有多少精力来认真攻打姆迪纳。于是他们班师回营。姆迪纳城墙上的"大军"松了一口气，因为他们中的很多人都是平民，农民和他们的老婆孩子穿着多余的军服，在城墙上走来走去。

在伏击战中抓住的俘虏被带到穆斯塔法面前，他听到了一个不好的消息：堂加西亚在前一天将堂萨拉萨尔（一名经验丰富的军官）派到了岛上进行侦察，为发动大规模救援打前站。穆斯塔法在自己部下面前佯装对这条消息并不重视，但其实深知其重大意义。时间不多了，各个方面都在向他施加压力。8 月 12 日，他收到了苏莱曼在 7 月 16 日写的信；送信的传令官还口头描述了苏丹的情绪：苏丹发誓赌咒，如果战败——那将是"对苏丹威名和他不可征服利剑的冒犯"[23]——将严惩责任人。胜利则会带来相应的奖励。穆斯塔法显然是在保持低调，不愿意给苏莱曼送去坏消息。8 月 25 日，苏丹再次写信给穆斯塔法时，仍然没有收到后者的任何直接报告。这封信的语气更加执着："侍从官阿卜迪带来了征服马耳他要塞港口若干塔楼的捷报，现在他已经返回你处。但目前为止，你没有呈上任何报告。我已传旨，你应当向我报告马耳他攻城战的情况。你的士兵是否有足够的给养和武器？征服马耳他要塞的日子是否快要来临了？你有无发现敌人海军？你应当向我报告敌我双方海军的状况。迄今为止我已向你派出 7 艘补给船。它们是否已经抵达？请向我报告。"[24]

苏莱曼和他的将军都严重关注着堂加西亚大军的集结。8 月 17 日，皮雅利从西西里海岸抓了一些人来，帕夏们意识到，敌人正在进行一场规模宏大的救援行动。皮雅利的桨帆船群不分昼夜地在岛屿周边巡逻，隔着马耳他海峡开炮，借以威吓基督徒。阿纳斯塔吉从岸上追踪着敌人舰队的行踪，发现土耳其海军的警戒工作颇为敷衍了事，他们的士气显然很低落。"我常常留下岗哨，监视敌人舰队的动作……他们总是在子夜一点离去。有时我们看到离海岸 10 英里的地方有火光，我们相信那是敌人海军点燃的，为的是让自己安心一点；他们的警戒工作仅此而已。"[25]

双方将领都在努力给部队鼓气。拉·瓦莱特告诉部下，援军已经在路上；穆斯塔法宣称，对方援军规模很小，装备很差。但帕夏面临的问题一天天越来越严重。由于战争和疫病，他的部队一天天减员，火药和弹药短缺；驱使士兵们离开战壕、视死如归地冲锋越来越困难。穆斯塔法玩弄的心理游戏越来越巧妙。8 月 18 日夜间，30 艘奥斯曼桨帆船在夜色掩护下驶向外海，船上运载了大量士兵。次日他们再次出现，假装是来增援的精锐生力部队。船上的人打扮成近卫军和乘骑步兵的样子，陆地上则开炮欢迎，在希伯拉斯山插上旗帜，将这个重大消息告诉基督徒守军。穆斯塔法从变节者阿吉拉尔那里得知，守军已经接近崩溃。于是他继续攻城。

整个 8 月，在卡斯蒂利亚人防区周围，艰苦的堑壕战在继续着。土耳其人努力将战壕往前延伸，准备爆破，发动助攻，攀爬城墙。他们的弹幕炮火有时能一口气持续好几天。基督徒不时发动突袭，并持续监视敌人。双方都在临时搭建的壁垒后部署狙击手，猎杀对方。狙击几乎是一种游戏，"一种有趣的狩猎"[26]。8 月 12 日，守军最著名的英雄之一马沙尔·德·罗夫莱斯没有戴防弹头盔就鲁莽地从一堵胸墙上探出头来，被土耳其人狙杀。守军开始在子弹上涂抹油脂，这样的子弹击中敌人后会将他们的长袍点燃。穆斯林按照惯例收回己方死者尸体时，成了极好的活靶子。不屈不挠的拉·瓦莱特禁止他的部下冲出去收回友军的尸体，因为这样做的代价实在是太大了。在城墙的废墟上，双方互相狙杀，投掷手榴弹、石块和燃烧武器，在近距离用野战大炮对轰，挥舞着军刀和弯刀跳进对方阵地。他们的距离如此之近，有时只有二十步之遥，能够互相喊话。改宗的前基督教徒开始用暗语向守军喊话，支持他们。有的时候，双方的士兵在同一座路堤的两侧忍受着同样的苦难，甚至产生了一种伙伴感情。

日子一天天过去，暴力和死亡、嘈杂和黑烟、基督教堂叮当的钟声、穆斯林每次进攻前在黑暗中的祈祷声，全都混作一团，无法辨清。死亡的方式千奇百怪。有人头部中弹，或者被燃烧武器活活烧死，或者被刀剑砍倒，或者被炮弹炸得粉身碎骨。插旗成了一种执着的疯狂念头。土耳其人在胸墙上升起绿色和黄色旗帜，以及带马尾的红旗，守军则努力将旗帜扯下。围绕这些领土标志的战斗就像争夺阵亡指挥官遗体一样激烈。旗帜能鼓舞士气，丢失旗帜则是个凶兆。8月15日，卡斯蒂利亚人防区的基督教旗帜被打倒；穆斯林认为这是他们即将取胜的预兆。8月18日，土耳其军队被打退，城墙上有个基督徒士兵抓起红白两色的圣约翰旗帜，"完全出于生存的乐趣"[27]，在整段城墙上奔跑，速度如此之快，"不计其数的火绳枪也打不到他"。没有人愿意被活捉；一旦被俘，不可避免地要遭到拷打，而且双方都会侮辱敌人的遗体，重演可以上溯到地中海青铜时代的古老仪式——阿喀琉斯拖着赫克托耳的尸体，绕着特洛伊的城墙奔驰。

穆斯塔法尽可能地鞭策部下，准备新一次的总攻。从8月16日到19日，连续四天的炮击之后，近卫军竟然闷闷不乐地不愿进攻。他们不肯离开战壕，除非穆斯塔法亲自带队。穆斯塔法可不是懦夫。他身先士卒，并让营地奴仆们穿上近卫军服装（借此给敌人造成有大量精兵出击的假象），并许诺，如果他们作战英勇，就会得到晋升。战斗很激烈，但仍然徒劳。穆斯塔法的头巾被子弹打掉，他自己倒在地上，被震晕了。双方都投入了最后的预备兵力；穆斯塔法开始动用舰队的火药储备。拉·瓦莱特亲自来到医院，要求将伤病员也送上前线；能够走路的人就算是有战斗力。这一天，一支箭被射到城墙上，带有一条只有一个词的消息：星期四。这是在警告即将发起新的进攻。但这场进攻也被打退了。

13. 堑壕战

攻防战渐渐陷入一场残酷的僵局，就像四十年前在罗得岛的僵持一样。穆斯塔法的华丽营帐内的作战会议越来越冗长，气氛也越来越激烈；穆斯塔法主张效法苏莱曼在罗得岛的选择，继续进行冬季作战。皮雅利直截了当地表示反对。舰队离家太远，在冬季无法在马耳他修理船只，而敌人近在咫尺。如果再来一两次进攻还不得手，他们就必须返回伊斯坦布尔。他们考虑到苏莱曼的警告，于是在 8 月 22 日计划了一次新攻势。长官们许下诺言，士兵们如果英勇作战、取得胜利，就将得到重赏。8 月 25 日（星期六），岛上开始下雨。

14. "马耳他不存在"

1565 年 8 月 25 日 ~ 9 月 11 日

意大利人称之为"日落风"的北风是在阿尔卑斯山脉酝酿形成的。它从意大利半岛席卷南下，给地中海中部带来瓢泼暴雨和恶劣海况。1565 年 8 月底，北风降临马耳他岛，下起了倾盆大雨，这是冬天到来的最初迹象。

大雨将可怕的灾难场景突显出来。经过三个半月的激战，港湾地区已经化为世界末日般的荒芜之地。比尔古和森格莱阿的防御工事已经被彻底地化为齑粉；两军之间只隔着成堆的瓦砾。土耳其人悲惨地蹲伏在灌满雨水的堑壕内，基督徒则蹲在临时搭建的壁垒后。标明每条战线的是破破烂烂的旗帜和腐烂的敌人头颅。尽管穆斯林花了很大力气将己方的死者运走，又付出巨大努力在希伯拉斯山的坚固岩石上挖出集体墓穴，以安葬死者，但这仍然是个横尸遍野的人间地狱。狙击手、大炮、利剑、长枪、燃烧武器、营养不良、饮水传播的疾病——这一切都在毫无怜悯地大开杀戒。到 8 月底，已经有约 1 万人在赤道般的暑热中死亡。肿胀的死尸在港湾水面上颠簸浮动，发出臭气；每次成功的进攻都在战场上留下大量残缺不全的尸体。位于马尔萨的奥斯曼军营中疫病蔓延，臭气熏天；空气中弥漫着烂肉和火药的恶臭。两军都已经命悬一线。

在基督徒军中，有人感到，敌人再来一次集中进攻，他们就得完蛋。"我军将士大部分已经战死，"骑士温琴佐·阿纳斯塔吉写道，"城墙已经倒塌；外界很容易看到城墙内的情况，我们随时面临被敌人优势兵力压垮的危险。但说这些很不合适。从大团长开始，到全体骑士，无不下定决心，把外面所有窃窃私语的失败主义言论都当耳旁风。"[1] 似乎只有拉·瓦莱特的坚强意志还维系着守军的生命。8 月 25 日，有人提出，比尔古已经无法防守，大家应当撤到半岛尖端的圣安杰洛堡，做最后的抵抗。拉·瓦莱特听到这话，命令将圣安杰洛堡的吊桥炸毁。守军将破釜沉舟、死战到底。教堂礼拜仪式和为每次成功的防御所做的感恩祷告增强了人们的斗志。

在前沿，守军一旦从胸墙探出头来，就必然遭到射击。有的时候，只有重型的守城用铠甲才能救他们的性命。8 月 28 日，意大利士兵洛伦佐·普奇正和大团长交谈，头部被一发火绳枪子弹击中。他的钢板头盔承受了全部冲击力。他跌倒在地，头晕目眩，捡起被打瘪的头盔，请求大团长允许他出击。在当时的情况下，大团长拒绝了他。为了减少遭到狙击的风险，守军将多支火绳枪捆扎在一起，用竿子举过胸墙，用系在扳机上的长线来遥控射击。

在有些地段，两军之间只隔几英尺，士兵们分别蹲在自己的壁垒后，忍受着瓢泼秋雨。"我们有时离敌人很近，"巴尔比回忆道，"完全可以和他们握手。"[2]双方的指挥官都注意到，前线士兵因为一起受苦而对敌人也产生了伙伴情谊。指挥官们对此非常害怕。据报告称，在森格莱阿，"有些土耳其人和我们的人交谈，他们甚至互相信任，一起讨论战局"。这是互相认可的短暂瞬间，双方士兵感到自己就像被踢进无人地域的足球一样。8月31日，一名土耳其近卫军士兵从战壕中走出，给敌人送上"一些石榴和一条用手帕包着的黄瓜，我们的人给了他三块面包和一块奶酪，作为交换"[3]。在这场毫无骑士风度的冲突中，这是一个罕见的充满人性闪光的时刻。两军士兵交谈的时候，基督徒得知，奥斯曼军营内的士气在下降；粮食供应在缩减，守军填补缺口的速度几乎和土耳其军队打开缺口的速度一样快，因此战事完全僵持下来。这个友好的近卫军士兵给对方的印象是，奥斯曼军营内普遍相信"真主不允许马耳他被占领"[4]。

绵延秋雨对奥斯曼军队士气的打击似乎更为严重。拉·瓦莱特向他的部下发放了草垫以抵御湿冷，天气的变化改变了攻防战的面貌。穆斯塔法知道他的时间已经不多了。帕夏的华丽营帐内召开的会议火药味越来越浓，大家互相横加指责。所有的旧问题又被重新拿出来讨论：他们能在岛上过冬吗？如果他们没有取胜就撤军，苏丹会怎么做？关于基督徒救援舰队的传闻有几分真实？

皮雅利再次坚决反对在岛上过冬，但专断地命令对岛屿周围海域加强巡逻："有鉴于急需对马耳他岛海域进行警戒和监视，我命令你们建立一个团队，以 30 艘桨帆船警戒和监视马耳他岛周边海域……你们应以适当的方式惩罚任何敢于反对或违背你们命令的人。"[5] 与此同时，潮湿的天气也给穆斯塔法提供了一个机遇。大雨使火绳枪和其他火器失效了。现在有机会对付基督徒的防御工事，而不用担心还击火力了。

在 8 月的最后日子里，帕夏们投入了全部力量，在凄风苦雨中发动了一次次绝望的进攻。坑道工兵在城墙下埋设炸药；攻城塔被搭建起来；全军将士得到了重赏的许诺。帕夏们将他们自己的营帐搬到离前线更近的地方，以此激励官兵；穆斯塔法则亲自上阵。他多次感到，最终的战利品已经触手可及，但就是没法得手。守军仍然在顽强抵抗，挖掘自己的地道，发动突袭，并将穆斯塔法的木制攻城武器打倒。天气太潮湿因而无法使用火绳枪的时候，拉·瓦莱特从军械库调出大量机械弩，发给士兵们。土耳其人的普通弓箭在雨中也无法使用，但弩（这是一种来自中世纪战争年代、与火药时代格格不入的老式武器）的杀伤力很强。据巴尔比说，弩的威力非常强大，"它射出的箭能够击穿盾牌，常常还能刺穿盾牌后的人"[6]。

8 月 30 日，大雨持续了一整个上午，穆斯塔法发动了一次坚决的进攻，目标是清理突破口处的碎石，然后从打开的通道中杀进去。一些马耳他人跑到拉·瓦莱特那里，叫嚷着说，敌人已经进了城。拉·瓦莱特集结了他能召集的全部人马，一瘸一拐地亲自带兵赶到突破口，同时妇女儿童还向冲杀上来的敌人投掷石块。或许如果不是天公作美，这一次他们就真的完蛋了。雨停了，守军得以使用燃烧武器和火枪，将敌人打退了。穆斯塔法面部负伤，但不肯动摇。根据基督徒方面的记载，"他手握棍棒，愤怒地驱使士兵上前"[7]。土耳其人从中午一直进攻到天黑，没有占到任何便宜。攻势宣告失败。次日，守军做好迎接敌人新一轮进攻的准备，但敌人没有进攻。"他们没有前进，因为他们和我们一样精疲力竭，"[8]巴尔比记载道。整个攻城战戛然而止。此时，穆斯塔法知道，基督徒的救援舰队已经在路上。他向将士们许以重赏（普通士兵可以提升到有丰厚军饷的近卫军的地位，奴隶可以获得自由），但收效甚微。

穆斯塔法不是唯一一个急于完成君命的将领。马耳他战役是争夺地中海的较量，在为主公效力的前线将士背后还有苏莱曼与腓力二世这两位君主在注视战局，他们就好像棋盘两端的最关键棋子一样。在西西里，堂加西亚心急火燎地等待马德里批准他发动救援行动。到8月初，他已经在西西里集结了1.1万名士兵和80艘战船。这支部队大部分是久经沙场、勇武强悍的西班牙士兵，包括长枪兵和火绳枪兵，以及一小群圣约翰骑士团的骑士和一些绅士冒险家（赶来为基督教世界的荣耀而战的自由佣兵）。在未能及时赶到前线的人中有一位"奥地利的堂胡安"，他是查理五世的私生子，也就是腓力二世的异母弟。负责指挥援军的是堂阿尔瓦

14. "马耳他不存在"

罗·德·桑德（他曾经在杰尔巴岛指挥西班牙军队，后来被俘，被从伊斯坦布尔赎回）和一位威名远播的雇佣军领袖——独眼的阿斯卡尼奥·德拉·科尔尼亚。科尔尼亚此前因为犯有谋杀、强奸和敲诈的罪行，身陷囹圄。教皇特意将他释放，好让他冲锋陷阵。为了基督教的事业，对这样的罪犯也可以宽大为怀。援军已经做好了出征的准备，堂加西亚也受到各方面的催促，要他赶紧起航。前线的报告一天天变得愈发绝望。"还有 400 人活着……一个钟头都不要耽搁，赶紧来救援吧，"[9] 姆迪纳的指挥官在 8 月 22 日写道。但腓力二世仍然犹豫不决。堂加西亚最终于 8 月 20 日得到了批准，但御旨中满是谨小慎微的告诫。腓力二世的旨意是，"只有在桨帆船舰队万无一失的情况下，方可发动救援"[10]；不准和奥斯曼舰队发生冲突。这命令几乎是无法执行的。在耗时甚久的仔细斟酌之后，堂加西亚决定让援军登上 60 艘最好的桨帆船，冲向马耳他海岸。部队登陆之后，战船将立刻返回。为了尽可能避免被敌人舰队发现，他们将佯装进攻的黎波里，从西面接近马耳他。

8 月 25 日，援军从西西里东岸的锡拉库萨起航，旋即迎头撞上了正在鞭笞马耳他的狂风。28 日，脆弱的桨帆船舰队在惊涛骇浪的大海上艰难航行，有时被推上波峰，有时坠入浪谷，再加上大雨倾盆，船员们被"天上和海里的水浸透"[11]。战船上的冲角被风浪撕下，船桨折断，桅杆被打碎。船只随时面临倾覆的危险，旱鸭子士兵们浑身冰冷，魂飞魄散，只能拼命祷告，向上帝许愿。从桅杆顶端射出的蓝白两色"圣艾尔摩之火"的景观更令他们心惊胆寒。更糟糕的是，这一天是施洗者约翰被斩首的日子，在教会日历中是个特别不吉利的迹象。整个舰队在一夜挣扎后幸存下来，被暴风吹得偏离航向，来到了西西里西海岸的特拉帕尼。舰队出师不利，在随后的一周内更是噩梦连连，错过了预先的约定，先是被风向不利的暴风吹得绕过了马耳他，被奥斯曼舰队发现，然后又被吹回了西西里。士兵们被晕船折磨得面如土色，如果不是堂加西亚强力阻止的话，肯定会全部当逃兵。9月6日，舰队终于再次起航，打算径直冲过海峡，希望能够避开奥斯曼舰队。舰队安静地出发，去跨越这30英里的开阔海域。官兵们收到了严格的命令：船上的公鸡必须全部宰杀，所有命令都口头传达，而不准使用通常的哨声；桨手们被禁止抬起双脚，因为脚镣的撞击声在平静的海上会传播很远。

其实，出其不意的奇袭效果早在9月3日就彻底丧失了。在那一天，海盗乌卢奇·阿里①在马耳他西海岸侦察的时候发现了基督徒援军。穆斯塔法的营帐内就此展开了激烈的讨论。

9月初，守军明显地感觉到，土耳其人虽然在继续进攻，但方式却发生了变化。"他们继续以相同的强度炮击圣米迦勒堡和卡斯蒂利亚人防区，"巴尔比在9月5日写道，"虽然狂轰滥炸打得很热闹，但我们看到他们每天都将物资

---

① 原名乔万尼·迪奥尼吉·加利尼（1519~1587），原是意大利人，少年时被穆斯林海盗绑架，后来改宗伊斯兰教，成为海盗，凭战功获得提升，参加了马耳他战役、勒班陀战役等，战功卓著，一度担任阿尔及尔总督和土耳其海军司令。塞万提斯在《堂吉诃德》里提及过他。

装上船，并将火炮撤出阵地。这让我们欢欣鼓舞。"[12] 为了防备基督徒援军在岛上登陆，土耳其人将宝贵的大炮撤走了。这个过程耗时甚久，非常艰苦，麻烦重重。两门巨型射石炮尤其造成了特别大的困难。其中一门从轮子上脱落，不得不将其抛弃；另外一门则坠入海中。守军渐渐得到了越来越鼓舞人心的消息。他们了解到，有些海盗已经驾船离去；土耳其人在港湾出入口设置了铁链，以阻止更多人开小差。同时，一个被俘的马耳他人逃回了比尔古。他在广场上当众宣称，土耳其人已经非常薄弱，正在撤退。后来又有两个马耳他人带来了消息：敌人将做最后一次努力，如果还不成功就撤军。9月6日夜间，守军没有听到敌军战线上有任何动静，于是派遣一些士兵爬进了奥斯曼军队的战壕。那里空无一人，只留下了一些铁锹和几件斗篷。全部奥斯曼士兵都临时撤出，登上桨帆船，以应对基督徒援军的进攻。

虽然失败就在眼前，但穆斯塔法还没有放弃虎口夺食的希望。9月6日（星期四）夜间，在穆斯塔法营帐内，奥斯曼将领们做了最后一轮痛苦而激烈的讨论。关于这次会议，只有基督徒方面的资料流传下来，它不甚可靠。据说，穆斯塔法重读了一名宫廷太监送来的苏莱曼的书信（我们对这封信知之甚少）。在信中，苏丹命令舰队不成功便不得离开马耳他。随后众将对苏丹可能做出的反应进行了激烈讨论。穆斯塔法认为，苏丹天性暴虐，如果他们在没有取胜的情况下就从马耳他撤军，他们的下场将会"悲惨而恐怖"[13]。或许他记起了十年前的事情：九十岁高龄的地图绘制师皮里雷斯奉苏丹旨意在红海征战，不幸失败，被苏丹下令处决。皮雅利则表示反对（还有一名陆军将领同意皮雅利的看法）：苏莱曼是最睿智和最通情达理的苏丹；他们为了占领马耳他已经付出了超人的努力；天气太恶劣；头等大事是挽救舰队；如果拿舰队孤注一掷，将会加速全军的覆灭。穆斯塔法宣称，将在次日早上发动最后一次进攻，他已经做好了慷慨赴死的准备。

穆斯塔法已经下达了一道特殊命令，从中可以看出，他在为不可避免的命运做准备。在攻防战开始之前被罗姆加俘虏的苏丹宫廷太监总管的大帆船"苏丹娜"号是奥斯曼人发动战役的一个表面理由。整个夏季，它都在内港轻轻地随风浪颠簸。穆斯塔法在一开始就起誓，要将这艘船带回伊斯坦布尔，作为胜利的证明。9月6日，他下令用炮火将它击沉。第一轮炮弹呼啸着从对岸射来时，拉·瓦莱特命令用缆绳将"苏丹娜"号系在码头上。它被打得千疮百孔，但仍然浮在水面上。

9月7日（星期五）黎明，天气晴好。就像一年中的任何一天一样，这个日子在基督教日历中也有着特殊意义：这是圣母马利亚瞻礼日的前一天。天气恢复了原先的状况：热带的令人窒息的酷热。夜晚也热得让人无法忍受，无人能够入眠。奥斯曼军队回到了战壕，等待进攻的命令。为了加强进攻力量，乌卢奇·阿里的桨帆船分队也被从圣保罗湾的前哨阵地调到了攻城前沿。这是穆斯塔法最后一次倒霉。两个小时之后，堂加西亚的援军浩浩荡荡地驶入了邻近的梅列哈湾。在一个半小时之后，1万名士兵登上沙滩，随后舰队迅速离去。这次登陆没有遇到任何抵抗。这完全是侥幸。

14. "马耳他不存在"

在 10 英里之外的比尔古和森格莱阿，身穿板甲、汗流浃背的守军蹲在防御工事废墟的烟尘中，准备迎接敌人的新一轮猛攻。他们在等待的时候，听到奥斯曼战壕传来了一个不熟悉的声响：无数刺耳的声音不协调地混杂在一起，就像愤怒蜜蜂的嗡嗡声。原来近卫军和乘骑步兵之间发生了争吵，各自都希望对方先冲进突破口。城墙上的守军瞠目结舌地看到，敌人主动放弃了战壕，开始后撤。他们还在思忖，这究竟是怎么回事，又听见圣艾尔摩堡传来一声炮响，这显然是向奥斯曼军营发出的讯号。一艘小船从海岬尖端绕过，桨手拼命划桨，向岸边猛冲。一个戴头巾的人匆匆上岸，"从他的服饰和仪态看，显然是个高官"[14]。他跳上一匹预备好的马，冲向穆斯塔法的营帐。他纵马狂奔，速度过快，以致坐骑绊倒在地。那人大发雷霆，抽出弯刀，将马腿砍断。"随后他跑向皮雅利帕夏的营帐。在朝向科拉迪诺和圣玛格丽特前线的方向，可以看到三四个土耳其人手握弯刀，纵马疾驰。他们抵达那里之后，整个军营陷入了喧嚣和混乱。他们命令官兵迅速携带所有物资登船。"[15]堂加西亚登陆的消息让土耳其人疯狂地忙碌起来。他们在希伯拉斯山重新集结，开始以神奇的速度和效率将物资和装备装上船。但穆斯塔法留下了一群火绳枪兵作为伏兵，如果守军胆敢北上，必将遭到血腥屠杀。

但守军没有贸然出击。拉·瓦莱特一直到最后都谨小慎微，不允许任何人擅离城堡。在比尔古的大街上，人们开始欢庆。所有教堂大钟都被敲响，以庆祝即将到来的圣母节。在残破凄凉的大街上，喇叭、鼓点和旗帜带来了鼓舞人心的欢乐气氛。群众以非同一般的形式表达他们的激昂。他们跪在地上，双手向天，向上帝感恩。也有人跳起来欢呼"援军到了！援军到了！胜利！胜利!"，疯狂地四下奔跑。韦斯帕夏诺·马拉皮斯纳，一名"以圣洁著称"[16]的骑士，手持一片棕榈叶爬上城墙，唱起了《感恩赞》。他刚唱到最后一节，被一名奥斯曼狙击手击毙。这对土耳其人来说，想必是一记漂亮的回马枪。

黑夜降临在比尔古和森格莱阿。在连续几个月的持续炮击之后，笼罩两座城堡的是令人颇为惊异的静谧。搅扰闷热夜空的只有远方车轮碾压石头地面的咯吱声，那是土耳其人在把他们的大炮拖回船上。

一整天时间，奥斯曼军队在往船上撤，而基督徒援军则从登陆点出发，在乡间缓缓行进 7 英里，前往姆迪纳。士兵们头戴钢盔，身着胸甲，全副武装，还携带着大量粮食。天气酷热，而且他们经历了一周的艰苦航行，已经筋疲力尽。排成长蛇阵的队伍在遭烈日炙烤的土地上行进，其实是非常脆弱的。有些士兵为了轻松一点，抛弃了自己的给养。军官们命令他们将物资捡回来。他们艰难地上坡前往姆迪纳时，阿斯卡尼奥·德拉·科尔尼亚和阿纳斯塔吉骑马下山迎接他们，当地居民牵来了骡马以运送物资。阿斯卡尼奥担心遭到伏击，无情地催促士兵继续前进。到当晚，全部 1 万人已经安全地在姆迪纳及其周边地区安营扎寨下来。

奥斯曼军队原已准备背负着奇耻大辱撤军，但形势再次发生了骤然逆转。9 月 9 日（星期日），基督徒援军的一名士兵叛变，投奔了奥斯曼军营。他是个摩里斯科人，即被强迫改宗基督教的西班牙穆斯林。看到伊斯兰的旗帜仍然在海岸上飘扬，他决心重拾祖先的信仰。他带来了关于基督徒援军的新情报：没有 1 万人，而是只有将近 6000 人；他们被风浪折磨得精疲力竭，而且缺少食物，几乎没有力气站稳；另外，他们的多位指挥官在争夺权力。这最后一点几乎可以肯定是真实的，因为西班牙人堂阿尔瓦罗和意大利人阿斯卡尼奥颇有嫌隙；基督徒军队和奥斯曼军队一样权力分散、山头林立。

穆斯塔法仍然无法直面战败的前景，新情报给了他一个机会，或许能从一败涂地的局面中挽回一点颜面。他决定孤注一掷。为了避免自己的意图被基督徒发现，他于 9 月 11 日（星期二）破晓前带领 1 万名士兵借着黑暗的掩护，从桨帆船上登陆，然后开始以作战队形北上，目标是抢在敌人援军恢复战斗力之前，将其一举歼灭。与此同时，皮雅利的舰队从港口出发，向北航行，在圣保罗湾外海停泊。比尔古和森格莱阿的守军目睹土耳其舰队离去，然后他们登上希伯拉斯山，将圣约翰骑士团的红白两色旗帜插在圣艾尔摩堡的废墟上。现在他们可以看得见土耳其人在行军并将沿途的村庄付之一炬。

事实上，穆斯塔法的计谋很快就被一个变节的撒丁岛叛教者泄露给了基督徒方面。马耳他侦察兵在密切监视土耳其军队的动向。拉·瓦莱特向姆迪纳发送了十万火急的消息，让那里的部队做好准备。清晨，1 万名基督徒援军在姆迪纳远方的高地摆开了阵势。他们已经休整了两天，而且得到了新鲜食物，而不是航海饼干：每个连队都得到了一头牛。

前往姆迪纳的援军。

其中很多人是来自腓力二世在意大利的领地的西班牙老兵，包括长枪兵和火绳枪兵，他们惯于野战，对编队作战经验丰富。部队排成了作战队形。西班牙旗帜迎风招展，鼓手敲出激昂的鼓点。头戴钢盔的士兵们排成若干个方阵，如同森林一般屹立，静候奥斯曼军队的冲锋。

土耳其军队接近时，西班牙和意大利指挥官发现很难遏制他们的部下："所有人都摩拳擦掌，急于交锋，甚至用利剑威胁也控制不了他们。"[17]双方都认识到制高点的重要性，于是都奔向姆迪纳远方的一座筑有塔楼的小山丘。西班牙人赢得了这场赛跑，在山顶升起了自己的旗帜，开始面对山下的敌人。土耳其人试图站稳脚跟、与敌交锋，但被打退。战斗非常激烈，很多人被火绳枪或者箭打倒在地，而且此时已近正午，赤日炎炎。"在整个攻防战期间，我从没遇见过这么热的天气，"巴尔比写道，"基督徒和土耳其人一样，在疲劳、酷热和干渴的折磨下几乎站不住脚，很多人因此毙命。"[18]现在事实证明，穆斯塔法的进攻决策是个弥天大错。基督徒军队的兵力比那个摩里斯科人说的要强，身体状况也远比穆斯林生猛，后者毕竟已经连续苦战了四个月。土耳其人开始动摇。穆斯塔法的火绳枪兵在战线上坚守了一小段时间，但基督徒军队的冲击力是无法阻挡的。西班牙长枪兵猛烈冲杀，将敌人打得溃不成军。一直到最后都英勇无畏的穆斯塔法努力阻止部队溃败的大潮。他翻身下马，将马杀死，然后跑到最前沿。指挥官身先士卒也是徒劳，他的士兵在快速前进的基督徒威逼下兵败如山倒，溃乱地逃向海边。基督徒军队旌旗招展，战鼓隆隆，身穿红白两色外衣的骑士们奋勇冲杀，西班牙士兵用他们的长枪刺杀敌人。阿斯卡尼奥负了伤，堂阿尔瓦罗胯下的坐骑被击毙，但基督徒军队已经是所向披靡了。奥斯曼军官完全无法控制他们的部下；他们乱七八糟地四散逃跑。穆斯塔法向舰队发送了一条紧急命令，指示将船只驶近岸边，船首炮指向陆地，准备掩护撤退。通往大海的干燥地带变成了杀戮场。天气酷热难当，双方都有人不堪承受铠甲的重压，倒地死去。但西班牙援军兵力更强，战备也更充足。他们杀声震天[19]，带着复仇的渴望冲向敌人。基督徒对圣艾尔摩堡大屠杀记忆犹新，基督徒指挥官命令不接受任何俘虏。有些土耳其士兵倒地之后就无力爬起，或者丧失了爬起来的意志力。他们就这样被杀死在地上。

　　马耳他攻防战最后的血腥一幕上演于圣保罗湾的岸边。圣保罗的传奇式海难就发生在这里，对马耳他人来说具有非常重要的基督教意义。而对撤退中的穆斯林来说，这个地点将决定他们的生死存亡。几十艘桨帆船停泊在近海，一大群较小的划桨船冲进海湾，将败军救走。撤退的士兵被驱赶到海滩上和海湾周围的砂岩岩架上，然后又被赶下海。浅水区成了一个屠场。年轻的马耳他人和西班牙士兵浪花四溅地蹚水冲进潟湖，向挣扎的土耳其人奋力劈砍。土耳其人拼命挣扎着上船，却将小船掀翻。死尸在蔚蓝海水里漂浮，拖曳着红缎带般的血迹。最后一批幸存者跌跌撞撞地爬上了船。随后，桨帆船群将大炮瞄准海岸，于是堂阿尔瓦罗和阿斯卡尼奥命令部下撤退。他们站在炎炎赤日下，精疲力竭，注视着敌人舰队离去。在海滩上和海水里，到处是头巾、弯刀、盾牌和不计其数的死尸。"我们在当时无法准确估算敌人死者的数量，但两三天后，溺死的人的尸体浮到了海面上，"巴尔比写道，"海湾内臭气熏天，没人能够接近。"[20]

天黑之后，奥斯曼桨帆船返回岸边，装载了淡水，然后分散离去。巴巴利海盗返回北非，帝国舰队则踏上漫漫归途，去直面苏丹的愤怒。他们在马耳他这片贫瘠的土地上留下了大约 1 万具尸体，那或许是整个陆军的一半。舰队的背后是一个千疮百孔的岛屿，按照贾科莫·博西奥的说法，马耳他"干旱枯萎、惨遭洗劫和毁坏"[21]。8000 名守军中只有 600 人还有战斗力，500 名骑士中有 250 人阵亡。马耳他发出死亡的恶臭。基督徒幸存者敲响大钟，感恩上帝。罗马城的大街上点燃了庆祝胜利的篝火；整个欧洲，一直到伦敦，人们发出感恩的祷告。四十年来，苏莱曼第一次在白海遭受了重大失败。虽然在过去有很多基督教城市被土耳其攻克，但这一次欧洲的三角堡坚守了下来，使得基督教海岸躲过了一场巨大浩劫。由于基督徒们的宗教热诚、不可战胜的意志力和幸运，马耳他得以幸存。在这场战役中，拉·瓦莱特激起了整个欧洲的热情。

战败的消息不可避免地传到了身处伊斯坦布尔的苏莱曼耳边。穆斯塔法和皮雅利小心地先发回报告，然后在夜间悄悄地驶进金角湾。消息传遍全城后，大家陷入了悲痛。基督徒"不敢上街，因为害怕土耳其人向他们投掷石块。土耳其人全都披麻戴孝，有的哀悼兄弟，有的悼念儿子、丈夫或者朋友"[22]。但苏莱曼的回应却是罕见的沉默。两位将领都

14. "马耳他不存在"

保住了性命,尽管穆斯塔法丢掉了官位。皮雅利次年将再次出海,袭击意大利海岸。苏莱曼对在一场残酷激战中幸存下来的近卫军非常慷慨。他下令,所有"参加马耳他攻城战的近卫军士兵都将得到晋升和金钱赏赐"[23]。帝国的官方史册对马耳他战役的失败轻描淡写、一笔带过。自此,土耳其人有了一种说法:"马耳他不存在。"就像攻打维也纳的失败一样,马耳他战役也被视为奥斯曼帝国无数胜利中的一个可以忽略的小小挫折。

虽然基督教世界敲响了胜利的钟声,点燃了欢庆的篝火,但在地中海中部,没人认为马耳他战役宣告了奥斯曼帝国野心的终结。在土耳其舰队返航之后,基督教各国的外交报告中仍然充满命悬一线的危机感。马耳他已经是一片废墟;它的防御工事化为瓦砾堆,居民负债累累、贫穷无助。幸存的骑士当中很少有人能够再战斗。毫无疑问,1565 年的惨败伤害了苏莱曼的自尊,他在重建舰队,必然会再次征伐。"他已经下达旨意,"当年 10 月从伊斯坦布尔发出的一份报告称,"到明年 3 月中旬,必须有 5 万名桨手和 5 万名士兵就位。"[24]欧洲仍然处在恐慌中,毫无安全感可言。他们几乎没有时间集结军队、收集金钱和重新武装马耳他岛。人们在希伯拉斯山上开始疯狂地修建一座新城堡,并将其命名为瓦莱塔,以纪念骑士团的大团长。人们紧张地注视着东方。

但是,除了对意大利发动了一次不痛不痒的袭击外,土耳其人放弃了大海。奥斯曼帝国的征服转向了匈牙利。第二年,苏莱曼御驾亲征。这是他的第十三次出征,也是他近十二年来第一次出征。苏丹已经七十二岁高龄，身体状况不佳，不能骑马，只能乘坐笨重的马车。他率领的是他一生中征集的最庞大军队。这将是施展帝国威严的时刻。在马耳他战役之后，苏莱曼希望重新确立自己圣战领袖的地位，以显示"众苏丹的苏丹、向世间诸君主分配王冠者"[25]的力量仍然能够撼动世界，伊斯兰征服的力量将是不可穷尽的。

土耳其大军花费了很大力气才攻克了位于沼泽地带的锡盖特堡，一小支匈牙利军队在那里像圣艾尔摩堡守军那样死战到底，让土耳其人付出了巨大代价。9月初，苏丹班师回朝。皇家马车在一望无垠的平原上颠簸前行。六名侍从跟随在车轮旁，背诵着《古兰经》的诗节。长着鹰钩鼻、面色苍白的苏莱曼腰杆笔直地坐在车内，遮蔽在帐幕后。士兵们能够隐约瞥见"真主在人间的影子"的身形，得到一些安慰。

但车内的人并非苏莱曼，只是皇室的一个替身。苏丹其实已经驾崩。他的尸体被除去内脏、涂上防腐香油，秘密运回。苏莱曼于1566年9月5日或6日去世时，锡盖特堡还在坚守。对敌人的顽抗感到不耐烦和恼火的苏丹在去世前几个小时写道："这座烟囱还在冒烟，征服的连续鼓点还没有敲响。"[26]伟大苏丹的戎马一生以攻克贝尔格莱德的辉煌胜利拉开帷幕，又以这句话为尾声。他的临终话语暗示了他的失望、痛心和挫败感。不管占领了多少岛屿，攻克了多少城堡，伊斯兰世界帝国的梦想就像沙子一样从他手心流去，再也无法实现了。这时他离莫哈奇有37英里远，1526年他曾在那里大败匈牙利军队。在广阔平原上，基督徒的头骨还在泥土里缓缓褪色。

在地中海，所有人都知道奥斯曼帝国的攻势将持续下去。马耳他是个未完成的故事，还缺个结局。这一次南欧只能算是侥幸过关。

第三部

大决战：冲向勒班陀，
1566 ~ 1580 年

15. 教皇的梦想
1566～1569 年

　　基督教欧洲花了大约 150 年时间才真正理解奥斯曼帝国皇位继承的真正特点。为了将内战的可能性扼杀在萌芽状态，苏丹驾崩消息的发布总是事先安排好的。这消息传到西方的时候，大家都松了一口气。人们虔诚地希望，新苏丹或许会更容易顺从劝导、不像前任苏丹那样好战，就好像开战与否取决于苏丹的个人选择似的。甚至连戎马三十年的穆罕默德二世（君士坦丁堡的征服者）最初登基时也被欧洲人认为是乳臭未干、不构成威胁。塞利姆二世于 1566 年 9 月登基的时候，欧洲人总体上已经摈弃了这样的观念：统治者的更迭必然意味着新的战争。

在选择储君的残酷过程中，新苏丹的更有才干的兄弟们已经死去或者被处决，只有他一个人幸存下来。没有人对塞利姆二世有很高的评价。他相貌平平，生性懒惰，与军队的关系也不好。近卫军称他为"公牛"。据说他嗜酒如命。外国使节发回了充满负面评价的报告："塞利姆二世生性暴躁嗜血，沉溺于各种肉体享乐中，尤其酷爱饮酒。"[1]但到16世纪中叶，欧洲人已经理解，君主的个人秉性和国家大事几乎没有关系。征服的宏图霸业对苏丹的地位来说是至关重要的，它与苏丹作为伊斯兰世界领袖的身份错综复杂地结合在一起。这一点在权力的外部标志中也不断地体现出来：高贵的头衔宣示了对世界的主权；富丽堂皇的作战营帐和旗帜，镶嵌宝石的利剑和高贵典雅、镶有《古兰经》中胜利章节文字的头盔都强调了苏丹作为伊斯兰战士的身份。只有伟大的征服才能巩固苏丹的地位。战争并不取决于个人的意愿，而是一项持续不断的帝国霸业，受到伊斯兰教的佑护。奥斯曼帝国的整个国家机器都需要战争；如果征服战争受挫，就像在马耳他那样，也只是个暂时的挫折，很快就能克服。"土耳其人的扩张就像是大海，"一个塞尔维亚人在一百年前曾如此评论，"永远不会安顿下来，永远汹涌前进。"[2]在过去的日子里，苏丹要亲自指挥所有的战役。现在，苏丹不需要亲临战场，只需用他的马尾旌旗和精巧美丽的旗舰代表他的存在，自有前线将领代替他冲锋陷阵。由于远离战场，塞利姆二世对战败的可能性不屑一顾；对奥斯曼帝国的苏丹们研究很透彻的威尼斯人认为塞利姆二世"自视甚高，蔑视世界上其他君主；他自认为能够向战场投入无穷无尽的军队，不肯听取任何不同意见"[3]。

塞利姆二世很快就认识到了战争对帝国的必要性。在他通过埃迪尔内①门（征服之门）盛装进入伊斯坦布尔的那一天，近卫军发生了哗变。他们封锁了宫门，不准新苏丹进入，向他索取惯例的赏赐。此时仍然担任海军司令的皮雅利帕夏被从马背上打了下来。塞利姆二世不得不匆忙向士兵们分发金币，才解决了事端，但他从中吸取了教训。常备军就像只老虎，每一位苏丹都必须学会驾驭它。要驾驭它，就需要胜利，以及随之而来的战利品和土地的赏赐。害怕政变的塞利姆二世是第一位从未御驾亲征过的苏丹，在这方面，他的统治算是一个分水岭。但征服战争还是要继续下去的，地中海仍然是个让他非常感兴趣的目标。

以娴熟的手腕安排塞利姆二世登基的是波斯尼亚出身的首席大臣索科卢·穆罕默德帕夏。就是索科卢在御医的帮助下隐瞒了苏莱曼的驾崩，并平息了近卫军在伊斯坦布尔的反叛。他身材高瘦，城府极深，容易受到贿赂的腐蚀，但对每一位苏丹都绝对忠诚（他在垮台之前一共侍奉过三位苏丹），而且他才华横溢。他在苏莱曼治下已经证明了自己的才干，先后担任过将军、法官、行省总督，甚至在巴巴罗萨死后还担任过海军司令。他在 1565 年被任命为首席大臣，又成为塞

---

① 埃迪尔内旧称哈德良堡或阿德里安堡，因罗马皇帝哈德良所建而得名。现在是土耳其埃迪尔内省省会，位于邻近希腊和保加利亚的边境。著名的阿德里安堡战役就发生在此地：公元 378 年，罗马帝国军队与哥特人交战，遭到惨败，皇帝瓦伦斯阵亡。另外，1365～1453 年这里是奥斯曼帝国的首都。

塞利姆二世苏丹

利姆二世的驸马爷。在马耳他的失败之后,索科卢对地中海明显持谨慎态度。他更看好在匈牙利开展陆战。但是,有其他人在与他竞争苏丹的信任。威尼斯人对他的长处和弱点也做了分析:"在外交谈判方面他技艺高超,有极深的理解力……苏丹将全部国家大事都托付于他……尽管如此，穆罕默德对于持久地保持苏丹的宠信仍然缺乏信心，也不敢在苏丹面前直言不讳……他曾说，他虽然享受着苏丹赋予的极大权力，但在苏丹命令他装备 2000 艘桨帆船的时候，他还是不敢告诉苏丹，帝国没有足够的力量办到这一点。他的胆怯一方面是由于苏丹的暴虐性格……一方面是由于他不断受到其他帕夏的嫉妒。"[4] 索科卢的主要目标是牢牢地攀住权力的巅峰，但从塞利姆二世登基伊始，他就受到野心勃勃的竞争者的挑战，其中最强劲的对手便是塞利姆二世幼年时的教师拉拉·穆斯塔法帕夏①和皮雅利帕夏。苏丹始终待在京城，他身边争权夺利的派系斗争将对奥斯曼帝国在白海的决策产生重要影响。所有争夺苏丹宠信的人同时也牢牢记住标志着易卜拉欣垮台的溅血宫墙。为苏丹办事，失败是不可接受的。

　　塞利姆二世登基的同时，还发生了另一起重要的权力更迭。在欧洲权力政治的复杂矩阵里，罗马教廷一贯最坚决地反对苏丹。罗马和伊斯坦布尔分别是两个世界的中心，势不两立、不共戴天。1565 年 12 月 9 日，在马耳他攻防战的恐怖时期领导基督教世界的教皇庇护四世在他位于博吉亚塔的寓所去世。在仲冬时节的短暂白天里，天主教会的红衣主教们召开了秘密会议，选举一位新教皇。

　　1566 年 1 月 8 日，表示新教皇选举成功的白烟从梵蒂

---

　　①　注意，他与指挥马耳他战役的穆斯塔法帕夏不是一个人。

冈的烟囱里冒出，新教皇的人选是所有人始料未及的。米凯莱·吉斯莱里和他的前任迥然不同。庇护四世头脑冷静，在新教兴起的风暴中仍然保持高度宽容，是个深知人情世故的人。他出身豪门，深知为政之道，温文尔雅而老于世故，是个典型的文艺复兴时期的教皇。吉斯莱里则出身贫寒，少年时在皮埃蒙特的山上以放羊为生，完全是靠教会的抚养和提携才走到今天这一步。他在为教会效力时的热忱令人惊叹，前不久还担任过异端裁判所的大法官。新教皇选择了庇护五世的称号。在当时的情况下，这个选择不太恰当，因为他的前任对他非常憎恶。吉斯莱里不是一个能够和罗马或佛罗伦萨的权贵们一起觥筹交错的人。庇护五世已经秃顶，白胡子迎风飘扬，固执己见、严格自律、坚定不移，更像是《旧约》里的先知，而一点不像博吉亚教皇①。他不懂政治手腕，生活简朴，对上帝满腔热忱，日夜工作，不肯停歇。他只有两件质地粗劣的羊毛衬衫，轮流穿着和换洗，但充满了虔诚的能量。他满腔热情地保卫和弘扬天主教会，坚决反对教会的敌人——新教徒和穆斯林，这种热诚可以追溯到中世纪十字军东征的精神。庇护五世将英格兰女王伊丽莎白逐出教会，称她为"恶灵的奴仆"[5]。他无论走到何方，总带着一种咄咄逼人的火药味，一种气势汹汹而毫不宽容的能量，

---

① 指的是教皇亚历山大六世（原名罗德里戈·德·博吉亚，1431～1503，1492～1503 在位），他出身西班牙，是历史上最具争议的教皇之一。一方面，他生活腐化、利欲熏心、心狠手辣；另一方面，他大力赞助文艺，拉斐尔和米开朗琪罗都曾受他庇护；同时他同情被压迫的犹太人，反对奴隶贸易。值得一提的是，他的儿子切萨雷·博吉亚就是马基雅维利在《君主论》中高度赞扬的理想君主。

正因为如此，人们对他的看法也颇有分歧。腓力二世在梵蒂冈的使节报告称，庇护五世"是个善良的人……具有极强的宗教热情……在当前时局下，我们就需要这样的红衣主教成为教皇"[6]。更务实的人对他的评价就没有这么高了。"假如当前在位的圣父离我们而去，我们会更高兴，不管他是多么伟大、无法描摹、独一无二和非同寻常，"[7]在新教皇即位的这一年，有一位神圣罗马帝国的谋臣如此冷淡地写道。

庇护五世这位老人熠熠生辉的眼睛被复兴十字军东征的梦想所吸引。欧洲人在马耳他战役中得胜，更多靠的是运气，而不是谋略。围城战之前，欧洲各国没有统一的目标；关于救援马耳他的指责在战后也让大家心存芥蒂。从匈牙利边疆到西班牙海岸，基督教世界仍然受到严重的威胁。只有团结一心，才能成功地抵御奥斯曼帝国。"任何人单枪匹马都无法抵抗敌人，"[8]他坚持道。庇护五世决心完成多位前任教皇未竟的事业：将基督教各国从危险的沉睡中唤醒，建立一个长期性的神圣联盟来弥合各国的利益分歧，共同对付异教徒。他以宗教法官的热情投入到这项工作中。即位四天之后，他命令教廷重新开始向腓力二世提供资金援助，用以建造桨帆船，保卫基督教海域。这是小小的第一步，但在16世纪60年代晚期的动荡岁月里，庇护五世将成为基督教世界的捍卫者，以及驱动反对伊斯兰教的圣战的强大力量。

在1566年，他的任务的艰巨性是不言自明的。欧洲是强烈感情的旋涡，被不同的利益、帝国野心和宗教冲突撕扯

庇护五世

得四分五裂。腓力二世有十几件互相矛盾的事业需要关注：新大陆的殖民地、[9]西班牙位于北非海岸的前哨基地的安全、国内针对残余穆斯林的圣战、土耳其人的威胁、与法国的互相猜忌、尼德兰新教徒的反叛余孽。这些事情先后吸引了高坐在马德里阴郁宫廷的天主教国王的注意力。他的帝国疆域分散，满是裂纹，深处困境。只有不断从南美运送白银到西班牙的大帆船队才能维持西班牙的帝国霸业。尽管如此，财政方面仍然捉襟见肘。腓力二世对地中海并无总体的战略计划，只能对成千上万的纷繁问题逐个做出反应。1566 年，低地国家的不满情绪终于演变成公开的反叛，腓力二世不得不让他最精锐的部队行军穿过一个高度紧张、满腹狐疑的欧洲。总的来讲，他在地中海没有力量采取行动。法国人也不能更好地慰藉教皇。他们和土耳其人还有盟约，而且法国国内爆发了宗教战争。1566 年，法国南部的新教徒反叛已成星火燎原之势。至于一贯自私自利的威尼斯人，没人信任他们。为了向土耳其人发起协调统一的回应，庇护五世至少需要将教皇国、威尼斯和西班牙三方的资源拧成一股势力。耗时五年，加上特殊事件作为契机，他的事业才最终成功。

在马耳他战役之后的几年内，腓力二世不断抵制教皇关于建立神圣联盟的要求，同时继续接收教皇慷慨解囊的圣战经费。他正被尼德兰的反叛困扰，无意发动新的战争。腓力二世有时非常讲求实际，令人惊讶；他甚至私下里考虑和塞利姆二世正式缔结停战协定。同时，腓力二世没有忘记杰尔巴岛的教训；他低调地谋划着，继续在巴塞罗那建造桨帆船；到 1567 年，他已经拥有 100 艘桨帆船，虽然还不能单独与土耳其人作战，但足以威慑敌人，令其不敢发动远距离攻击。

但总的来讲，土耳其人仍然没有涉足地中海。1566

年，皮雅利率领 130 艘桨帆船出现在亚得里亚海，再次令基督教世界颤抖。西西里、马耳他和拉格莱塔的全部防御力量都整装备战，但皮雅利只是三心二意地对意大利海岸劫掠一番就撤走了。在随后多年内，这种先是威势逼人、后来却无声无息的闹剧上演了很多次。土耳其人很安静，他们的行为不可捉摸。地中海再次成为谣言之海，一个充满来源不明情报的阴影世界。在地中海北岸的各大港口，间谍们大发横财，将零碎的飞短流长作为情报传播。威尼斯在杜布罗夫尼克①的间谍从情报工作中大获其利。双方都故意散布假情报，又都耐心地筛选、甄别收到的情报。当时有很多窃窃私语、暗示和威胁：土耳其人正在准备进攻十几个地点中的某一个——拉格莱塔或马耳他，塞浦路斯或西西里；或者并不打算进攻任何地点。双方虚虚实实地你推我挡，土耳其人会派出一支巡航舰队，然后又将它撤回，以折磨敌人的神经。双方都扫视着海平线，寻找船帆的踪迹，但都没有找到。威尼斯人被夹在双方之间，越来越如坐针毡。他们开始为自己的克里特和塞浦路斯领地担心。而土耳其人似乎在摆出和平姿态；他们在 1567 年与提心吊胆的威尼斯人签订了一项新协定，在次年又与匈牙利签订了和约。这种和平假象至少争取到了时间：马耳他得到重建；西班牙则清剿了其领海内的海盗。

在马德里、威尼斯、热那亚和罗马，关于奥斯曼帝国的意图，人们提出了上百种假设。有人说，新苏丹对战争

---

① 克罗地亚港口城市，位于亚得里亚海岸的南部、萨拉热窝西南方。

不感兴趣。"苏丹唯一的兴趣是尽情享乐，饕餮宴饮；国家大事全都交给了几名重臣，"[9]西班牙人的一份报告如此写道。还有人说，土耳其人正在东方忙活，或者还在等待时机。

奥斯曼帝国大政方针的策源地隐藏在外国势力的视线之外，不管潜伏在伊斯坦布尔的外国间谍多么努力地刺探。况且，没有人能够对整个大海一览无遗。1566～1568年，还有更重要的天命在地中海起作用，干扰了凡人的计划：庄稼歉收、人口暴涨的城市缺少粮食、瘟疫和饥荒爆发。1566年，埃及和叙利亚发生饥荒，哀鸿遍野；1567年，西班牙间谍报告称，伊斯坦布尔发生了严重的粮食短缺；那里还爆发了瘟疫，导致很多人死亡，法国间谍佩特罗莫尔就于1568年在该城病死。人类生存如此艰难，战争的话题只能暂时搁置。

在此期间，精力充沛的索科卢·穆罕默德正被更东方的问题困扰。土耳其人早就认识到了治理阿拉伯地区的困难；巴士拉以北的沼泽地带发生了叛乱，也门则出现了更严重的问题。同时，索科卢还在谋划富于想象力的计划，为新的征服扫清道路。他下令在苏伊士地峡开凿运河，这样奥斯曼帝国的船只就能直接进入印度洋；另外还计划开凿第二条运河，将黑海和里海连接起来，从水路进攻波斯。这两个计划最终都未能实现，它们的失败影响重大。奥斯曼帝国的航海家不再有新世界可以探索。由于被自然障碍包围，他们只能继续开拓旧世界。

16世纪60年代末期，新的全球化力量在发挥作用，给人们的各种动机和意图带来了制衡。地中海是巨大的动荡地域的中心，只有从空间地域的角度才能够真正理解它内部错综复杂的相互联系。在也门、尼德兰、匈牙利和北非发生的事件错杂纠结，互相影响。土耳其人在地中海给腓力二世施加的压力助了北欧的新教革命一臂之力。新大陆也第一次对欧洲产生了影响。1564 年，西班牙人在佛罗里达的卡洛琳堡屠杀法国定居者之后，两国关系严重恶化。更富有戏剧性的是，秘鲁波托西①的银矿既在支持，也在破坏旧世界的经济。从 16 世纪 40 年代起，南美的金银被运过大西洋，给西班牙王室提供战争经费。西班牙国王因此能够建造船只、雇佣职业军队，开展规模空前的宏大战争。但财富的流入产生了一种通货膨胀的压力，这是哈布斯堡家族无法理解的。战争一直是代价高昂的；在 16 世纪，战争的经济代价急剧增长。航海饼干（海战中的一项关键开支）的价格在六十年间增长了三倍。经营西班牙桨帆船舰队的费用也相应地增长了两倍。物价上涨蔓延到整个欧洲，也影响到了奥斯曼帝国。战争成了一种极端昂贵的游戏。"要想打仗，必须有三样东西，"特里武尔奇奥元帅②在 1499 年颇有先见之明地评论道，"金钱，金钱，还是金钱。"[10]

现在只有两个超级大国——土耳其和哈布斯堡家族的帝国——拥有足够的资源来开展大规模战争，而且它们势均力

---

① 当时属于秘鲁总督辖区，今属玻利维亚，在西班牙殖民时代是重要的银矿。

② 特奥多罗·特里武尔奇奥（1458～1531），意大利贵族和佣兵领袖，在意大利战争期间为法国效力，被法王弗朗索瓦一世封为元帅。

敌。在帝国时代，双方都能够以此前无法想象的规模开发资源、征收赋税和聚集物资。到 16 世纪中叶，权力已经集中到马德里和伊斯坦布尔；规模庞大、精明强干的官僚机构以令人啧啧称奇的娴熟技艺管理着遥远省份的战争后勤工作。在地中海，比拼数字的巨大压力已经快要把较小的玩家压垮。在 15 世纪，威尼斯才是海上霸主；到 1538 年的普雷韦扎战役，威尼斯的舰队虽然已经扩张了五倍，仍然远远比不上土耳其海军。舰队规模的扩大让空间变小了。过去地中海的海战都是局部性质的，现在却可以席卷整个地中海。在巴巴罗萨和多里亚之后的三十年间，西班牙和土耳其一直在盲目地搏斗。它们在马耳他造成了僵局。争夺世界中心的大决战还没有拉开帷幕。

　　在两个大国的阴影下求生存的威尼斯人非常谨慎。他们在伊斯坦布尔和马德里之间逐渐缩小的边疆地带挣扎着。威尼斯仍然被贸易和战争的矛盾所困扰。它的地位非常暧昧模糊，处于两个世界之间晦暗不明的地带，既不是陆地国家，也不算海上强权；既不属于东方，也不属于西方；在两个世界间充当中介，被双方当作双面间谍。没有哪个国家像威尼斯那样投入了如此多的精力去观察和琢磨"土耳其苏丹"，或者与他共谋。在威尼斯执政官宫殿下方迷宫般的走廊里，一个忙碌的幕僚一直在一丝不苟地监视奥斯曼帝国的意图。威尼斯人就此写下了成千上万页的备忘录、报告和国际通报。与此同时，威尼斯共和国的外交官们不知疲倦地努力安抚凶残的邻居——谄媚、哄骗、向苏丹溜须拍马、贿赂苏丹的大臣们、提供信息和丰厚的礼物，并刺探情报。在伊斯坦布尔的威尼斯人不断向执政官宫殿发回大量密码写成的情报，报告关于划桨商船和快速双桅帆船的情况，并解读苏丹宫廷政治、舰队动向和战争传闻。他们厚颜无耻地分别向西班牙和土耳其报告另一方的情况，正如一位经验老辣的政治家建议的那样："最好把所有敌方君主都当作朋友，而把所有朋友都当作潜在的敌人。"[11]威尼斯完全按照这条久经考验的箴言行事。对教皇，威尼斯人自称是基督教世界的前线；对苏丹，他们将自己打扮为贸易伙伴和朋友。1568 年，腓力二世任命他的异母弟奥地利的堂胡安为新建舰队的总司令，威尼斯送去了满是甜言蜜语的贺信，但又把堂胡安的一举一动都报告给伊斯坦布尔。

威尼斯的牌打得非常小心，但在马耳他战役之后，这种微妙的走钢丝游戏变得越来越困难了。虽然在 1567 年和塞利姆二世签了新和约，虽然 1568 年海上非常平静，但威尼斯人还是心神不宁。土耳其人为什么这么好说话？他们隐藏了什么秘密吗？新和约只是为了欺骗吗？他们看到了一些令人担忧的迹象。情报表明，伊斯坦布尔造船厂有新的项目正在实施；同时塞利姆二世正在塞浦路斯对岸低调地修建一座要塞。对大海经验丰富的人不得不为威尼斯共和国的海外殖民地捏一把汗。拉·瓦莱特显然知道些风声，他在 1567 年，也就是他去世前不久，将圣约翰骑士团在塞浦路斯的地产全部变卖出手。威尼斯元老院采取了试探性的措施：适当加强兵力，并在克里特和塞浦路斯修建大炮铸造厂。但战争是昂贵的，精明而讲究实际的威尼斯人不愿意为不确定的事情花钱。他们仍然小心翼翼。

15. 教皇的梦想

在 1568 年，对罗马教廷来说，要让威尼斯和西班牙组成一个共同对抗土耳其的神圣联盟，仍然像以往一样难于上青天。腓力二世还在忙着镇压低地国家的叛乱，无意再发动一场积极主动的对外战争；而且，如果自私自利的威尼斯人在塞浦路斯或克里特遭到攻击，西班牙也没有理由去帮助他们。西班牙人在杰尔巴岛遇险的时候，威尼斯人去帮助了吗？圣艾尔摩堡陷落之后，威尼斯人不是公开庆祝了吗？至于威尼斯人，在遭到打击之前，仍然乐于和伊斯兰世界继续贸易往来，直到战争真正爆发才会向基督教世界求救。走一步算一步吧。

明眼人能看得出，战争的条件其实都已经具备：塞利姆二世需要一场胜利来巩固自己的地位，庇护五世激情满怀地煽动圣战，两个超级大国都在聚集资源，地中海的空间越来越小。某个导火索必将引爆战争，这只是时间问题。在1567 年底，西班牙发生的事件开始加快战争的步伐。

由于尼德兰新教徒发动叛乱，西班牙的宗教狂热气氛变得更加激烈。天主教会觉得自己四面受敌，尤其是在天主教国王自己的国家。异教徒并不遥远，就在直布罗陀海峡对岸，仅有投石之遥。异教徒包围着西班牙，甚至已经深入它的腹地。摩里斯科人，也就是被帝国强迫改信基督教的西班牙南部穆斯林，仍然是个未解决的问题。由于某种原因，无法将他们同化到主流社会中。随着土耳其人的阴影在整个地中海上越来越咄咄逼人，西班牙人越来越担心，摩里斯科人仍然在秘密地信奉伊斯兰教，他们是奥斯曼帝国圣战在西班牙国内安插的第五纵队。基督教西班牙对自己国内的人群越来越警惕。一年年越来越严厉的法令试图查证这些受到怀疑的新基督徒的宗教热情。1567 年 1 月 1 日，腓力二世发布了一道敕令，旨在彻底消灭伊斯兰教在西班牙留下的最后文化痕迹：不准使用阿拉伯语，禁止戴面纱，公共浴场也被禁止。对一直遭受猜忌和刺激的摩里斯科人来说，这是最后的打击。他们被不宽容和顽固不化的宗教教条逼到了死角。1567 年圣诞夜，来自阿尔普哈拉的摩里斯科山民登上了格拉纳达的阿兰布拉宫①的宫墙，以安拉的名义号召起义。

西班牙南部山区到处有人揭竿而起。天主教西班牙骤然陷入了内部的针对伊斯兰教的圣战，此时它的最精锐部队却仍然在几百英里外的尼德兰。叛乱让西班牙人对土耳其人的恐惧大大增加。摩里斯科人七十年来一直在恳求伊斯坦布尔的援助。在 16 世纪 60 年代晚期，他们发出了求救的呼喊，向伊斯坦布尔派出了代表。1570 年初，塞利姆二世从阿尔及尔派出了士兵和武器；火绳枪被运过海峡；很快就有 4000 名土耳其和巴巴利士兵来到了西班牙南部山区。西班牙人害怕，土耳其人在筹划远距离作战，入侵西班牙本土。据说，土耳其人将在 1570 年出航"以激励和援助格拉纳达的摩尔人"[12]。索科卢·穆罕默德公开请求法国国王允许土

---

① "阿兰布拉"的意思是"红色城堡"或"红宫"，位于西班牙南部的格拉纳达，是古代清真寺、宫殿和城堡建筑群。宫殿为原格拉纳达摩尔人国王所建，现在则是一处穆斯林建筑、文化博物馆。该宫城是伊斯兰教世俗建筑与园林建造技艺完美结合的建筑名作，是阿拉伯式宫殿庭院建筑的优秀代表，1984 年被选入联合国教科文组织世界文化遗产名录。

耳其军队使用土伦港作为基地。在混乱的局面中，海盗乌卢奇·阿里推翻了西班牙在突尼斯的傀儡政权，重新占领了突尼斯。查理五世最引以为豪的成就一下子就被粉碎了。距离骤然缩短：伊斯坦布尔不再位于东方 1000 英里处，土耳其人的幽灵已经近在咫尺。

摩里斯科人的叛乱迫使腓力二世将注意力集中到地中海。他召回了在意大利的部队；又在卡拉布里亚招募了更多的士兵。国王的异母弟奥地利的堂胡安受命镇压叛乱。这是一场肮脏丑恶的战争。长期遭到压迫、心怀不满的摩里斯科人和抱着极大恐惧的基督徒都使出了残酷的招数。被文化和信仰的鸿沟阻隔的双方不共戴天，战争的残酷预示了戈雅①的枪决行刑图，以及 20 世纪西班牙内战的冷酷无情的屠戮。土耳其人的干预让摩里斯科人信心倍增；他们在阿尔普哈拉冰天雪地的山隘上进行了绝望而可怕的斗争。西班牙军队以极大的残暴镇压叛军。1569 年 10 月 19 日，腓力二世授权军队从摩里斯科人那里劫掠战利品。烈火熊熊、血流成河的战争在 1570 年持续了整整一年。1570 年 11 月 1 日，腓力二世又采取了极端措施，命令将低地的全部摩里斯科平民驱逐，罪名是暗自帮助叛军。堂胡安认同这种逻辑，但感到这种做法过于残酷。"这是世界上最悲惨的景象，"他在 11 月

---

① 弗朗西斯科·戈雅（1746～1828），西班牙浪漫主义画家。他的画风奇异多变，从早期巴洛克式画风到后期类似表现主义的作品，他一生总在改变。虽然他从没有建立自己的画派，但对后世的现实主义画派、浪漫主义画派和印象派都有很大的影响，是一位承前启后的人物。1808 年拿破仑入侵西班牙后，他创作了多幅画作，反映拿破仑军队的暴行。

5 日写道，"在出发的时候，下着疾风苦雨或是鹅毛大雪，穷人们只能挤在一起，哭天抢地。没人能否认，将一个王国的居民尽数驱逐是人们能够想象的最凄惨的景象。"[13]叛乱被镇压了下去。土耳其人许诺派出的舰队始终没有来；或许土耳其人从来没有真正打算派出舰队：索科卢有可能在利用摩里斯科人来转移西班牙人的注意力，以掩护自己更深层的意图。索科卢运筹帷幄的基石是，在不激起基督教各国联合行动的前提下，确保奥斯曼帝国的计划能够正常进行。

但这一次，索科卢搬起石头砸了自己的脚。他或许希望用西班牙国内的叛乱牵制住腓力二世，却事与愿违。叛乱使腓力二世明白了一个战略真相：除非在地中海中部打垮土耳其人，否则西班牙会一直受到威胁。摩里斯科人的叛乱使得腓力二世更趋于接受教皇关于基督教各国联合抗敌的号召。

在地中海另一端发生的一个小事件揭示了奥斯曼帝国的真正意图。1568 年 9 月初，一支拥有 64 艘桨帆船的奥斯曼舰队出现在了塞浦路斯东南外海，指挥官是维齐尔阿里帕夏。在法马古斯塔，塞浦路斯岛的威尼斯统治者紧张了起来，派出一艘船，"携带盛在一个银碗里的 1000 皮阿斯特①，作为厚礼"[14]，前去拜访。维齐尔宣称，威尼斯人大可不必惊慌；他只是去安纳托利亚海岸运载木材而已，现在只是想雇用一个领航员；威尼斯人不应当相信关于伊斯坦布尔在进行军事集结的谣言；土耳其人准备舰队是为了援助西班牙的摩里斯科人，陆军则将进攻波斯。威尼斯人当然有理

---

① 欧洲古代多国使用过的货币，币值在不同时期和不同地区差别很大。

15. 教皇的梦想

由对这种"访问"提高警惕；1566 年，皮雅利就这样"友好"地访问过热那亚控制的希俄斯岛①，却一举将它占领。但礼貌起见，威尼斯人还是邀请一群土耳其军官参观了法马古斯塔的防御工事。阿里帕夏本人则在次日乔装打扮后登陆。他带来了一名为苏丹效力的意大利工程师约瑟菲·阿唐托，要求允许阿唐托在岛上自由行动，以便寻找四根古典石柱，用于正在为塞利姆二世建造的一座建筑。阿唐托恪尽职守地查看了全岛。虽然法马古斯塔以北几英里处就是萨拉米斯，那里的古建筑遗址上有大量的廊柱，阿唐托却莫名其妙地没有找到任何适合的柱子。但他对法马古斯塔和尼科西亚②的防御工事却做了细致的观察。

阿里的舰队离去了。几天后，塞浦路斯方面得知，这支舰队根本没有去运木材，而是径直返回了伊斯坦布尔，从法马古斯塔起航时还劫走了一船的威尼斯士兵。

---

① 爱琴海的一个岛屿，距土耳其西岸仅 8000 米。有种说法称，盲诗人荷马就出生在这里。

② 塞浦路斯的一座城市，今天是塞浦路斯共和国首都。

16. 盘子上的头颅
1570 年

　　或许威尼斯人对此早有预料。或许在三十年的和平之后，他们已经不敢正视奥斯曼帝国霸权的真相。在罗得岛陷落之后，塞浦路斯居然还能保全下来，是个不正常的现象。它是基督教世界在穆斯林海域的前哨阵地，位置孤立、土地肥沃，离威尼斯有几百海里之遥，对伊斯坦布尔的苏丹来说既是个恼人的刺激，也是个巨大的诱惑。"一个深入虎口的岛屿，"[1]一个威尼斯人如此描述塞浦路斯。

　　和马耳他一样，塞浦路斯始终生存在帝国争锋和圣战的阴影下。从空中俯视，它形似某种原始的海洋恐龙，带着一个剑鱼般的尖嘴和鳍足，深深插入大海的一角。贝鲁特就在

16. 盘子上的头颅

塞浦路斯东南方仅 60 英里处；从塞浦路斯向北可以看见安纳托利亚白雪皑皑的群山。塞浦路斯太大、太肥沃、太唾手可得，所有人都曾垂涎此地，并留下他们的印迹。亚述人、波斯人、腓尼基人都曾来到这里，复又离去。当地说希腊语的居民因为长期受拜占庭统治，已经改宗东正教。阿拉伯人统治塞浦路斯达三个世纪，伊斯兰教从未忘记对它的主张。十字军从西方来到这里，将它变为一个市场和基督教圣战的集结地，在棕榈丛中建造了哥特式教堂，将内陆的首府尼科西亚变成了一个来自五湖四海、操着各种语言的人们相聚的场所，法马古斯塔港在一个短暂时期内成了世界上最富裕的城市。威尼斯人在 1489 年凭借诡计夺得这个岛屿时，圣战的潮流已经逆转了方向，土耳其人已经快要成为地中海东部的主人。

几乎从威尼斯统治塞浦路斯的最初，它就名列奥斯曼帝国征服目标的清单。威尼斯人向苏丹称臣纳贡，向他的维齐尔们大肆贿赂，以保持自己的中立。他们采取的是一种不光彩的绥靖政策，一年年向志得意满的土耳其人手中塞金币。总的来讲，这种政策的性价比是很高的，比维持作战舰队要便宜（此时舰队已经年久失修），但别无退路。它让伊斯坦布尔方面相信，威尼斯共和国已经被和平软化，永远不会奋起战斗。

从短期看，绥靖政策是值得的。塞浦路斯向威尼斯母邦源源不断地输送财富：中央平原的粮食、南岸的食盐、烈酒、糖和棉花（后者被称为"黄金的植物"，由种植园上的农奴耕种）。威尼斯控制塞浦路斯完全是为了商业利益，对待它和对克里特一样恶劣。在威尼斯艺术家的形象描述中，海神尼普顿从一个取之不尽用之不竭的海螺中把这些海上殖民地的财富倾倒在威尼斯的膝上。这些财富被用于建筑和艺术，瘴气弥漫的潟湖上仿佛升起了海市蜃楼。石头教堂、提香①的绘画和圣马可广场的笙箫、富丽堂皇的宫殿、皎洁月光下的大运河，这些全都是靠划桨商船从地中海东部运回的财富支付的。

贸易是一边倒的。威尼斯从塞浦路斯获取财富，但不给它任何回报。塞浦路斯的希腊农民遭到压迫蹂躏，威尼斯人对他们的统治极度腐败，征收了恶毒的苛捐杂税。希腊平民的赤贫到了令人难以置信的程度。"塞浦路斯的全部居民都是威尼斯人的奴隶，"曾访问塞浦路斯的马丁·冯·鲍姆加登②在 1508 年写道，"他们全部收益或收入的三分之一都要上缴官府……此外每年还有各种苛捐杂税，穷苦的老百姓遭到了极度残酷的剥削和掠夺，几乎不能维持生计。"[2] 1516 年，政府为了征集现金，提议可以让 2.6 万名奴隶中有财力承担的人赎买自己的自由，结果只有一个人能凑得齐所需的 50 杜卡特。此外，共和国还将塞浦路斯岛视为流放地，将危险分子驱逐到此地，这当然也不能改善岛上的情况。杀人

---

① 原名蒂齐亚诺·韦切利奥（1488/1490～1576），意大利著名画家，曾活跃于威尼斯。他创作了很多以基督教和希腊罗马神话为题材的杰作，包括具革新意义的《圣母升天》。他的《酒神与阿里阿德涅》带有异教式的放纵，为文艺复兴艺术最伟大的作品之一。提香因刻画内心入微的肖像而大受欢迎，包括意大利主要贵族、宗教人物、皇帝查理五世的肖像。他以《欧罗巴被劫》达到才华的巅峰，这是他为西班牙国王腓力二世所绘的几件作品之一。
② 当时的德意志旅行者，曾经游历埃及、阿拉伯、巴勒斯坦和叙利亚。17世纪英国哲学家约翰·洛克的著作中曾提及他。

犯和政治异见者被流放到法马古斯塔，导致当地人口暴增。总的来讲，统治者是紧张不安的：塞浦路斯人是不会像马耳他人那样，忠心耿耿地为主子作战的。他们溜过海峡，向苏丹求助。16世纪60年代，两个塞浦路斯人来到伊斯坦布尔，向苏莱曼呈上书信称，岛上的农奴会欢迎奥斯曼帝国的统治。在伊斯坦布尔的威尼斯间谍贿赂了索科卢，让他把这两人交给他们。于是这两个人就失踪了，但这也不能让威尼斯宽心。16世纪60年代，民间的动乱和不祥的预兆愈演愈烈：1562年，有人计划发动农民起义；还有猛烈的风暴、严重的饥荒、瘟疫、地震和抢夺粮食的暴乱（这些迹象都被解释为上帝发出的警告），以及对土耳其人入侵的持续不断的恐惧，尽管威尼斯在1567年和土耳其签订了新和约。

塞利姆二世一直对塞浦路斯很感兴趣。早在1550年，威尼斯元老院就得到警告，假如塞利姆继承皇位，将会发生战争。到16世纪60年代末期，巩固皇威的需求和战略上的考虑都敦促塞利姆二世尽快消灭离奥斯曼帝国海岸如此之近的这个威尼斯殖民地。塞利姆二世需要巩固自己的地位，而只有获得辉煌的胜利，这位望之不似人君、缺少领袖魅力的苏丹才能维持军队的忠心。当时，奥斯曼帝国的伟大建筑师希南①准备在埃迪尔内建造新的清真寺群，但按照传统习

---

① 科查·米马尔·希南（约1489/1490~1588）是奥斯曼帝国苏丹苏莱曼一世、塞利姆二世及穆拉德三世的首席建筑师及工程师。他在五十年间负责监督及建造奥斯曼帝国的主要建筑物。超过三百座建筑物都以他的名字命名。他最杰出的作品是埃迪尔内的塞利米耶清真寺，最为著名的则是伊斯坦布尔的苏莱曼清真寺。他被视为奥斯曼建筑古典时期最伟大的建筑师，人们常将他与同时代的西方建筑师米开朗琪罗做比较。

俗，苏丹的清真寺必须用异教徒的钱修建。这笔经费只能来自征服战争。他在统治早期也曾向东方进攻，试图开疆拓土，但没有取得什么成果；现在他必须重返地中海。同时，威尼斯的这个岛屿的确也是个战略上的问题。它位于前往麦加朝圣的航道和通往埃及的贸易路线上，伊斯坦布尔依赖这些航道获得东方的财富，而且威尼斯当局也没能有效地清剿这一地区的基督徒海盗。圣约翰骑士团仍然是个特别的威胁。塞浦路斯位于奥斯曼帝国势力范围的中心，给帝国带来了很大麻烦。1569 年，海盗劫持了运送埃及财务大臣的船只，于是塞利姆二世下定了决心：必须占领塞浦路斯。

在这项决策的背后，是奥斯曼帝国宫廷的权力斗争。塞利姆二世的宠臣包括拉拉·穆斯塔法帕夏（苏丹幼年时的教师）和皮雅利帕夏，这两人都急于在个人的挫折之后重新夺得军事荣誉，并削弱首席大臣的影响力。进攻塞浦路斯的行动有可能将欧洲团结起来，因此索科卢·穆罕默德对此持谨慎态度，也不愿意看到自己的竞争对手春风得意，但他没办法阻止苏丹。他自己的策略是不战而屈人之兵，通过外交手段从威尼斯人手中获得塞浦路斯。

因为威尼斯和帝国缔结了和约，如果要开战，必须从大穆夫提①那里征询宗教上的意见：撕毁与异教徒的协议是

① 穆夫提是伊斯兰教教法的权威，负责就个人或法官所提出的询问提出意见。穆夫提通常必须精通《古兰经》、圣训、经注以及判例。在奥斯曼帝国时期，伊斯坦布尔的穆夫提是伊斯兰国家的法学权威，总管律法和教义方面的所有事务。随着伊斯兰国家现代法律的发展，穆夫提的作用日益减小。如今，穆夫提的职权仅限于遗产继承、结婚、离婚等民事案件。

索科卢·穆罕默德，首席大臣

否合法。穆夫提果然从阿拉伯人占领塞浦路斯的历史中找到了可以遵循的先例，并指出，为伊斯兰教夺回这些地区是塞利姆二世的义务。这是土耳其人在 16 世纪破坏的唯一一项协定。从一开始，塞浦路斯战役就带有特别的圣战意味。

1570 年 3 月 28 日，苏丹的特使库巴特将宣战书呈交威尼斯当局，但此时它的大体内容已经世人皆知，威尼斯人已经拟定了一个答复。甚至在库巴特发言之前，威尼斯执政官的游行队伍已经举起了红色的战旗。他们沉默地聆听奥斯曼帝国耳熟能详的专横辞令：

> 塞利姆二世，奥斯曼帝国苏丹、土耳其人的皇帝、万王之王、众君之君、真主的影子、人间乐园与耶路撒冷的主人，向威尼斯君主致意：我们要求你等主动交出塞浦路斯，否则我们将动用武力。切勿激怒我们的恐怖之剑，因为我们将在各地与你们开展最残酷的战争；也不要妄自以为凭借你们的财富就能安享太平，因为我们将使你们的财富如潮水一般一去不复返。好自为之，切记切记。[3]

土耳其人的直接威胁是针对威尼斯的财富的，从这可以看出，土耳其人，或者说索科卢，对威尼斯人是多么了若指掌。但这一次，威尼斯元老院非常坚决，以 195 对 5 的绝对多数（这也是前所未有的）选择了开战。为了防止库巴特遭到暴民的袭击，他们不得不让他从后门溜走。

16. 盘子上的头颅

虽然来了这么一记晴天霹雳，但奥斯曼帝国的计划绝非心血来潮。1568 年对塞浦路斯的"访问"表明，他们已经为此筹划了多年。这显然是奥斯曼帝国最终彻底控制地中海东部的宏图大业的一部分。除了侦察之外，他们还进行了仔细计算、小心筹划，并与奥斯曼帝国的外交相配合。不管索科卢个人意愿如何，他都在攻打塞浦路斯战役的筹划中扮演了重要角色。他先是和匈牙利与也门议和，然后对基督教欧洲进行了迷惑和欺骗，谎称土耳其许诺援助摩里斯科人的叛乱，完全是为了转移身在遥远的马德里的腓力二世的注意力。土耳其人还向法国国王查理九世提出缔结新约的提议，目的是让基督教世界陷入外交混乱。威尼斯人则被鼓励去贿赂索科卢这个"威尼斯的朋友"。索科卢煽风点火，让威尼斯人对奥斯曼帝国的侵略无比恐惧，然后在最后时刻提出，要以和平手段把塞浦路斯拿走。索科卢推断，威尼斯离塞浦路斯路途遥远，就算真的敢迎战，也无力展开足够强大的防御；最关键的是，欧洲仍然是一盘散沙，不可能团结抗敌。奥斯曼帝国的战略思维里一直害怕欧洲人再来一次十字军东征，但是两百年的经验表明，基督教世界乱七八糟，无力一致对外，因此索科卢有理由期望让威尼斯自己乖乖投降。他赌的这一把很有把握，然而却失败了。1570 年初的时候，没人能够预测，塞浦路斯战争和摩里斯科人的叛乱——地中海两端发生的事件——能够引发一个连锁反应，让所有人都大吃一惊。他们也没预想到，教皇庇护五世弥赛亚般的个人魅力，或者奥地利的堂胡安的勇猛无畏，或者法马古斯塔事件的急速发展，能够给予基督徒们一种共同的斗志。

早在库巴特发出富有戏剧性的最后通牒之前，威尼斯人已经开始向基督教欧洲发出提议，并再次提出了神圣联盟的问题，尽管这么做并不是很明智。3 月 10 日，威尼斯执政官给他在马德里的腓力二世宫廷的大使写了一封圆滑而虚伪的信："西班牙国王陛下的军队应当与我们的军队联合起来，共同对抗土耳其人的狂怒和强力。我们很乐意这样做，因为我们渴望普世的福祉，我们还希望，上帝已将仁慈的目光投向基督教世界，并愿意在此时压制异教徒的放肆。"[4]问题在于，没人信任威尼斯的"真诚"；甚至在威尼斯人提出这个建议时，人们仍然在怀疑，他们是否还在和索科卢协商。他们的确在这么做。如果土耳其人撤回了威胁，那么里亚尔托①的商人们会迅速把基督教世界的福祉忘个一干二净，继续和异教徒做生意。腓力二世无疑还能回忆起圣艾尔摩堡陷落之时威尼斯人的欢呼雀跃，因此对援助威尼斯毫无兴趣。事实上，如果奥斯曼帝国集中兵力对付塞浦路斯，西班牙将得到一个千载难逢的良机去收复突尼斯，并巩固地中海西部。

但是大家都没有考虑到教皇。塞浦路斯危机正好带来了庇护五世等待良久的重新建立神圣联盟的机遇。他激情满怀地投入到这项工作中；他立刻命令教廷为这项事业提供桨帆船，慷慨解囊的速度让习惯了前任教皇的一毛不拔的人们目瞪口呆。"圣父证明了我们卡斯蒂利亚一句谚语的准确性，"西班牙红衣主教埃斯皮诺萨说过这样一句俏皮话，"便秘的

---

① 威尼斯城的一个区域，是威尼斯金融和商业中心。

人往往会因为腹泻丧命。"[5]

庇护五世派遣西班牙教士路易斯·德·托里斯去拜见腓力二世，用强有力的论据劝说国王同意联合行动。"很明显，土耳其人与威尼斯人发生争吵的一个主要原因是，土耳其人认为后者孤立无援，无望与陛下结盟，因为陛下正忙于对付格拉纳达的摩尔人。"[6]索科卢的确是这么想的；这种想法不无根据，但产生了意想不到的影响。

腓力二世对神圣联盟的整个构想满腹狐疑，而且他天性谨慎，也不是能够迅速做出决断的人。他是个服从上帝意志的执政者，身着肃穆的黑衣，亲自阅读所有文件，以专制手段统治国家，满腹疑虑，前思后想，从来不能快速下决心，也从不会过早地流露出自己的真实想法。"他是世界上最精于不露声色、装模作样的人之一，"法国大使抱怨道，"他比任何其他国王都更擅长伪装和隐蔽自己的意图……一直隐藏到时机有利的时候，才会把自己的想法告诉别人。"[7]

塞利姆二世会把国家大事分配给臣子，腓力二世却事必躬亲，亲自斟酌所有的细节，指挥每一次行动。他的决策出了名的缓慢。"如果我们必须等待死亡，"他的大臣们开玩笑说，"但愿它是从西班牙来的，因为那样它永远到不了。"[8]

但托里斯抵达马德里的时候是一个关键时刻，起初似乎取得了意想不到的成果。此时镇压摩里斯科人的战争正处于高潮，腓力二世在科尔多瓦督战。西班牙充满了宗教狂热，腓力二世也深深地担忧，土耳其人可能在援助叛军。在情绪激昂的气氛下，空间的距离似乎缩短了，腓力二世感到，此时只有直接向奥斯曼帝国发出挑战，才能解决他的国内问题，并彻底解决地中海的安全问题。托里斯还带来了教皇的许诺——教廷将提供大笔资金。基督徒们无时无刻不在考虑金钱问题。托里斯在仅仅两天之内就得到了答复。天主教国王原则上同意加入神圣联盟，但盟约的具体条件必须仔细斟酌，腓力二世谨慎的天性很快又占了上风。在此期间，在教廷即刻付款的期望的鼓励下，他承诺"立即"发出援兵，以便"取悦教皇，并时刻满足基督教世界的需求"[9]。他将派遣乔万尼·安德烈亚·多里亚（他曾在杰尔巴岛战役中不光彩地幸存下来）率领一支桨帆船舰队，驶往意大利南部。多年以来，这是基督教世界首次团结一致，共同抵挡奥斯曼帝国的洪流。

这支援军将由三个部分组成。在教廷提供金钱以及参战者均可得到赦罪的许诺的刺激下，威尼斯、教皇国和西班牙把它们的舰队合而为一，共同援救塞浦路斯。三国的军队各有自己的指挥官。威尼斯人在圣马可广场举行了一个典型威尼斯式的盛大典礼，将指挥权授予吉罗拉莫·扎内。他于1570 年 3 月 30 日率领一支桨帆船先遣舰队离开了威尼斯的潟湖。多里亚是整个行动中经验最丰富的航海家，他将指挥西班牙的桨帆船舰队。全军的总司令由教皇亲自挑选。他的选择其实是个政治上的妥协。马尔科·安东尼奥·科隆纳是意大利人，但同时是西班牙国王的封臣。教皇希望科隆纳能够让双方满意，并把腓力二世吸引到联盟中来。但问题是，科隆纳是个外交官和陆军将领，并非有经验的海军指挥官。西班牙阵营里有人私下里对他大加嘲讽，红衣主教埃斯皮诺萨戏称，自己的妹妹对舰船的了解和科隆纳一样多。起初腓力二世只是勉强同意这个任命，并且为科隆纳没有征求他的意见就接受任命而颇感恼火。他提醒科隆纳，目前为止，联盟还只是纸上谈兵。但庇护五世固执己见。7 月 15 日，腓力二世写信给科隆纳，对他的被任命表示满意。

这些友好辞令的背后是高度的互相猜忌和虽然没有言明却十分严重的目标分歧。1570 年的这次远征并没有明确的条件，是在相互不信任的气氛下开展的。唯一维系联盟的就是教皇的意志和资助。腓力二世没有兴趣为了威尼斯人的利益去援救塞浦路斯，但他欢迎教皇的资助，并希望将这次远征的目标改为北非；天生的谨慎以及杰尔巴岛的灾难决定了他给多里亚的秘密指令的内容。小心重建起来的舰队假如损失掉，西班牙将再次暴露在北非海盗的虎口下。他绝不愿意为了奸诈的威尼斯人而拿自己的舰队冒险，毕竟威尼斯人完全有可能在最后关头和苏丹做笔交易。威尼斯人则对热那亚人，尤其是多里亚家族高度不信任，特别是在 1538 年的普雷韦扎惨败之后。而威尼斯人和西班牙人对教皇钦点的海军统帅科隆纳都没有任何信任。他们都私下里命令各自的海军将领，要他们自行决断，仅在科隆纳的指令与他们的经验相符的时候才听他的。腓力二世给多里亚的命令的言辞特别模棱两可，包含了这样的指示："你应服从桨帆船舰队指挥官马尔科·安东尼奥·科隆纳……你有丰富的实践经验，应当不断提醒科隆纳，将你对所有事务的意见告知于他。"[10] 这句话的潜台词是："对于我们的桨帆船舰队的状态，你必须特别小心谨慎，因为任何不幸都将给基督教世界带来巨大损害。"腓力二世现在给多里亚的命令其实和他在马耳他战役期间给堂加西亚·德·托莱多的是一模一样的：尽量避免与敌人舰队交战。据说多里亚的兄弟曾提出打赌，"和敌人舰队不会发生任何交锋，因为乔万尼·安德烈亚得到了国王陛下的命令，在今年不要与敌交手"[11]。这和多里亚自己在这场冒险中的特殊地位是很合拍的：他既是王家舰队的司令官，也是个私人承办商。有 12 艘桨帆船是他的私人财产，在此役中借给腓力二世。他绝不会拿自己的财产随便冒险。

联军舰队就在这样的背景下起航了。整个行动的筹划稀里糊涂、漏洞百出，而且发动得太晚。威尼斯人已经安享了三十年和平，战备工作必须努力赶上。他们建造新船和改造旧船的速度令人咂舌。6 月，他们的造船厂交付了 127 艘轻型桨帆船和 11 艘重型桨帆船，但寻找可靠的人力资源和以往一样是个大难题。糟糕的海况和船上的恶劣条件让扎内的部队进一步迅速减员。他正在达尔马提亚海岸的扎拉①等待科隆纳和多里亚，这时他的桨手当中爆发了斑疹伤寒。不少人患病和死去。他奉命在那里停留了两个月，然后前往科孚岛，但形势继续恶化。无所事事让舰队士气低落；从希腊诸岛屿招募的新桨手也有不少染病死去。盟友迟迟不到，火冒三丈的威尼斯元老院于是在 7 月底命令扎内率领兵力锐减的舰队继续前进，开往克里特。

---

① 今称扎达尔，是克罗地亚的第五大城市，位于亚得里亚海沿岸，曾是达尔马提亚王国的首都。

乔万尼·安德烈亚·多里亚

与此同时，多里亚正在进行惯常的艰苦准备工作，在意大利南部集结军队，并等待腓力二世严格但自相矛盾的命令。国王又变成了谨小慎微的老样子，他其实并没有承诺让他的舰队与威尼斯人会合，而只是承诺将舰队派往意大利。花了不少工夫才把局势澄清，腓力二世终于向多里亚发出了命令，但命令的文字非常含糊，以至于多里亚向他的岳父抱怨称："国王命令我，并希望我为他效力、揣摩他的心思。但他的信我读得越多，就越看不懂……因此，我别无选择，只能前进，但必须缓慢地前进……"[12]他就是这么做的，在意大利南部海岸磨磨蹭蹭，慢腾腾地开往奥特朗托①，与科隆纳指挥下的教皇国桨帆船舰队会合。科隆纳已经在那里等了他十五天，现在又不得不忍受多里亚对海军礼仪玩弄手脚。多里亚没有按照惯例去拜见总司令，最后科隆纳只得亲自登上热那亚人的旗舰。多里亚告诉他，自己压倒一切的任务是"保全国王陛下的舰队"[13]，而且他至迟到9月底就会离开联合舰队。

最后，科隆纳和多里亚于8月22日起航前往克里特，与威尼斯人会合。科隆纳后来颇为悔恨地说："乔万尼·安德烈亚害怕被敌人发现，不敢靠岸，几乎无法在克里特登陆。尽管如此，我们还是与威尼斯舰队会师了。"[14]

但这已经太晚了。土耳其人的行动筹划得非常仔细，出航也很早。皮雅利在4月底率领80艘桨帆船从伊斯坦布尔起航；陆军总司令拉拉·穆斯塔法在二十天后出发；骑兵和近卫军部队行军穿过安纳托利亚，来到位于菲尼凯（在安纳托利亚南岸，距离塞浦路斯150英里）的集结点。到7月20日，土耳其军队已经有6万~8万人在塞浦路斯登陆。

这次行动和马耳他战役类似，但规模要大得多。土耳其

---

① 意大利东南部港口城市，与阿尔巴尼亚隔海相望。

人的目标有两个：位于岛屿中心的首府尼科西亚和东海岸的戒备森严的港口城市法马古斯塔——"塞浦路斯的眼睛"[15]。威尼斯人的精明强干的指挥官阿斯托雷·巴廖尼推测土耳其人会先攻打法马古斯塔。皮雅利果然又一次主张先占领一个安全的港口。但拉拉·穆斯塔法还记得姆迪纳的教训，与他同名的另一位穆斯塔法帕夏在马耳他就是吃了后院起火的亏。他深知，绝不能毫不提防地将尼科西亚留在自己的后方。

拉拉·穆斯塔法是苏丹亲信圈子里的一员。他的荣誉性名字"拉拉"的意思是"监护人"，因为他曾经是塞利姆二世幼年时期的监护人和教师。他是索科卢·穆罕默德的死敌，后者私下里对整个行动都不认可。取胜对穆斯塔法来说是至关重要的。和征战马耳他的穆斯塔法将军（与他同名）一样，他在敌人的坚决抵抗前也会暴跳如雷，也常常会做出极其残酷的事情。这种暴烈性格对奥斯曼帝国的事业是很不利的。

与比尔古的骑士们不同，威尼斯人对他们的塞浦路斯要塞群的防御至少有过一些深谋远虑。尼科西亚位于岛上大平原（一块 30 英里长的开阔地，尘土漫天，平坦得就像台球桌）的中心，在暑热中熠熠生辉。冷酷务实的威尼斯人利用开阔的地形，轻松地摧毁了欧洲最美丽和最富有国际色彩的城市之一的心脏。在 16 世纪 60 年代，他们炸毁了一些宫殿和教堂，驱逐了成千上万的居民，拆毁了岛上最珍贵的建筑——附带王家陵墓的圣多梅尼科修道院，以便修建防御工事。在修道院的原址上，他们建造了一座高度对称的星形堡垒，它周长三英里，是严格遵循一本意大利城防工程学手册修建的。它有一些弱点——部分棱堡的外壁是泥炭，而不是石料，但到此参观的专家都认为它是"最优秀和最科学的建筑"[16]。1570 年夏天，堡垒内储存了可用两年的给养。如果防守得力，它可以固守很长时间。

问题在于，如果要对尼科西亚城的完整周界处处把守，需要 2 万人之多。该城有 5.6 万居民，其中只有 1.2 万人能够作战，很多人还是未经训练的希腊新兵。安杰罗·卡莱皮奥神父对此役做了令人震惊的第一手报告，他对这些人冷淡地评论道：政府"既没有火枪，也没有刀剑可以发放给他们，没有火绳枪，没有铠甲……其中很多士兵足够勇敢，但很多士兵的训练严重不足，开枪的时候会烧掉自己的胡须"[17]。有效的防御还需要一位精明强干的指挥官，威尼斯在这方面很不幸。岛上最有经验的将领都离开了人世；剩下的最优秀的军官阿斯托雷·巴廖尼则待在法马古斯塔。于是尼科西亚的指挥权灾难性地落到了尼科洛·丹多洛手中。"但愿上帝把他也招走！"[18]卡莱皮奥愤恨地写道。丹多洛优柔寡断、毫无领袖魅力，对他人的意见嗤之以鼻，而且智商着实不高。在整个攻防战期间，由于他的愚蠢，他麾下训练有素的威尼斯军官和当地希腊骑兵的最大努力都未能发挥作用。

他几乎把所有工作都搞砸了。拉拉·穆斯塔法登陆时没有遇到任何抵抗，这让他自己也吃惊不小。丹多洛命令他的骑兵不得出击。威尼斯元老院已经批准塞浦路斯政府释放他们的希腊农奴，临时抱佛脚地希望借此赢得他们的好感。但

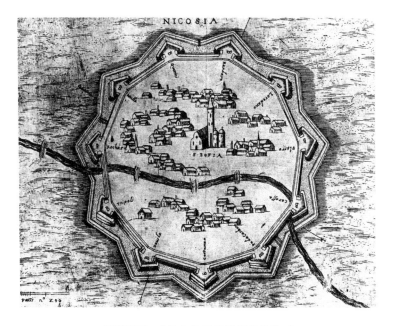

尼科西亚："最完美且最科学的结构。"

这道命令根本没有落实。土耳其人从一开始就对当地居民特别宽厚仁慈。"他们只有从穆斯塔法那里才能得到自由,"[19]卡莱皮奥记载道。土耳其人很轻松地将希腊裔塞浦路斯人和他们的意大利主子分化开,赢得了前者的支持。没有设防的莱夫卡拉村向土耳其人投降后,尼科西亚派出一支部队,将村民全部屠杀。后来威尼斯人请求边远村庄支援时,后者不理不睬,这是丝毫不奇怪的。

拉拉·穆斯塔法不受丝毫阻挡地开往尼科西亚,迅速建立了炮台,并挖掘堑壕,接近敌人。丹多洛毫无作为,禁止部队出击,还将火药储存起来,不准动用,打击了官兵的积极性。卡莱皮奥后来因为亲人的惨死和自己被囚禁而十分悲愤，不禁写下了这样的话：

> 我们都急于出动骑兵去骚扰敌人，阻止他们用马匹向前线运送木柴，但丹多洛禁止我们出击。甚至当一些最为大胆的敌人接近我们的壕沟，劈砍桥梁和棱堡外壁，并在墙壁上钻孔时，副总督（丹多洛）仍然命令，如果只有一两个敌人，就不准开枪，只有在敌人数量达到十个以上时才可以射击。他说否则他没法向圣马可交代。于是敌人得以肆意破坏我们的城墙和棱堡，而我，以及其他很多人都亲耳听见丹多洛傲慢地命令和威胁我们的炮手和他们的长官，不得浪费火药。火药发放极少，非常吝啬，仿佛丹多洛害怕伤害到敌人。而敌人持续地猛烈射击，试图夺去我们的性命。甚至已经下发的火药，副总督也想囤积起来，所以很多人都开始认为，他是个叛徒。皮萨尼先生多次询问他，为什么不允许我们的士兵积极地防御。皮萨尼说："大人，我们应当清扫壕沟，把敌人逐出，阻止他们用铁铲和鹤嘴镐破坏我们的城墙、把它们拆毁。"丹多洛先生听了这话，差点和皮萨尼扭打起来。丹多洛的回答是，我们的棱堡坚如山岳，敌人奈何不得。[20]

在尼科西亚城内，信奉东正教的希腊人和信奉天主教的威尼斯人之间横眉冷对，富人和穷人之间也矛盾重重。丹多洛远没有拉·瓦莱特那样的才华和魅力，无法弥合这些矛盾。"本应有慈善博爱的地方，我却一点也找不到。"卡莱皮奥哀叹道。他用两头骡子把食物和葡萄酒送给前线士兵，"希望借此刺激富人和显贵们也能支援前线……但很少有人效仿我"。[21]贵族军官开始在暮色降临时离开防御工事，回家睡觉，这让普通士兵怨声载道。

8月15日，决定性的时刻降临了。颇有号召力的帕福斯①主教终于说服丹多洛，批准发动一次突袭，以破坏奥斯曼帝国的火炮。这次行动酿成了一场灾难。有些纪律性很差的希腊兵开始抢劫敌人营地，然后丹多洛又禁止骑兵出击去支持这次行动。由威尼斯职业军人组成的骨干部队惨遭全歼。

拉拉·穆斯塔法多次恩威并施，企图说服尼科西亚投降。到8月30日，他已经非常确信，基督徒的救援舰队不会来了。他再一次试图劝降对方，但威尼斯人在浓郁爱国主义情绪的驱动下，拒绝让步。贾科莫伯爵声若洪钟地庄严宣布："在此危急关头，所有人都能从我们的光辉行为和我们的鲜血看出，我们是多么忠诚；我们宁愿死于剑锋，也不愿卖主求荣。"[22]被奴役的希腊人可能没有这么热情，但大家都还清楚地记得马耳他的例子。远方山峰上的烽火点燃时，男人、女人和儿童都跑进堡垒，大声嘲笑土耳其人，提醒他们五年前在比尔古城下遭遇的失败。边远地区的政府当局命令点燃烽火，以鼓舞民众的士气，尽管他们知道，援军还没有到。为了防备群众的愤怒攻击，丹多洛给自己安排了武装

---

① 塞浦路斯岛西南部港口城市，距首都尼科西亚约100公里。帕福斯海滨附近的海滩是希腊神话中爱与美的女神阿佛洛狄忒的诞生地。圣保罗曾在公元1世纪的第一次布道旅行中拜访帕福斯城。

侍卫。

在尼科西亚攻防战进入最后的绝望阶段时，在 350 英里外的克里特，联军舰队仍然在悲剧性地互相争吵和欺骗。8 月 30 日，西班牙和教皇国的舰队终于在克里特北岸的苏达湾与扎内会师。扎内的舰队因为疫病已经损失了约 2 万人，他正在周边各个岛屿上搜刮人力。基督教方面现在有了一支相当规模的舰队——205 艘战船，而土耳其人只有 150 艘——但他们仍然既没有明确的行动方案，也没有清晰的指挥体系。9 月 1 日，科隆纳在他的旗舰上召开了作战会议。这次会议持续了十三天之久。多里亚对威尼斯舰队的状况大为不满，并指责扎内隐瞒了舰队实力的真相。原来，在检阅舰队的时候，扎内把他的所有船只都停在港内，让士兵们从一艘船赶到另一艘船，接受检阅，以免另外两名将领发现他的舰队已经严重减员。多里亚认为，现在进攻塞浦路斯已经为时过晚，并且直截了当地宣称，他绝不会允许威尼斯"用我的货物赢得荣耀"[23]。他要求威尼斯人支付 20 万杜卡特作为押金，以防他私人所有的桨帆船在行动中损失掉。威尼斯人拒绝了这个要求，坚持要立刻驰援塞浦路斯。尼科西亚还在坚守；扎内已经接到了命令，他必须开往塞浦路斯，歼灭奥斯曼舰队；他们必须努力尝试。多里亚仍然反对救援塞浦路斯。扎内写信给威尼斯，描绘了多里亚顽固不化、拒不合作的态度，"尽管他假装愿意抗敌，其实根本没这个打算，一直在给我们制造麻烦"[24]。联军派遣了更多间谍去查明塞浦路斯岛上的形势。随着时间一分分流逝，联军的意志力也越来越薄弱，科隆纳愈发焦急地要取得一些成果，不管什么样的成果都行。最终在 9 月 17 日夜间，整个舰队起锚出航，准备进攻罗得岛，袭击土耳其人的后院。

　　与此同时，皮雅利派遣了间谍去刺探基督徒舰队的意图。乐于相助的克里特人告诉他，基督徒舰队进退两难，不大可能取得任何成果。于是皮雅利从他的桨帆船舰队抽调了 1.6 万人去参加拉拉·穆斯塔法的最后总攻。9 月 9 日黎明，他们逼近了尼科西亚城，准备一举将它拿下。穆斯塔法帕夏许诺，最先杀进城的人将得到重赏。

　　奥斯曼人集中进攻四个地点。第一次进攻的可怕场面把缺乏经验的希腊士兵吓得几乎当场抱头鼠窜，主要靠威尼斯人才抵挡住敌人潮水般的猛攻。城内到处敲响警钟，召唤人们到城墙上去。卡莱皮奥遇见了帕福斯主教，后者"身穿胸甲……命令我帮助他穿上臂甲、戴上头盔，然后加入了他的部下"[25]。他们抵挡土耳其人达两个钟头，但"我们的人被斩成肉泥，掩蔽处的小小壕沟内堆满了死尸"[26]。卡莱皮奥目睹守军被一个一个击毙："副主教被一发火枪子弹打死；贝尔纳多·博拉尼大人也倒了下去，在死尸堆里躺了一阵子，但后来被救起，回到了城门处。尼科洛·欣克利提克面部负伤，不得不撤退；他的兄弟杰罗尼莫也受伤撤退。他们的兄弟托马斯·维斯孔蒂不幸战死。帕拉佐上校当场死亡，总督隆科姆负伤后被送回自己家里，在那里死去；简单地说，在两个小时的持续激战后，几乎所有人都牺牲了。"[27]仍然坚守在前沿的守军也陷入了混乱和狂怒。一座棱堡的主炮手在火药耗尽后直言不讳地咒骂他的野战指挥官："你们这些恶狗，既是上帝的敌人，也是你们自己和国家的死敌。你们难道看不见，敌人占了上风？我们为什么没有火药，好把他们轰出去？我有火药轰击他们侧翼的时候，他们就没法前进。让魔鬼把你们都带走吧。火药难道被我们吃了吗？炮弹难道被我们吞下去了吗？你们替圣马可节约火药，非让我们全完蛋不可。"[28] 但此时丹多洛已经没了踪影。他已经抛弃了自己的岗位，逃回了宫殿。

奥斯曼人汹涌地冲杀进城，街上展开混战，"毫无秩序可言"[29]。一大群希腊神父在他们的教堂外被杀死。卡莱皮奥和另一名神父试图重整溃败的希腊兵："我们举起一支大十字架，竭尽全力地劝说他们……虽然我们花了两个钟头对他们高声疾呼，但几乎一点用处没有。"有些士兵试图从城墙的炮眼溜走；其他人打开了城门，想从那里逃之夭夭。"很多人被土耳其骑兵砍杀，还有一些人被俘虏，只有少数人成功逃走。"[30]

在城市中心广场的宫殿周围，守军集结起来，准备做最后抵抗。此时有些威尼斯人更想杀丹多洛，而不是土耳其人。一名叫安德烈亚·佩萨罗的贵族找到了丹多洛，想把他砍倒。佩萨罗高呼"叛徒在这里！"[31] 举起了自己的剑，但被丹多洛的保镖打倒。丹多洛想安排有组织的投降，但这都是枉费心机。放下武器、举手投降的人也被杀死在气势汹汹的铁流中。最后一群幸存者一步一步地且战且退，在宫殿的上层房间坚持了一段时间，把不少土耳其人从窗户里扔下去，但他们最后也都被斩尽杀绝。丹多洛穿上了自己的鲜红色天鹅绒长袍，希望敌人会对他这个大人物高抬贵手。但土耳其人仍然将他斩首。"这时，"卡莱皮奥记述称，"一个醉醺醺的希腊人在宫殿上方扯起了土耳其旗帜，把圣马可旗帜撕下。"[32]

最后，枪炮停止轰鸣，激战的嘈杂声渐渐平息，"但这个变化非常悲伤凄惨"[33]。人们能听得见的只有妇女儿童（他们将遭到土耳其人的奴役）被从家人身边抢走时的呼天抢地。卡莱皮奥描绘了一些集体和个人的悲惨场面："胜利者砍去了很多老妪的头颅；很多已经投降的老妇人在被驱赶的途中被砍死，土耳其人借此证明自己刀剑的锋利……死者中包括卢多维科·波多查托罗和我的母亲卢克蕾西亚·卡莱皮亚，她抱着自己的女仆时被砍了头。"[34]尼科西亚被占领的第二天，俘虏和抢劫来的财物被变卖转手。据说，自君士坦丁堡陷落以来，还没有过数量如此惊人的战利品。

拉拉·穆斯塔法派遣了一名威尼斯战俘前往塞浦路斯北岸的凯里尼亚。这名战俘身披枷锁，马鞍上系着两个人头。拉拉·穆斯塔法还将丹多洛的脑袋盛在盘子里，送给法马古斯塔的指挥官马尔科·安东尼奥·布拉加丁。

9月21日晚，基督教舰队正在奥斯曼帝国海岸附近躲避风暴，这时侦察船送回了他们害怕的消息：尼科西亚陷落了。次日，在科隆纳旗舰的艉楼甲板上，基督徒救援行动上演了最后一幕。大多数指挥官主张返航；扎内虽然很不甘心，但最后不得不同意。舰队就这么灰头土脸地返航了，但仍然不时爆发争吵。多里亚希望尽快离开整个舰队，带领自己的船只单独快速返回，因为适合航海的季节已经接近尾声，而他压倒一切的任务是不惜一切代价保证船只的安全。

至少在这方面，他的判断很明智。10 月初，舰队遭遇了暴风。13 艘桨帆船在克里特外海倾覆，但多里亚或许航海本领更高强，他没有损失一艘船。桨帆船舰队中再次爆发了伤寒。科隆纳的舰队被闪电击伤，又有一些船只沉没。到当年年底，科隆纳和多里亚将各执一词，对行动的惨败做出自己的解释。教皇垂头丧气，威尼斯元老院则瞠目结舌。扎内整个人一蹶不振，将在囹圄中了却残生；而对这次奇耻大辱同样负有责任的腓力二世却将多里亚提升为将军。

在塞浦路斯，身披镣铐、马鞍上系着人头的被俘军官一路叮叮当当地来到凯里尼亚要塞，该处的威尼斯守军旋即投降。但在法马古斯塔，马尔科·安东尼奥·布拉加丁厚葬了丹多洛的首级，给拉拉·穆斯塔法发去了义正词严的答复："我看到了你的信，也收到了尼科西亚副总督的头颅。我郑重相告，尽管你们轻松地占领了尼科西亚城，但要攻打法马古斯塔城，你们将血流成河。蒙上帝保佑，我们会让你们忙得不可开交，永远会后悔曾经在此地扎营。"[35]

奥斯曼军队继续前进，将法马古斯塔围了个水泄不通。拉拉·穆斯塔法还将战利品和从尼科西亚抓获的年轻男女俘虏中的佼佼者送到了海边。这些俘虏被装上索科卢的 1 艘大帆船和另外 2 艘船只，作为进献给塞利姆二世的礼物。10 月 3 日，在法马古斯塔外海，这艘大帆船的弹药库发生了爆炸，3 艘船都粉身碎骨，爆炸的冲击波还撼动了法马古斯塔的城墙。关于爆炸的原因，有个传说流传至今：一位意大利贵妇人的女儿不肯受辱，因此选择了与敌人同归于尽。

17. 法马古斯塔
1571 年 1 月 ~ 7 月

1570 ~ 1571 年冬天，疾风苦雨敲打着威尼斯城的潟湖。天气非常恶劣，粮价极高，舰队破败不堪。桨帆船舰队里还流行着斑疹伤寒，船上的神父们害怕传染，放任病人不做临终忏悔就死去。威尼斯在这场战争中损失惨重。维持舰队的经费奇缺，但共和国政府害怕水手和士兵一哄而散，因此不敢解散舰队。

1570 年的惨败究竟是谁的错，城内仍然在争论不休。一本题为《威尼斯执政委员会在针对土耳其的战争中在决策和管理上犯下的突出错误》的小册子公开谴责政府当局的幼稚、判断错误和用人不当。小册子的作者认为"尼科

西亚的陷落、5.6 万人死亡或被俘，300 多门火炮和除了法
马古斯塔城之外几乎整个岛屿的损失"[1] 全都是政府的责
任。尼科西亚的可耻陷落似乎是共和国走下坡路过程中的一
个新篇章。现在法马古斯塔也命悬一线。"只有上帝知道，
法马古斯塔能不能抵挡住土耳其军队，长期坚守下去。"[2]
法国红衣主教德·朗布耶在给查理九世的信中如此写道。威
尼斯人也普遍持同样的意见。在威尼斯以东 500 英里的埃迪
尔内，塞利姆二世已经在准备新的战役；在尼科西亚战役带
来丰厚战利品之后，志愿者蜂拥而来，投入新战役。

教皇心烦意乱。他本人责怪多里亚不肯"更有效地支
援威尼斯人"[3]，导致了行动的失败。在罗马，新年伊始就
发生了非常不吉利的自然灾害，城内人心惶惶。1 月 3 日，
在一场猛烈的风暴中，圣彼得大教堂的钟楼被雷电击中，造
成了严重破坏。更糟糕的是，关于正式组建神圣联盟的谈判
似乎陷入了冬季的烂泥，止步不前。

1570 年 7 月，这些谈判刚启动的时候似乎前景相当光明。
当时，腓力二世和威尼斯双方的代表在罗马城磋商，会谈由
教皇亲自主持。起初，双方就联盟的针对对象和成本问题发
生了争执。西班牙人希望联盟的宗旨是泛泛地反对所有异端
分子和异教徒；威尼斯人无意与低地国家的新教徒开战，坚
持在条约中只使用"土耳其人"的字眼。教皇的谈判代表提
议以 1537 年的联盟为蓝本，以此为基础安排新的联盟。到 9
月，似乎所有的主要议题都得到了讨论，但后来西班牙代表
返回了马德里，因此会谈不得不暂时停止。到 10 月，腓力二
世虽然仍然有所保留，但已经准备在条约上签字；这时威尼

斯人却吹毛求疵起来；他们换了谈判代表，并要求从头开始，逐条重新讨论。谈判就这么断断续续地进行了几个月，其间发生了不少钩心斗角和歪曲争吵。对充满基督教热情的庇护五世来说，这就像是把一大群闹哄哄的鹅赶进圈里。

这个过程清楚地显现了导致远征失败的各种因素：阴谋诡计、秘而不宣的私念、互不信任、目标互相矛盾。天主教国王腓力二世希望攫取作为基督教世界世俗领袖来领导联盟的威望；他的战略利益范围最东只到西西里；事实上，如果塞浦路斯陷落，还能削弱威尼斯的力量，这对西班牙是有利的。他希望领导联盟来防守地中海西部，并收复突尼斯；另外他还对金钱兴趣浓厚。教皇的金钱诱惑对西班牙参加联盟起到了关键作用。威尼斯人要求发动进攻，以保住塞浦路斯，而根本不曾考虑过突尼斯。而西班牙和威尼斯双方私下里都对庇护五世的愿景——联盟的最终目标将是收复圣地——惊恐不已。

1537年的联盟给威尼斯人留下了糟糕的记忆，于是他们玩起了一个复杂的两面派游戏。虽然他们坚决不肯承认，但他们在与西班牙和教皇协商的同时，甚至在签订盟约之后，还一直在断断续续地与索科卢谈判，希望结束战争。威尼斯在伊斯坦布尔的代表马尔科·安东尼奥·巴尔巴罗虽然表面上在战争期间被软禁在寓所，但其实一直和首席大臣过从甚密。威尼斯共和国见人说人话，见鬼说鬼话，用和苏丹缔约来威胁神圣联盟，以迫使对方让步；同时在土耳其人面前也如法炮制。"毫无疑问，"一位颇具洞察力的红衣主教在谈判期间写道，"如果苏丹能给这些威尼斯权贵某种和解，而且联盟不能尽快确立的话，威尼斯人就会接受苏丹的条件，哪怕这意味着将塞浦路斯拱手让给苏丹。"[4]事实上，威尼斯人正在努力与索科卢协商，希望能保住法马古斯塔，尽管土耳其人正在做攻打该城的准备。首席大臣也在下他自己的一盘冷酷无情的权力政治棋。他并不希望进攻塞浦路斯。但现在战役已经在进行中了，所以他下定决心，决不能让他在国务会议的死敌——拉拉·穆斯塔法和皮雅利——获得军事荣誉，而让他自己黯然失色。如果他能通过外交手段从威尼斯人手中获得法马古斯塔，他还有机会挫败这两个政敌。

法马古斯塔被希腊人称为"陷入沙子的城市"，它是威尼斯海洋帝国最东端的前哨。面向大海的城门上屹立着石刻的圣马可雄狮，它的眼睛在灿烂阳光下一眨不眨地凝视远方。法马古斯塔的旗帜在海风中沙沙作响，俯视着棕榈树丛、十字军的小教堂和圣尼古拉教堂——这座奇思妙想的哥特式教堂以兰斯①教堂为蓝本，却坐落在热带的海岸上。

在拉拉·穆斯塔法兵临城下的前一年，威尼斯人在此地构建了大量防御工事。法马古斯塔城外围周长 2 英里，近似菱形，给穆斯塔法构成了严重的障碍。"一座非常美丽的城堡，同时也是岛上最坚固和规模最大的城堡，"[5]曾于 1553 年到访的英格兰人约翰·洛克如此评价。法马古斯塔有 5 座

---

① 法国东北部城市，位于巴黎东北偏东。其历史可以追溯到罗马帝国时代，市中心还存有古罗马时期的遗迹。兰斯在法国历史上扮演着非常重要的角色，因为它是历代法国国王加冕的地方，前后一共有 16 位国王在此接受主教加冕。

城门、15 座棱堡、很深的干壕沟；城墙高达 50 英尺，厚达 15 英尺；而且周边地势很低，瘴气弥漫，任何军队都无法在此久留。穆斯塔法急切希望速战速决。

1570 年 9 月底，拉拉·穆斯塔法一俟抵达法马古斯塔，就努力劝威尼斯人投降。他在城墙前展示了死者头颅和活着的俘虏，并伪造了威尼斯政府写给在伊斯坦布尔的大使、要求布拉加丁投降的书信。从一开始，他得到的就是坚定不移的答复。法马古斯塔的指挥官马尔科·安东尼奥·布拉加丁和倒霉的丹多洛一样，出身威尼斯豪门，但他是个比丹多洛坚毅得多的爱国者。法马古斯塔防务的安排和尼科西亚完全不同。守军内部纪律严明；当局按时向士兵发饷；粮食供应有条不紊，而且非常公平。根据威尼斯洋溢着爱国主义的史料，"只要还有 1 德拉克马①的食物，布拉加丁就将把它分给大家；没有食物的时候，他仍然尽力体恤官兵"[6]。虽然敌我兵力对比悬殊——土耳其人有 8 万人，守军只有 8000人，但守军仍然士气高涨。希腊平民和他们的神父们全心全意地参与到防御战中。布拉加丁明智地将实际军事指挥权留给颇能鼓舞人心的阿斯托雷·巴廖尼，因为后者受到士兵们的爱戴。

冬天的战事杂乱无章地过去了。奥斯曼舰队返回了大陆上的安全港口，拉拉·穆斯塔法在等待春天到来。在此期间，发生了一些突袭和小规模战斗，以及荷马史诗般的一对

① 古希腊的货币和重量单位。后来亚美尼亚、奥斯曼帝国等国家也用过这个单位。1 德拉克马大约有 3~4 克。

一单挑（巴廖尼自己就参加了这样的单挑），因此这段时间并不沉闷无聊。全城人都在城墙上观看单挑，并指责土耳其人作弊，因为他们伤害基督徒的马匹，被打败的时候还不肯束手就擒，而是逃跑。为了让单挑比赛更刺激些，巴廖尼悬出了赏格；杀死对手的赏金只有 2 杜卡特，但把对方打下马的赏金有 5 杜卡特。

在不是那么激烈的围城战期间，威尼斯对敌人进行了一次规模不大但相当猛烈的军事打击，带来了意想不到的后果。1571 年 1 月，共和国政府任命精力充沛的马尔科·奎里尼为在克里特的桨帆船舰队的指挥官。这位新司令发现土耳其舰队在冬季撤离了作战海域，在法马古斯塔外海只留下了少量舰船，以支援陆军。他决定发动一场勇猛大胆、风险极高而且不合时令的作战，并选择了在斋月开始的时间。1月 16 日，他率领十几艘桨帆船和 4 艘高侧舷的帆船起航，帆船上载有 1700 名士兵，目标是增援法马古斯塔。在冬季的大海上，他向东航行，花了十天时间就抵达了法马古斯塔。4 艘帆船接近港口时被奥斯曼桨帆船舰队发现，但奎里尼已经布下了天罗地网。他自己的桨帆船群躲在敌人视线之外，将土耳其舰队打了个措手不及，将 3 艘敌舰轰得粉身碎骨，然后将自己的帆船拖进港口，令守军欢呼雀跃。在三周内，奎里尼率领舰队在塞浦路斯岛周围大显身手，摧毁敌人的防御工事和港口设施，俘虏敌人的商船，大大地鼓舞了布拉加丁部下的斗志。

奎里尼离去的那天夜里，布拉加丁和巴廖尼准备了一次伏击。他们命令任何人不得在次日早晨出现在城墙上，然后

17. 法马古斯塔

给他们的大炮装填了葡萄弹和链弹，火绳枪也装好子弹，骑兵则在城门后就绪。黎明时分，土耳其人抬头去看一片沉寂的城墙，那里没有任何动静，威尼斯战船也没了踪影。他们爬出战壕，城墙上仍然没有任何迹象。他们开始认为，威尼斯守军已经和奎里尼一起乘船撤走了。这个消息被报告到穆斯塔法那里，随后全军开始前进。土耳其军队进入射程时，威尼斯人鸣响号炮，然后城墙上射下倾盆大雨般的枪弹和炮弹，把土耳其士兵成片打倒在地，然后骑兵又猛冲出来，大肆砍杀。

奎里尼离去时许诺将带来更强大的援军；据说他还给布拉加丁留下了一船前往麦加的朝圣者，用作人质，尽管这种说法的细节后来颇有争议。这些可怜的人质将在后来的战事中起到重要作用。

奎里尼的"拜访"让人们清楚地认识到，威尼斯仍然很有实力。奥斯曼帝国指挥层对此颇感震惊，采取了一系列对应措施，导致了影响更大的后果。塞利姆二世的自尊受到了伤害，十分震怒和不安；作为信士的长官，保障朝圣道路的畅通是一个关键使命。他处决了名义上应对此事负责的希俄斯总督，以儆效尤。皮雅利保住了性命，但丢掉了职位。政敌的失势对索科卢来说是个胜利。海军的指挥权被交给了第五维齐尔——穆安津扎德·阿里，又称阿里帕夏，他的海战经验远远没有皮雅利丰富，对索科卢来说也是个潜在的竞争对手。有人推测，阿里帕夏被任命为海军司令，是因为索科卢暗地里推波助澜。索科卢这是在故意破坏军事行动，因为战役的胜利可能会削弱他自己的地位。不管动机如何，这个新任命是至关重要的。与此同时，由于担心威尼斯人再次发动救援，土耳其人打破了常规。为了保卫塞浦路斯，他们出航的时间比通常要早得多。

2 月初，20 艘桨帆船被派去监视克里特；3 月 21 日，阿里帕夏也从伊斯坦布尔出发了。舰队出航较早，因此作战季节不可避免地会十分漫长。新官上任的海军司令从伊斯坦布尔出航时，口袋里揣着一套前所未有的命令。原则上，土耳其人对大海战没有多少兴趣。他们一般是用船只运送部队，并支援两栖作战，打击敌人的港口和岛屿；马耳他和罗得岛战役是奥斯曼海军运用的典型例证。从这个角度看，阿里帕夏接到的指令是非同寻常的。他的任务是"寻找并即刻进攻异教徒舰队，以挽救我们的宗教和国家的荣誉"[7]。这些指令的来源是索科卢，还是鲁莽的苏丹本人，我们无从得知。这个决策将决定历史的走向。

在罗马，谈判仍在进行。3 月，西班牙试图将联盟的主要使命改为进攻突尼斯，但庇护五世固执己见——远征的方向必须是东方——并严格控制给予西班牙的经济补助。各方受邀在条约上签字时，威尼斯人突然不做任何解释就中断了谈判，回去和索科卢商谈；法马古斯塔形势越来越危急的时候，威尼斯主和派的呼声越来越高。教皇为此怆然泪下；看来他的全部努力都要付诸东流了。但此时索科卢的条件越来越苛刻了；庇护五世还派遣科隆纳去把威尼斯人重新拉回到谈判桌前。1571 年 5 月，在整整十个月的激烈争吵和拉锯战之后，神圣联盟的最终条款得到了各方的认可。

1571 年 5 月 25 日，三方在梵蒂冈的孔奇斯托罗厅签订了这个历史性的盟约。一周后，罗马城的大街小巷举行了盛大的公众庆祝活动；为此次庆祝活动特别铸造的钱币被撒向群众，"作为喜悦和快乐的标志"[8]。6 月 7 日，在威尼斯，当局在人山人海的群众面前公布了盟约；圣马可大教堂内举行了弥撒，执政官亲自走在肃穆的宗教游行队伍中。意大利全境激动不已，充满了期待。庇护五世振奋人心的话语也折射了群众的普遍情绪，他自己清楚地知道，自己创造了历史。据一位目击者称，教皇"用生动而充满仁爱的言辞感谢伟大的上帝。在他的教皇任期内，上帝将恩典赋予基督教世界，让天主教君主们团结一心，共同对抗公敌"[9]。

盟约的条件让各方都得到了一些好处。这并不是个临时性的联盟，而是——借用盟约文件的庄严表述——恒久的联盟、持久的圣战，就像中世纪的十字军东征一样。它既是进攻性的，也具有防御性；征讨的对象不仅仅是土耳其苏丹，还有他在阿尔及尔、突尼斯和的黎波里的附庸国。这一条对腓力二世来说是至关重要的。联盟的经费安排也做了具体规定：西班牙支付一半费用，威尼斯负责 1/3，教廷则提供 1/6。短期目标也确定了：他们将立即以 200 艘桨帆船和相应的部队发动一次远征，收复塞浦路斯和圣地。至于收复圣地的使命，威尼斯和西班牙都一定不会遵守。

这是庇护五世在外交上的一个辉煌成就。他的十五位前任都没能办到的事情，似乎被他解决了。长期以来，组成一个统一战线、击退异教徒一直是教皇们最热衷的任务之一。庇护五世凭借强大的意志力、坚持不懈以及金钱的诱惑，完成了很多人认为是不可能完成的任务。但是，尽管盟约的文字信誓旦旦，很多深明世故的人还是颇为疑虑。1 月，腓力二世预言说："如果联盟还是现在这个样子，我不相信它能有任何益处[10]。"似乎是为了证明这个预言，盟约墨迹未干，西班牙就打算食言。庇护五世不得不再次用撤回资助作为威胁，强迫西班牙回到联盟中来。还有很多人对联盟也毫无信心。"盟约在纸上很好看……但永远不会有什么实际的成果，"[11]法国红衣主教德·朗布耶在谈判期间说道。后来也没什么迹象能让他改变这个看法。伊斯坦布尔方面也希望神圣联盟这次也会像 1570 年的远征一样自行瓦解。

联盟能够维持下去，主要是由于两个重要因素。首先，体现在基督教联军统帅的人选——奥地利的堂胡安，即腓力二世的异母弟。其次，就在谈判代表们在盟约上签字、群众欢呼雀跃的时候，法马古斯塔攻防战在流血漂橹的惨景中落幕了。

春季，拉拉·穆斯塔法得到了更多生力部队。塞浦路斯离奥斯曼帝国海岸只有咫尺之遥，不管有多少士兵死亡，兵力补充总是非常轻松的。关于尼科西亚丰厚战利品的消息不胫而走，拉拉·穆斯塔法宣称（这么广而告之或许不太明智），法马古斯塔将会有更多更好的战利品。冒险家和非正规军蜂拥加入攻城战。到 4 月，他已经拥有一支庞大的军队，多达约 10 万人。奥斯曼人吹嘘道，苏丹派来了兵力如此雄厚的大军，如果每个士兵都往壕沟里丢一只鞋，壕沟就会被填满。关键在于，这支大军的很大一部分是坑道工兵，只装备了鹤嘴镐和铁铲。城内守军则包括 4000 名威尼斯步兵和同样数量的希腊人。

17. 法马古斯塔

4月中旬，拉拉·穆斯塔法做好了正式攻城的准备。布拉加丁清点了自己数量有限的粮食，认为别无他法，必须将非战斗人员驱逐出城。5000名老人和儿童领到了一天的口粮，被从一个侧门带出城去。任何冷酷无情的攻城将领都会占这个便宜。公元前52年，尤利乌斯·恺撒在攻打维钦托利①的要塞时，就任凭被夹在罗马军团和高卢军队之间的高卢妇孺饿死。1537年，巴巴罗萨则将出城的平民赶回城墙处。喜怒无常的拉拉·穆斯塔法却宽大为怀，允许平民返回自己的村庄。这个举措既仁慈又精明，保证了土耳其军队对希腊平民的善意。

布拉加丁决心效法马耳他防御战，但法马古斯塔和马耳他差别甚大。法马古斯塔离最近的基督教国家有1400英里之遥，地质条件也与马耳他不同。比尔古和森格莱阿是建在坚固岩石上的，挖掘堑壕需要超人的努力。"陷入沙子的城市"则被沙滩包围，开挖地道是非常容易的，尽管需要不断用木料支撑地道。4月底，拉拉·穆斯塔法麾下的庞大劳工队伍开始挖掘堑壕，逼近城市。基督徒嘲讽土耳其人像农民一样拿着鹤嘴镐和铁铲打仗，但土耳其人的坑道作业非常高效。庞大的堑壕网络弯曲迂回地逼近壕沟，而且堑壕很深，骑兵可以在里面走动，而只有矛尖会露出地表。堑壕

---

① 维钦托利（？～前46），高卢阿维尔尼部落的首领。公元前52年，维钦托利领导高卢人反对恺撒，用游击战来骚扰恺撒的补给线，成功地守住了戈高维亚山寨，随即乘胜向罗马军队发起进攻，结果失败。他后来被围困在阿莱西亚城堡，被迫投降。他被戴上镣铐解往罗马，在为恺撒举行的凯旋式中示众，六年后遭处决。

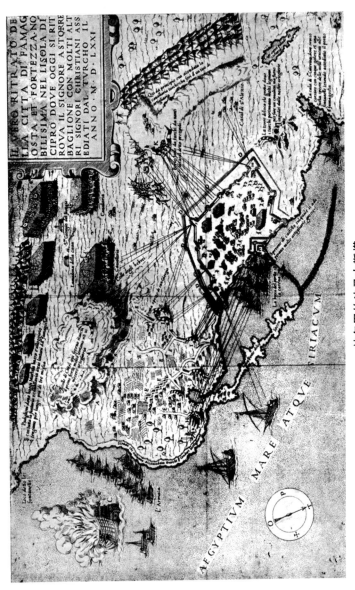

被包围的法马古斯塔

如此之多，以至于目击者声称全军都可以驻扎在里面。奥斯曼军营周围搭建了高高的泥土胸墙，只有帐篷的顶端露出来；另外建造了正面宽达 50 英尺的土木堡垒，其墙壁用橡木梁柱和成袋的棉花加固。如果这些堡垒被炮火摧毁，很快又能重建起来。射击平台被堆砌得比法马古斯塔城墙还高，平台上安放了重炮。

　　守军为了他们的小小共和国的荣誉而奋战，就像圣约翰骑士团一样充满斗志。巴廖尼组织了突袭和伏击，杀死敌人的坑道工兵，向敌人战壕内投掷火药，在沙地里布设带有涂毒铁钉的木板，摧毁敌人的炮台，杀死了数量惊人的土耳其士兵。守军的坚忍不拔令奥斯曼帝国高层瞠目结舌、忧心忡忡。士兵们在写给在伊斯坦布尔的家人的信中说，法马古斯塔的守军都是巨人。5 月 22 日，拉拉·穆斯塔法再次送信给布拉加丁，劝他投降，得到的回答是山呼海啸般的呐喊"圣马可万岁！"[12] 土耳其人的某次劝降遭到了更激烈的拒绝。威尼斯人急切盼望援军到达。布拉加丁让土耳其使节告诉他的主子，威尼斯舰队抵达的时候，"我将策马驱赶你们，让你们把投进壕沟的泥土全部背走"[13]。布拉加丁的言辞绝非明智。

　　最终，双方兵力的悬殊体现了出来。5 月初，神圣联盟各方准备在罗马签字的时候，奥斯曼帝国的大炮开始猛轰法马古斯塔，一天天对城内房屋进行狂轰滥炸，以打击市民的斗志；同时猛击城墙，企图将它摧毁。虽然守军勇敢地抢修城墙，但城墙还是不可避免地被逐渐摧毁了。土耳其人通过坑道作业和爆破将三角堡和棱堡的正面炸塌。6 月 21 日，土耳其人打开了一个决定性的缺口，先后发动六次猛攻，渐渐将守军力量消耗殆尽。城内的食物和火药供应越来越少。"葡萄酒喝完了，"威尼斯工程师涅斯托尔·马丁嫩戈写道，"无论鲜肉、咸肉还是奶酪都无处可寻，除非用天价购买。我们吃马肉、驴肉和猫肉，除此之外只有面包和豆子，饮料只有兑水的醋，而就连这些食物也日渐减少。"[14] 7 月 19 日，深受群众爱戴、被认为具有神奇力量的利马索尔①主教在自己桌前被火绳枪打死。希腊平民此前忠诚地支持威尼斯主子，但现在他们受够了。他们念念不忘尼科西亚的悲惨结局，向布拉加丁请愿，希望投降。在大教堂内举行了一场热情洋溢的弥撒之后，布拉加丁恳求平民再给他十五天时间。他们同意了，但土耳其人也知道，这场战役即将结束。7 月 23 日，被守军的无谓抵抗激怒的拉拉·穆斯塔法把一封直言不讳的书信射进了城，再次效法苏莱曼在罗得岛的做法，劝说巴廖尼投降：

> 我，穆斯塔法帕夏，希望你们的高贵将军阿斯托雷明白，为了你们自己的好处，你们必须投降，因为我知道，你们别无生存的机会，既没有火药，也没有兵员来继续抵抗。如果你们体面地投降，可以保留财物，我们将把你们送往基督教国家。否则，我们将用利剑征服你们的城市，将你们斩尽杀绝！好自为之！[15]

---

① 塞浦路斯第二大城市，位于塞浦路斯岛南岸。

18. 基督的将军

1571 年 5 月 ~ 8 月

拉拉·穆斯塔法准备法马古斯塔的最后总攻之时，神圣联盟也开始为海上远征做准备。在西班牙和意大利的所有港口——巴塞罗那、热那亚、那不勒斯、墨西拿，士兵、物资和舰船正在做艰难的集结。地中海西部忙得不可开交、乱作一团：协调不力、准备不足，而且为时太晚。在西班牙的威尼斯大使目睹这些准备工作，怒火中烧而又束手无策："我发现，在海战方面，所有微不足道的细节都要花费很长时间，甚至阻挠起航。他们的桨和帆没有到位，或者没有足够数量的烤炉来制作饼干，或者缺少十四棵大树来制作桅杆，很多时候舰队的战备根本就是止步不前。"[1]这一派混乱景象与奥斯曼帝国军事机器的中央集权和协调有力形成了鲜明对照。奥斯曼帝国的作战计划是预先制定好的，计划的执行则得到不可违抗的苏丹御旨的保障。在前一年，卡拉曼①总督在集结部队以参加塞浦路斯战役的时候比期限晚了十天，就被免职。土耳其人制定了对抗基督教威胁的作战计划，并于1571年春天严格执行。海军司令阿里帕夏在3月奔赴塞浦路斯；另一支舰队在第二维齐尔——佩尔特夫帕夏指挥下于5月初离开了伊斯坦布尔；第三维齐尔——艾哈迈德帕夏于4月底率领一支陆军部队西征，以威胁威尼斯的亚得里亚海海岸；乌卢奇·阿里则从的黎波里起航东进。这场战役的目标将不仅仅是征服塞浦路斯，而是将战火烧到亚得里亚海中心，甚至占领威尼斯或者更西的地区。"苏丹的统治必须扩张到罗马，"[2]索科卢如此告知威尼斯人。到5月底，阿里和佩尔特夫判断法马古斯塔的攻城战已经快结束了，于是将他们的舰队合二为一，开始扫荡威尼斯治下的克里特。

威尼斯人迫切需要扭转战局。他们的桨帆船舰队在新任司令官塞巴斯蒂亚诺·韦尼尔率领下于4月底抵达了科孚岛。在前一年扎内指挥下的可耻表现之后，威尼斯人现在把他们的事业托付给了一位强悍的勇士。韦尼尔已经75岁高龄，看上去像是威尼斯建筑底座上石刻的暴怒雄狮，是个声名远播的爱国者。他虽然并非航海家，却是个坚决刚毅的人，充满激情、行事果断，而且脾气火爆。塞浦路斯受难的消息让他按捺不住，他多次试图劝服他的军官们，自己单独

①　土耳其南部的一个行省，其首府也叫卡拉曼。

出击、援救法马古斯塔，而不是等待支吾搪塞的西班牙人，但没有成功。大家认为威尼斯单独出击的风险太大，舰队的力量还不足，因此别无他法，只能坐等。联军开始慢慢地在西西里北岸的墨西拿（事先约定的集结地）汇集。马尔科·安东尼奥·科隆纳尽管在前一年遭遇惨败，但庇护五世仍然坚持任命他为教皇国桨帆船舰队的司令。科隆纳于 5 月来到了那不勒斯。他们现在唯一能做的事情就是等待西班牙舰队和整个联军的最高统帅的抵达。

最高统帅的人选由腓力二世决定。他的第一个提名是永远谨小慎微的乔万尼·安德烈亚·多里亚。教皇当即否决了这个提议，因为他认为 1570 年的失败全怪多里亚；而且威尼斯人对多里亚非常憎恶。腓力二世的第二个提名是他年轻的异母弟——奥地利的堂胡安，查理五世的私生子。这是个绝佳的选择。

堂胡安时年二十二岁，相貌英俊、闯劲十足，聪明勇敢而富有骑士风度，雄心勃勃，对荣耀充满渴望，秉性和他的异母兄——谨慎的腓力二世截然相反。他在镇压摩里斯科人反叛的战争中已经证明了自己的军事才华，尽管腓力二世认为他过于鲁莽和热衷冒险。堂胡安曾亲临前线，头盔被火绳枪子弹击中，这令腓力二世颇为震怒。"你必须珍重自己，我也必须好好保护你，因为你有更伟大的事业要做，"[3] 他在信中责备道。在 1571 年，堂胡安是腓力二世唯一的继承人。因此他决心不能让弟弟在战争中冒险。为了遏制他的冲动，同时也为了给他提供航海方面的精明建议（因为堂胡安没有海战经验），国王给他安排了一群经验丰富的谋臣，包括小心谨慎的多里亚、路易斯·德·雷克森斯以及一位有经验的航海家——圣克鲁斯侯爵阿尔瓦罗·德·巴桑（尽管巴桑的天性更有可能支持积极进取的行动）。腓力二世坚持要求，必须在这三人都同意的情况下，才可以和敌人交锋。国王认为这样就有效避免了发生交战的风险。他认为自己可以依赖多里亚投否决票。

堂胡安

这些束缚让年轻的亲王颇为恼火。由于他的特殊出身，他对荣誉的渴望是无止境的。私生子的身份使他与在宫廷的地位格格不入，而腓力二世不遗余力地对这个极受欢迎的年轻人进行漫不经心的怠慢。他拒绝授予堂胡安"殿下"的称号，而只允许称他为"阁下"；在繁文缛节的时代，这种微妙的差别是很重要的。堂胡安或许是腓力二世显而易见的继承人，但目前国王还不打算确立他的王室地位。更糟糕的是，国王还把堂胡安必须得到三位谋臣一致同意才能采取行动的指令告诉了堂胡安的下属，而不是堂胡安本人，这就大大削弱了他作为统帅的地位。堂胡安写给兄长的长信中隐藏着受到伤害的痛苦："我谦卑和恭敬地大胆直言，假如陛下愿意直接与我交流……而不是把我降到与陛下众多仆人同样的地位——良心可鉴，我并不应当受到如此对待——对我来说将是无比荣幸和有益。"[4]堂胡安渴望得到光荣和认可，以及最终得到自己的王冠。现在围在他身边的是一群奉命阻止他取得任何成果的老迈之辈，他必须证明自己的能力。6月初，堂胡安准备离开马德里的时候，教皇在西班牙的使节了解到他急切希望摆脱这些枷锁的心情，对他颇为赞赏。"他是个渴望荣耀的亲王，如果机遇来临，他不会甘受为他提供建议的议事会的限制；他不会只注重保全桨帆船舰队，而是更热衷于夺得光辉和荣耀。"[5]

1200英里之外，即将与堂胡安对抗的奥斯曼舰队司令正在准备劫掠克里特。乍一看去，穆安津扎德·阿里帕夏（"穆安津扎德"的意思是"穆安津的儿子"）与堂胡安简直是来自两个世界的人。堂胡安是欧洲王室的私生子，而阿里出身贫寒。他的父亲是奥斯曼帝国旧都埃迪尔内（伊斯坦布尔以西140英里处）的穆安津，即召唤群众祈祷的人。在能者为先的奥斯曼帝国晋升体系中，阿里现在已经攀升到了第四维齐尔的高位，又被任命为位高权重的海军司令，也就是伟大的海雷丁·巴巴罗萨曾经占据的职位。阿里受到民众的赞扬："他勇敢而慷慨，天性高贵，热爱知识和艺术；他言辞得当，笃信宗教，生活纯洁，无可指摘。"[6] 但和堂胡安一样，他也多多少少是个局外人。按照常规，苏丹的精英统治阶层往往来自改宗的基督徒，尤其是在孩提时代就被俘虏和改宗的人。这些人的一切都来自苏丹的恩典，在苏丹的宫廷中长大成人。索科卢是个波斯尼亚人；皮雅利幼年时被从匈牙利战场抢到土耳其。阿里是个正儿八经的土耳其人，这反倒是不寻常的。"出身外地行省，并在那里长大，他被苏丹宫廷的显贵视为外来闯入者。闯入统治集团被认为是个错误。"[7] 因此他不属于统治精英。和堂胡安一样，他也需要证明自己。他雄心勃勃，一心要在苏丹面前取得成功；他也勇敢到了鲁莽的程度，而且同样具有极强的荣誉感，认为撤退是懦弱的行为。

关键在于，堂胡安和阿里都没有多少海战经验。迄今为止，争夺地中海的战争的一个显著特点就是没有发生大规模海战，这并非偶然。甚至普雷韦扎战役也只算小规模冲突。那些以高超本领驾驭脆弱的桨帆船舰队的航海家——海雷丁·巴巴罗萨、图尔古特、乌卢奇·阿里、安德烈亚·多里亚及其侄孙乔万尼·安德烈亚、皮雅利和堂加西亚都是些极其小心谨慎的人。这么小心也是有充分的理由的。他们理解大海的状况和它的反复无常；海风突然平息或者风力加大、不明智地在岸边行驶、战术优势的稍微丧失，都有可能造成巨大灾难。长期经验表明，造成胜利和惨败之间差别的往往是极小的因素；因此他们对风险的评估非常谨慎。正在集结史上最强大桨帆船舰队的这两个人都没有任何这样的经验，他们都急于寻找对方，决一死战。阿里执行他的命令，目的就是决战决胜。这些因素必然导致一场激战。

在基督徒方面，很多有经验的观察家都深感怀疑，如此辛苦地集结舰船、兵员和物资，最后能不能取得什么成果，尤其是这次行动是由西班牙人指挥的。堂胡安前往意大利的旅途远不是一帆风顺的。他于6月6日离开马德里，花了十二天才到达巴塞罗那，然后在那里等待了足足一个月，准备工作才就绪。"我国朝廷的原罪是，从来不能火速行事，及时完成任务，"[8]路易斯·德·雷克森斯在巴塞罗那唉声叹气地观看着准备工作的缓慢进行，在给自己兄弟的信中如此写道。终于，在7月20日，堂胡安登上了他的富丽堂皇的桨帆船"国王"号，在群众的欢呼和礼炮声中起航。旅途中的每一步，他都被欣喜若狂的欢迎队伍、庞大的人群、喜庆的灯火、烟花爆竹、庆祝活动、访问修道院和教堂礼拜耽搁了不少时间。大家都想亲眼看看这位风流倜傥的年轻亲王，留住他，宴请他。这不像是开往前线的行军，倒像是王室巡游，而且还感染了宗教和圣战的狂热情绪，似乎沿途的每个港口——尼斯、热那亚、奇维塔韦基亚、那不勒斯和墨西拿都是苦路①的必经之地。

---

① 指天主教的一种模仿耶稣受难过程的宗教活动，也称之为"拜苦路"，主要进行于四旬期间。

在热那亚，多里亚家族举办假面舞会，盛情款待堂胡安，就好像当年招待他的父亲查理五世一样。"看到堂胡安跳舞时的活泼和优雅，大家都又惊又喜。"[9]大家对堂胡安一举一动都记录在案，就像王室活动的记载一样。那不勒斯不甘落后，为年轻的亲王举办了一场奢华的欢迎盛会。关于他行程的消息传遍了整个南欧，他的每次登陆都更加激发了人们的热情期待和圣战热情。8月9日，这位基督的将军抵达那不勒斯，当地人向罗马发送的一份激动万分的公报描绘了他抵达该城的盛况："今天23时，奥地利的堂胡安进入城内，令市民兴高采烈。格朗韦勒红衣主教①亲自前往港口的防波堤迎接他，让后者亲吻他的右手。这位亲王皮肤白皙，头发金黄，胡须稀疏，相貌英俊，中等身材。他策马入城，身边有多名身穿带有深蓝色流苏的黄色天鹅绒号衣的侍从和仆人伺候。"[10]次日，他乘坐红衣主教的马车，在欢呼的群众的夹道欢迎下从港口前往宫殿。他身穿华丽的金红两色华服，车后跟随着长长一队贵族。在每个港口，船队都接上了更多的西班牙和意大利士兵，他们都是腓力二世国王的人马。

教皇派遣格朗韦勒红衣主教前往那不勒斯，为年轻的统帅举行庄严而堂皇的祝圣仪式。教皇选择格朗韦勒，颇有些讽刺意味，因为在联盟谈判期间，格朗韦勒一直是个头号刺

---

① 安托万·佩勒诺·德·格朗韦勒（1517～1586），出身于勃艮第贵族家庭，其父曾担任神圣罗马皇帝查理五世的首相。他本人也是帝国最重要的大臣和外交家之一，对当时的欧洲政治影响极大。同时他是个著名的艺术品收藏家，与提香等艺术大师过从甚密。

MEDAL STRUCK IN HONOUR OF THE PRESENTATION OF THE HOLY BANNER OF THE LEAGUE.

堂胡安接受神圣联盟的大纛

儿头，持续不断地吹毛求疵，而且故意踟蹰拖延，给谈判制造了不少麻烦。有一次，庇护五世被他气得火冒三丈，把他赶出了会议室。8 月 14 日，在圣克拉拉教堂举行的隆重仪式中，格朗韦勒向堂胡安授予了象征神圣联盟统帅地位的全副器具。堂胡安跪在主祭坛前，接受了他的将军权杖以及一面 20 英尺高的巨型蓝色大纛（蓝色是天堂的颜色）。这是教皇的礼物，上面精心绘制了耶稣受难的图景和连在一起的联盟三方的纹章。"幸运的亲王，"格朗韦勒声如洪钟地说道，"请接纳这些真正信仰的标志物，愿它们保佑你，打败我们的亵渎神灵的敌人，取得一场光荣的胜利。愿你的手能够打击敌人的傲慢。"[11] 西班牙士兵高举着大纛，在那不勒斯街道上游行，然后隆重地将它悬挂在"国王"号的主桅上。

四个月前，在伊斯坦布尔也举行了一场类似的盛大仪式。塞利姆二世向阿里帕夏授予了一面相似的燕尾旗，但比堂胡安的旗帜更大。阿里帕夏的旗帜是鲜绿色的——那是伊斯兰教天堂的颜色——上面完美无缺地绣有真主的九十九个尊名和称号，一共重复了28900次。现在，这面旗帜被悬挂在正在亚得里亚海航行的"苏丹娜"号的桅顶，在秋季阳光下熠熠生辉。双方的旗帜都是雄图霸业的标志物，也象征着神授的胜利。

得到祝圣的基督教旗帜也标志了联盟的第一个目标——解救法马古斯塔，但此时战火已经蔓延到了更近的地方。7月和8月初，阿里帕夏的舰队在威尼斯的海洋帝国横冲直撞，大肆破坏。土耳其人沿着克里特西进，绕过希腊海岸，一举成为亚得里亚海的统治者。他们占领了阿尔巴尼亚北部海岸的一连串驻防据点——乌尔齐尼、安蒂瓦里和布德瓦①，同时陆军也发动了协调有力的钳形攻势。韦尼尔为了避免被包围，不得不放弃在科孚岛的基地，把威尼斯舰队开往西面的墨西拿，改在那里等待西班牙舰队。威尼斯现在已经失去了所有屏障；消息一天天变得更糟糕。7月底，经验丰富的海盗乌卢奇·阿里和卡拉·霍加（绰号"黑神父"，因为他是个被逐出教门的意大利修士）几乎一直打到了威尼斯城下。他们的舰船已经进入了肉眼可以看见威尼斯城的距离。卡拉·霍加率领的一支奥斯曼分舰队对圣马可盆地进行了短期的封锁。威尼斯城在一片恐慌中采取了一些防御措施；他们在城市周围的小岛上构建了工事，架起了大炮。奥

---

① 三地今皆属黑山共和国。其中，安蒂瓦里今称"巴尔"。

18. 基督的将军

斯曼帝国的新月确实已经近在咫尺。

在遥远的法马古斯塔,攻城战进入了最后一幕。拉拉·穆斯塔法的劝降遭到了激烈抵制。布拉加丁自己也万分痛苦:"你们肯定知道,我接到了上级的命令,不准投降,否则就要被处死。""原谅我,"他呼喊道,"我不能这么做。"[12]巴廖尼竭力劝说他;同时土耳其人发动了两次惩罚性的进攻,布拉加丁才回心转意。到 7 月 31 日,法马古斯塔城已经奄奄一息。最后的一些猫也被吃掉了;意大利人中只有900人还活着,其中400人是伤员。幸存者无不精疲力竭、神经饱受炮击的折磨,而且饥肠辘辘。城里的很多美丽建筑都成了瓦砾堆。法马古斯塔市民为他们的忠诚付出了惨重代价。海平线上没有救援船只的影子。巴廖尼向布拉加丁保证说:"我们在城防中已经竭尽全力,无论如何都不算失败……我凭绅士的荣誉起誓,城市已经陷落。敌人再发动一次进攻的时候,我们将无力抵挡,不是因为我们的士兵已经所剩无几,而是因为火药严重不足,只剩五桶半。"[13]法马古斯塔遭到了长达68天的炮击,迫使奥斯曼帝国消耗了15万发炮弹,伤亡和患病的奥斯曼士兵多达约6万人。布拉加丁终于放弃了。8月1日,在城墙下的互相连通的地道内,威尼斯坑道工兵向土耳其工兵递交了一封给帕夏的信。城墙上也升起了白旗。

拉拉·穆斯塔法慷慨的投降条件说明,守军给土耳其军队造成了重大损失,赢得了后者的尊敬。所有意大利人都被允许军旗招展地离开塞浦路斯岛,奥斯曼帝国的船只将运载他们安全前往克里特。希腊平民如果希望离开,可以自由离去；如果愿意留下，将享受人身自由和财产安全。意大利人想把他们的全部火炮都带走，但穆斯塔法只准他们带走 5 门。关于投降的条件，不同文献有一个很小的差别，但这却是个很重要的差别。所有威尼斯方面的文献都认可，除了若干不重要的细节外，以上就是穆斯塔法同意的给予安全通行的条件。但后来穆斯塔法帕夏向史学家阿里·埃芬迪（他也参加了这场战役）讲述了他自己的版本。根据穆斯塔法的说法，安全通行还有一个条件：威尼斯人还扣押了 50 名奎里尼在 1 月份俘虏的朝圣者，双方同意，这些朝圣者应当被交还给土耳其人。由于对投降条件的分歧，发生了一件可怕的事情。

8 月 5 日，威尼斯人开始登上土耳其船只。"一直到此时，土耳其人和我们剩余所有人的关系都很友好，互相没有猜忌，因为他们在言辞和行为上都对我们以礼相待，"[14] 涅斯托尔·马丁嫩戈如此写道，尽管在此时，奥斯曼士兵已经违反了约定，进入城市，开始抢劫。士兵们先前已经得到了丰厚战利品的许诺，现在想约束他们或许已经很困难。

晚祷时分，装船工作基本完成，布拉加丁将城门钥匙送交拉拉·穆斯塔法。这位骄傲的威尼斯贵族是在盛大的排场中离开法马古斯塔的，有人说他更像是胜利者，而不是败军之将。他身着鲜红色长袍，在号手引领下庄严地缓步前行。他的头顶上遮盖着鲜红色的华盖，以象征他的职位。和他一起去的还有巴廖尼和其他指挥官，以及一支贴身卫队，一共大约 300 人。他们昂首挺胸，在奥斯曼军中前进。奥斯曼人虽然对他们大加嘲讽，但还是将他们隆重地安全引领到穆斯塔法的营帐。指挥官们把佩剑留在门槛处，走进营帐。穆斯

18. 基督的将军

塔法从椅子上起身，以手势示意他们在覆盖着鲜红色天鹅绒的凳子上坐下。他们按照礼仪亲吻了帕夏的手，布拉加丁开始正式宣读投降书："有鉴于上帝已经决定，这个王国将归属最光荣伟大的苏丹，我特此呈上城门钥匙，按照我们已经缔结的协议，正式投降。"[15] 就在这个威尼斯人特别脆弱的时刻，发生了可怕的事情。

双方约定的有条件投降完全取决于互信。不知是由于布拉加丁显而易见的傲慢，还是他先前对穆斯塔法的嘲讽，或是帕夏对威尼斯人的无谓抵抗导致他损失了至少 6 万人而愤怒，或者还是因为他需要向部下解释为什么事先许诺的战利品都没戏了，或许是因为人质被杀而义愤填膺，他是当场发作还是事先预谋，我们都无从得知。但布拉加丁询问是否可以自由离去时，双方大吵起来。

根据奥斯曼帝国方面的记载，争吵的开端是，穆斯塔法要求一名威尼斯贵族留下作为人质，以保障土耳其船只能够从威尼斯治下的克里特安全返回。布拉加丁愤怒地咒骂他："一个贵族都不给你，一条狗都不给你！"[16] 穆斯塔法发了火，询问被扣作人质的朝圣者现在何处。根据阿里·埃芬迪的记载，布拉加丁承认，在签订和约之后，他们对人质进行了拷打，然后把他们处决了："我本人没有权力控制那些穆斯林俘虏。投降那天，威尼斯人和当地人的酋长把他们杀死了。我把在我那里的俘虏也处决了。"

"那么，"帕夏说道，"你们违背了和约。"[17]

还有其他事情火上浇油：守军销毁了大量棉花和弹药，这些如今拿不到手的战利品或许是帕夏的不满的潜台词，布拉加丁言语和行为的傲慢也让征服者无法忍受。

威尼斯人的记载却不是这样。按照他们的说法，奎里尼在 1 月就已经把大部分穆斯林俘虏带走了；只有 6 名俘虏被留下，而且都逃跑了，或者说，布拉加丁对这些人的命运并不知情。"我难道不知道，"穆斯塔法愤怒地回答，"你把他们都杀害了吗？"他愤怒地在营帐内踱来踱去，把满腔怒火都一股脑发泄了出来："告诉我，你这恶狗，你们根本没有力量守城，为什么还要死撑着？你们为什么不在一个月前就投降，而让我损失了 8 万精兵？"[18] 他要求留下 1 名人质，以保证他的船只能够从克里特安全返回。布拉加丁回答，和约里没有这样的条款。"把他们捆起来！"[19] 帕夏喊道。

一瞬间，威尼斯人被推推搡搡地押出营帐，准备接受死刑。刽子手们大步走上前，强迫布拉加丁把脖子伸长两三次。这时拉拉·穆斯塔法有了个新主意。他决定先把布拉加丁留着，只是命令把他的耳朵和鼻子砍掉。这是对普通罪犯的处罚。巴廖尼抗议说，帕夏违背了诺言；他和其他指挥官被处决在营帐前。根据威尼斯人的记载，穆斯塔法随后把巴廖尼的头颅展示给全军将士："看看法马古斯塔伟大捍卫者的脑袋吧，就是他摧毁了我大军的一半，给我造成这么大麻烦。"[20] 华丽的营帐前堆积了 350 颗头颅。

布拉加丁的结局来得缓慢又痛苦。他被一直留到 8 月 17日（星期五）。他头部的伤口已经化脓，伤痛让他神志不清。在祈祷后，他被押着在全城游街，周围锣鼓喧天，陪伴他的只有忠心耿耿的仆人安德烈亚，他为了侍奉主人到最后一刻，接受了改信伊斯兰教。土耳其人还记得布拉加丁先前对帕夏的嘲讽，于是强迫他背着装满泥土的麻袋沿着城墙走，每次经过帕夏身边时都亲吻地面。土耳其人挖苦地劝他改信伊斯兰教。威尼斯的圣徒传记家记录了布拉加丁圣人一般的回答："我是基督徒，无论生死，都是基督徒。我希望我的灵魂会得救。我的身体属于你们，随便你们怎么折磨它吧。"[21] 传记家可能夸大了恐怖效果，以打动读者，但布拉加丁遭受了残酷折磨这一点是无疑的。这是仪式性的羞辱。半死不活的布拉加丁被捆在一把椅子上，一直升到一艘桨帆船的桅杆上，然后又浸到海里，整个舰队都在观看和嘲讽他："看看你们的舰队来了没有；看啊，伟大的基督徒，看看援军来救法马古斯塔了吗?"[22] 然后他被押到圣尼古拉教堂（现在被改为清真寺）旁边的广场上，剥去衣服。最终结果他性命的刽子手是个犹太人，威尼斯方面永远不会原谅这一点。布拉加丁被捆在一根来自萨拉米斯的古代石柱（它被保存至今）上，被活活地剥去皮肤。刽子手剥到他的腰部时，他已经断了气。

土耳其人在他的皮里塞上稻草，然后给它穿上总司令的鲜红色长袍，打起红色华盖，放到一头母牛背上，游街示众。后来这个可怕的假人被送到黎凡特①海岸各地示众，最后被送到伊斯坦布尔，献给塞利姆二世。

---

① 黎凡特是历史上的地理名称，其指代并不精确。它一般指的是中东、地中海东岸、阿拉伯沙漠以北的一大片地区。"黎凡特"一词原指"意大利以东的地中海土地"，在中古法语中，黎凡特（Levant）一字即"东方"的意思。历史上，黎凡特在西欧与奥斯曼帝国之间的贸易中担当重要的经济角色。黎凡特是中世纪东西方贸易的传统路线。阿拉伯商人通过陆路将印度洋的香料等货物运到地中海黎凡特地区，威尼斯和热那亚的商人从黎凡特将货物运往欧洲各地。

这出残酷的戏剧在奥斯曼帝国境内并没有得到普遍的鼓掌支持。据说索科卢大为震惊。或许他明白，这种暴行就像圣艾尔摩堡大屠杀一样，只会让敌人斗志更坚定。或者他看出了拉拉·穆斯塔法这么做的深层动机。拉拉·穆斯塔法用刽子手的屠刀彻底打破了他的竞争对手用和平手段劝降的企图；索科卢的外交使阻止威尼斯共和国与西班牙结盟成为必要。所有这些现在可能都无法实现了。布拉加丁给了威尼斯人一位烈士，一个可以为之奋斗的事业。他没有白死：奥斯曼帝国在法马古斯塔花费了太多时间，损失也太大，这严重影响了他们和威尼斯的战争。用布拉加丁的皮肤做成的假人现在悬挂在一艘土耳其桨帆船的桁端，它还有新的角色要扮演。

19. 着魔的毒蛇

1571 年 8 月 22 日 ~ 10 月 7 日

8 月 22 日，堂胡安抵达墨西拿，此时基督教舰队还不知晓法马古斯塔的最终命运。在墨西拿，堂胡安再次受到隆重欢迎和盛情款待。堂胡安登陆后走到一座饰有纹章的凯旋拱门下，墨西拿人在隆隆的礼炮声中向他呈礼物——一匹配有银鞍具的骏马。房屋都悬挂了旗帜、欢庆文字条幅和基督得胜的图像。夜间，全城灯火通明。基督教地中海的全部力量似乎都聚集在了这里。200 艘战船在港口锚地随波轻摇；成千上万的西班牙和意大利士兵在狭窄街道上摩肩接踵；还有成千上万的桨手被锁在船上休息。这个时代最伟大的将领们齐聚一堂，为基督之名战斗，这对庇护五世来说是个特别的胜利：罗姆加和圣约翰骑士团的骑士们也加入了远征队伍；此外还有乔万尼·安德烈亚·多里亚、率领教皇国桨帆船舰队的科隆纳、经验丰富的西班牙海军将领巴桑、曾援救马耳他的独眼阿斯卡尼奥、脾气火爆的威尼斯人塞巴斯蒂亚诺·韦尼尔、前一年袭扰塞浦路斯并给土耳其人带来很大麻烦的马尔科·奎里尼，以及来自克里特和亚得里亚海的部队。这是一场奥林匹克运动会一般的国际盛会，也是对基督教世界决心的考验。"感谢上帝，我们都到了，"科隆纳写道，"我们每个人的价值都将得到检验。"[1]

　　在这个基督教世界精诚团结的华丽表面之下，各方其实仍然在气势汹汹地互相争吵，各自心怀鬼胎。在整个海岸地区，意大利和西班牙士兵之间不断发生冲突。士兵们在那不勒斯大街上发生械斗，在墨西拿又打得不可开交，有士兵因此丧生。为了恢复秩序，军官们不得不绞死几个士兵作为替罪羊。指挥官们互相嫉妒和猜忌。威尼斯人嘲笑多里亚"形似海盗"，对他恨之入骨。暴躁易怒的威尼斯指挥官韦尼尔对一次又一次耽搁非常不耐烦，暴跳如雷。他怀疑西班牙人不肯积极应战，因此不大愿意听从堂胡安调遣。所有人都不信任威尼斯人，后者带来了大量舰船，兵员却很少。圣约翰骑士团几乎是威尼斯不共戴天的死敌，尤其是最近有一名骑士由于伪造威尼斯货币而被处决，更增强了他们对威尼斯的忌恨。同时，很多士兵由于军饷不足而满腹怨言。总而言之，普雷韦扎战役、救援马耳他行动和前一年命途多舛的援救塞浦路斯行动中曾经出现的各种矛盾和摩擦在 1571 年的远征中再次浮现。奥斯曼帝国方面推测基督教的事业会像历史上一而再、再而三上演的那样失败，并非没有道理。但如果这个推测错误，风险将会很大；因此伊斯坦布尔方面也相当焦虑。

在号角齐鸣和庆祝活动背后，8 月底的关键问题其实很简单：是否冒险与敌交战。适合航海的季节已经快结束了，敌人势力很猖獗。众将分歧严重。有些人急于证明自己，比如科隆纳仍在为前一年的失败而愤愤不平；韦尼尔和威尼斯人急于开战；而且西班牙海军将领巴桑也富有进取精神。亲王本人肩负着教皇的重大期望。在教皇授予的所有礼物和为他举办的庆祝活动中，有一件礼物最有分量。庇护五世派遣潘纳主教作为他的特别使节前往墨西拿，向堂胡安许诺，如果他能取胜，他将得到一顶属于自己的王冠。但在另一方面，西班牙人的主流意见是小心驶得万年船。多里亚接到了国王的御旨，不得拿西班牙舰队冒险；雷克森斯受命对堂胡安进行限制；承担了远征大部分费用的腓力二世的谨慎思维也在背后施加着影响。

各方面都向堂胡安提出自己的意见，试图说服他，其中有些意见特别有帮助。阿尔瓦公爵①从遥远的佛兰德写来书信，敦促他好好管理部下："阁下在士兵面前应当永远以欢欣的面貌示人，因为众所周知，士兵们对此非常重视；阁下还应当轮流表扬各国的队伍。特别重要的是，要让士兵们知

---

① 指费尔南多·阿尔瓦雷斯·德·托莱多，阿尔瓦三世公爵（1507～1582），西班牙贵族、军人和政治家。他是国王腓力二世最信任的将领。他曾随查理五世参加意大利战争，战功卓著。1567 年，他被任命为尼德兰总督，镇压尼德兰独立运动。阿尔瓦在尼德兰实行恐怖政策，他的血腥统治反而加剧了尼德兰人的反抗，以致腓力二世不得不于1573 年将他召回。

道，阁下特别重视军饷问题，在条件允许的时候要及时发饷；如果条件不允许，也要发布命令，在出海时向士兵发放足额的口粮，并保证给养的高质量，并让士兵们明白，这是由于阁下的命令和勤奋工作才办成的。如果不能办成，要让士兵们知道，阁下对此深感遗憾，并惩戒责任人。"[2] 堂胡安严格遵循了这条建议，逐渐成熟起来。8 月 3 日，在拉斯佩齐亚，由于军饷未能及时发放，发生了军队哗变，他亲自出马，许诺将发放军饷，平息了事端。同时，西班牙人也努力抑制他们的年轻统帅的满腔热情。甚至堂加西亚·德·托莱多（他在马耳他战役后退休）也有建议给他。

年迈的堂加西亚正在 200 英里之外的比萨附近的温泉治疗自己的痛风病。他是地中海战史的活字典。查理五世于 1535 年在突尼斯取胜时，他就在场；八年后，他目睹了查理五世的舰队在阿尔及尔覆灭；后来他又援救了马耳他。最重要的是，他还记得 1538 年普雷韦扎战役（那是三十年间最大规模的一次海上交锋，当时巴巴罗萨挫败了安德烈亚·多里亚）的教训。他给年轻的堂胡安写了很多信，提了很多谨慎的建议。他理解海战的风险、海军联盟的问题以及土耳其人目前在海上享有的物质和心理上的优势："如果我是全军统帅，在缺少来自佛兰德的 8000 名或是 9000 名有经验士兵的情况下，我是不愿意拿国王陛下的舰队冒险的，因为一旦失败——愿上帝保佑不要发生这样的灾难——后果将不堪设想，任何胜利都无法弥补。同时切记，我们的舰队属于不同的主人，有时对某位主人有益的事情对其他人并没有好处。而敌人的舰队只有一个主人，上下一心，目标一致且忠心不二，曾在普雷韦扎战斗的人都理解这种团结一致的价值。在心理方面，土耳其人占了威尼斯人的上风；我相信，甚至对我们，土耳其人也有心理上的优势。"[3]

西班牙人如此谨慎是因为，在此前的五十年中，西班牙在海上连续遭到了多次失败。普雷韦扎和杰尔巴岛的教训深深影响了他们的思维。堂加西亚一再强调，务必小心谨慎。"为了上帝的爱，"堂加西亚又写信给雷克森斯，"仔细斟酌，这是一件多么重要的大业，如果出错，将会带来多么可怕的损害，"然后又强调关于西班牙策略的复杂秘密，"由于诸多有力的理由，最好不要让威尼斯人知道，避免交锋是多么有利于国王陛下的利益，以及为什么会如此。我请您将此信读给堂胡安听，然后立即销毁。"[4]西班牙朝廷已经下定决心，为了保住天主教国王的颜面，必须出征；但是为了国家利益，此次远征必须失败。

但从堂胡安向堂加西亚提出的一连串问题上看，他个人的倾向已经非常清楚。他询问这位老将，如果他要作战，应当如何组织舰队？如何使用火炮？在何时下令开火？堂加西亚的建议（其中有些没能及时送抵堂胡安处）非常具体，都是从他积累了半个世纪的海战经验中总结出来的。两军正面对抗的海战是非常罕见的，而且都没有目前筹划的规模那么庞大，但是少数几个这样的战例是很有启发性的。他建议堂胡安从以往的战例中吸取教训："您应当特别注意，切勿将所有舰船组成一个编队，因为数量如此庞大的舰队肯定会陷入混乱，导致有些舰船阻挡其他舰船，就像普雷韦扎战役中那样。您必须将舰队分成三个编队，两翼应当部署您最信任和得

355

力的桨帆船，翼端应有特别优秀的船长指挥，并确保各个编队之间保留足够的空间，好让舰船转弯和活动，而不至于阻碍其他分队的行动。巴巴罗萨在普雷韦扎就是这样调遣的。"[5]

这些建议将起到非常重要的作用。至于何时开火，堂加西亚的建议具体到了可怕的程度，鲜明地体现出了当时海战的残酷现实。射击是没有第二次机会的，每一炮都必须发挥效力："在现实中，要想进行两轮射击而不造成巨大混乱，是不可能的。我认为，最好的办法是像骑兵一样向敌人猛冲，在极近的距离用火绳枪射击，要近到能够让敌人的鲜血喷到你身上……我常听精明强干的船长们说，船首冲角折断（即与敌舰碰撞）的声音和炮声应当是同时的，或者尽可能接近。"[6] 他提倡的是抵近射击。

9月初，舰船继续集结，堂胡安决定召开一次作战会议，以决定行动计划。让所有高级军官都参加会议显然是明智之举；考虑到各派别的钩心斗角，堂胡安决定光明正大地行事。9月10日，七十名高级军官聚集在"国王"号上，参加了这场决定命运的会议。堂胡安提出了两个方案：寻找敌人与之交战；或者按照堂加西亚的建议，"不去主动求战，而是让敌人来找我们，并抓住每一次机遇迫使敌人这么做"[7]。毫不奇怪，大家又产生了分歧。教皇国舰队和威尼斯人主张立即进攻；多里亚和西班牙舰队主张小心谨慎。堂胡安直言不讳地宣布，他打算发动进攻，决战决胜；这个提议在投票中得到一致通过。

事后看来，虽然腓力二世努力束缚舰队的主动性，这样的结果其实是不可避免的。让所有人都没想到的是，基督徒成功地集结了一支庞大的舰队。现在返航将会是不可承受的耻辱。堂胡安还宣示众人，如果西班牙舰队不肯参战，他将率领教皇国和威尼斯舰队单独行动。前一年战败的刺激、教皇在宗教方面的巨大期待、欢呼的群众、招展的旗帜和庆祝活动、堂胡安闯劲十足的宣示，都推动了远征继续进行，正如当时的一位观察者所说，"就像毒蛇被魔咒迷住一样"[8]。在其他人的无声压力下，多里亚和雷克森斯也投票主张积极行动。"并不是所有人都心甘情愿地同意作战，但都因为畏惧耻辱而被迫做出了这样的选择，"[9]萨伏依①桨帆船舰队的司令官如此写道。

多里亚仍然记着腓力二世的御旨，希望能够避免作战。会议决定，抵达科孚岛后再确定最终的目标。现在还有时间来阻止寻求交战的冲动，但舰队在墨西拿以东继续前进，使得堂胡安的决策越来越难推翻。

大军群情激昂。官兵们蜂拥来到教堂，接受圣餐；教皇使节祝福了远征舰队。9 月 16 日清晨，堂胡安匆匆写了一封给堂加西亚的最后的信，内容让这位老人收到信后在蒸气浴中也会打寒战。堂胡安宣布，他将出航追击敌人。"尽管根据我们得到的情报，敌人舰队的规模比联盟舰队大，"他写道，"但舰船和兵员质量上并不比我军优秀。我信任天父上帝，因为我们的事业就是他的事业。我已决定出击，寻找敌人。今晚我将出发——愿上帝为此欢悦——前往科孚岛，然后从那里出发，驶往敌人舰队的所在地。我拥有 208 艘桨

---

① 法国东南部和意大利西北部的一个地区，当时萨伏依公国也是神圣联盟的成员国。

帆船、2.6万士兵、6艘加莱赛战船和24艘其他类型船只。我坚信，如果我们能遇到敌人，上帝一定会给我们胜利。"[10]身着红袍的教皇使节站在墨西拿的防波堤上，祝福了旌旗招展的庞大舰队。大小舰船驶过防波堤，进入外海。

舰队沿着意大利海岸航行的时候，关于奥斯曼舰队的问题显得愈发紧急。敌人究竟在哪里，状况又如何？敌人有多少船只？意图是什么？可靠的情报是至关重要的。堂胡安派遣马耳他骑士希尔·德·安德拉达率领4艘快速桨帆船作为前驱和侦察部队，搜集情报。三天后，安德拉达带回了令人担忧的消息：土耳其人进攻了科孚岛，然后又返回了普雷韦扎。大家担心，奥斯曼舰队或许正在分散，准备过冬。那天夜里，整个舰队的全体官兵扫视着夜空和黑暗的大海，目睹了一个天体现象，士气大振。一颗极其耀眼的流星划过夜空，爆炸分裂为三团烈火，拖出长长的轨迹。大家认为这是个吉兆。但是随后天气恶劣起来；一连几天，舰队在暴风骤雨中艰难行进，风雨遮蔽了海平线，令舰船举步维艰。

安德拉达的情报是部分正确的。土耳其舰队在一场极其成功的战役后撤出了亚得里亚海。他们占领了一些重要的堡垒，夺得大批战利品。他们劫掠科孚岛达十一天，但在神圣联盟离开墨西拿的时候撤退了，转向南方，前往位于勒班陀（位于科林斯湾入口处）的基地，在那里观察战局，并等待伊斯坦布尔的命令。

这是一个长得超乎寻常的作战季节。阿里帕夏的舰队自3月起就一直在海上；桨帆船的船体现在沾满了海草，需要清洗；船员们也很疲惫。在亚得里亚海的劫掠虽然取得了戏剧性的成功，但也让舰队精疲力竭。大家普遍感到，现在季节已过，时间已经太晚，不适合任何大规模海上行动。在船上一连待了几个月的士兵们要求离舰上岸，或者干脆逃走，加入了艾哈迈德帕夏的陆军部队。另外，根据以往的经验，大家都坚信基督教舰队会因为内部纷争而自行解体，或者撤退过冬。

土耳其人也在做他们自己的情报搜集工作，而且已经取得了一个辉煌的成功，尽管基督徒对此还一无所知。9月初的一天夜里，基督教舰队正停泊在墨西拿港口，马尔科·安东尼奥·科隆纳麾下的教皇国舰船全都覆盖了黑布，以哀悼科隆纳女儿的去世。一艘黑色桨帆船神不知鬼不觉地从停泊的舰船中间的航道上驶过，钻来钻去。这艘船属于一位出身意大利的海盗卡拉·霍加，他正在清点敌人舰船的数量。他还带回了堂胡安的作战计划，那可能是从间谍手中获得的，也有可能是从大量印发的大开本公报上获得的。他完全知晓基督徒计划如何组织舰队，以及开往科孚岛的意图，尽管他还不清楚，基督徒抵达科孚岛之后打算干什么。

但问题在于，卡拉·霍加数错了。他错过了停在内港的整整一支威尼斯桨帆船分队，共60艘。因此他数出来的总数只有140艘。堂胡安实际上拥有208艘战船。阿里看到基督教舰队虽然数量处于劣势但仍然准备进攻，十分困惑，但还是派遣快速三桅船将消息送到伊斯坦布尔。与此同时，堂胡安在细雨中看到了科孚岛的群山，也听到了同样不可靠的情报。一些通过战俘交换从敌人舰队返回的威尼斯人声称，土耳其人拥有160艘桨帆船，而缺少士兵；另外乌卢奇·阿里已经离开了舰队。事实上，土耳其人有约300艘战船，乌卢奇·阿里离开是为了把战利品送到莫东，现在已经返回了。几天后，在舰队主力前方侦察的希尔·德·安德拉达询问了一些希腊渔民，他们似乎证实，敌人的兵力的确有所削弱。渔民们向安德拉达保证，基督徒必胜无疑。这些希腊人刚刚把同样的乐观消息告诉阿里帕夏的探子。双方都低估了对方的实力。情报的失误将带来严重的后果。

到 9 月 27 日，基督教舰队已经在科孚岛港口下锚。现在是做最后决断的时候了：寻找敌人交战，还是暂停行动。威尼斯人看到他们的科孚岛的惨状，心情更加阴沉。奥斯曼帝国陆军的某些部队因为不能攻克敌人的要塞，又为漫长的作战而恼火，进行了放纵的施暴，并亵渎破坏了基督教神龛，这让意大利人的圣战热情高涨起来。多里亚和一些西班牙军官再次告诫堂胡安不要冒险，何况作战季节已经太晚了。他们建议劫掠阿尔巴尼亚海岸，以挽回颜面，然后撤军过冬。但堂胡安和威尼斯人岿然不动，坚持要寻找敌人舰队。

次日，在遥远的马德里，腓力二世写了一封信给堂胡安，命令他在西西里过冬，来年再战。而在罗马，教皇在通过祈祷敦促堂胡安采取完全相反的行动。"教皇每周斋戒三次，每天花很多时间祈祷，"[11] 西班牙红衣主教苏尼加写道。9 月 29 日，安德拉达的侦察兵报告称，整个奥斯曼舰队都在勒班陀。在希腊西南角外海，克里特的威尼斯总督派出的一艘快速三桅船正携带着法马古斯塔陷落的噩耗匆匆北上。

10 月初，神圣联盟舰队抵达了希腊海岸的伊古迈尼察。堂胡安对舰队作了最后一次检阅。桨帆船被拆去了非必需的设备，准备作战，并进行了精确的调动。每名船长都完全掌握了作战计划。堂胡安在舰队中穿过，仔细地查看舰船的状况。他经过的时候，士兵们鸣枪敬礼。礼节性的鸣枪其实也挺危险：自舰队离开墨西拿以来，已有二十人被误击身亡。

与此同时，阿里帕夏收到了来自伊斯坦布尔的一连串命令。从前线指挥官到帝国中心有十五至二十天的路程，但从奥斯曼帝国的文件可以清楚地看出，塞利姆二世，或者说是索科卢，正试图对战役的指挥施加控制。从帝都发来的一连串命令对舰队调动、粮食供应和部队集结都做了指示。索科卢和塞利姆二世显然认识到，舰队已经筋疲力尽，人力补充也很成问题。但 8 月 19 日的命令是斩钉截铁的："若敌人舰队出现，你和乌卢奇·阿里应当互相配合，与敌交锋，凭借你们的全部勇气和智慧战胜敌人。"[12] 另一道在战役结束后才发出的命令甚至更加坚决："现在我命令，你在获得可靠敌情后，应当进攻异教徒舰队，完全信任安拉和他的先知。"[13] 索科卢和他的主子，究竟谁应当为这些不寻常的命令负责，已经不可能说清楚。这些命令完全束缚了前线将领的手脚，让他没有随机应变的空间。甚至连苏莱曼发给身处马耳他的穆斯塔法的那些电闪雷鸣般的命令也不会对作战的细节加以规定。或许苏丹和他的维齐尔不相信基督徒会冒险求战，或者他们认为基督徒的斗志会瓦解；或者苏丹受到最终征服塞浦路斯的鼓舞和圣战热情的刺激，过于自信。不管怎么说，他们都命令阿里帕夏与敌交战。

到 9 月底，阿里抵达了勒班陀，这是一个设防要塞，土耳其人称之为伊尼巴图，位于普雷韦扎以南仅 50 英里处，地理位置和普雷韦扎很相似。当年巴巴罗萨以普雷韦扎为基地，打败了多里亚。和在普雷韦扎的巴巴罗萨一样，阿里帕夏的阵地几乎无懈可击。勒班陀是个防御工事固若金汤、周围有坚固城墙的港口，位于科林斯湾入口处。海峡入口的两侧都有岸炮把守；用奥斯曼帝国航海家皮里雷斯的话说，一只鸟也没法从海峡飞过。无论如何，由于风向的缘故，从外界直接攻击港内的舰队将难于上青天。阿里可以安坐在港内，等待敌人在外海耗尽力量，然后随意发动进攻，或者根本不与敌人交手。他有急迫的理由避免交战：他的舰船需要修理；很多骑兵相信作战季节已经结束，于是各自回家了。很难相信敌人居然会在 10 月初冒险进攻；另外，所有俘虏都说，基督教军队内部分歧严重。阿里打算静观其变。

10 月 2 日下午 4 时，基督教舰队里被压抑下去的紧张情绪突然间爆发了出来。此时，舰队位于希腊本土的伊古迈尼察（与科孚岛隔海相望），威尼斯人和西班牙人之间的宿怨激发了。由于威尼斯桨帆船舰队缺少兵员，司令官韦尼尔在别人的劝说下满心不乐意地允许西班牙士兵登上他的舰船。从一开始，两个民族的士兵间就产生了冲突。"这些人和他们的饼干被运送上船的时候，我遇到了很多困难，还不得不忍受这些士兵的很多傲慢言行"[14]，韦尼尔在后来的自我辩护中写道。10 月 2 日早上，作为战备状况检查的一部分，多里亚被派去视察威尼斯桨帆船舰队。脾气火爆的韦尼尔直截了当地不允许备受威尼斯人憎恨的热那亚人批评他的船只。双方激烈争吵起来，这时，在韦尼尔属下的一艘克里特桨帆船"罗希姆诺战士"号上，威尼斯船员和西班牙与意大利士兵之间发生了斗殴。事情的起因是一名水手搅扰了一个士兵的睡眠，随后迅速演化成大规模斗殴，甲板上到处躺着双方的死伤者。船长向韦尼尔的旗舰送去了消息，声称"罗希姆诺战士"号上的西班牙人正在杀害船员。

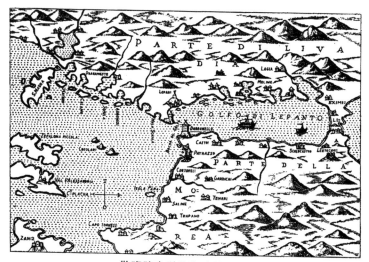

勒班陀在科林斯湾的位置

　　韦尼尔还在因为和多里亚的会面而怒气冲冲，听到这个消息后立即派遣 4 名士兵和他的宪兵指挥官登上那艘战船，逮捕闹事的人。这次哗变的领导者穆西奥·阿尔提克齐上尉用火绳枪火力来迎接前来逮捕他的人。宪兵指挥官胸部被子弹击穿；两名士兵被丢进大海。韦尼尔暴跳如雷，命令其他战船接近"罗希姆诺战士"号，准备把它轰成碎片。一艘西班牙战船提出愿意干预，这让他狂怒起来。"凭基督圣血起誓，"老人咆哮道，"少管闲事，除非你想要我把你的桨帆船打沉，让你的士兵全都淹死。不要你的帮忙，我也能管教好这些野狗。"[15]

　　他命令一队火绳枪兵登上"罗希姆诺战士"号，逮捕元凶，并将其押送到他的船上。然后他命令将阿尔提克齐和另外三人绞死在桅杆上。这时，那艘西班牙战船的船长已经把情况报告给了堂胡安，他现在可以看见四具尸体挂在韦尼尔的旗舰桅杆上。堂胡安对韦尼尔未经许可擅自处决西班牙军人非常恼火。他威胁说要当场把韦尼尔绞死。多里亚抓住这个机会，再次建议返回墨西拿，丢下这些威尼斯人。威尼斯和西班牙的桨帆船都给大炮装填了火药，炮手手执引火烛，随时准备轰击对方。两支桨帆船舰队紧张地僵持对峙了好几个小时。最后大家的怒火都逐渐平息，恢复了理智。堂胡安宣布，他再也不跟韦尼尔打交道；从此以后，他只通过韦尼尔的副手阿戈斯蒂诺·巴尔巴里戈与威尼斯人交流。这个事件险些让整个远征垮台，这消息很快就传到了奥斯曼帝国高层耳边。俘虏向阿里和佩尔特夫报告称，威尼斯人和西班牙人险些对掐起来，这让土耳其人更加相信，数量占劣势而且内部矛盾重重的基督教舰队不会作战。他们更有可能对

19. 着魔的毒蛇

阿尔巴尼亚海岸象征性地劫掠一番，然后撤军。

就在这个节骨眼上，布拉加丁的阴灵再次登台。冷静下来之后，神圣联盟舰队沿着希腊海岸继续南下。在比安科角，堂胡安命令对作战队形进行排演；各编队排好阵势，正面宽达5英里。每个编队的旗帜颜色不同。10月4日，他们抵达了凯法利尼亚岛，在那里发现一艘孤零零的三桅船从南方抢风改变航向。那是从克里特出发、传递法马古斯塔陷落消息的船。令人震惊的消息对整个舰队产生了突然而极具感染力的影响。大家的注意力集中到为威尼斯报仇雪恨的欲望上，矛盾立即平息了。当然，其实整个远征的目标也一下子荡然无存了，因为既然法马古斯塔已经无法援救，那么行动的表面目的就没了。堂胡安在"国王"号上又召开了一次作战会议，西班牙人再次恳求取消毫无意义的行动，但现在已经太晚了。威尼斯指挥官们高声疾呼，要求报仇雪恨。猛冲的势头已经不可阻挡了。舰队在暴风骤雨中继续前进。到10月6日晚上，舰队驶往帕特雷湾入口处的库尔佐拉里斯诸岛，目的是引诱土耳其人出来交锋。

在40英里之外的勒班陀城堡，土耳其人在召开最后的作战会议。所有的关键指挥官都在场：阿里帕夏、佩尔特夫帕夏、经验丰富的海盗乌卢奇·阿里和卡拉·霍加、巴巴罗萨的两个儿子（穆罕默德和哈桑），以及亚历山大港总督舒鲁奇·穆罕默德。这次会议的议题和基督徒在墨西拿和科孚岛的会议如出一辙：打还是不打？而且也同样混杂着小心谨慎和大胆冒险的因素。刚从又一次侦察行动中返回的卡拉·霍加宣称，基督徒最多有 150 艘桨帆船。但有紧迫的原因敦促土耳其人不要冒险求战：季节已经太晚了；士兵们非常疲惫，很多人已经开了小差；而且他们在勒班陀的位置易守难攻。

关于会上众将的观点，说法不一，但佩尔特夫帕夏似乎是主张谨慎一派的代表。他是个"天性悲观"[16]的人，当众指出，有些船只缺少船员。几乎可以肯定，乌卢奇·阿里也主张小心为上。这个饱经风霜的老海盗手上伤痕累累，那是他的划桨奴隶某次暴动给他留下的纪念。他是会议室里经验最丰富的航海家，时年五十二岁，曾在图尔古特身边学习海战。他非常勇敢和残酷，令基督徒心惊胆寒。前一年，他狠揍了马耳他骑士团①的桨帆船舰队一把，让他们羞愧难当。就像所有掌握了生存艺术的海盗一样，他评估风险时也非常小心。乌卢奇不大可能投票主张作战。他们的论据是非常清楚的："缺少兵员是个不争的事实。从这个角度看，最好留在勒班陀港，只有在异教徒主动上门的时候才和他们交战。"[17]其他人，比如哈桑帕夏则主张积极作战，理由是基督徒内部矛盾重重，而且数量上处于劣势。

阿里帕夏用虚张声势的言辞作了最终裁决。"我们每艘船缺少 5 到 10 个桨手，那又有什么关系？"他直截了当地宣称，"如果上天的真主意愿如此，我们就会毫发无损。"但他如此慷慨陈词，也是因为伊斯坦布尔的命令让他箭在弦上不得不发。根据史学家波切维的记载，阿里随后说道："我不断收到伊斯坦布尔的威胁命令，我为自己的地位和生命担

---

① 即圣约翰医院骑士团。

乌卢奇·阿里

忧。"[18]听了这话,其他指挥官没办法再反对他了。最后,大家决定离开锚地,主动迎战。于是他们各自去准备船只。

10月6日黄昏时,天气转晴。当晚天气非常晴好。"上帝给了我们晴朗的天空和平静的大海，在春季天气最好时也不曾有过这样的天空和大海，"[19]基督徒们回忆道。第二天，即 10 月 7 日（星期天）的凌晨 2 点，他们的舰队正驶向帕特雷湾。在勒班陀港内，船锚的铁链被叮当作响地收起；奥斯曼帝国战船一艘艘地穿过海湾入口，离开了岸基大炮的保护。

20. "决一死战！"

1571 年 10 月 7 日黎明至中午

黎明。东风。一个晴朗的秋日。

基督教舰队位于库尔佐拉里斯群岛附近，这是一系列很小的岛屿，守卫着帕特雷湾和通往勒班陀的海峡的北面。堂胡安派遣侦察兵上岸，登上山峰，在晨光中窥探前方的海域。与此同时，打头阵那艘船的瞭望哨发现东方海平线上出现了船帆。开始是两叶船帆，然后是四叶，再后是六叶。很快，他们就看见了一支"如同森林一般"[1]的庞大舰队，从海平线上滚滚席卷而来。目前还不能判断敌人舰船的数量。堂胡安发出了作战信号：升起了一面绿旗，鸣响了号炮。他麾下的战船一艘艘在小岛群中驶过，冲进海湾，欢呼声在整

369

个舰队回响。

破晓时分，阿里帕夏的舰队还在基督教舰队的 15 英里之外，他能看见对方舰船在岛群中穿过。太阳在他背后升起，风向对他有利，舰船行驶很轻松。起初他只看到了很少船只，似乎印证了卡拉·霍加关于神圣联盟舰队数量占劣势的报告。基督徒舰队似乎在驶向西方。阿里立即推断，敌人企图逃向外海。他改变了舰队的航向，偏向西南方，以阻止数量占劣势的敌人逃走。桨帆船群在鼓点声中奋力前进时，船员们心中充满了一种期待感。"我们感到欢欣鼓舞，"一名奥斯曼水手后来回忆道，"因为我们坚信，我们的舰队必胜。"[2]

但士兵们也感到了一丝不安。舰队离开勒班陀的时候，一大群不吉利的黑乌鸦呱呱叫着从空中飞过；而且阿里知道，他的船员并非自信满怀。并不是所有人都热情期待海战；为了凑足人数，他不得不从勒班陀周边地区拉了不少壮丁。时间一分一秒过去，远方的基督徒舰队似乎规模越来越大。他们并非要逃跑，而是在分散队形、摆开阵势。阿里的第一印象错了；基督徒的船只比他设想的要多。卡拉·霍加数错了。阿里咒骂着命令再次更改航向。

阿里第一次改变航向的时候，基督教舰队也相应地做出了反应，他们也误以为土耳其人企图逃跑。随后他们也发现土耳其舰队的规模比自己预想的要大，而且敌人并没有逃跑，而是准备迎战，于是他们再次调整了对策。随着时间逐渐流逝，两支庞大舰队在海面上展开阵势。大家意识到，这将是多么恢宏的一场碰撞。在宽达 4 英里的正面上，两支大

370

20. "决一死战！"

舰队正在封闭的海上竞技场中互相接近。这场战役的规模远远超过了人们的预想。约 14 万人（包括士兵、桨手和船员）搭乘约 600 艘船只（地中海的所有桨帆船的 70% 以上），互相虎视眈眈。不安变成了疑虑。两个阵营都有人为自己眼前的景象暗自胆寒。

奥斯曼帝国陆军的司令官佩尔特夫帕夏试图劝说阿里佯作撤退，驶入逐渐变窄的海湾，以进入勒班陀岸炮的射程。海军司令接到的命令和他自己的荣誉感都不允许这么做。他回答说，他绝不会允许苏丹的战船哪怕仅仅是"佯作"逃跑。

基督教阵营内也有同样的担忧。随着瞭望哨的不断观察，现在越来越清楚，土耳其人的战船比他们多。甚至头发斑白的威尼斯老将韦尼尔也一下子沉默了。堂胡安觉得必须在"国王"号上再开一次会议。他询问罗姆加的意见。这位骑士毫不含糊，用手指着环绕在"国王"号周围的庞大的基督教舰队，说道："阁下，我认为，如果令尊，也就是皇帝陛下当年曾经看到这样一支舰队归他统领，一定会奋勇直前，不当上君士坦丁堡皇帝就决不罢休。他也一定会轻松得胜。"

"您的意思是我们必须作战，罗姆加先生？"堂胡安再次询问。

"是的，阁下！"

"很好，那我们就决一死战！"[3]

还记着腓力二世的谨慎指令的人们还企图撤退，但已经太晚了。堂胡安决心已下。"先生们，"他转向聚集在他舱室内的人们，"现在不是讨论的时间，而是战斗的时候！"[4]

两支舰队都开始展开作战队形。堂胡安的计划早在 9 月初就已经制订完毕，并做了仔细的排演。他的计划遵循的是堂加西亚在某封信中献上的良策：将全军分为三个编队。中军由乘坐"国王"号的堂胡安亲自指挥，得到韦尼尔和科隆纳的紧密支持，一共有 62 艘桨帆船。左翼由威尼斯人阿戈斯蒂诺·巴尔巴里戈统领，拥有 57 艘桨帆船。右翼是多里亚麾下的 53 艘桨帆船。第四个编队，即预备队，由久经战阵的西班牙航海家阿尔瓦罗·德·巴桑指挥，共有 30 艘桨帆船。巴桑的任务是，一旦任何一个编队的战线瓦解，他就要立即驰援那里。

堂胡安的政策是将各国的战船混编，这一方面是为了防止某个国家的舰队叛变，另一方面是为了加强他们的凝聚力。他这么做也是吸取了普雷韦扎战役的教训。但各个地方的混编程度是不一样的，这是为了扮演不同的角色。左翼的 57 艘桨帆船中有 41 艘是较轻型、机动性更强的威尼斯桨帆船，它们的任务是紧贴海岸线航行和作战，这也是堂加西亚的建议，因为"如果在敌国境内作战，应当尽可能接近陆地，好让敌人士兵更容易逃离自己的桨帆船"[5]。较重型的西班牙桨帆船主要在中军和右翼，那里的战斗可能更激烈。

基督徒战船顶着大风，艰难地排兵布阵。在右翼的多里亚的桨帆船群为了占据自己的指定位置，不得不行驶很远的路程。安排阵形是非常困难的，操作起来相当缓慢。"总是没办法让轻型桨帆船排成整齐队形，"韦尼尔回忆道，"这给我带来了很大麻烦。"[6]基督教舰队花了三个小时才排好阵势。

20. "决一死战！"

　　由于风向有利，阿里帕夏的舰队排起阵形来要容易一些，但总的来讲也和对方差不多。海军司令乘坐旗舰"苏丹娜"号，占据中军，和"国王"号呈一条对角线；他的右翼指挥官是亚历山大港总督舒鲁奇·穆罕默德；左翼由乌卢奇·阿里统领，正对着多里亚。两支舰队转来转去的时候，热那亚海军统领越来越清楚地认识到，他的兵力远逊于敌人。乌卢奇·阿里拥有 67 艘桨帆船群和 27 艘小型划桨船，排成两条战线；多里亚只有 53 艘。兵力悬殊有可能会造成严重后果。

　　堂胡安努力将战船排成一条直线，土耳其人则更喜欢新月阵形。它既有伊斯兰新月的象征意义，也具有战术价值。双方都对桨帆船作战的残酷现实心知肚明。桨帆船的全部进攻能力都集中在它的船首。它的 3 或 5 门指向前方的船首炮的左右回旋度很小，射界很狭窄，而且船首是船上唯一一个能够聚集大量士兵的地方。常规的战术是用大炮、火绳枪和箭矢扫射敌船的甲板，然后用带冲角的小桥撞击敌船，让士兵们通过小桥登上敌船甲板。桨帆船的船体只是个脆弱的外壳，很容易被冲击或者炮弹摧毁。如果侧舷或者船尾遭到另一艘桨帆船的攻击，就只能坐以待毙。阿里的新月阵形的目的是从侧翼包抄并合围数量较少的敌人，然后通过近距离混战打乱敌人的阵形；机动性更强的穆斯林船只比较容易从侧舷攻击敌人，将其消灭。

　　对双方来说，维持阵形正面的完整连贯都是至关重要的。但堂胡安的桨帆船更笨重一些，因此对他来讲，互相支援的原则事关生死。邻近的两艘桨帆船之间必须保持一百步的距离，因为这个距离足够远，两船的桨不会相撞，但又足够近，可以阻止敌人硬插进来。同时，由于相同的原因，各艘桨帆船必须保持队形，不能脱队。如果向前冲得太远，容易被敌人分割包围和消灭。如果太落后，就容易让敌人插进来，造成混乱。一旦阵形上出现漏洞，作战就变成了听天由命的危险游戏。但要在宽达4英里的正面上维持这项原则，需要极其高超的本领。从高空俯视，布阵的效果是很清楚的。基督教舰队的阵形就像只手风琴一样不断伸缩，各艘舰船以最中间的"国王"号为基准调整自己位置的时候，整个阵形的正面呈一条蜿蜒的曲线，前后波动。

阿里帕夏也面临着保持队形的问题。他的新月阵形两端的尖角位置过于超前，有可能造成灾难性后果：如果得不到支援，它们可能会迅速被敌人歼灭。由于舰队过于庞大，而且每艘船不断调整自己位置造成的延误使得队形很难保持连贯。他感到新月阵形太难安排，于是改为一条直线，同样也分为左中右三个编队（"苏丹娜"号在中军，作为队形的基准），这和对手是一样的。任何一艘船都不得超出其他船只，否则其船长将受死刑。两支舰队在努力保持队形的同时缓慢地互相接近了。

基督教舰队的机动性比较差，但在火力方面得到了弥补。西班牙的西欧式桨帆船比土耳其桨帆船更重，攻击力也更强。平均而言，基督教战船的火炮数量是对方的两倍；如果使用得当，它们能够给敌人带来沉重打击。两军间的距离越来越短，阿里的瞭望哨可以看到，基督教舰队的中军满是西班牙的重型桨帆船。如果土耳其舰队不用两翼来扰乱和包抄对方中军的话，这些重型桨帆船能够重创土耳其舰队的中军。阿里开始感到担忧。

而且基督徒做了一些发明创造。根据多里亚的建议，堂胡安命令他的指挥官拆除船首的冲角。这些冲角主要是起到装饰作用，实际意义不大；拆掉冲角之后，船首炮可以压低炮口，这样就能在近距离轰击敌人。两军之间最后 100 码的距离只是一瞬间的时间，炮手们来不及重新装填，因此只有一次射击机会。堂胡安决心遵照堂加西亚的建议：勇敢地坚持到两军相接的最后一分钟，也就是敌人已经冲杀到眼前的时候才开炮。他不希望己方的炮弹从敌人头顶上呼啸而过，那样就完全不能造成任何杀伤。与此同时，他还命令在船侧铺上大网，以阻挠和迟滞企图登船的敌人。

但是，给正在隆隆前进的舰队带来了最激进革新的是威尼斯人。他们牢牢记住了他们的重型武装大帆船 1538 年在普雷韦扎的突出表现，并将这个经验用于后来的作战。当年，威尼斯的大帆船给巴巴罗萨的桨帆船群带来了沉重打击，在一整天时间内坚守阵地，打退了对方。威尼斯人在造船厂拼命苦干、准备迎战时，在桨帆船厂棚里找到了 6 艘涂着樟脑油停在在那里的大型划桨商船（这是一种笨重的划桨船，曾用于地中海东部的贸易，但这些贸易现在都已经搞不下去了）的船体。威尼斯人将这种船称为"加莱赛船"。他们将这些船体翻新改造，配备多门火炮，并加装了防护性的上层结构。10 月 7 日早晨，若干桨帆船在艰苦地将这些浮动炮台拖往阵前。威尼斯人这么做有着明确的目的。

这是星期天的早上。在遥远的罗马，庇护五世正在主持一场热忱的弥撒，为基督教的胜利祈祷。在马德里，腓力二世在各次礼拜仪式之间争分夺秒地处理朝政、签署文件，并向他的庞大帝国的各个地区发送备忘录。塞利姆二世正从伊斯坦布尔出发，前往位于埃迪尔内的宫廷。苏丹的这次出行像往常一样，排场极其豪华：一大群衣着鲜亮、甲胄叮当作响的骑兵和头戴羽饰的近卫军、侍从、书记员、官吏、驯犬员、御厨和受宠的后宫佳丽，前呼后拥，好不热闹。但这次出行遇到了不吉利的预兆。塞利姆二世的头巾两次滑落，他的坐骑也摔倒了。一个人急忙上前帮助他，但不慎触及了苏丹的身体，这是大逆不道的罪行，因此不得不将他绞死。

在帕特雷湾，上午九点钟左右，自黎明以来一直劲吹的东风逐渐平息。大海平静得如同一面镜子。从堂胡安背后吹来的只有轻微的西风。奥斯曼舰队立即落帆。基督教舰队的桨手们轻松了一些。大家认为这是个好兆头：这是上帝送来的西风。

庇护五世对神圣联盟的事业寄予了极大的希望。舰队离港时的基督教旗帜、礼拜仪式和教皇的祝福给这次远征赋予了十字军东征一般的极大宗教热情。教皇曾要求堂胡安确保他的士兵们"在桨帆船舰队要过基督徒的高尚生活，不准赌博或者口出恶言"[7]。雷克森斯对此只能私下里保留意见。"我们尽力而为吧，"他嘟囔着瞅了瞅那些粗莽的西班牙步兵和被锁在划桨长凳上的基督徒败类们。在墨西拿当着教皇使节的面的时候，堂胡安将几名说脏话渎神的士兵绞死，以鞭策士兵们言行要高尚。道德目标对整个远征的成功

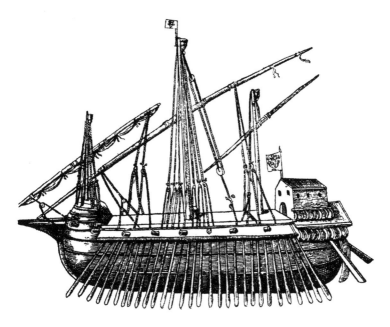

威尼斯人的桨帆船

是至关重要的。每艘船上都有神父；数千套念珠被分发给士兵们；每天都举行礼拜仪式。此时，所有人都能看到平静的海面上敌人舰队在黑压压地逼近。决定命运的时刻就在眼前，基督教舰队弥漫在一种清醒严肃的宗教热诚和恐惧之中。每艘船都做了弥撒，神父们提醒大家，懦夫是不能上天堂的。官兵们做了忏悔。随后，战鼓敲响，号角齐鸣，人们高呼："胜利！耶稣基督万岁！"[8]

队形渐渐展开，堂胡安从"国王"号富丽堂皇的艉楼上走下。他的铠甲在秋日阳光下光华夺目；他手持十字架，转移到一艘轻型的快速三桅船上，沿着阵形巡视，鼓舞官兵们的斗志。他经过塞巴斯蒂亚诺·韦尼尔所在战船的船尾时，这位脾气火爆的老人向他致意。他们的全副精力都集中在决定命运的决战上，前嫌尽弃。

堂胡安用言语鼓舞每个国家的官兵。他敦促威尼斯人为布拉加丁报仇雪恨；对西班牙人，他提醒大家的宗教义务："孩子们，我们在此地要么胜利，要么牺牲，皆由天定。不要让亵渎神明的敌人问我们：'你们的上帝在何处？'为上帝的圣名而战，无论死亡还是胜利，你们都将永垂不朽。"[9]他视察了两艘缓缓从阵形中穿过的加莱赛战船，敦促他们尽快就位。他向所有基督徒奴隶许诺，如果他们表现良好，就给他们自由，并命令打开所有奴隶身上的锁链。事实上，这个诺言是注定不能兑现的，因为他只能决定西班牙船只上奴隶的命运。至于穆斯林奴隶，除了身披枷锁之外，还额外戴上了手铐，为的是防止他们在战斗中造反。如果船只沉没，被锁在船上的奴隶将死无葬身之地。

所有官兵都在做最后的准备。军械匠们在基督徒桨手群中穿梭，打开镣铐，并分发刀剑。过道上堆积了武器、葡萄酒和面包；神父们好言抚慰大家；火绳枪兵们检查他们的火药和延时引信。曾参加镇压摩里斯科人战争的西班牙老兵们磨尖他们的长枪枪头，戴上钢盔。指挥官们穿上胸甲，戴上头盔，掀起头盔面甲，感受海风，但也闻到船上的臭气。外科医生们铺开他们的医疗器械，用手指试试锯子是否足够锋利。成千上万的划桨奴隶在监工的皮鞭脆响和持续鼓点的督促下努力划桨。他们背对敌人，划动桨叶。舰船稳步向敌人冲去。

基督教舰队的成千上万人员中有一些人的名字流传至

今。佛罗伦萨音乐家奥雷利奥·谢蒂因为犯下杀妻的罪行，已经在桨帆船上做了十二年的划桨奴隶。在"女侯爵"号上有个叫米格尔·德·塞万提斯的志愿兵，他时年二十四岁，书卷气十足，一贫如洗。战役这天早上，他发了高烧，但还是爬下床来，蹒跚地走到自己的岗位，去指挥一小队士兵。另外一名病号，"圣乔治"号上的马丁·穆尼奥斯军士也发了高烧，躺在甲板下方的舱室内。英格兰海盗和佣兵托马斯·斯蒂克利爵士（他可能是亨利八世的私生子）指挥 3 艘西班牙战船。罗姆加没有和马耳他骑士团的桨帆船在一起，而是和科隆纳一起待在后者的旗舰，这个安排后来救了罗姆加一命。安东尼奥和安布罗焦·布拉加丁是法马古斯塔的烈士的亲戚，他们指挥着两艘加莱赛战船，在前线焦急地等待着，按捺不住要报仇。在堂胡安的旗舰上有一个面容特别鲜嫩的西班牙火绳枪兵，叫作"舞女马利亚"，她是有名的弗拉明戈舞女，女扮男装参加了远征，为的是陪伴自己的情人。

5 英里之外，穆斯林也在做准备工作。阿里的舰队成分也很复杂，包括来自伊斯坦布尔和加里波利的帝国分舰队，以及乘坐小型划桨船的阿尔及利亚海盗和来自其他地方的海盗。所有的重要指挥官全部到场：滨海诸行省（罗得岛、叙利亚、纳夫普利翁和的黎波里）的总督、巴巴罗萨的两个儿子哈桑和穆罕默德、伊斯坦布尔军工厂的指挥官、意大利海盗卡拉·霍加，以及身在左翼的乌卢奇·阿里。各个派系之间显然有些小摩擦，虔诚的穆斯林和"牙缝里还塞着猪肉"[10]的秉信机会主义的叛教者之间貌合神离，本领高强

的海盗船长和苏丹的高官互相看不顺眼。阿里帕夏的计划是
让他右翼（指挥官是舒鲁奇·穆罕默德）的桨帆船群猛地
冲向希腊海岸；这些桨帆船吃水较浅，而且船员们对近海非
常熟悉，所以阿里坚信他们一定能智胜对面的威尼斯人，从
侧翼包抄他们。他命令骑兵部队在岸上就位，如果威尼斯人
企图靠岸逃跑，就将其歼灭。乌卢奇·阿里对这个战术极为
担忧。这个计划是个精心算计的赌博。如果事与愿违，就可
能发生相反的情况：穆斯林可能会受到靠岸逃跑的诱惑。乌
卢奇·阿里更愿意在开阔海域作战，那样的话更容易进行侧
翼攻击。

穆斯林舰队搭载的火炮和火绳枪兵比敌人少，但是有很
多弓箭手，他们的射速远远超过对手的火器。在西班牙火枪
兵装填弹药的时间内，弓箭手可以将他射死三十次。弓箭手
没有甲胄，他们的船只也没有加装木制胸墙以抵御持续炮
火。他们的目标是做到快速和敏捷。

在伊玛目的召唤下，穆斯林履行了净礼仪式，匍匐在
地，向真主祈祷。他们拉紧弓，将箭头浸在毒药内。甲板上
涂抹了油脂和黄油，身披重甲的欧洲人如果登船，就很难站
稳，而往往光脚作战的穆斯林仍然能够健步如飞。基督徒划
桨奴隶被禁止在敌人接近时抬头，否则将被处死，这是因为
害怕打乱划桨的节奏；两军混战时，奴隶们将躲在长凳下。
但阿里是个荣誉感极强、慷慨大方的统帅。堂胡安给他的穆
斯林奴隶增加了手铐，阿里帕夏却给他的基督徒奴隶许下了
一个诺言。他用西班牙语向他们说道："朋友们，我希望你
们今天为我尽忠效劳，以此报答我为你们做的事情。如果我

打赢了,你们都将获得自由;如果基督徒获胜,那是真主给你们的。"[11]他是完全有能力兑现这个诺言的。阿里有两个儿子,一个十七岁,一个十三岁,都和他一起在船上。他们被转移到另外一艘船上时,他向他们喊话,提醒他们应尽的职责。"您给我们的面包和盐都是蒙福的。"[12]他们庄重地答道。这是孝道的体现,令人感动。然后他们就离去了。

阿里现在可以看到基督教舰队前方的威尼斯加莱赛战船因为没有风而静止不动。这让他颇为困惑和担忧。奥斯曼帝国官兵普遍对装有重炮的大型船只心存畏惧。他们曾从俘虏那里听说过这些船,但俘虏的口供称,它们船首和船尾一共只有3门火炮。他们完全无法想象,威尼斯人有怎样的企图。

两军相隔4英里的时候,船体鲜红的"苏丹娜"号发射了一枚空包弹,向"国王"号挑战。堂胡安发射了一枚实弹,作为回答。阿里命令他的舵手穆罕默德径直开向"国王"号。绿色的伊斯兰大旗(其珍贵程度远胜伊斯兰圣战的所有其他标志,上面饰有29000个互相缠绕的真主尊名)被高高升起,旗上的绿色和金色丝线在阳光照耀下闪闪发光,此时的阳光对穆斯林来说有些炫目。

在基督教舰队,堂胡安也安排了充满宗教意味的仪式。讯号传达出去之后,每艘船上都升起了十字架;"国王"号则升起了教皇馈赠的饰有耶稣受难像的天蓝色大纛。堂胡安身穿光辉夺目的铠甲跪在船首,恳求基督教的上帝赐给他胜利。成千上万的士兵也跪了下去。身穿褐色或黑色长袍的修士们将十字架举向太阳,向官兵们抛洒圣水,喃喃地发出恳罪的祷词。然后，官兵们站起身来，用西班牙语和意大利语高呼他们的主保圣人的名字："圣马可！圣斯提法诺！圣乔治！为了圣雅各和西班牙，冲啊！必胜！必胜！"号角嘹亮地响起；频率较低的咚咚鼓点持续不断地敲响。穆斯林战船上也吹响了唢呐，敲起了铙钹，士兵们高呼真主之名，吟唱着《古兰经》的诗节，大声向基督徒呼喊，要他们上来"像被淹死的母鸡一样"[13]受死。曾在热那亚受到嘉许的堂胡安一时心血来潮，"在青春热血的激发下，在横笛伴奏下在炮台上跳了一曲嘉雅舞①"[14]，尽管这样做非常不理智。

根据威尼斯人吉罗拉莫·狄多的记载，此时双方还有时间去欣赏这恐怖的盛景。"两支舰队向对方疾驰，那景象颇为骇人；我们的士兵的头盔和胸甲熠熠生辉，金属盾牌像镜子一样闪闪发光，其他武器也在阳光下很是耀眼，出鞘利剑的光芒甚至在远处也让人眼花缭乱……敌人也是全副武装、雄赳赳气昂昂，同样让我们这边心生畏惧；同时那金色的灯笼和五颜六色、光辉灿烂的诸多旗帜也让我们惊异而且蔚为壮观。"[15]

4艘加莱赛战船位于基督教舰队主力前方1/3英里处，现已就绪，互相之间保持一定距离，拉开了阵势。右翼还有2艘有些落后，刚刚赶到前沿。威尼斯炮手们手持已经点燃的引火线蹲伏着，观察着快速逼近的280艘穆斯林桨帆船。火绳枪兵们摸索着他们的念珠，喃喃地祈祷。大家的心脏狂跳。他们在巨大的嘈杂声中做好准备。两军相隔150码时，命

_____

① 16世纪欧洲流行的一种舞蹈和音乐，舞步非常复杂。

20. "决一死战!"

令下达了。火柴被伸到大炮火门处。此时离正午还差一点点。

一连串明亮的闪光,一声雷霆般的巨响,然后是遮天蔽日的浓烟。这么近的距离,大炮是不可能打不中的。铁制球形炮弹呼啸着冲进前进的船只群中。在这巨大的冲击力下,有些土耳其桨帆船当场被炸得四分五裂。"3艘桨帆船瞬间就这么沉没了,着实可怕,"[16]狄多如此记载道。巨大的混乱让奥斯曼舰队暂时停止了前进。很多舰船互相撞击,或者在拼命努力停住。"苏丹娜"号的一只船尾灯笼被炸飞了。加莱赛船转了90度,准备进行第二轮射击。阿里命令加快划桨速度,尽可能快速地从敌人炮口下冲过去。奥斯曼阵线改变了方向,打开了一些缺口,以便避开基督徒的浮动炮台。侧舷面对基督徒的船只这时遭到了火绳枪的射击。一艘船的舵手被击毙,整船就摇摇摆摆、不停旋转。然后一排戴头巾的士兵被一排子弹从侧面打倒。加莱赛战船又转了45度。"真主保佑我们安全逃出!"[17]阿里大呼,眼睁睁地看着自己的战线遭到重创,变得七零八落、漏洞百出。一些土耳其战船从炮口下驶过,向基督教舰队的主阵线开炮,但是射得太高。堂胡安在等待土耳其人接近。基督徒战船的冲角已经拆除,能够以较低平的弹道射击。阿里的战船继续逼近的时候,基督徒的大炮咆哮起来,每名指挥官都自行选择射击时机。西风将黑烟吹向穆斯林那边,妨碍了他们的瞄准。在两军短兵相接之前,阿里的战船就已经有1/3被击沉或重创。"海面上已经漂满了士兵、桁端、桨叶、木桶和各式各样的武器装备。仅仅6艘加莱赛战船居然能够造成如此大的杀伤,真是不可思议。"[18]

21. 火海

1571 年 10 月 7 日中午至日落

此时，靠近海岸的地方已经爆发了激战。奥斯曼舰队的右翼在舒鲁奇·穆罕默德指挥下及时避开，躲过了加莱赛战船的毁灭性打击。现在他们试图从侧翼包抄阿戈斯蒂诺·巴尔巴里戈统领的由威尼斯人为主导的左翼。舒鲁奇打算善加利用海岸浅水区的狭窄走廊，他知道威尼斯人的重型战船是不敢靠近那里的。"舒鲁奇和卡拉·阿里赶在了其他奥斯曼桨帆船的前面，迅猛地冲向我们的阵线，"狄多记载道，"他们接近海岸，带领他们编队最前方的若干战船进入了浅水区。他们很熟悉这里的航道，知道浅滩上方的海水究竟有多深。他们后面跟着四五艘桨帆船，打算从背后攻击我军左翼。"[1]

21．火海

　　威尼斯人还没反应过来，舒鲁奇的这些桨帆船已经绕过了巴尔巴里戈战线的末端，正从两面夹攻最外层的位置暴露的基督教战船。如果有更多土耳其战船从侧翼包抄了巴尔巴里戈的侧翼，形势就很严峻了，他会遭到背后攻击。巴尔巴里戈用自己的旗舰挡住敌人，随即被一场火雨吞没了。箭雨呼啸而来，他的船尾灯笼被射得像刺猬一样。土耳其人试图消灭对方侧翼外围的时候，最前方的基督教桨帆船遭到猛攻，甲板被火绳枪火力一通横扫，指挥官和高级军官们被逐个击倒。巴尔巴里戈的旗舰英勇奋战了一个钟头，双方步兵激烈争夺它的甲板。巴尔巴里戈戴着头盔面甲，发出的命令完全被战斗的嘈杂声淹没。他不够谨慎地抬起面甲，叫喊着说，哪怕被打死也要把命令传出去。几分钟后，一支箭射中了他的眼睛。他被抬到甲板下方的舱室，就在那里死去。争夺旗舰的战斗愈发激烈，巴尔巴里戈的侄子乔万尼·孔塔里尼率领自己的桨帆船前来援助，但自己也不幸阵亡。

　　舒鲁奇似乎已经快要得手，但威尼斯人一心要报仇雪恨，斗志高昂。他们的很多船只来自克里特、达尔马提亚海岸和诸岛屿，这些地方在夏天的时候都遭到了阿里帕夏的劫掠。他们拼死苦战，毫无顾忌。战局渐渐开始转向。基督教预备队的桨帆船上前支援，并从后方调来援兵登上遭到打击的舰船。一艘奥斯曼桨帆船上的基督徒奴隶逃脱了控制，向他们的穆斯林主子大打出手，挥舞着铁链狠揍他们。一艘加莱赛战船缓缓驶向岸边，开始猛轰奥斯曼舰船。舒鲁奇的旗舰遭到冲撞，舵被打掉，后来又被打出大洞，开始下沉。它被灌满了海水，停在浅水区动弹不得。身穿华丽衣服的舒鲁

385

奇被威尼斯人从海里捞起时已经半死不活。他身负重伤，痛苦无比，威尼斯人为了减少他的痛苦，当场将他斩首。舒鲁奇的整个分队都跟着旗舰驶向海岸，现在都被压制在了那里。"在一片混乱中，"狄多写道，"我们的很多桨帆船，尤其是那些离中军最近的战船……秩序井然地转向左侧，包围仍在负隅顽抗的土耳其舰船。我军通过这个机敏的行动将它们包围在那里，就像把它们困在一个港口中。"[2]奥斯曼舰队的右翼被困住了。

现在，乌卢奇最大的担忧成为现实。一些穆斯林受到了近在咫尺的陆地的诱惑，放弃了战斗。他们乱七八糟地争相逃向海岸。舰船互相碰撞；人们跳下海去，在深水和浅水区挣扎或者淹死。后面的人利用同胞的尸体作为桥梁，逃向陆地。威尼斯人大开杀戒，不肯饶恕任何敌人。他们放下小艇，高呼着"法马古斯塔！法马古斯塔！"追杀敌人。一个暴跳如雷的士兵找不到别的武器，就抓起一根木棒，插进一名敌人的嘴里，将他按倒在海滩上。"这是场令人震惊的残杀，"[3]狄多写道。在混乱中，威尼斯船只上的一群基督徒划桨奴隶（根据堂胡安的命令，他们的镣铐已经被打开）感到夺得自由的时刻已经到了，而不愿去等待堂胡安兑现诺言。他们手执士兵们分发的武器，跳上海岸，后来在希腊山区落草为寇。

午后不久，两支舰队的中军（都是重型战船）也短兵相接了。名字取得花里胡哨的威尼斯和西班牙桨帆船（比如"雄人鱼"号、"骑海豚的幸运女神"号、"金字塔"号、"轮子和毒蛇"号、"树干"号、"朱迪斯"号，以及数不胜数的圣徒名字）冲杀进了土耳其舰队。土耳其的舰船来自伊斯坦布尔、罗得岛、黑海、加里波利和内格罗蓬特①，其指挥官包括：贝克塔西·穆斯塔法、德利·切列比、哈只·阿迦、科斯·阿里、皮雅利·奥斯曼、卡拉雷斯，还有其他几十人。150艘全副武装的桨帆船厮杀起来。

此前，基督教舰船是缓缓地驶向敌人，力图保持队形。土耳其舰队则被加莱赛战船发出的暴风骤雨般的火力打得七零八落，但仍然迅猛地冲向对方，快速掠过平静的海面，三角帆向后倾斜，火炮不时轰鸣着。双方的主要将领都聚集在战斗的中心：在奥斯曼舰队方面，阿里帕夏在"苏丹娜"号上，他的右边是陆军司令官佩尔特夫帕夏的战船；阿里的左边是内格罗蓬特总督穆罕默德贝伊以及阿里的两个儿子乘坐的战船；还有巴巴罗萨的儿子哈桑帕夏以及其他一些经验丰富的指挥官。堂胡安稳坐在"国王"号的艉楼上，一侧的教皇国旗舰上坐着马尔科·安东尼奥·科隆纳和罗姆加，另一侧则是韦尼尔。腓力二世如果看到堂胡安如此冒险，一定会无比震惊。堂胡安身穿光辉熠熠的盔甲、手执利剑，站在绘有耶稣受难像的大纛前，身形非常明显和暴露。别人劝他回到舱内，都被他拒绝。阿里也穿着同样鲜艳夺目的长袍站在艉楼上，手里拿着一张弓。这两位统帅都在冒极大的风险，与当年堂加西亚向拉·瓦莱特提出的明智警告——

---

① 即希腊的优卑亚岛，是希腊仅次于克里特岛的第二大岛。威尼斯人将这个岛称为"内格罗蓬特"，这个名字在意大利语中的意思是"黑桥"。

"在战争中，领袖的死亡常常导致灾难和溃败"[4]——背道而驰。

两艘旗舰接近时，"苏丹娜"号的船首炮开始射击。一枚炮弹打穿了"国王"号的前侧平台，打倒了最前方的一批桨手。另外两发炮弹没有命中。"国王"号的船首冲角已经拆去，大炮的射击弹道可以更低。它一直等到敌舰进入抵近距离才开火，"我们所有的炮弹都给敌人造成了极大损伤，"[5]"狮鹫"号上的奥诺拉托·卡埃塔尼如此记述道。"苏丹娜"号似乎直取威尼斯旗舰，但在最后一刻转舵，径直撞上了"国王"号，两船的船首互抵。"苏丹娜"号的船首冲角就像身体直竖起来的海怪的口鼻一样一直插到"国王"号的前排桨座，把不少桨手当场撞成肉泥。两艘战船被这冲击力震得各自后退一步，但仍然缠在一起，索具和船柱已经互相缠绕，一片狼藉。

整个战线上都发生了类似的猛烈冲撞。科隆纳指挥教皇国旗舰去支援"国王"号，自己却被佩尔特夫帕夏的战船撞上，原地旋转，然后一头撞上了"苏丹娜"号侧舷，这时又有另一艘奥斯曼桨帆船撞上了科隆纳的船尾。在另一侧，韦尼尔也向前推进，但立刻被卷入了另一场混战。基督徒的战线已经被打出了缺口，海面上双方战船激烈厮杀，乱作一团。

这场战役的幸存者后来对电光火石的激战中的一样东西记得最清楚：震耳欲聋的噪音。"开始时，大炮的咆哮如此震耳，"卡埃塔尼写道，"是完全没有办法想象或描述的。"[6]在火山爆发般的大炮巨响背后还有其他声音：像连续

火海

不断的手枪射击一般的船桨折断的脆响、互相冲撞的船只破裂时发出的震响、火绳枪的噼啪射击声、羽箭的恐怖呼啸、痛苦的喊叫、疯狂的叫嚷、尸体坠入海中的溅水声。浓烟遮天蔽日；舰船在烟雾中蹒跚而行，偶尔被阳光照亮，似乎不知从何方杀出，撕咬着对方的侧舷。到处是混乱和噪音："火绳枪子弹和羽箭的致命风暴四处肆虐。大海似乎被枪口焰、火喇叭、火罐和其他武器发出的持续火焰点燃了。有时是 3 艘桨帆船对 4 艘，有时是 4 艘与 6 艘交锋，有时是 6 艘围攻 1 艘。不论是敌人还是基督徒，所有人都极其凶残地战斗，一心想致对方于死地。已经有很多土耳其人和基督徒登上了对方的桨帆船，用短兵器在近距离肉搏，很少有人还活着。双手剑、弯刀、铁制钉头锤、匕首、战斧、长剑、弓箭、火绳枪和火攻武器全都大显神通，杀人无数。除了那些被各种武器杀死的人之外，还有很多人虽然躲过了这些武器，却在跳海后被淹死。大海已经被鲜血染红，海水变得非常浑浊。"[7]

"国王"号和"苏丹娜"号这两艘旗舰在最初的猛撞之后，双方的士兵都试图登上对方战船。"国王"号搭载着 400 名来自撒丁岛的火绳枪兵，战士的总人数达 800 名，他们摩肩接踵地挤在一起，每个人的活动空间不超过 2 英尺。阿里则有 200 名火绳枪兵和 100 名弓手。在两船相接的最初一刻，"一大群土耳其士兵非常勇敢地跳上了'国王'号，同时'国王'号上也有很多士兵跳上了'苏丹娜'号"[8]。根据传说，舞女马利亚就在最早手执利剑登上敌船的那群士兵中。甲板上爆发了近距离白刃战。被铁链锁住的桨手们试

21. 火海

图躲在狭窄的长凳下，同时武装士兵们在中央甲板上奔走，铠甲叮当作响。穆斯林很快就被从"国王"号上逐出；西班牙士兵则一直冲杀到"苏丹娜"号的主桅才被挡住。"苏丹娜"号错综复杂的胡桃木甲板很快就被油脂和污血覆盖，士兵们就在这污秽中砍杀敌人，或者倒地毙命。每艘船都从它后方的其他桨帆船那里得到援兵。在船首厮杀的士兵倒地死去的同时，援兵就从船尾的梯子上爬上来增援。在这么近的距离，投射武器是致命的。一个身披胸甲和背甲的人也会被一支箭刺穿，或者被一发子弹击毙。"国王"号上的堂贝尔纳迪诺·德·卡德尼亚斯的胸甲部位被一支旋转火枪的子弹击中，子弹虽然没有击穿胸甲，但冲击力仍然很大，他不久之后就死去了。伊斯兰的绿色大旗被打出了很多弹孔，但基督徒也被打退了。

双方都明白，旗舰是战役的关键所在。士兵们在桅杆处匆匆搭建了障碍物，以抵挡敌人的登船士兵，于是争夺舰船的战斗变得很像狭窄街道上的巷战。士兵们非常密集，常常有一大群人被同时打死。更多援兵从后方赶来。"苏丹娜"号射来的箭雨呼啸而至，插入"国王"号甲板的速度如此之快，看上去好像箭是从甲板上长出来的。据一位目击者说，基督教船只上插满了箭，活像豪猪。两艘旗舰的战斗局势发生了逆转，现在土耳其人蜂拥冲上了"国王"号。在这场混战中，有人看见堂胡安的宠物狨猴把桅杆上的箭拔出，将它们咬断，然后把它们扔进大海。

"国王"号的两侧和整个战线上，战斗极其激烈。韦尼尔试图去援助旗舰，撞击了"苏丹娜"号的中段船体，但自己被从两侧包围。预备队的两艘威尼斯桨帆船及时赶到，才救了他的命。这两艘桨帆船的船长都已经阵亡。巴桑的桨帆船预备队之前待在战线后方，准备随时援救危急地点，现在也开始大规模加入战斗，以阻止战局恶化。科隆纳打退了穆罕默德贝伊的桨帆船（阿里的两个儿子就在这艘船上）。在战线另一端，海盗卡拉·霍加和卡拉·德利的桨帆船群企图猛攻"狮鹫"号。卡拉·霍加带领他的人马冲杀在前，但火绳枪开始大显神通。"詹巴蒂斯塔·孔图西奥用火绳枪将卡拉·霍加打倒，然后一枪一枪地射击，一直打到活着的土耳其人不超过 6 个。"[9]西班牙长枪兵在阿尔普哈拉的操练中掌握了战术，在近距离的杀伤力是惊人的。他们登上敌船之后就横扫甲板，将反抗的敌人戳死，或者把他们推进大海。奥雷利奥·谢蒂记载了和他一起被释放的基督徒奴隶在战斗中的极大勇气："基督徒奴隶们告诉自己'今天我们要么战死，要么赢得自由。'跳上敌船，杀死了很多土耳其人。"[10]

"苏丹娜"号和"国王"号上的战斗已经持续了一个多钟头。冲上敌船的第二波基督徒士兵也被击退，但奥斯曼舰队的火力在逐渐减弱。堂胡安手执双手重剑，亲自从船首作战，腿上被匕首刺伤。在旁边的桨帆船的艉楼上，八十岁高龄①的韦尼尔没有戴头盔，站在自己的艉楼甲板上，用劲弩快速向戴头巾的敌人射击，他的部下不断为他重装弩箭。

巴桑的援兵开始扭转局势，重型加莱赛战船又枪炮齐鸣地加入了混战。佩尔特夫帕夏所在战船的舵被打掉；他跳下

---

① 原文如此，韦尼尔生于 1496 年，此时应当是七十五岁。

大船，来到一艘划桨小船上，小船的桨手是个叛教者，他用意大利语高呼："不要开枪！我们是基督徒！"[11]就这样把佩尔特夫救走了。佩尔特夫溜走的时候大声咒骂阿里的鲁莽。基督徒战船在包围"苏丹娜"号，并切断了增援阿里帕夏旗舰的援兵来源。帕夏的儿子们拼命要去援助父亲，但也被打退了。科隆纳和罗姆加俘虏了一艘桨帆船，然后去寻找下一个目标。

"下面干什么？"科隆纳问道，"再俘虏一艘桨帆船，还是去援助'国王'号？"[12]罗姆加亲自操纵舵柄，将战船转向"苏丹娜"号的右侧。韦尼尔正从另一侧逼近"苏丹娜"号，用火力横扫后者的甲板。"我的桨帆船用大炮、火绳枪和羽箭猛烈射击，打得帕夏旗舰上的土耳其人没办法从艉楼走到船首，"[13]他如此记述道。第三波基督徒士兵冲上了"苏丹娜"号的甲板；土耳其人在艉楼甲板上临时搭建的障碍物后做最后抵抗。最后的防御工事被炸飞的时候，阿里帕夏仍然在猛烈地射箭。为了躲避火雨，很多人跳入大海。

关于阿里的最后时刻，有十几种不同的说法，赋予了这位帕夏不同程度的英雄主义精神。最可能的情况是，这位海军司令身穿鲜艳的长袍，非常暴露，被火绳枪击倒了。一名西班牙士兵砍下了他的头颅，将它挑在矛尖上高高举起。人们高呼"胜利了"！神圣联盟的旗帜被升上了"苏丹娜"号的桅顶。堂胡安跳上"苏丹娜"号的甲板，但意识到战斗已经结束，于是又回到了自己的旗舰。"苏丹娜"号上的抵抗瓦解了。士兵们将阿里的头颅献给堂胡安。据说堂胡安看到自己的对手被如此粗鲁地斩首，非常愤怒，命令将这个头颅投入大海。西班牙士兵们在做最后的扫荡。

奥斯曼舰队中军的抵抗开始崩溃。阿里的儿子们在穆罕默德贝伊的旗舰上被俘虏；其他人则举手投降或者逃跑。根据卡埃塔尼的记载，"国王"号和"苏丹娜"号的甲板都变成了一堆废墟："'国王'号上死者极多。"[14] "苏丹娜"号在平静的海面上徘徊，船员几乎全部死亡，"甲板上到处是戴着头巾的首级在滚来滚去，似乎和战前的阵容一样数量惊人"[15]。

但对奥斯曼人来说，战役还没有输掉。在两支舰队的中军激战的同时，还有可能夺得胜利。乔万尼·安德烈亚·多里亚和乌卢奇·阿里在朝向外海的侧翼上进行一番猫鼠游戏。在中军开始交锋一个小时之后，他们仍在寻找合适的位置。

在基督教舰队中，多里亚是个颇有争议、受到猜忌的人。他消极避战，只关心自己的桨帆船舰队，而且根深蒂固地谨小慎微。堂胡安眺望南方的激战时，不禁对多里亚越来越担忧。从中军的角度看，多里亚偏离中军太远，过于接近外海，似乎在逃避战斗。堂胡安派了一艘三桅船去把多里亚召回。

更有可能的情况是，多里亚从一开始就认识到了自己位置的危险性，因此在拼命努力避免被敌人抓住。乌卢奇·阿里的船比他多；多里亚的舰队极有可能被侧翼包抄。如果奥斯曼人能够在外围跑在他的前面，就有可能转到他背后，对他造成重创。乌卢奇·阿里的编队越来越偏向南方，将多里亚也带向南边，于是在基督教舰队中军和右翼之间出现了一个宽达 1000 英尺的缺口。有些威尼斯战船害怕多里亚叛变，转了回来，打乱了多里亚的战线。乌卢奇·阿里"驾驭桨帆船的技艺精湛，就像好骑手操控训练有素的骏马一样"[16]，显然是有所图谋。一声尖利的哨响，他的编队的部分战船掉转船头，开向那个缺口，从内侧包抄了多里亚。热那亚海军统领输掉了这一轮。他还没反应过来，土耳其人已经进逼基督教中军的侧翼。

乌卢奇·阿里的这一招着实精彩，迅速就扭转了战局。乌卢奇制造了对奥斯曼人更有利的那种小规模混战局面，而不是更有利于基督徒发挥火力优势的大编队正面对抗。现在海风从乌卢奇背后吹来，他和他的海盗们抓住了一些处于严重劣势、互相分散的基督教船只。他前方是多里亚那一翼的威尼斯桨帆船，它们位置孤立、队形混乱；然后是一小群西西里桨帆船，以及 3 艘带有熟悉的红底白十字旗帜的战船，那是乌卢奇最痛恨的敌人，圣约翰骑士团的马耳他桨帆船。这些基督教船只的数量处于绝对劣势，而且船员已经在前面的战斗中精疲力竭。现在的兵力对比是三比一，四比一甚至五比一。乌卢奇"对这些船只大肆屠戮"[17]。7 艘阿尔及利亚战船围攻马耳他桨帆船群，用暴风骤雨般的子弹和羽箭猛击它们。身披重甲但是数量处于绝对劣势的骑士们死战到底。西班牙骑士杰罗尼莫·拉米雷斯像圣塞巴斯蒂安①一样浑身插满了箭，仍在拼死战斗，阻挡登船的敌人，直到阵亡。分队指挥官彼得罗·朱斯蒂尼亚尼长老身中五箭，被敌

① 圣塞巴斯蒂安（？~288）是基督教圣人和殉道者，据说在罗马皇帝戴克里先迫害基督徒期间被杀。在艺术和文学作品中，他常被描绘成双臂被捆绑，被乱箭射死。他受到罗马天主教和东正教崇敬。

人俘虏，此时这艘船上已经只有他一个活人。西西里桨帆船群赶来救援，但当即也陷入了烈火的风暴。"佛罗伦萨"号被 1 艘桨帆船和 6 艘小型划桨海盗船打垮；船上所有士兵和基督徒奴隶都被杀死。"圣乔治"号上，一排被锁在桨座上的奴隶都已经倒毙，士兵们全部战死，船长也被两发子弹打死。热那亚旗舰（指挥官是大卫·因佩里亚莱）和 5 艘威尼斯桨帆船上都没有一个幸存者。萨伏依旗舰则沉默地漂浮在水面上，船上没有留下一个活人能讲述这艘船的命运。

遭到攻击的基督徒船只上发生了一些大无畏的壮举，几乎到了鲁莽的程度。年轻的帕尔马亲王独自一人登上了一艘奥斯曼桨帆船，把敌人船员一直打到主桅处，并且在战斗中活了下来，把自己的经历告诉大家。在遭到攻击的"圣乔治"号上，因为发高烧而躺在舱内的西班牙军士马丁·穆尼奥斯听到自己头顶上敌人的奔跑声，立刻从病床上跳起，下定了必死的决心。他手执利剑扑向敌人，杀死 4 人，将其他敌人打退，最后倒在了一条插满羽箭的划桨长凳上。他一条腿已经被砍断，还呼唤战友"诸君都要这般努力"[18]。在"少女"号上，费德里科·韦努斯塔的手榴弹发生爆炸，将他的一只手炸残。他命令一名划桨奴隶将他的残手砍掉。被这名奴隶拒绝后，他自己砍断了残手，然后走到厨房，让伙夫将一只死鸡捆扎在流血的残肢上，然后重新加入战斗，呼喊着要自己的右手为左手报仇。一名士兵的眼睛被箭射中，自己将箭连同眼球都拔了出来，在脸上扎了一根布条，然后继续战斗。士兵们在甲板上与敌人扭打着，把他们推下海，或者抱着敌人一起投入被血染红的大海，同归于尽。"统领

21. 火海

世界的基督"号被敌人包围和击败,船员们将自己的船炸毁,把包围他们的众多奥斯曼桨帆船也一起摧毁。

尽管基督徒拼死抵抗,但乌卢奇·阿里还是在基督教战线上撕开了一个口子,一边前进一边搜集战利品。他把堆满死尸的马耳他旗舰拖走,准备作为战利品献给苏丹。如果他早一点得手的话,很有可能挽救整个战局,但是奥斯曼舰队中军已经在崩溃,乌卢奇·阿里的机遇正在飘走。多里亚重整旗鼓,从一侧进攻乌卢奇·阿里的队伍;科隆纳、韦尼尔和堂胡安把他们的桨帆船群调过来,从另一侧对抗。诡计多端的海盗显然不打算为一场已经失败的事业献身;他砍断了拖曳马耳他旗舰的缆绳,把负了伤的朱斯蒂尼亚尼留下记述这个故事,但谨慎地将该舰的旗帜拿走,作为战利品。他带领 14 艘桨帆船转向北方,溜走了。

基督教战船开始扫荡战场,并大肆劫掠。战场是一幅毁天灭地般的悲惨景象。8 英里的海面上,很多摇摆不定的船只正在燃烧;还有一些船只的船员已经全部死亡,就像鬼船一样漂浮着。幸存的穆斯林无比英勇地死战到底。有的时刻充满了诡异的喜剧性。有些土耳其战船拒绝投降,投射武器用完后就捡起柠檬和橘子,将它们投向敌人。狄多记载道:"基督徒出于鄙夷和嘲弄,将这些水果扔了回去。这种互投水果的战斗似乎在战役快结束时在很多地方都发生了,让大家捧腹大笑。"[19] 其他地方,士兵们仍在水中挣扎和搏斗,紧紧抓住梁柱,有不少人被淹死。史学家也很难将这场宏大的残杀付诸笔端。"激战持续了四个小时,如此血腥和恐怖,大海和烈火似乎融为一体,很多土耳其桨帆船一直燃烧到水面。海面被血染红，到处覆盖着摩尔人的衣服、头巾、箭筒、箭、弓、盾牌、桨、箱子、盒子和其他战利品。海上还漂浮着很多人，既有基督徒也有土耳其人，有的已经死亡，有的负了伤，有的身体残缺不全，还有些垂死的人还不肯向命运屈服，仍在最后的痛苦中挣扎，他们的力量和从伤口流出的血一起消逝。鲜血如此之多，海面完全被染红。尽管这景象非常悲惨，我们的人对敌人没有一丝怜悯……尽管他们哀求饶命，还是被火绳枪打死，或者被长枪戳死。"[20]劫掠的规模非常大。基督徒乘坐划桨小船，将死尸从水里捞出，把财物抢走。"士兵、水手和犯人们兴高采烈地抢劫，一直抢到天黑。战利品极多，因为土耳其桨帆船舰队携带了大量金银和华丽饰品，尤其是帕夏们的船只。"[21]奥雷利奥·谢蒂抓了两个摩尔人俘虏，希望能够凭借这个功劳获得自由。等待他的将是失望。

这是令人瞠目结舌的毁灭场面，就像是描绘世界末日的圣经画作。甚至精疲力竭的胜利者也被自己造成的恐怖残杀震惊了。他们目击了一场大规模的杀戮。四个小时之内，有4万人死亡，近100艘船只被摧毁，另外神圣联盟还俘虏了137艘穆斯林船只。奥斯曼帝国有2.5万人死亡，只有3500人被生俘，穆斯林船只上的1.2万名基督徒奴隶被释放。白海的大决战让早期现代世界的人们瞥见了即将到来的世界末日是什么样。直到1915年的卢斯战役①，勒班陀海战的死

---

① 1915年9~10月，即第一次世界大战期间，英国军队在法国北部的卢斯（今称洛桑戈埃勒）发起大规模攻势，在此役中首次使用毒气。英军伤亡5万人，德军伤亡2.5万。

伤规模才被超越。"这事非常奇怪，又有诸多的方方面面，"吉罗拉莫·狄多写道，"似乎人们脱离了自己的肉身，来到了另一个世界。"[22]

这一天的悲伤尾声快要降临了。血腥的海水夹杂着战斗留下的乱七八糟的残骸，在黄昏的日光中更显得鲜红。燃烧的船体在黑暗中闪着光，发出浓烟，最终被彻底烧毁。风力加强了。根据奥雷利奥·谢蒂的记述，基督教船只几乎无法离开，"因为海面上漂满了死尸"。他们离去的时候，水中仍然传来凄惨的呼号，在人们耳边回荡。"虽然水中的很多基督徒还没有死亡，但没人愿意援救他们。"[23]胜利者在希腊海岸寻找安全锚地的时候，一场风暴席卷了海面，将残骸吹散，似乎大海在用一只大手将战场抹去。

从船尾角度看的桨帆船

奥斯曼帝国史学家波切维为这场战役抒写了自己的悼词。"我亲自去观看了战役爆发的那个可悲的地方……伊斯兰土地上从未有过这样灾难性的战争，自从诺亚发明船只以来，全世界的五洲四海也从未有过这样的例子。180 艘船只落入敌手，以及大量火炮、火枪、其他战争物资、划桨奴隶和伊斯兰战士。其他的所有损失都是成比例的。最小的船里也有 120 人。这样算来，损失的总人数在 2 万左右。"[24] 波切维低估了土耳其的损失数字。

塞万提斯在这场战役中胸部中了两弹，左手永久性致残。他总结了基督徒的情绪："过去、当今和未来最辉煌的伟业。"[25]

22. 其他的海洋
1572～1580 年

10 月 19 日上午 11 时，一艘孤零零的桨帆船驶入了威尼斯的潟湖。惊恐情绪在站在圣马可广场水边的人群中迅速扩散。这艘船的船员似乎是土耳其人，但它仍然自信地前进。它接近的时候，人们看清了船尾拖曳的奥斯曼帝国旗帜；然后船首鸣响了欢庆胜利的礼炮。勒班陀战役得胜的捷报传遍了全城。威尼斯人参战冒的风险最大，经历的由悲到喜的情绪转折也最大。他们曾目睹奥斯曼帝国战船逼近他们的潟湖、洗劫他们的殖民地，他们曾损失了塞浦路斯，忍受了布拉加丁的恐怖命运。威尼斯长期压抑的情绪爆发了出来，长舒了一口气。钟声敲响，篝火点燃，教堂举行了礼拜仪式。大街上，陌生人之间也互相拥抱。商店店主们在门上贴了"为庆祝土耳其人之死而歇业"的告

示，停业了一周。当局打开了债务人监狱的大门，释放因
欠债而坐牢的人，并允许人们戴狂欢节面具，尽管这并不
是狂欢节的季节。人们在横笛伴奏下在火炬光亮中跳舞。
描绘威尼斯得胜的华美的游行花车以及一长串身披枷锁的
战俘在圣马可广场上经过。据说甚至连小偷们也歇业庆祝
了。里亚尔托的所有商店都装饰了土耳其地毯、旗帜和弯
刀。从刚朵拉小舟的座位上仰视桥梁，可以看到两个栩栩
如生的戴头巾的脑袋互相注视着，看上去似乎是刚砍下来
的。奥斯曼商人躲在自己的库房内，等待城市平静下来。
两个月后，在一次非同以往的圣战热情的爆发中，威尼斯
人记起了虐杀布拉加丁的那个犹太屠夫，于是将威尼斯领
土内的所有犹太人全都驱逐出境。

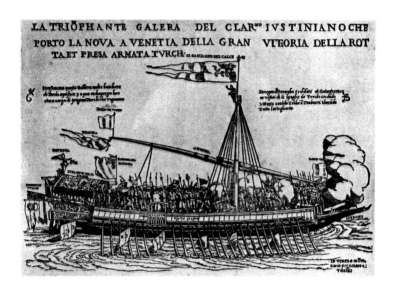

将消息传到威尼斯

22. 其他的海洋

战争的各个主角对捷报的反应是不同的。根据传说，喜讯传来之前教皇就已经从上帝那里得到了消息。据说在阿里帕夏在甲板上倒下的那一刻，教皇打开窗户，努力去辨认一个声响，然后转向室内的其他人，说道："上帝与你们同在；现在不是处理事务的时间，而是向上帝感恩的时刻，因为此刻我们的舰队得胜了。"[1] 为了这个结局，没有人比教皇更努力。使者送来捷报时，这位老人当场跪下，老泪纵横地感谢上帝，然后对庆祝礼炮挥霍了太多火药而哀叹。对于庇护五世来说，他一生的使命完成了。"现在，我主，"他喃喃地说道，"你可以将你的仆人带走，因为我的眼睛已经看见了你的救赎。"[2] 消息传到马德里的时候，腓力二世正在教堂内。他的反应就像苏莱曼在杰尔巴岛战役之后一样冷淡。"他没有表现出任何激动，表情没有变，也没有流露出任何感情；他的仪态完全和之前一模一样，并且保持那个样子，直到晚祷歌声停息。"[3] 然后他庄严地命令吟唱《感恩赞》。

勒班陀是欧洲的特拉法尔加①，是让整个基督教欧洲欢欣鼓舞的重大事件。甚至远至信奉新教的伦敦和信奉路德宗的瑞典，人们都在欢庆这场胜利。堂胡安一跃成为时代的英雄，无数诗歌、戏剧和报纸的主角。教廷宣布，从今往后，

①　指 1805 年 10 月 21 日在西班牙特拉法尔加角爆发的大海战：霍雷肖·纳尔逊指挥的英国海军彻底击败拿破仑的法国海军。此役之后，法国海军精锐尽丧，从此一蹶不振，拿破仑被迫放弃进攻英国本土的计划。而英国海上霸主的地位得以巩固。

10 月 7 日将成为玫瑰圣母纪念日。苏格兰国王詹姆斯六世①为纪念此役，写下了长达 1100 行的拉丁文打油诗。土耳其战争理所当然地成了英格兰戏剧家的主题，奥赛罗就是从与"公敌奥斯曼帝国"[4]作战的塞浦路斯前线归来的。在意大利，当时最伟大的画家们开始创作不朽的名作。在提香的画作上，腓力二世将自己新生的儿子举向带翅膀的胜利女神，同时一个被缚的俘虏跪在他脚下，头巾滚落到地上，远景是土耳其桨帆船群在爆炸。丁托列托②描绘了塞巴斯蒂亚诺·韦尼尔，只见后者身着黑甲，神情凶狠，两腮长满胡须，手里紧握权杖，背景也是海战场面。瓦萨里③、维琴蒂诺④和委罗内塞⑤创作了巨幅海战图，描绘了混战场面：硝烟滚滚，烈火熊熊，很多人在水中挣扎，全都被基督教天堂的光柱照亮。在基督教欧洲各地，从西班牙到亚得里亚海，到处都举行了礼拜仪式，胜利者举行游行，被俘的土耳其人被游街示众，群众欣喜得落泪，缴获的奥斯曼帝国器具被作为战利品赠送。阿里帕夏的绿色大旗被悬挂在马德里的王宫；还有一面奥斯曼旗帜被悬挂在比萨的教堂；达尔马提亚海岸的红砖

---

① 他在英格兰女王伊丽莎白死后继承了英格兰王位，称詹姆斯一世。

② 丁托列托（1518～1594），意大利文艺复兴晚期最后一位伟大的画家，和提香、委罗内塞并称为威尼斯画派的"三杰"。

③ 乔尔乔·瓦萨里（1511～1574），文艺复兴时期意大利画家和建筑师，以传记《艺苑名人传》留名后世。他在美术史研究上的建树大于他的创作，所著《艺苑名人传》长达百万言，书中第一次正式使用"文艺复兴"一词，并提出可按 14、15、16 世纪划分美术发展的阶段，对后来的艺术理论研究影响很大。

④ 安德里亚·维琴蒂诺（1542～1617），文艺复兴晚期的意大利画家，曾与丁托列托合作。

⑤ 保罗·委罗内塞（1528～1588），意大利文艺复兴时代的画家。

22. 其他的海洋

教堂内展示了奥斯曼战船的船首雕像和船尾灯笼，并点燃了蜡烛，纪念他们的桨帆船在舰队左翼立下的战功。

在欢欣鼓舞的背后，也有一些小小的颇具骑士风度的义举。据说阿里帕夏的死亡让堂胡安感到非常难过；他认为这位海军统帅是一位值得尊敬的对手。但造成如此大规模残杀的恰恰正是这两位宅心仁厚、具有强烈荣誉感的统帅，不能不说是个莫大的讽刺。1573 年 5 月，堂胡安收到了塞利姆二世的外甥女（阿里帕夏的女儿）的一封信，恳求将他的两个哥哥释放。其中一人已经在被俘期间死亡；另外一人则被堂胡安送回。堂胡安还返还了她的礼物，并附上一封感人的书信。"您可以确信不疑，"他写道，"如果在其他战役中您的兄弟或者您的其他亲人被我俘虏，我都会同样高兴地给他们自由，并完全听从您的心愿。"[5] 苏丹本人对此做了回复："诸行省的征服者、摧毁大军的勇者、陆地和海洋的强有力君主"致信堂胡安，"具有独特美德（勇敢）的统帅……您的美德，最慷慨的胡安，注定是统领天下、永远幸运的奥斯曼皇室长期以来从基督徒那里受到的最大伤害的唯一原因。我并不因此而愤怒，而是欣然向您送上礼物。"[6]

但其他人更为冷酷。威尼斯人深知，海上霸权的决定因素不是船只，而是人。让教皇惊恐万状的是，威尼斯人向韦尼尔发出紧急命令，要求他"秘密地，用您认为最稳妥的方法"[7]杀死他俘虏的全部有经验的奥斯曼水手，并要求西班牙如法炮制。他们希望用这种手段将土耳其人的海军决定性地打垮，并相信自己已经达到了目的。"现在我们有理由相信，他们的海军力量已经被严重削弱了。"[8]

405

后来，威尼斯人发现，坚忍不拔的土耳其人并没有因为这场惨败而一蹶不振。战役结束的两天之后，阿里的十七岁儿子穆罕默德就体现出了土耳其人的不屈不挠。在战俘营中，他遇见了一个正在哭泣的基督徒男孩。那是贝尔纳迪诺·德·卡德尼亚斯（他在"国王"号的船首负了致命伤）的儿子。"他为什么哭泣？"穆罕默德问道。他得知原因后，答道："就这么点事？我失去了父亲，还失去了我的财富、祖国和自由，但我一滴眼泪也不会流。"[9]

惨败的消息送抵时，塞利姆二世正在埃迪尔内。根据史学家赛兰尼克①的记载，塞利姆二世起初极为悲痛，一连三天没有睡觉，也没有用膳。人们在清真寺内祈祷，伊斯坦布尔大街上的畏惧几乎已经到了恐慌的边缘。人们害怕，现在舰队被摧毁了，敌人会从海上进攻伊斯坦布尔。这对苏丹来说是个危机时刻，但他在索科卢沉稳的指导下果断做出了回应。塞利姆二世匆匆赶回了伊斯坦布尔；他在索科卢陪伴下骑马穿过街道，似乎稳住了局势。

土耳其人开始使用一个委婉语来指称这次惨败："分散舰队之战"。乌卢奇·阿里在最初的报告中试图粉饰太平，称舰队只是被打散了，而没有被歼灭。"敌人的损失并不比您的小，"[10]他在给苏丹的信中写道。人们清楚地认识到这场灾难的严重性之后，这种说法仍然被接受了，就像查理五世不得不接受在阿尔及尔的海难一样。"胜败乃兵家常事，"塞利姆

---

① 穆斯塔法·赛兰尼克（？~1600），奥斯曼帝国史学家，他的著作描绘了1563~1599年的奥斯曼帝国。

22. 其他的海洋

二世宣称，"事已至此，也是真主的旨意。"[11]索科卢给佩尔特夫帕夏（他是少数全身而退的将领之一，尽管丢掉了官职）的信中也是这么写的。"真主以这种方式显示了他的旨意，就像在命运之镜中显现的那样……我们坚信，全能的真主会给信仰的敌人带来形形色色的耻辱。"[12]他们定的调子是：这是一个挫折，而不是灾难。他们甚至试图从真主的惩罚中找到积极因素，引用了《古兰经》的一个诗节："但你或许会憎恨对你有益的东西。"[13]在苏丹的国度，人们完全无法对战败的内在原因进行清楚的分析。所有的罪责都被推给了已经死去的阿里帕夏，这位"战前不曾指挥过一艘划桨船"[14]的海军司令。战败的真正原因——苏丹试图从远离前线的伊斯坦布尔控制所有细节、软弱苏丹的朝廷内各派系的争权夺利、任命阿里帕夏的背后动机——仍然被隐藏起来。索科卢本人扮演的角色是非常可疑的，但战后的危机只是让他显示出了自己的高超本领，进一步巩固了他的地位。他快速而高效地采取措施，控制局面；他向希腊各行省的总督发出了大量命令，并索取信息。乌卢奇·阿里被任命为事实上的海军司令，因为能够争夺这一地位的其他竞争者都已经命丧黄泉。

乌卢奇·阿里返回伊斯坦布尔之前已经在沿途拼凑了82艘桨帆船，以壮大声势，并升起了马耳他骑士团的旗帜，作为战利品。这个排场取悦了塞利姆二世，让乌卢奇·阿里不仅躲过了死刑，还确定了他的海军司令的地位，另外还给他赢得了一个荣誉称号。此后他就被称为"克里奇·阿里"，"克里奇"的意思是利剑。马耳他骑士团的旗帜被悬挂在圣索菲亚清真寺，作为胜利的象征。奥斯曼帝国政府现在处于索科卢无可争议的控制之下，立即开始大干特干起来。1571～1572 年冬季，帝国造船厂得到扩建，完全重建了整个舰队，这个努力可以与海雷丁的伟业媲美。克里奇表示担忧，也许无法对船只进行适当的装配，索科卢给了他一个斩钉截铁的回答："帕夏，整个帝国的财富和力量都为你服务，如果需要的话，完全可以给你提供白银的船锚、丝绸的缆绳和锦缎的船帆。不管你的舰队需要什么，只消提出来。"[15] 1572 年春季，克里奇率领 134 艘战船大举出动；他们甚至还自己建造了 8 艘加莱赛战船，尽管他们一直没有掌握操纵它们的技术。舰队的重建如此神速，索科卢对威尼斯大使嘲讽了两国在塞浦路斯和勒班陀的相对损失："我们从你们手中夺得塞浦路斯，就像砍掉了你们一只胳膊；你们打败了我们的舰队，就像割掉了我们的胡须。胳膊被砍掉就再也长不出来；胡须被剃掉却长得更快。"[16]

神圣联盟几乎马上就开始土崩瓦解。它意识到了巩固胜利的重要性，却没能做到这一点。关于战利品的分配，各方发生了矛盾。次年春天，庇护五世去世了，没看到他的基督教事业的逐渐崩溃，也算是万幸。在 1572 年的作战季节，腓力二世把他的舰队留在墨西拿，让堂胡安无所事事地干等，因为他希望进攻北非，而不是在东方继续作战。尽管如此，科隆纳和威尼斯人还是派遣了一支相当强大的舰队到希腊西海岸对抗土耳其人。但狡猾的克里奇绝不会让自己被敌人抓住，做了阿里帕夏当初应当做的事情：把舰船停在安全的锚地，让敌人白费力气。1573 年，堂胡安至少是开往马格里布，收复了突尼斯，但此时威尼斯已经支撑不下去了。

22. 其他的海洋

1573 年 3 月,威尼斯人和塞利姆二世单独媾和,以非常不利的条件向苏丹割地赔款。腓力二世听到这消息时,"嘴唇充满讽刺意味地动了一动"^[17]。然后他暗自微笑。他就这么轻松地摆脱了神圣联盟的开支负担,以及惹是生非的威尼斯人,而且联盟的解体完全不会怪罪到他头上来。火冒三丈的新教皇格列高利十三世将威尼斯大使从房间里赶了出去。1574 年,甚至堂胡安在突尼斯的胜利也成了泡影。克里奇·阿里率领一支比勒班陀战役中双方都更强大的舰队,开往马格里布,把突尼斯夺了回去。他携带战俘,礼炮齐鸣地返回了伊斯坦布尔;土耳其人在海上称霸的旧时光似乎又回来了。土耳其人在北非的势力非常强大;塞利姆二世对白海的统治权似乎完全恢复了。

现在,勒班陀战役曾在欧洲激起的热情已经大体被遗忘了,教皇于 1965 年将当年缴获的奥斯曼帝国旗帜返还伊斯坦布尔。有些现代史学家倾向于把这场战役的意义看得不是那么重要。当年被认为是决定争夺世界中心的战争走向的经典海战现在已经不再被视为一场重大战役,甚至没有 1500 年前在同一片海域发生的亚克兴角战役^①那样重要,因为后者决定了罗马帝国的控制权;勒班陀的意义也比不上萨拉米斯海战^②,因为萨拉米斯海战打断了波斯向希腊的进军。在

---

① 公元前 31 年 9 月 2 日,在希腊亚克兴角附近的伊奥尼亚海域,马克·安东尼与埃及艳后克利奥帕特拉为一方,屋大维为另一方,展开争夺罗马霸权的决战。屋大维获得胜利,最终成为罗马帝国统治者。
② 萨拉米斯海战发生在公元前 480 年,是希波战争的转折点。雅典海军在萨拉米斯湾大败波斯海军,从而赢得自马拉松战役以来雅典对波斯的又一次辉煌胜利,也奠定了此后一个世纪内雅典的海上霸权。

现代，勒班陀战役被认为是"没了下文的胜利"，在基督教方面是个侥幸的成功，在奥斯曼帝国则被认为是很快就克服了的小挫折。就像当年的战场一样，勒班陀战役似乎已经被时间和大海吞噬了。

但这种观点低估了16世纪中叶基督教世界的恐惧心态，以及暂时胜利在物质和心理上带来的影响。1573年8月，克里奇·阿里远征突尼斯凯旋，进入金角湾时旌旗招展，将俘虏示众，鸣响礼炮向苏丹致意，夜间这座伟大城市的海岸被一圈火炬照得通亮。站在岸边观看这盛景的人绝不会想到，勒班陀已经敲响了奥斯曼帝国海上胜利的丧钟，也不会想到，克里奇将是海雷丁之后的最后一位伟大海盗。1580年，腓力二世与苏丹签订了和约，一下子就给两个帝国争夺地中海的宏伟战争画上了句号。和约是用人们熟知的奥斯曼帝国公文的庄严言辞写成的，在威严风度上没有向任何人让步：

> 您的大使目前在我们的皇宫，向我们的皇帝和皇室司法部门呈送了一份请愿书。我们伟业中心的崇高门槛，我们的权力无限的帝国宫廷的确是大权在握的苏丹们的圣殿，也是本时代统治者的要塞。
>
> 贵方呈送了表达友谊和爱意的请愿书。为了国家的安全稳定，以及臣民的富足和安宁生活，您希望与我们的伟大皇帝缔结友谊。为了安排和平之架构，并设定协议的条件，我们秉持正义的帝国协定对以下事务做如下规定……

22. 其他的海洋

在贵方诚恳坦率地向我方皇帝请愿之后，贵方所有在陆地和海上行丑恶之事的非正规部队和海盗应立即停止敌对活动，不得伤害受我方保护领土之臣民。贵方必须对这些非正规部队和海盗予以取缔，加以控制……

贵方应坚持不懈地信守诺言，诚实行事，尊重停战协定的条件。我方也绝不会造成任何违背停战协定的事件。不论我方在海上的海军指挥官，我方的义勇船主（海盗）或者位于受我方保护领土之上的我方指挥官，都将接到我们的命令（这个命令受到全世界服从），你们的国家和来自你们国家的商人都不会受到任何伤害和损失。

我们的伟大幸福的皇帝确已决定，现今应是繁荣昌盛的年代。同样，如果贵方的目标确实是和平和繁荣，以及达成协议、获得安全，请立即派遣人员到我们带来幸运的皇宫，告知贵方观点。我们的帝国协定将以此为基础制订。[18]

这读起来像是在宣布奥斯曼帝国取得了胜利；不管怎么说，奥斯曼帝国肯定是没有输。此时腓力二世的王室已经拖欠了大量债务，他的注意力也被分散到西方和北方——征服信奉天主教的葡萄牙和正在提议中的对新教英格兰的入侵。与土耳其的和约确认将在地中海上在穆斯林和基督教世界之间设置一条固定的疆界。占领塞浦路斯之后，土耳其人几乎已经完全控制了地中海东部，尽管克里特还在威尼斯控制下。马耳他的失败和勒班陀的灾难打破了奥斯曼帝国进军罗马的希望。突尼斯被土耳其收复后，西班牙清楚地认识到，北非已经稳稳当当地成了奥斯曼帝国的一部分。查理五世征服君士坦丁堡的梦想早已是明日黄花。在 1580 年，十字军东征的梦想彻底粉碎了；大型桨帆船的时代也画上了句号。两个海洋帝国打成了僵局。

但假如当初基督教世界没能赢得勒班陀战役，就必然会把整个地中海都输掉。战役结束一年之后，年迈的堂加西亚·德·托莱多还在为勒班陀战役的巨大风险而面色煞白。堂胡安在那场战役中着实是孤注一掷。堂加西亚知道，假如战役失败，将给基督教地中海的海岸地区带来灾难，尽管战役的结局很辉煌，但胜利实在是侥幸所致。如果战役失败，又没了可供防御作战的舰队，地中海的所有主要岛屿——马耳他、克里特、巴利阿里群岛都将迅速落入敌手，这些岛屿是威尼斯的最后一道防线；然后，土耳其人就能够以这些岛屿为跳板，进攻意大利腹地，一直打到罗马，也就是苏莱曼的最终目标。如果舒鲁奇·穆罕默德成功地消灭了威尼斯那一翼，如果重武装的加莱赛战船没能打乱阿里帕夏的中军，或者乌卢奇·阿里能够早一个小时穿透多里亚的战线，南欧的版图将与今天大相径庭。马耳他战役对奥斯曼人的遏制和勒班陀的胜利阻断了奥斯曼帝国在地中海中心的扩张。1565～1571年的事件决定了现代地中海世界的疆域。

奥斯曼人虽然对这次失败不以为然，但损害已经是既成事实。自 1402 年蒙古征服者帖木儿在安卡拉打败土耳其军队以来，这是奥斯曼帝国蒙受的第一次军事灾难。基督教欧洲在心理上有了很大收获。在此之前，基督教世界根深蒂固

22. 其他的海洋

地自认为军事上技不如人，因此习惯于对每次失败都听天由命。1571 年秋季的热情爆发表明人们开始相信，力量对比已经发生了倾斜。塞万提斯借堂吉诃德之口表达出勒班陀的几个小时产生了多么大的影响："那一天……对基督教世界来说是如此幸福，因为全世界都了解到，以前他们相信土耳其人在海上不可战胜，是多大的错误。"[19]

　　伊斯兰教和基督教争夺世界中心的战争不是以罗得岛战役发端，也不是以勒班陀战役结束的，但在 1520～1580 年，宗教热忱和帝国霸业合二为一，使得这场战争达到了可怕的强度，战争的形式也是人类历史上两个迥然不同时期的巅峰。这场战争的风格既是原始的，也是现代的：既有荷马史诗的青铜时代的人性本能的残暴，也有火炮武器的巨大破坏力。这一时期，查理五世和苏莱曼都相信他们在角逐全球的统治权。勒班陀战役及其后续事件却表明，即便取得了压倒性胜利，地中海也不值得去争斗了。用桨帆船无法轻松地赢得被密集陆地包围的地中海，不管可用的资源是多么取之不尽。双方都为了一份让人难以捉摸的奖品而加入一场极其昂贵的军备竞赛。这场战争严重消耗了双方的人力和物质资源，其惨烈程度是双方都不愿意承认的。塞浦路斯和勒班陀两场战役让土耳其人损失了超过 8 万名士兵；虽然土耳其人口众多，但技艺娴熟的战士却不是取之不尽用之不竭的。达克斯主教目睹土耳其人自豪地成功重建的舰队时，并没有感到印象深刻："我看见一支舰队离开这个港口，舰船全是新建的，用新鲜木材制成，桨手都是之前从未握过桨的新人，船上的火炮都是匆匆铸造而成的，好几门火炮是用被腐蚀和破烂的原料制成的，向导和水手都还是学徒，士兵们还因为上次战役而心惊胆寒……"[20] 就像西班牙人在杰尔巴岛战役之后的教训一样，海战的特殊条件使得专业人员显得特别重要，很难替换。1580 年之后，土耳其渐渐对海上冒险失去了兴趣；奥斯曼舰队停泊在金角湾的平静水域，木制船体逐渐腐烂。巴巴罗萨的光辉岁月一去不复返了。

双方都很快遇到了经济困难。1575 年，腓力二世拖欠了债务；1585 年之后的岁月里，伊斯兰世界也受到了财政危机的困扰。花费巨大的海战和勒班陀战役之后重建舰队的庞大开支使得苏丹的帝国不得不大幅度增税。同时，美洲输入的大量金银开始以人们无法理解的方式破坏奥斯曼帝国的经济。土耳其人有足够的资源在战争经济中超过任何竞争者，但无力保护自己的稳定、传统、自给自足的世界去抵御现代社会的更险恶的影响。他们没有任何办法能够应对欧洲的物价上涨和黄金大量流入造成的通货膨胀。1566 年，也就是马耳他战役后的那一年，开罗的黄金铸币厂——奥斯曼帝国的唯一一所铸币厂——用来源有限的非洲黄金铸造货币，将金币贬值了 30%。西班牙里亚尔银币成了奥斯曼帝国境内最受欢迎的货币，奥斯曼人根本无法铸造出与它等值的货币。发放给士兵们的银币越来越薄，当时一位奥斯曼帝国历史学家称，它们"薄得就像杏树叶，像露水珠一样毫无价值"[21]。这些现象的冲击带来了物价上涨、物资短缺和本地制造业的逐渐衰败。基督教欧洲的出价更高，生产成本更低，于是将奥斯曼帝国的原材料和金银逐渐吸走。从 16

22. 其他的海洋

世纪末开始，全球化力量开始隐秘地摧残奥斯曼帝国的传统社会结构和力量基础。伊斯兰教世界与西方的关系都呈现出这样的模式。

1580 年的和约承认了两个帝国和两个世界间的僵局。从这时起，横贯整个地中海、从伊斯坦布尔到直布罗陀海峡的对角线状的疆界固定了下来。两个竞争者都把目光转向其他方向。土耳其人与波斯作战，再一次去迎接匈牙利和多瑙河的挑战；腓力二世则投入了大西洋的较量。吞并葡萄牙之后，他将注意力转向西方，并颇具象征意义地将宫廷迁到里斯本，以面对一片更广阔的大海。他自己的勒班陀还没有到来——西班牙无敌舰队在不列颠海岸遭遇的海难，这次惨败也是由于西班牙人出航时间太晚的痼疾造成的。1580 年之后的岁月里，伊斯兰教和基督教世界在地中海脱离了战斗，前者转向内部事务，后者则开始向外探索。

力量开始远离地中海。官僚机构过于集权化、坚信君权神授的土耳其人和哈布斯堡家族都无法理解这一点。从伦敦和阿姆斯特丹出发的新教徒水手在积极进取的中产阶级资助下，乘坐坚固的帆船，开始从新大陆获取财富。桨帆船称霸的地中海变成了一潭死水，被新的帝国霸业绕过。地图绘制师皮里雷斯的生与死象征着奥斯曼帝国彻底丧失了转向外界和探索世界的机遇。奥斯曼帝国的另一位姓名不详的地图绘制师在 16 世纪 80 年代写下了这样的文字，清晰地阐明了通往西印度群岛的新航线将带来的威胁："这真是奇哉怪也，令人哀恸：一群肮脏的异教徒居然变得如此强大，可以从西方航向东方，抵御暴风和海上的灾害；而距印度的路程只有他们一半的奥斯曼帝国居然没有做任何征服印度的努力，尽管通往印度的航行能够带来数不胜数的好处，带回美好的财物和精美得无法描述、难以解释的奢侈品。"[22] 最终，西班牙也在全球竞争中落败了。

1580 年之后的岁月里，海盗们也抛弃了苏丹的事业，开始自行在马格里布的荒芜海岸沿线杀人越货。地中海还将面临两百年的海盗肆虐，几百万白奴将在阿尔及尔和的黎波里的奴隶市场上出售。一直到 1815 年，也就是滑铁卢战役的那一年，还有 158 人被海盗从撒丁岛劫走；最终解除海盗威胁的是来自新大陆的美国人。威尼斯和土耳其被永远封锁在没有潮涌的地中海上，继续争夺希腊海岸，一直到 1719年。但世界霸权早已转移到了别处。

尾声：遗迹

1568 年 7 月，在马耳他夏季的酷热中，让·德·拉·瓦莱特在树林里放鹰打猎一天之后骑马回家，在途中突发严重的中风。这位粗犷的老战士坚持了几周，在这段时间里释放了家中的奴隶，宽恕了他的敌人，将自己的灵魂完全托付给上帝。他的棺木被抬过比尔古（在攻防战结束后被改名为维洛里奥萨）的街道时，人们沉默地目送他离去。他的棺木被抬上一艘黑色桨帆船，运过港口。他被安葬在以他的名字命名的新首都瓦莱塔（建在土耳其人曾经架设大炮的希伯拉斯山和圣艾尔摩堡的遗址之上）的胜利圣母教堂。他的墓冢装饰着一句拉丁文墓志铭，是由他的英格兰秘书奥利弗·斯塔基爵士撰写的："享有永久荣誉的拉·瓦莱特在此长眠。他是惩罚非洲和亚洲的鞭子，欧洲的盾牌，他以神圣的武器驱逐野蛮人。他建立了这座蒙福的城市，是在此地安息的第一人。"[1]

在他之后，大海战的其他参与者也逐个退场。1574年，塞利姆二世显然是因为尝试戒酒而头晕目眩，在浴室中失足摔死。失势的索科卢于1578年被刺死。乌卢奇·阿里于1587年死在一个希腊女奴怀中。乔万尼·安德烈亚·多里亚一直活到1606年，一直被人们怀疑在勒班陀战役中有懦夫行为。腓力二世的最后一份备忘录写于1598年。在意大利的一个平静角落，科雷焦镇的市政档案记录了这么一条："1589年12月12日，弗朗西斯科·巴尔比·迪·科雷焦，一个用意大利语和西班牙语写作的流浪诗人，一个始终被人们迫害、与幸运无缘的人，永远离开了他的家乡。"[2]巴尔比曾参加了马耳他战役，并将自己的亲眼所见记录下来，献给了"最尊贵的奥地利的堂胡安大人"[3]。他的著作是马耳他战役的重要史料来源。

命运最凄惨的是堂胡安。他是如此渴望光荣和一顶自己的王冠。虽然他获得了勒班陀的胜利，谨慎的腓力二世也没给他多少赞誉。国王束缚了他的雄心，掐灭了他的梦想。最后，国王派遣他去佛兰德镇压荷兰人的起义。曾在甲板上跳嘉雅舞的风流倜傥的亲王于1578年在佛兰德染上了伤寒，再加上心灰意冷，最终离世。其他任何人的人生轨迹都没有他那么令人瞠目结舌，如同彗星一般耀眼地划过勒班陀的夜空，然后消失在了黑暗的大海中。勒班陀战役仅仅两个月后，他对自己的命运做了悲哀的描述："我的时间花在了建造空中楼阁上。但最后，所有的楼阁，和我自己，都随风消散。"[4]用这句话作为这个血腥暴力的世纪里所有开拓帝国霸业的梦想家的墓志铭，倒是非常贴切。

地中海海岸到处是为纪念这些人和事而留下的遗迹。它们构成了美丽的背景，吸引了游客。威尼斯诸多要塞的阴森可怖的大门矗立依旧，门上的圣马可雄狮仍在警惕地注视远方。意大利南部海岬上还有瞭望塔的残迹。马耳他的巨大棱堡保留至今。被海盗劫去所有居民的小海湾上的荒村在松树荫下化为尘土。海岬岸边留存着生锈的大炮和堆放整齐的石弹。还有用来停放桨帆船的带穹顶的巨大船场。巴巴罗萨长眠在博斯普鲁斯海峡岸边的宏伟陵墓中，他的阴魂从那里能够观看油轮驶往黑海。塞浦路斯的财富被塞利姆二世用来建造埃迪尔内壮美的清真寺尖塔。图尔古特雷斯的家乡是土耳其海岸上的一个港口，它被以这位航海家的名字命名，以示纪念。而卡拉布里亚的勒卡斯泰拉的人们已经原谅了叛教者乌卢奇·阿里，为他建了一座雕像。苏莱曼的陵墓就在他建造的宏伟的苏莱曼清真寺旁边，这座清真寺俯视金角湾和造船厂的地点。为了纪念法马古斯塔的烈士布拉加丁，威尼斯的圣约翰和圣保罗教堂内展出了一幅描绘他被剥皮的恐怖壁画。他的皮则回到了家乡。1580 年，有人从伊斯坦布尔将它偷走，它现在就保存在布拉加丁纪念碑后方的墙壁中。

当时的印刷品和绘画让我们能够了解到这些人参与的战争的可怕强度。在图画中，大群奥斯曼近卫士兵站在基督教堡垒前的堑壕内，他们的军帽上的鸵鸟羽饰像蛇的信子一样摇摆；身穿紧身上衣的基督教守军头戴钢盔、肩扛火绳枪；大炮轰鸣；烟柱装点了天空；舰队在海上互相冲撞，紧紧卡在一起，桅杆像森林一般，天空仿佛世界末日降临；快要淹死的人拼命喘气和挥手。但造就这一切的桨帆船——它们卸载士兵，袭击海岸，在震耳欲聋的鼓点和喇叭声中以新月队形前进——却很少成为艺术再现的对象，只在博物馆里留下了一些零星的战利品：带有阿拉伯文或者拉丁文写就的神名的褪色旗帜、船尾灯笼、武器和服装。这些船只全都被大海吞没了。

引文注解

本书的所有引文均来自第一手资料和 16 世纪的其他文献。引文的来源见参考文献。

题词

[1] Brummett, p. 89

序言：托勒密的地图

[1] Crowley, p. 233

[2] ibid. , p. 232

[3] ibid. , p. 240

[4] ibid.

[5] Grove, p. 9

[6] Setton, vol. 2, p. 292

[7] ibid. , vol. 3, p. 240

[8] ibid. , vol. 3, p. 174

第一部　恺撒们：海上角逐，1521～1560 年

1. 苏丹驾到

［1］Brockman, p. 114

［2］Finkel, p. 115

［3］Crowley, p. 51

［4］Alan Fisher, p. 2

［5］Setton, vol. 2, p. 372

［6］Rossi, p. 26

［7］ibid. , p. 26

［8］ibid. , p. 27

［9］Setton, vol. 3, p. 122

［10］Rossi, p. 27

［11］Alan Fisher, p. 5

［12］Rossi, p. 26

［13］Brockman, pp. 114 – 5

［14］ibid. , p. 115

［15］Setton, vol. 3, p. 172

［16］Crowley, p. 102

［17］Bourbon, p. 5

［18］ibid. , p. 11

［19］Bourbon, p. 12

［20］Rossi, p. 26

［21］Brockman, pp. 115 – 6

［22］Bosio, vol. 2, p. 545

［23］Bourbon, p. 17

［24］ibid. , p. 19

［25］ibid. , p. 20

［26］ibid. , p. 19

［27］Porter, vol. 1, p. 516

［28］Bourbon, p. 28

［29］ibid. , p. 28

［30］Hammer-Purgstall, vol. 5, p. 420

［31］ibid. , p. 421

［32］Brockman, pp. 134

［33］Hammer-Purgstall, vol. 5, p. 421

［34］Setton, vol. 3, p. 209

［35］ibid. , p. 421

［36］Porter, vol. 1, p. 516

［37］ibid. , p. 517

［38］Rossi, p. 41

［39］Caoursin, p. 516

［40］Setton, vol. 3, p. 212

［41］Porter, vol. 1, p. 516

［42］Bosio, vol. 2, p. 590

［43］Caoursin, p. 507

［44］Rossi, p. 41

［45］Brummett, p. 90

2. 求援

［1］Merriman (1962), vol. 3, p. 27

［2］ ibid. , p. 446

［3］ ibid. , p. 28

［4］ ibid. , p. 28

［5］ Beeching, p. 11

［6］ López de Gómara, p. 357

［7］ Seyyd Murad, p. 96

［8］ Achard, p. 47

［9］ Sir Godfrey Fisher, p. 53

［10］ Seyyd Murad, p. 125

3. 邪恶之王

［1］ Seyyd Murad, p. 121

［2］ López de Gómara, p. 135

［3］ Heers, p. 171

［4］ Haëdo, p. 26

［5］ Seyyd Murad, p. 96

［6］ Belachemi, p. 222

［7］ Heers, p. 226

［8］ Belachemi, p. 400

［9］ Seyyd Murad, p. 164

［10］ López de Gómara, p. 399

［11］ ibid. , p. 28

［12］ Seyyd Murad, p. 164

［13］ Necipoǧlu, p. 174

［14］ Tracy, p. 137

［15］ ibid.

［16］ Hammer-Purgstall, vol. 5, p. 452

［17］ Attard, p. 12

4. 远征突尼斯

［1］ Tracy, p. 27

［2］ Clot, p. 79

［3］ Finlay, p. 12

［4］ Necipoǧlu, p. 173

［5］ Merriman (1962), vol. 3, p. 114

［6］ Tracy, p. 138

［7］ Necipoǧlu, p. 173

［8］ Hammer-Purgstall, vol. 5, pp. 480 – 1

［9］ Clot, p. 86

［10］ Kâtipçelebi, p. 399

［11］ Bradford (1969) . , p. 129

［12］ López de Gómara, p. 522

［13］ Bradford (1969) . , p. 123

［14］ Sandoval, vol. 2, p. 474

［15］ ibid. , p. 487

［16］ Tracy, p. 147

［17］ Merriman (1962), vol. 3, p. 114

［18］ Tracy, p. 147

［19］ ibid. , p. 156

［20］ Clot, p. 106

5. 多里亚与巴巴罗萨

［1］ Heers, p. 73

［2］ Clot, p. 137

［3］ Necipoǧlu, p. 175

［4］ Kâtipçelebi, p. 66

［5］ ibid. , p. 56

［6］ Setton, vol. 2, p. 410

［7］ Bradford（1969）, p. 152

［8］ Setton, vol. 2, p. 433

［9］ Kâtipçelebi, p. 61

［10］ ibid. , p. 64

［11］ ibid. , p. 64

［12］ ibid. , p. 64

［13］ Heers, p. 163

［14］ Brandi, p. 459

［15］ ibid.

6. 土耳其的海

［1］ Bradford（1969）, p. 197

［2］ Maurand, p. 109

［3］ ibid. , p. 183

［4］ ibid. , pp. 67 – 9

［5］ ibid. , p. 97

［6］ ibid. , p. 129

［7］ ibid. , p. 127

［8］ ibid. , p. 133

［9］ Kâtipçelebi, p. 69

［10］ Haëdo, p. 74

［11］ Davis, p. 43

［12］ ibid. , p. 209

［13］ ibid. , pp. 41 – 2

［14］ ibid. , p. 27

［15］ Maurand, p. 165

［16］ Setton, vol. 4, p. 840

［17］ Davis, p. 77

［18］ Braudel, vol. 2, p. 993

［19］ ibid. , p. 914

［20］ Setton, vol. 4, p. 765

第二部 震中：马耳他战役，1560～1565 年

7. 毒蛇的巢穴

［1］ Braudel, vol. 2, p. 986

［2］ ibid. , p. 1010

［3］ Mallia-Milanes, p. 64

［4］ Alan Fisher, p. 7

［5］ Bradford（1999）, p. 17

［6］ Guilmartin（1974）, p. 106

［7］ Bosio, vol. 3, p. 494

［8］ Cassola（1995）, p. 19

［9］ *The Grear Siege* 1565, p. 4

［10］ Cassola（1995）, p. 325 et
seq.

［11］ Braudel, vol. 2, p. 1015

［12］ Setton, vol. 4, p. 845

［13］ Bosio, vol. 3, p. 501

[14] Cassola (1995), p. 7

[15] Balbi (2003), p. 33

[16] Cirni (2003), fol. 47

[17] Balbi (2003), p. 34

[18] Peçevi, p. 288

8. 入侵舰队

[1] Setton, vol. 4, p. 949

[2] Balbi (1961), p. 29

[3] Spiteri, p. 117

[4] Bosio, vol. 3, p. 499

[5] Braudel, vol. 2, p. 1015

[6] ibid., p. 1016

[7] Setton, vol. 4, p. 847

[8] ibid., p. 852

[9] Bosio, vol. 3, p. 497

[10] ibid., p. 499

[11] ibid.

[12] ibid.

[13] Bradford (1999), p. 48

[14] Balbi (1961), p. 50

[15] Bosio, vol. 3, p. 512

[16] ibid., p. 512

9. 死亡的岗位

[1] Balbi (2003), p. 49

[2] Bosio, vol. 3, p. 521

[3] ibid., p. 522

[4] Cirni (2003), fol. 52

[5] Bosio, vol. 3, p. 523

[6] Balbi (1961), p. 53

[7] Balbi (2003), p. 48

[8] Bosio, vol. 3, p. 526

[9] ibid., p. 525

[10] Setton, vol. 4, p. 842

[11] Bosio, vol. 3, p. 525

[12] ibid.

[13] Balbi (1961), p. 58

[14] Bosio, vol. 3, p. 539

[15] ibid., p. 528

[16] Cirni, fol. 53

[17] Bosio, vol. 3, pp. 531 – 2

[18] ibid., p. 532

[19] ibid., p. 531

[20] ibid., p. 539

[21] ibid., p. 533

10. 欧洲的三角堡

[1] Cirni, fol. 63

[2] Bosio, vol. 3, p. 540

[3] ibid., p. 541

[4] Balbi (2003), p. 68

[5] Bosio, vol. 3, p. 542

[6] Balbi (1961), p. 68

[7] Bosio, vol. 3, p. 548

[8] Balbi (1961), p. 69

[9] ibid., p. 71

［10］Bosio, vol. 3, p. 547

［11］ibid. , p. 553

［12］ibid. , p. 553

［13］Balbi（1961）, p. 74

［14］ibid. , p. 75

［15］Bosio, vol. 3, p. 556

［16］Balbi（1961）, p. 76

［17］Balbi（2003）, p. 79

［18］Bosio, vol. 3, p. 558

［19］ibid. , p. 561

［20］ibid. , p. 562

［21］Cirni, fol. 65

［22］Balbi（2003）, p. 82

［23］Bosio, vol. 3, p. 563

［24］Balbi（1961）, p. 79

［25］Bosio, vol. 3, p. 563

［26］ibid.

［27］Bosio, vol. 3, p. 564

［28］ibid. , p. 564

11. 最后的求援者

［1］Balbi（2003）, p. 86

［2］Bosio, vol. 3, p. 571

［3］ibid. , p. 570

［4］ibid.

［5］ibid. , p. 572

［6］Balbi（2003）, p. 88

［7］Balbi（1961）, p. 86

［8］Balbi（1961）, p. 86

［9］Bosio, vol. 3, p. 571

［10］Balbi（2003）, p. 90

［11］Bosio, vol. 3, p. 573

［12］Cirni, fol. 71

［13］Balbi（2003）, p. 93

［14］Peçevi, p. 289

12. 血债血还

［1］Balbi（1961）, pp. 88 - 9

［2］Spiteri, p. 606

［3］Bosio, vol. 3, p. 596

［4］ibid. , p. 581

［5］Balbi（2003）, p. 97

［6］Bosio, vol. 3, p. 581

［7］Balbi（2003）, p. 98 - 9

［8］Bosio, vol. 3, p. 587

［9］ibid. , p. 586

［10］ibid. , p. 589

［11］Balbi（1961）, p. 104

［12］Bosio, vol. 3, p. 597

［13］Balbi（2003）, p. 111

［14］Bosio, vol. 3, p. 603

［15］Balbi（2003）, p. 111

［16］ibid. , p. 112

［17］Bosio, vol. 3, p. 606

［18］ibid. , p. 605

［19］Balbi（2003）, p. 114

［20］Balbi（1961），p. 113

［21］Bosio，vol. 3，p. 604

［22］ibid.

［23］ibid. ，p. 605

［24］ibid.

［25］Balbi（2003），p. 116

［26］Bosio，vol. 3，p. 605

13. 堑壕战

［1］Cassola（1995），pp. 26 – 7

［2］ibid. ，pp. 26 – 7

［3］Setton，vol. 4，p. 858

［4］ibid. ，p. 855

［5］Merriman（1962），vol. 4，p. 117

［6］Setton，vol. 4，p. 869

［7］ibid. ，p. 866

［8］Cirni，fol. 85

［9］Balbi（2003），p. 133

［10］ibid. ，p. 130

［11］Cassola（1995），p. 147 et seq

［12］Peçevi，p. 290

［13］Cirni，fol. 87

［14］ibid.

［15］Bonello，p. 142

［16］Balbi（1961），p. 137

［17］Balbi（2003），p. 144

［18］ibid.

［19］Balbi（2003），p. 144 – 5

［20］Balbi（1961），p138

［21］Cirni，fol. 97

［22］Balbi（2003），p. 145

［23］Bosio，vol. 3，p. 636

［24］Cassola（1995），pp. 32

［25］Bonello，p. 142

［26］Bosio，vol. 3，p. 645

［27］ibid.

14. "马耳他不存在"

［1］Bonello，p. 147

［2］Balbi（2003），p. 165

［3］Cirni，fol. 114

［4］ibid.

［5］Spiteri，p. 635

［6］Balbi（1961），p160

［7］Bosio，vol. 3，p. 678

［8］Balbi（1961），p158

［9］Merriman（1962），vol. 4，p. 118

［10］Fernandez Duro，p. 83

［11］Bosio，vol. 3，p. 678

［12］Balbi（1961），p. 165

［13］Bosio，vol. 3，p. 687

［14］ibid. ，p. 693

［15］ibid.

［16］ibid. ，p. 694

［17］Balbi（1961），p. 184

［18］ibid.

［19］Bosio, vol. 3, p. 701

［20］Balbi（2003），pp. 185 – 6

［21］Bosio, vol. 3, p. 705

［22］Braudel, vol. 2, p. 1020

［23］Cassola（1995），pp. 36

［24］Braudel, vol. 2, p. 1021

［25］Alan Fisher, p. 4

［26］Hammer-Purgstall, vol. 6, p. 233

第三部　大决战：冲向勒班陀，1566～1580 年

15. 教皇的梦想

［1］Lesure, p. 56

［2］Crowley, p. 35

［3］Lesure, p. 56

［4］ibid. , pp. 57 – 8

［5］Beeching, p. 135

［6］Braudel, vol. 2, p. 1029

［7］ibid.

［8］Setton, vol. 4, p. 912

［9］Braudel, vol. 2, p. 1045

［10］Bicheno, p. 103

［11］Mallett, p. 216

［12］Braudel, vol. 2, p. 1066

［13］ibid. , p. 1072

［14］Setton, vol. 4, p. 934

16. 盘子上的头颅

［1］Setton, vol. 4, p. 1032

［2］Hill, p. 798

［3］ibid. , p. 888

［4］Setton, vol. 4, p. 955

［5］Parker（1979），p. 110

［6］Braudel, vol. 2, p. 1083

［7］Parker（1998），p. 33

［8］ibid. , p. 65

［9］Capponi, p. 130

［10］Bicheno, p. 175

［11］Setton, vol. 4, p. 973

［12］Capponi, p. 133

［13］Setton, vol. 4, p. 978

［14］ibid.

［15］Hill, p. 861

［16］ibid. , p. 849

［17］*Excerpta Cypria*, p. 129

［18］ibid. , p. 128

［19］ibid. , p. 132

［20］ibid. , pp. 133 – 4

［21］ibid. , p. 136

［22］ibid. , p. 133

［23］ Capponi，p. 153

［24］ Hill，p. 922

［25］ *Excerpta Cypria*，p. 138

［26］ ibid.

［27］ ibid.

［28］ ibid.

［29］ ibid. ，p. 139

［30］ ibid. ，p. 140

［31］ ibid.

［32］ ibid.

［33］ ibid.

［34］ ibid.

［35］ Bicheno，pp. 167 – 70

17. 法马古斯塔

［1］ Setton，vol. 4，p. 990

［2］ ibid. ，p. 999

［3］ ibid. ，p. 993

［4］ ibid. ，p. 1009

［5］ Hill，p. 857

［6］ Setton，vol. 4，p. 999

［7］ Inalcik，pp. 187 – 9

［8］ Setton，vol. 4，p. 1015

［9］ ibid.

［10］ Parker（1979），p. 110

［11］ Braudel，vol. 2，p. 1092

［12］ Setton，vol. 4，p. 1013

［13］ Morris，p. 110

［14］ Setton，vol. 4，p. 1032

［15］ ibid.

18. 基督的将军

［1］ Parker（1998），p. 72

［2］ Lesure，p. 61

［3］ Bicheno，p. 156

［4］ Petrie，p. 135

［5］ Bicheno，p. 208

［6］ Peçevi，pp. 310 – 1

［7］ ibid. ，p. 311

［8］ Setton，vol. 4，p. 1021

［9］ Stirling-Maxwell，p. 356

［10］ Setton，vol. 4，p. 1024

［11］ Stirling-Maxwell，p. 359

［12］ Setton，vol. 4，p. 1034

［13］ ibid.

［14］ ibid. ，p. 1038

［15］ ibid. ，p. 1039

［16］ Peçevi，p. 346

［17］ Gazioǧlu，p. 65

［18］ Hill，p. 1029

［19］ Setton，vol. 4，p. 1040

［20］ ibid. ，p. 1030

［21］ ibid. ，p. 1042

［22］ ibid. ，p. 1032

19. 着魔的毒蛇

［1］ Stirling-Maxwell，p. 377

［2］*Colección de Documentos Inéditos*,
　　p. 275

［3］ibid. , p. 8

［4］Bicheno, p. 211

［5］*Colección de Documentos Inéditos*, pp. 13 – 14

［6］ibid. , p. 25

［7］Bicheno, p. 215

［8］ibid. , p. 224

［9］Capponi, p. 239

［10］Stirling-Maxwell, p. 385

［11］Bicheno, p. 224

［12］Lesure, p. 80

［13］Inalcik, pp. 188 – 9

［14］Stirling-Maxwell, p. 235

［15］Thubron, p. 137

［16］Peçevi, p. 350

［17］ibid.

［18］ibid.

［19］Capponi, p. 247

20. "决一死战!"

［1］Capponi, p. 254

［2］Lesure, p. 120

［3］Brantome, p. 125

［4］Capponi, p. 255

［5］*Colección de Documentos Inéditos*, p. 9

［6］Lesure, p. 123

［7］Beeching, p. 197

［8］Lesure, p. 127

［9］Stirling-Maxwell, p. 407

［10］Capponi, p. 258

［11］Stirling-Maxwell, p. 410

［12］Capponi, p. 258

［13］Thubron, p. 145

［14］Lesure, p. 129

［15］Caetani, p. 202

［16］ibid. , p. 134

［17］Capponi, p. 266

［18］Setton, vol. 4, p. 1056

21. 火海

［1］Thubron, p. 46

［2］ibid. , p. 150

［3］ibid.

［4］Bosio, vol. 3, p. 499

［5］Caetani, p. 134

［6］ibid.

［7］Capponi, p. 273

［8］Caetani, p. 207

［9］ibid. , p. 135

［10］Scetti, p. 121

［11］Capponi, p. 279

［12］Brantome, p. 126

［13］Lesure, p. 136

［14］ ibid. , p. 135

［15］ ibid.

［16］ ibid. , p. 138

［17］ ibid.

［18］ Stirling-Maxwell, p. 422

［19］ Thubron, pp. 156 - 7

［20］ Bicheno, pp. 255 - 6

［21］ Thubron, p. 157

［22］ Caetani, p. 212

［23］ Scetti, p. 122

［24］ Peçevi, pp. 351 - 2

［25］ Cervantes, p. 76

22. 其他的海洋

［1］ Stirling-Maxwell, p. 443

［2］ Pastor, vol. 18, p. 298

［3］ *Colección de Documentos Inéditos*,
p. 258

［4］ *Othello*, Act I, Scene 3,
line 50

［5］ Petrie, p. 192

［6］ Bicheno, p. 270

［7］ Lesure, p. 151

［8］ Setton, vol. 4, p. 1068

［9］ Stirling-Maxwell, p. 428

［10］ Setton, vol. 4, p. 1069

［11］ Inalcik, p. 190

［12］ Lesure, p. 182

［13］ Hess (1972), p. 62

［14］ Yildirim, p. 534

［15］ Setton, vol. 4, p. 1075

［16］ Stirling-Maxwell, p. 469

［17］ Setton, vol. 4, p. 1093

［18］ Hess (1972), p. 64

［19］ Cervantes, p. 138

［20］ Setton, vol. 4, p. 1091

［21］ Braudel, vol. 2, p. 1195

［22］ Soucek (1996), p. 102

尾声：遗迹

［1］ Bradford (1972), p. 173

［2］ Balbi (1961), p. 7

［3］ ibid. , p. 5

［4］ Bicheno, p. 260

鸣谢

由于印刷术的发明和读写能力的逐渐普及，我们对 16 世纪地中海的历史颇为了解。15 世纪地中海世界的重大事件——君士坦丁堡于 1453 年陷落——仅有少量简短的记述流传下来，而关于马耳他攻防战和勒班陀战役，以及本书描述的所有主要事件和人物，却有着为数众多、细节生动的史书、个人记述、小册子、歌谣、印刷品和报纸。它们用西欧的所有语言写成，供热衷猎奇的大众阅读。除了印刷材料的大爆发之外，还有几百万份备忘录、信件、秘密报告以及外交讯息对当时的事件进行记述，由这些事件的主要人物口述，然后由马德里、罗马、威尼斯和伊斯坦布尔的专业书记机关记录，并在整个地中海世界传播。例如，有人指出，没

鸣谢

有任何人阅读过西班牙国王腓力二世留下的全部信件。这位君主坐在他的书斋写字台前统治半个世界达四十二年之久，有时一个月里就能写下 1200 封信。考虑到文献的汗牛充栋，像本书这样简短而概括的著作不可避免地要借鉴历代的学者，是他们贡献出了自己的毕生精力，英勇地开掘了浩瀚文献的世界。我认为特别有价值的著作包括：16 世纪地中海史学的开拓者 Fernand Braudel 的著作；Kenneth Setton 妙不可言的四卷本《教廷与黎凡特》（*The Papacy and the Levant*），它是原始材料的宝库；以及 Ismail Danişmend 的研究成果。在时代更近的学者中，我特别感激 Stephen Spiteri，他的简明扼要的著作《大围攻》（*The Great Siege*）是 1565年马耳他战役的所有资料的终极来源。

在写作本书过程中浮现的一个棘手问题是人名地名的拼写形式。各种语言中对本书故事主人公名字的说法是大相径庭的。很多人物在故事进程中改了名字（这一点特别让人糊涂），或者有多个绰号。奥斯曼人常常有重名，比如，在六年之间就有两位穆斯塔法统领苏丹的陆军。我尽可能把人名地名表达得清楚明晰，而不至于太冗长。在勒班陀（土耳其语称之为伊尼巴图）的奥斯曼海军司令的名字应当是穆安津扎德·阿里，但为了简便起见，我一直称他为阿里帕夏。总的来讲，我一般遵循"名从主人"的原则，即用人物的名字在他自己语言中的形式。例如，在马耳他死去的那个海盗在基督教方面的资料中一般被称为德拉古特。我使用了他的土耳其名字——图尔古特。另外，我把土耳其语的名字音译成了英语，以方便以英语为母语的读者，比如 Suluç

433

变成了 Shuluch（舒鲁奇），Oruç 变成了 Oruch（奥鲁奇），Çavus 变成了 Chaush（侍从官）。但我必须承认，我的音译只是大体接近土耳其语的发音，不算非常精确。

在写作这本书的过程中，很多个人和组织给了我极大的帮助。首先要感谢 Jonathan Jao 和兰登书屋团队的热情支持和高度的专业素养。然后要感谢我的代理 Andrew Lownie。在关于圣约翰骑士团及马耳他攻防战的方方面面，我在研究工作中使用了位于伦敦克拉肯维尔（Clerkenwell）的圣约翰骑士团图书馆（www. sja. org. uk），这个极其优秀的图书馆对我帮助很大。我要感谢那里的图书馆员 Pamela Willis。我要第二次向 Stephen Spiteri 博士道谢。他不仅在《大围攻》中准确地解释了三角堡的外形，还慷慨地允许我使用他制作的圣艾尔摩堡的重建图。我要特别赞扬他的网站（www. fortress‐explorer. org）上关于马耳他防御工事的各种资料。

很多朋友和旁观者也不知不觉地被卷入了这个项目。Stan Ginn 的建议使得本书的结构缺陷得到很大弥补。Elizabeth Manners 和 Stephen Scoffham 审读了手稿，并提出了很多宝贵意见。John Dyson 从伊斯坦布尔获取了很多书籍。Jan Crowley、Christopher Trillo、Annamaria Ferro 和 Andrew Kirby 帮助我翻译资料。Henrietta Naish 鼓励我有始有终，把全书完成。Deborah Marshall‐Warren 在比尔古的广场上坐下喝咖啡，却被我驱赶着去寻找原始资料。对这些朋友，我都心怀感激。我还要再一次感谢 Jan。不管身体健康还是不适，她都一直支持我从事写作这项奇怪的事业。这项事业的

鸣谢

某些部分或许还可以忍受——比如游览威尼斯潟湖、马耳他的旖旎风光以及法马古斯塔的城墙——但在近距离观看写作的过程却是非常烦人的事情。最后，我要向我已经过世的父亲乔治·克劳利致敬。他对和平与战争时期的地中海都非常熟悉。在我十岁的时候，他向我介绍了马耳他。要不是当初第一次瞥见地中海的那个神奇瞬间，这本书绝不会问世。

译名对照表

译名对照表

Antivari 安蒂瓦里

Apulia 阿普利亚

Atahualpa 阿塔瓦尔帕

Attanto, Josefi 约瑟菲·阿唐托

Aydin the Ligurian 利古里亚人艾登（"魔鬼猎手"）

Baglioni, Astorre 阿斯托雷·巴廖尼

Balearic Islands 巴利阿里群岛

Barbarigo, Agostino 阿戈斯蒂诺·巴尔巴里戈

Barbaro, Marc'Antonio 马尔科·安东尼奥·巴尔巴罗

Barbarossa, Hayreddin（HIzIr）海雷丁·巴巴罗萨（赫兹尔）

Barbarossa, Oruch 巴巴罗萨·奥鲁奇

Barbary Coast 巴巴利海岸

basilisk 蜥炮

Baumgarten, Martin von 马丁·冯·鲍姆加登

Bazán, Álvaro de, Marquis of Santa Cruz 阿尔瓦罗·德·巴桑，圣克鲁斯侯爵

Ben Davud, Mehmet（Philip Lascaris）穆罕默德·本·达伍德（菲利普·拉斯卡里斯）

Beyazit 贝亚兹德

Birgu 比尔古

Bodrum /St Peter the Liberator 博德鲁姆/"解放者圣彼得"要塞

Bollani, Bernardo 贝尔纳多·博拉尼

bombard 射石炮

Bône 博恩

Bosio, Giacomo 贾科莫·博西奥

Bosphorus 博斯普鲁斯海峡

Bougie/ Béjaïa 贝贾亚

Bragadin, Marco Antonio 马尔科·安东尼奥·布拉加丁

brigantine 双桅帆船

Budva 布德瓦

Busbecq, Ogier Ghiselin de 奥吉耶·吉斯林·德·比斯贝克

Caetani, Onorato 奥诺拉托·卡埃塔尼

Calabria 卡拉布里亚

Calepia, Lucretia 卢克蕾西亚·卡莱皮亚

Calepio, Angelo 安杰罗·卡莱皮奥

Candelissa 坎德利萨

Cape Bianco 比安科角

437

译名对照表

Elizabeth I 伊丽莎白一世（英格兰女王）

Espinosa 埃斯皮诺萨

Famagusta 法马古斯塔

Ferdinand I 斐迪南一世（神圣罗马皇帝）

Finike 菲尼凯

Forli, Pedro de 佩德罗·德·福尔利

Formentera 福门特拉岛

Fort Caroline 卡洛琳堡

Fort St Angelo 圣安杰洛堡

Fortuyn, Ramon 拉蒙·福尔廷

Franche-Comté 弗朗什-孔泰

Fran11ois I 弗朗索瓦一世（英语：Francis I）

fustes 弗斯特战船

Galata 加拉塔

galleass 加莱赛战船

Galleon 盖伦帆船

Galley 桨帆船

Gallipoli 加里波利

Garcia de Toledo, Don 堂加西亚·德·托莱多（即 García álvarez de Toledo, 4th Marquis of Villafranca 加西亚·阿尔瓦雷斯·德·托莱多，比耶尔索自

由镇四世侯爵）

Giglio 吉廖岛

Giovio, Paolo 保罗·乔维奥

Girolamo of Gravina 格拉维纳的吉罗拉莫

Giustiniani, Pietro 彼得罗·朱斯蒂尼亚尼

Golden Horn 金角湾

Gomenizza 伊古迈尼察

Gonzaga, Julia, Countess of Fondi 丰迪伯爵夫人朱莉娅·贡扎戈

Goya, Francisco 弗朗西斯科·戈雅

Gozo 戈佐岛

Granada 格拉纳达

Grand Harbour 大港

Granvelle, Antoine Perrenot de 安托万·佩勒诺·德·格朗韦勒

Gregory XIII 格列高利十三世（教皇）

Haëdo, Diego 迭戈·阿埃多

Habsburgs 哈布斯堡家族

Haji Aga 哈只·阿迦

Hattin 哈丁

Henry II 亨利二世

Henry VIII 亨利八世（英格兰国王）

439

Marsamxett 马萨姆谢特

Marsaxlokk 马尔萨什洛克

Martinengo, Nestor 涅斯托尔·马丁嫩戈

Mas, Colonel 马斯上校

Maurand, Jérôme 热罗姆·莫朗

Mdina 姆迪纳

Medrano 梅德拉诺

Mehmet II 穆罕默德二世

Mehmet Bey 穆罕默德贝伊

Mellieħa 梅列哈

Mezquita, Pedro 佩德罗·梅斯基塔

Mihrmah /Mihrimah 米赫里马赫

Minorca 梅诺卡岛

Miranda 米兰达

Modon 莫东

Mohács 莫哈奇

Moncada, Hugo de 乌戈·德·蒙卡达

Monemvasia 莫奈姆瓦夏

Monserrat, Melchior de 梅尔希奥·德·蒙塞拉特

（Al) Morez 莫雷兹

Morgan Joseph 约瑟夫·摩根

Morisco 摩里斯科人

Müezzinzade Ali Pasha 穆安津扎德·阿里帕夏

Muley Hasan 穆莱·哈桑

Muñatones, Andreas 安德雷亚斯·穆尼亚东内斯

Muñoz, Martin 马丁·穆尼奥斯

Murat III 穆拉德三世

Mustapha, Bektashi 贝克塔西·穆斯塔法

Mustapha, Mehmet Ben 穆罕默德·本·穆斯塔法

Mustapha Pasha 穆斯塔法帕夏

Naplion 纳夫普利翁

Negroponte 内格罗蓬特

Nicosia 尼科西亚

Oran 奥兰

Otranto 奥特朗托

pallandaries 平底船

Palma 帕尔马（位于马略卡岛）

Paphos 帕福斯

Parmigianino, Francesco 弗兰西斯科·帕尔米贾尼诺

Patmos 帕特摩斯岛

Patras, Gulf of 帕特雷湾

Pechevi, Ibrahim 易卜拉欣·波切维

Penna 潘纳

peñón 岛屿要塞

Salvago, Raffael 拉斐尔・萨尔瓦
戈

San Lucido 圣卢奇多

Sande, Don Álvaro de 堂阿尔瓦
罗・德・桑德

Sandoval, Prudencio de 普鲁登希
奥・德・桑多瓦尔

Sangorgio, Federico 费德里克・桑
乔其奥

Sanoguera, Francisco de 弗朗西斯
科・德・萨诺盖拉

Santa Margarita 圣玛格丽特

Santorini 圣托里尼岛

Sanuto, Marino (the Younger) 小
马里诺・萨努多

Scetti, Aurelio 奥雷利奥・谢蒂

Schepper, Cornelius de 科尔内留
斯・德・斯赫博尔

Sciberras 希伯拉斯

Selim I 塞利姆一世

Senglea 森格莱阿

serpentine 蛇炮

Shuluch Mehmet 舒鲁奇・穆罕默
德

Sinân, Koca Mi′mâr 科查・米马
尔・希南

Sinclitico, Nicolo 尼科洛・欣克利

提克

Skiathos 斯基亚索斯岛

Skopelos 斯科派洛斯岛

Skyros 斯基罗斯岛

Sokollu Mehmed Pasha 索科卢・穆
罕默德帕夏

Soli Aga 索利阿迦

Souda Bay 苏达湾

Sperlunga 斯佩尔隆加

St James 圣雅各

Starkey, Sir Oliver 奥利弗・斯塔
基爵士

Stromboli 斯特龙博利岛

Stukeley, Thomas 托马斯・斯蒂克
利

Suleiman I 苏莱曼一世

Szigetvár 锡盖特堡

Tadini, Gabrielle 加布里埃利・塔
蒂尼

Telamona 特拉莫纳

Tinos 蒂诺斯岛

Tintoretto 丁托列托

Tlemcen 特莱姆森

Toledo, García álvarez de 加西
亚・阿尔瓦雷斯・德・托莱多

Topkapi Palace 托普卡帕宫

Torres, Luis de 路易斯・德・托里

参考文献

Achard, Paul, *La Vie Extraordinaire des Frères Barberousse*, Paris, 1939

Anderson, R. C., *Naval Wars in the Levant, 1559–1853*, Liverpool, 1952

Attard, Joseph, *The Knights of Malta*, Malta, 1992

Babinger, Franz, *Mehmet the Conqueror and His Time*, Princeton, 1978

Balbi di Correggio, Francisco, *The Siege of Malta, 1565*, trans. Ernle Bradford, London, 2003

Balbi di Correggio, Francisco, *The Siege of Malta, 1565*, trans. Henry Alexander Balbi, Copenhagen, 1961

Barkan, Omer Lutfi, "L'Empire Ottoman face au monde chrétien au lendemain de Lépante" in Benzoni

Beeching, Jack, *The Galleys at Lepanto*, London, 1982

Belachemi, Jean-Louis, *Nous les Frères Barberousse, corsaires et rois d'Alger*, Paris, 1984

Benzoni, Gino, *Il Mediterraneo nella seconda metà del '500 alla luce di Lepanto*, Florence, 1974

Bicheno, Hugh, *Crescent and Cross: The Battle of Lepanto 1571*, London, 2004

Bonello, G., "An Overlooked Eyewitness's Account of the Great Siege" in *Melitensium Amor, Festschrift in Honour of Dun Gwann Azzopardi*, ed. T. Cortis, T. Freller, and L. Bugeja, pp. 133–48, Malta, 2002

Bosio, G., *Dell'istoria della sacra religione et illustrissimia militia di San Giovanni Gierosolimitano*, vols. 2 and 3, Rome, 1594–1602

Bostan, Idris, *Kürekli ve Yelkenli Osmanlı Gemileri*, Istanbul, 2005

Bourbon, J. de, "A brief relation of the siege and taking of the city of Rhodes" in *The Principal Navigations, Voyages, Traffiques and Discoveries of the English Nation* by Richard Hakluyt, vol. 5, Glasgow, 1904

Bradford, Ernle, *The Great Siege: Malta 1565*, London, 1999

Bradford, Ernle, *Mediterranean: Portrait of a Sea*, London, 1970

Bradford, Ernle, *The Shield and the Sword: The Knights of St. John*, London 1972

Bradford, Ernle, *The Sultan's Admiral: The Life of Barbarossa*, London, 1969

Brandi, Karl, *The Emperor Charles V*, London, 1949

Brântome, P. de Bourdeille, Seigneur de, *Oeuvres complètes*, ed. L. Lalanne, vol. 3, Paris, 1864

Braudel, Fernand, "Bilan d'une bataille," in Benzoni

Braudel, Fernand, *The Mediterranean and the Mediterranean World in the Age of Philip II,* trans. Siân Reynolds, 2 vols., Berkeley, 1995

Bridge, Antony, *Suleiman the Magnificent, Scourge of Heaven*, London, 1983

Brockman, Eric, *The Two Sieges of Rhodes, 1480–1522*, London, 1969

Brummett, Palmira, *Ottoman Seapower and Levantine Diplomacy in the Age of Discovery*, Albany, 1994

Büyüktuğrul, Afif, "Preveze Deniz Muharebesine iliçkin gerçekler" *Beleten*, vol. 37, 1973

Caccin, P., and Angelo M., *Basilica of Saints John and Paul*, Venice, 2004

Caetani, O., and Diedo, G., *La Battaglia di Lepanto, 1571*, Palermo, 1995

Caoursin, Will, and Afendy, Rhodgia, *The History of the Turkish War with the Rhodians, Venetians, Egyptians, Persians and Other Nations*, London, 1683

Capponi, Niccolò, *Victory of the West: The Story of the Battle of Lepanto*, London, 2006

Cassar, George, ed. *The Great Siege 1565*, Malta, 2005

Cassola, A., *The 1565 Ottoman Malta Campaign Register*, Malta, 1988

Cassola, A., *The Great Siege of Malta (1565) and the Istanbul State Archives*, Malta, 1995

Cervantes, Miguel de, *El Ingenioso Hidalgo Don Quijote de la Mancha*, Glasgow, 1871

Cirni, A. F., *Commentari d'Anton Francesco Cirni, Corso, ne quale se descrive la Guerra ultima di Francia, la celebratione del Concilio Tridentino, il Soccorso d'Orano, l'Impresa del Pignone, e l'Historia dell'Assedio di Malta*, Rome, 1567

Clot, André, *Suleiman the Magnificent*, trans. Matthew J. Reisz, London, 2005

Colección de Documentos Inéditos para la Historia de España, vol. 3, Madrid, 1843

Crowley, Roger, *1453: The Holy War for Constantinople and the Clash of Islam and the West*, New York, 2005

Danişmend, I. H., *Izahlı Osmanlı tarihi kronolojisi*, vol. 2, Istanbul, 1948

Davis, R. C., *Christian Slaves, Muslim Masters: White Slavery in the Mediterranean, the Barbary Coast, and Italy, 1500–1800*, London, 2003

Deny, Jean, and Laroche, Jane, "L'expédition en Provence de l'armée de Mer du Sultan Suleyman sous le Commandement de l'admiral Hayreddin Pacha, dit Barberousse (1543–1544)" *Turcica*, vol. 1, Paris, 1969

Elliot, J. H., *Imperial Spain 1469–1716*, London, 1990

Encyclopaedia of Islam, 11 vols., Leiden, 1960

Excerpta Cypria: Materials for a History of Cyprus, trans. Claude Delaval Cobham, Cambridge, 1908

Fernandez Duro, Cesareo, *Armada Española desde la Union de los Reinos de Castilla y de Aragon*, vol. 2, Madrid, 1896

Finkel, Caroline, *Osman's Dream: The Story of the Ottoman Empire, 1300–1923*, London, 2005

Finlay, Robert, "Prophecy and Politics in Istanbul: Charles V, Sultan Süleyman, and the Habsburg Embassy of 1533–1534," *The Journal of Early Modern History*, 1998, vol. 2

Fisher, Alan, "The Life and Family of Süleyman I" in *Süleyman the Second and His Time*, ed. Halil Inalcik and Cemal Kafadar, Istanbul, 1993

Fisher, Sir Godfrey, *Barbary Legend: War, Trade, and Piracy in North Africa, 1415–1830*, Oxford, 1957

Fontanus, J., *De Bello Rhodio*, Rome, 1524

Friedman, Ellen G., *Spanish Captives in North Africa in the Early Modern Age*, London, 1983

Galea, J., "The Great Siege of Malta from a Turkish Point of View," *Melita Historica* IV, Malta, 1965

Gazioğlu, Ahmet C., *The Turks in Cyprus: A Province of the Ottoman Empire (1571–1878)*, London, 1990

Gentil de Vendosme, P., *Le Siège de Malte par les Turcs en 1565*, Paris, 1910

Ghiselin de Busbecq, Ogier, *The Turkish Letters of Ogier Ghiselin de Busbecq: Imperial Ambassador at Constantinople*, trans. Edward Seymour Forster, Oxford, 1927

Glete, Jan, *Warfare at Sea 1500–1650*, London, 2000

Goffman, Daniel, *The Ottoman Empire and Early Modern Europe*, Cambridge, 2002

Grove, A. T., and Rackham, Oliver, *The Nature of Mediterranean Europe: An Ecological History*, London, 2001

Guglielmotti, P. Alberto, *Storia della Marina Pontificia*, vol. 5, Rome, 1887

Guilmartin, John Francis, *Galleons and Galleys*, London, 2002

Guilmartin, John Francis, *Gunpowder and Galleys: Changing Technology and Mediterranean Warfare at Sea in the Sixteenth Century*, Cambridge, 1974

Guilmartin, John, "The Tactics of the Battle of Lepanto Clarified" at www .angelfire.com/ga4/guilmartin.com

Güleryüz, Ahmet, *Kadırgadan Kalyona Osmanlıda Yelken*, Istanbul, 2004

Haëdo, Diego de, *Histoire des Rois d'Alger*, trans. H. de Grammont, Saint-Denis, 1998

Hammer-Purgstall, J., *Histoire de L'Empire Ottoman*, vols. 4–6, Paris, 1836

Heers, Jacques, *The Barbary Corsairs: Warfare in the Mediterranean, 1480–1580*, London, 2003

Hess, Andrew, "The Battle of Lepanto and Its Place in Mediterranean History," *Past and Present* 57, Oxford, 1972

Hess, Andrew, "The Evolution of the Ottoman Seaborne Empire in the Age of Oceanic Discoveries, 1453–1525" *American Historical Review* 75, no. 7 (December 1970)

Hess, Andrew, *The Forgotten Frontier: A History of the Sixteenth Century Ibero-*

African Frontier, Chicago, 1978

Hess, Andrew, "The Ottoman Conquest of Egypt (1517) and the Beginning of the Sixteenth-Century World War" *International Journal of Middle East Studies 4* (1973)

Hill, Sir George, *A History of Cyprus, volume III: The Frankish period, 1432–1571*, Cambridge, 1972

Housley, Norman, *The Later Crusades 1274–1571*, Oxford, 1992

Imber, Colin, "The Navy of Süleyman the Magnificent" in *Archivum Ottomanicum, VI* (1980)

Imber, Colin, *The Ottoman Empire: The Structure of Power*, Basingstoke, 2002

Inalcık, Halil, "Lepanto in the Ottoman Documents" in Benzoni

Inalcık, Halil, *The Ottoman Empire: The Classical Age, 1300–1600*, London, 1973

Inalcık, Halil, and Camal Kafadar, *Süleymân the Second and His Time*, Istanbul, 1993

Islam Ansiklopedisi, 28 vols., Istanbul, 1988

Jurien de La Gravière, Jean Pierre, *Doria et Barberousse*, Paris, 1886

Jurien de La Gravière, Jean Pierre, *La Guerre de Chypre et la Bataille de Lépante*, 2 vols., Paris, 1888

Jurien de La Gravière, Jean Pierre, *Les Chevaliers de Malte et la Marine de Philippe II*, 2 vols., Paris, 1887

Kamen, Henry, *Philip of Spain*, London, 1997

Kâtip Çelebi, *The History of the Maritime Wars of the Turks*, trans. J. Mitchell, London, 1831

Kunt, Metin, and Christine Woodhead, eds., *Süleyman the Magnificent and His Age*, Harlow, 1995

Lane, Frederic C., *Venice: A Maritime Republic*, Baltimore, 1973

Lesure, M., *Lépante, la Crise de L'Empire Ottoman*, Paris, 1972

Longworth, Philip, *The Rise and Fall of Venice*, London, 1974

López de Gómara, Francisco, *Cronica de los Barbarrojas*, in *Memorial Historico Español: Colección de Documentos, Opusculos y Antiguedades*, vol. 6, Madrid, 1853

Luttrell, Anthony, *The Hospitallers of Rhodes and Their Mediterranean World*, Aldershot, 1992

Lynch, John, *Spain Under the Hapsburgs, vol 1: Empire and Absolutism 1516–1598*, Oxford, 1964

Mallett, M. E., and Hale, J. R., *The Military Organization of a Renaissance State: Venice, c. 1400 to 1617*, Cambridge, 1984

Mallia-Milanes, Victor, *Venice and Hospitaller Malta, 1530–1798: Aspects of a Relationship*, Malta 1992

Mantran, Robert, "L'écho de la bataille de Lépante a Constantinople" in Benzoni

Maurand, Jérome, *Itinéraire de J. Maurand d'Antibes à Constantinople (1544)*, Paris, 1901

Merriman, Roger Bigelow, *The Rise of the Spanish Empire in the Old World and in the New*, vols. 3 and 4, New York, 1962

Merriman, Roger Bigelow, *Suleiman the Magnificent, 1520–1566*, Cambridge, Massachusetts, 1944

Morris, Jan, *The Venetian Empire: A Sea Voyage*, London, 1980

Mulgan, Catherine, *The Renaissance Monarchies, 1469–1558*, Cambridge, 1998

Necipoğlu, Gülru, "Ottoman-Hapsburg-Papal Rivalry" in *Süleyman I and His Time*, ed. Halil Inalcik and Cemal Kafadar, Istanbul, 1993

Norwich, John Julius, *A History of Venice*, London, 1982

Parker, Geoffrey, *The Grand Strategy of Philip II*, London, 1998

Parker, Geoffrey, *Philip II*, London, 1979

Pastor, Louis, *Histoire des Papes*, vols. 17–18, Paris, 1935

Peçevi, Ibrahim, *Peçevi Tarihi*, vol. 1, Ankara, 1981

Petit, Édouard, *André Doria: un amiral condottiere au XVIe siècle (1466–1560)*, Paris, 1887

Petrie, Sir Charles, *Don Juan of Austria*, London, 1967

Phillips, Carla Rahn, "Navies and the Mediterranean in the Early Modern Period" in *Naval Policy and Strategy in the Mediterranean: Past, Present, and Future*, ed. John B. Hattendorf, London, 2000

Piri Reis, *Kitab-ı bahriye*, vols. 1 and 2, ed. Ertuğrul Zekai Ökte, Ankara, 1988

Porter, Whitworth, *The Knights of Malta*, 2 vols., London, 1883

Prescott, W. H., *History of the Reign of Philip the Second, King of Spain*, 3 vols., Boston, 1855–58

Pryor, John H., *Geography, Technology, and War: Studies in the Maritime History of the Mediterranean, 649–1571*, Cambridge, 1988

Rosell, Cayetano, *Historia del Combate Naval de Lepanto*, Madrid, 1853

Rossi, E., *Assedio e Conquista di Rodi nel 1522 secondo le relazioni edite e inedite de Turchi*, Rome, 1927

Sandoval, Fray Prudencio de, *Historia de la Vida y Hechos del Emperador Carlos V*, vols. 2–4, Madrid, 1956

Scetti, Aurelio, *The Journal of Aurelio Scetti: A Florentine Galley Slave at Lepanto (1565–1577)*, trans. Luigi Monga, Tempe, Arizona, 2004

Setton, Kenneth M., *The Papacy and the Levant, 1204–1571*, vols. 2–4, Philadelphia, 1984

Seyyd Murad, *La Vita e la Storia di Ariadeno Barbarossa*, ed. G. Bonaffini, Palermo, 1993

Shaw, Stanford, *History of the Ottoman Empire and Modern Turkey*, vol. 1, Cambridge, 1976

Sire, H.J.A., *The Knights of Malta*, London, 1994

Soucek, Svat, *Piri Reis and Turkish Mapmaking After Columbus: The Khalili Portolan Atlas*, London, 1996

Soucek, Svat, "The Rise of the Barbarossas in North Africa" in *Archivum Ottomanicum 3*, 1971

Spiteri, Stephen C., *The Great Siege: Knights vs. Turks MDLXV—Anatomy of a Hospitaller Victory*, Malta, 2005

Stirling-Maxwell, Sir William, *Don John of Austria*, vol. 1, London, 1883

Testa, Carmel, *Romegas*, Malta, 2002

Thubron, Colin, *The Seafarers: Venetians*, London, 2004

Tracy, James D., *Emperor Charles V, Impresario of War*, Cambridge, 2002

Turan, Şerafettin, "Lala Mustafa Paşa hakkında notlar" *Beletin 22*, 1958

Uzunçarşılı, Ismail Hakkı, *Osmanlı Tarihi, Vols. 2 and 3*, Ankara, 1988

Vargas-Hidalgo, Rafael, *Guerra y diplomacia en el Mediterraneo: Correspondencia inédita de Felipe II con Andrea Doria y Juan Andrea Doria*, Madrid, 2002

Yildirim, Onur, "The Battle of Lepanto and Its Impact on Ottoman History and Historiography" in *Mediterraneo in Armi*, ed. R. Cancila, Palermo, 2007

Zanon, Luigi Gigio, *La Galea Veneziana*, Venice, 2004

译后记

　　《1453》是我和"甲骨文"合作的第一本书。我也就这样走进了克劳利的海洋世界。

　　我陆续翻译了他的四本历史著作《1453：君士坦丁堡之战》《海洋帝国：地中海大决战》《财富之城：威尼斯海洋霸权》《征服者：葡萄牙帝国的崛起》。这于我而言是一段愉快的旅程。克劳利的作品不是学术前沿，也没有高深的理论，却是精彩绝伦的叙述史，也是大众读者了解历史的绝佳窗口。

　　对我来讲，翻译是非常难得的深度学习的机会。人都有惰性，读书的时候，不太明白的地方经常就略过了，不影响理解大意就行。翻译却不容许偷懒，必须把每一个地方都完

451

全弄懂。要对读者负责，首先得对自己负责。

"地中海史诗"三部曲相继出版之后，得到许多读者的热情支持，同时也有许多读者通过各种途径提出了具有建设性意义的批评。借这次精装版推出的机会，我重新审视和修改了自己的译文。修改历时近半年，我刻意做得很慢。首先是知识性错误的修正，比如将阿提拉的部族称为"匈奴"是不妥的，我以前没有注意到这一点，现在改为"匈人"；其次，修正了少量译名，希望能在"约定俗成"和"名从主人"之间达到更好的平衡；再次，修正了地图标示的一些瑕疵和少量错别字及前后不一致的问题；最后，我个人觉得最重要的，也是修改最多的，是删去冗字，提高密度，希望做到更精炼。当然，新版本最终需要的是读者的检验。我衷心希望，在过去的四年里我的水平有所提高；新版本会是一个更好的版本，是给克劳利先生的一份新礼物，也是给读者朋友的新礼物。

最后衷心感谢"甲骨文"品牌直接参与克劳利作品编辑出版的编辑们，没有他们的悉心帮助与辛勤工作，这几本书在中国不会取得今天的成绩。

陆大鹏

2017 年 7 月，南京

图书在版编目（CIP）数据

海洋帝国：地中海大决战 ／（英）罗杰·克劳利
（Roger Crowley）著；陆大鹏译 . -- 北京：社会科学
文献出版社，2017.9（2024.6 重印）
　（地中海史诗三部曲：精装珍藏版）
　ISBN 978 - 7 - 5201 - 0792 - 1

　Ⅰ.①海… 　Ⅱ.①罗… ②陆… 　Ⅲ.①地中海－海战
－研究－中世纪 　Ⅳ.①E193.31

中国版本图书馆 CIP 数据核字（2017）第 111703 号

海洋帝国
—— 地中海大决战

著　　者／〔英〕罗杰·克劳利
译　　者／陆大鹏

出 版 人／冀祥德
项目统筹／董风云　冯立君
责任编辑／段其刚　周方茹
责任印制／王京美

出　　　版／社会科学文献出版社·甲骨文工作室（分社）（010）59366527
　　　　　　　地址：北京市北三环中路甲 29 号院华龙大厦　邮编：100029
　　　　　　　网址：www. ssap. com. cn
发　　　行／社会科学文献出版社（010）59367028
印　　　装／三河市东方印刷有限公司

规　　　格／开 本：889mm × 1194mm　1/32
　　　　　　　印 张：15.625　插 页：1　字 数：323 千字
版　　　次／2017 年 9 月第 1 版　2024 年 6 月第 8 次印刷
书　　　号／ISBN 978 - 7 - 5201 - 0792 - 1
著作权合同
登 记 号 ／图字 01 - 2017 - 5948 号
定　　　价／258.00 元（全三册）

读者服务电话：4008918866